KB210178

하나님 말씀은 운동력이 있어 살아서 움직인다고 했는데, 성경이 우리와 다른 나라와 다른 시대의 복잡하고 생소한 이야기라는 사실로 인해 그동안 멀리 느껴져온 게 사실이다. 그러나 영화 〈박물관이 살아있다〉처럼 우리에게 성경이 다시 살아 움직이는 책으로 다가왔다. 복잡하게 엉킨 이야기들이 팩트 중심의 분명한 사건들로 구성되어 시공간의 간극을 좁혀 주는 그림, 도표들과 함께 우리 옆에서 살아있는 이야기로 재현된다. 우리의 머리만 명쾌하게 해주는 게 아니라 성경 속에 숨어 있는 진리와 보물, 생명과 사랑을 찾아내 우리의 마음과 영혼을 감동시키기도 한다. 읽는 사람을 사랑하고 배려한 저자의 마음이 깊이 느껴진다. 성경에 입문하는 사람뿐 아니라 성경을 안다고 하지만 다시 새롭게 총정리하고 싶은 성도 그리고 말씀을 전해야 하는 사역자까지 모두에게 필요한 책이라 생각한다.

- **이성훈** 전 연세의대 정신과 교수, 연정신경정신과의원장, 내적치유 강사

쇠붙이가 자석에 빨려들듯 벌과 나비가 꽃향기에 빨려들듯 이 책을 손에 잡는 순간 빨려들어 책에서 눈을 뗄 수가 없었다. 홍수 속에 마실 물이 귀하듯 넘쳐나는 정보와 쏟아지는 책 가운데서 정말 유용한 것을 찾기가 쉽지 않은 게 현실이다. 이 책은 모래 더미 속에서 발견한 금싸라기 같다. 명저(名著)의 3요소인 흥미, 감동, 깨달음을 모두 담고 있다. 소림사 쿵후 이야기로 시작되는 흥미로움, 암을 믿음으로 이겨낸 감동, 치우치지 않는 신앙의 중심과 진리가 종합비타민처럼 잘 배합되고 정리돼 있다. 이 책은 전도용, 새 가족 양육교재, 더 나아가 성숙한 제자의 삶의 지침서로 골고루 사용될 수 있다. 한국 교회뿐만 아니라 온 세계 선교지에 널리 보급되기를 바라며, 기쁘고 감격스러운 마음으로 이 책을 추천한다.

- **이흥식** 국제이웃선교회 이사장, 사단법인 양무리복지공동체 대표회장, 대구 평산교회 원로목사

제가 전에 갈보리채플의 척 스미스 목사님을 만났을 때, "한국에서 온 제게 명심할 만한 말씀을 주실 수 있습니까?" 하고 질문했습니다. 그는 거침없이 "My brother, teach the Bible simply. That's the pastoral ministry.(형제여, 단순히 성경만을 가르치세요. 그것이 목회 사역입니다.)"라고 대답했습니다. 허계영 선교사님의 『성경의 맥과 핵』은 선교사님의 과거 영양학 강의 경험과 선교 현장의 요구들, 성경 교육에 대한 열망들이 모여 이루어진 결실이라 생각합니다. 자칫 방만하게 흐르기 쉬운 성경 내용의 핵심을 놓치지 않으면서도 신학적 건전성, 복음의 핵심, 예수 그리스도에 대한 구속사적 관점을 이해하기 쉬운 용어와 스킨십 있는 정겨운 표현, 눈높이에 맞춰 들려주는 갖가지 예화들, 그리고 적절한 그림과 도표 등을 사용해 모든 세대가 쉽게 접근할 수 있게 해줍니다. 이 책은 일반 성도들, 교회학교 학생들뿐 아니라 복음 사역의 최전방에서 고군분투하시는 선교사님들을 위한 풍성한 군수품이 될 것입니다. 이 책의 구입, 사용, 번역, 보급, 전파를 적극 추천합니다.

- **노창영** 개봉교회 목사

코로나19의 위협이 진행될 때 떠난 대만 선교 현장에서 만난 허계영 선교사님이 우리 일행을 향해 특강을 했다. '놀림에서 누림'이라는 주제였다. 바로 복음의 주제 아니던가? 강한 어필! 허 선교사님의 저서 『성경의 맥과 핵』 내용을 보았다. 치우침 없는 균형감, 궁금증을 풀어주는 포인트, 잘 정리된 그림, 깊이 있는 신학적 해석, 게다가 쉽게 풀어낸 평신도의 안목이 놀랍다. 삶에서 우러나온 경륜으로 쓴 책이다. 이 책의 생명력은 이미 선교 현장에서 검증되었다. 책이 나오면 가장 먼저 구입해서 교인들과 함께 읽겠다는 생각이다. 왜냐하면 '성경의 맥과 핵'을 정확히 짚어 주기 때문이다.

- **곽충환** 나눔의교회 목사

성경은 하나님의 구원 역사, 즉 인간의 타락으로 상실한 하나님 나라를 회복시키기 위해 이 땅에 오신 예수 그리스도에 관한 기록입니다. 『성경의 맥과 핵』은 구속사의 관점에서 성경을 조망하는 탁월함이 있습니다. 300여 장의 그림이 누구나 쉽고 정확하게 성경을 이해할 수 있도록 도와줍니다. 허 선교사님이 스스로 성경을 연구하며 꾸준히 '나만의 노트정리'를 한 것이 선교 현장에서 목회자들을 훈련하는 교재로 탄생한 것입니다. 이 책을 통해 성경을 쉽고 바르게 배울 뿐 아니라 말씀을 실생활에 실천해서 하나님 나라를 위한 왕 같은 제사장들이 많이 배출되기를 소망합니다. 목회자와 평신도 모두에게 『성경의 맥과 핵』을 기쁨으로 추천합니다.

- 윤마태 천안서부교회 목사

신학을 전문적으로 공부한 목사님들도 성경의 맥락과 핵심을 이해하기는 쉽지 않습니다. 성경의 역사, 지리, 문화 등 긴 시간과 넓은 공간의 간격을 이해하기 힘들기 때문입니다. 그러나 허계영 선교사님의 『성경의 맥과 핵』은 목사님들도 놀라게 할 만큼 성경을 너무도 잘 이해할 수 있게 해줍니다. 『성경의 맥과 핵』을 한 장 한 장 따라가면 그동안 가졌던 의문이 풀리고, 성경 속에 면면히 흐르는 하나님의 마음을 자연스럽게 알게 될 것입니다.

- 김승학 안동교회 목사

첫 페이지를 열고는 손에서 내려놓지 못하고 일독을 마쳤다. 학술서가 아니지만 독자의 지성을 자극하고, 설교가 아니지만 가슴을 덥히는 힘이 있다. 제목처럼 맥과 핵을 짚어내는 간결한 설명에 이해를 돕는 깔끔한 도표와 유려한 삽화가 책의 가치를 한층 더 높여 준다. 성경을 처음 접하는 초심자부터 그 나름대로 성경을 안다고 자부하는 이들까지 두루 배울 게 있는 책이라 믿어 기쁘게 추천한다.

- 유선명 백석신학대학원 구약학 교수

누가복음의 저자 누가가 예수님을 데오빌로에게 소개했듯이 신뢰할 수 있는 선교사님의 저작을 추천하는 일은 매우 행복한 일이다. 20년 이상 마음을 다해 주님께 헌신하신 허계영 선교사께서 현지 목회자와 교회 지도자들에게 효과적으로 복음을 전하기 위해 심혈을 기울여 『성경의 맥과 핵』이라는 옥동자를 탄생시켰다. 이 책을 통해 영적으로 눈먼 자가 눈을 뜨며, 귀머거리의 귀가 열리는 은총을 경험할 수 있을 것이다. 목회자들은 물론, 교회의 지도자와 성도님들 모두에게 기쁜 마음으로 이 책을 추천한다.

- 이도행 천안섬김의교회 목사

시편에 "꿀과 송이꿀보다 더 달도다"(시 19:10)는 말씀이 있습니다. 하지만 성경을 읽다 보면 구약 레위기의 '여러 제사들'이나 신약 마태복음의 '예수님의 족보' 같은 부분에서 우리는 성경을 계속 읽어야 할지 말아야 할지 난감한 상황과 맞닥뜨리기도 합니다. 그런데 이 책과 함께 성경을 읽는다면 그런 고민이 말끔히 해소될 뿐 아니라 성경이 꿀보다 더 달 수도 있다는 사실을 새삼 느끼게 될 것입니다. 성경의 깊이와 재미를 깨닫고 싶어 하는 모든 분께 이 책을 적극 추천합니다.

- 석원식 경안신학대학원대학교 신학과 교수

허계영 선교사님의 『성경의 맥과 핵』이 세상 빛을 보게 된 것을 열렬히 축하합니다. 왜냐하면 이 책을 통해 많은 이들이 궁극적으로 성경을 읽게 될 것이고, 그 결과 그들의 영혼에 빛이 비추어질 것이기 때문입니다. 저는 최근 허 선교사님께서 번역한 유진 피터슨의 『메시지』 성경을 읽으며 많은 은혜와 감동을 받았습니다. 번역에서 '하나님의 마음'을 드러내고자 하는 허 선교사님의 마음이 눈물이 날 만큼 감격스러웠습니다. 단언컨대 『성경의 맥과 핵』도 믿고 볼 수 있는 책이라고 확신하며, 기쁜 마음으로 강력히 추천합니다.

- **오양록** 완주성광교회 목사

홍수가 나면 사방이 물이지만, 정작 마실 수 있는 깨끗한 물을 찾기는 쉽지 않습니다. 정보와 책의 홍수 시대에 허계영 선교사님의 책, 『성경의 맥과 핵』은 우리에게 신선한 생수를 마시는 기쁨을 줍니다. 이 책은 '성경 속에 나타난 하나님의 마음까지 보여 주는 감동'을 선사할 것입니다. 이 책을 통해 하나님의 마음을 알고 첫사랑을 회복하십시오. 그리고 하나님과 사랑에 빠져 사는 기쁨, 말씀으로 나도 살아나고 이웃도 살리는 영광을 맛보시길 바랍니다.

- **김강덕** 명수대교회 목사, 신안산대학교 겸임교수

수백 페이지의 책을 시간 가는 줄도 모르고 단번에 읽어 내려갔습니다. 도대체 무엇이 이렇게 책을 단숨에 읽게 만들었을까요? 현지인들을 하나님의 말씀으로 양육하기 위해 어떡하면 그들이 쉽게 이해할 수 있을지 깊이 고민하며 쓴 저자의 노력이 고스란히 담겨 있기 때문이 아닐까 생각합니다. 삽화와 도표의 적절한 배치는 성경을 쉽게 이해하는 데 큰 도움이 되었고, 지루하지 않게 해주었습니다. '공부'를 한자로 읽으면 '쿵후'가 되고, "공부는 쿵후와 같다."는 말이 바로 선교사님의 이 책을 두고 하는 말이 아닐까 싶습니다. '느리지만, 깊이 있게' 성경의 내공을 쌓을 수 있는 이 책을 모든 그리스도인에게 강력히 추천합니다.

- **김한호** 춘천동부교회 목사, 서울장신대 겸임교수

처음 추천사 요청을 받았을 때는 좀 망설였지만, 『성경의 맥과 핵』을 읽어 내려가면서 추천사를 쓰게 된 것을 영광스럽게 여기게 되었습니다. 왜냐하면 이 책은 제가 신학을 하면서 보았던, 전문가들이 쓴 읽기 힘든 신구약개론을 누구나 쉽게 이해할 수 있도록 종합적인 그림으로 옮겨 놓았기 때문입니다. 이 책만 있다면 이해하기 힘든 성경의 기초를 쉽게 세울 수 있으리라 확신합니다. 무엇보다 신학 전문가가 아닌 입장에서 이렇게 놀라운 책을 출간하기까지 얼마나 많은 노력과 기도가 있었을지 감히 상상조차 할 수 없을 정도입니다. 특히 암 수술 후 회복 중에 이런 작업을 했다는 것은 오직 하나님의 은혜 외에는 설명할 길이 없다고 생각합니다.

- **이철웅** 정인교회 목사

존 스토트 목사님은 세계복음화회의에서 "성경 없이 세계복음화는 불가능하다. 세계복음화에 필요한 명령과 메시지와 모델과 능력을 주는 것은 성경이다. 그러므로 부지런히 연구하고 묵상해야 한다."고 했습니다. 『성경의 맥과 핵』은 세계복음화를 위해 만들어진 소중한 책입니다. 무엇보다 이 책에 수록된 그림과 도표 등 각종 자료들은 언어의 장벽을 뛰어넘는 탁월한 성경 교재를 탄생시켰습니다. 이 책은 선교와 복음 사역에 매우 유익한 책이 될 것입니다.

- **전광민** 대구신광교회 목사, 선교목회학박사

성경 속 하나님의
마음이 보여요

성경의
맥과 핵

성경 속 하나님의
마음이 보여요

성경의
맥과 핵

허 계 영 지음

미래사CROSS

성경 속 하나님의 마음이 보여요!
성경의 맥과 핵

발행일 2020년 08년 05일 초판 1쇄
          2022년 02년 10일 초판 2쇄

지은이 허계영
그린이 허설영
디자인 박미혜
발행인 고영래
발행처 ㈜미래사

주소 서울시 마포구 신수로 60, 2층
전화 (02)773-5680
팩스 (02)773-5685
이메일 miraebooks@daum.net
등록 1995년 6월 17일(제2016-000084호)

ISBN 978-89-7087-128-8

뛰어난 성경 교사인 허계영 선교사는 신구약 성경의 주요 지형들과 그 의미를 이해하고 기억하기 쉽게 설명한다. 그녀는 이 책에서 오랜 시대에 걸쳐 형성된 이스라엘의 역사와 문화를 바탕으로 그 속에 펼쳐진 구속의 주요 현장들을 따라가며 생생하게 묘사한다. 그리고 이를 통해 오늘의 독자들에게 살아 있는 하나님의 말씀을 체험하게 한다. 성경의 맥과 핵을 따라가는 이 재미있고 흥미로운 여행기는 독자들을 말씀과의 새로운 만남으로 이끌어 하나님 나라의 신비한 비밀을 찾게 한다. 이 책은 길을 잃은 시대에 바른길을 찾으려 애쓰는 모든 이들에게 소중한 가이드가 될 것이다. 하나님 나라로의 신비한 여행을 지금 출발해 보라!

– 박노훈 신촌교회 담임목사, 월드비전 이사장, 전 연세대학교 교수

'성경의 맥과 핵' 탄생 비화

소림사 이야기

한 청년이 쿵후를 배우러 소림사의 유명한 스승을 찾아가 다짜고짜 쿵후를 가르쳐 달라고 했다. 하지만 청년의 기대와는 달리 마당 쓸기 3년, 물 긷기 3년, 장작 패기 4년…, 청년은 무술과는 상관도 없는 온갖 허드렛일을 하는 데에만 10년의 세월을 보내야 했다. 다 그만두고 뛰쳐나가고 싶은 마음이 많이 들었지만, 꾹꾹 참으며 10년을 버텼다. 그렇게 10년이 흘렀을 때에는 처음 소림사를 찾았을 때의 의욕과 패기와 배짱이 어디론가 다 사라진 것 같았다. 이렇게 '마음을 비우고' 묵묵히 장작을 패고 있던 어느 날, 스승님이 찾아오셨다.

"네가 이제 쿵후를 배울 준비가 되었구나."

청년이 설레는 마음으로 도복으로 갈아입고 마당에 섰을 때, 스승님은 고난도 무술의 시범을 보여주시기 시작했다. 청년은 그대로 따라해 보았다. 그런데 이게 웬일인가? 그 어려운 고급 기술들이 너무나 쉽고 가볍게 그냥 되는 게 아닌가? 청년과 스승님의 눈빛이 마주쳤다. 그 순간, 청년은 깨달았다. 지난 10년간의 마당 쓸기, 물 긷기, 장작 패기의 훈련들이 다 쿵후를 배우는 기초 과정이었다는 것을…. 그리고 그렇게 쌓인 10년간의 내공 덕에 지금 이 고난도 무술을 척척 해낼 수 있다는 것을….

그날부터 청년의 쿵후 실력은 수직 상승하였다. 그리고 오래지 않아 당대 최고의 무술인이 되었다!

공부? 쿵후?

위의 소림사 이야기는 나의 대학 신입생 시절, 특강 시간에 어느 철학과 교수님이 들려주신 내용이다. 교수님은 강단에 오르시자마자 칠판에 큰 글씨로 두 글자를 적으셨다. '工夫' 그러고는 "여러분, 이걸 글자 그대로 읽으면 '공부(study)'지요. 그런데 공부를 한자로 왜 이렇게 쓸까요? '장인 공'에 '지아비 부'…. 이거 무슨 '공돌이'란 뜻도 아니고…. 그런데 이걸 중국어 발음으로 읽으면 '쿵후'가 됩니다(나중에 내가 중국어를 배웠을 때, 중국어로 '쿵후'는 '功夫'라는 걸 알게 되었다! ㅎㅎ). 여러분이 다 공부를 하겠다고 대학에 들어왔는데, 공부를 한다는 것은 사실 쿵후를 배우는 과정과 비슷합니다. 진짜 공부 잘 하는 사람은 벼락치기로 대충 시험 성적이나 잘 받는 사람이 아니라, 교수님이 학기 초에 권해 주시는 온갖 참고 문헌들을 고지식할 정도로 하나하나 찾아보면서 '느리지만, 깊이 있게' 학문을 연구해 나가는 사람입니다. 그런데 이 과정이 처음에는 무지 힘들고 지루하지요. 하지만 어느 정도 내공이 쌓이면 그다음부터는 실력이 수직 상승되면서 '어려운 것을 해냈다는 성취감, 자신감 그리고 오히려 어려운 것을 즐기는 여유와 흥미진진함' 등을 갖춘 실력자가 되는 겁니다."라고 공부에 대해 너무나 멋진 정의를 내려 주셨다!

나는 이 특강을 듣고 큰 감명을 받았다. 하지만 대학 4년 동안 정작 그 공부의 정신을 실천하지는 못했다. 왜냐하면 그 철학과 교수님의 예언(?)대로 제대로 공부하는 그 과정이 정말 어렵고 지루했기 때문이다.

나의 '마당 쓸기, 물 긷기, 장작 패기' 10년

2004년 나와 남편은 '장로교 통합측(PCK) 총회 파송 선교사'라는 사명을 안고, 4학년과 유치원생이었던 아들과 딸, 이렇게 두 자녀를 데리고 중국 운남성 곤명으로 들어갔다. 그런데 선교지로 떠나기 전 몇몇 선배 선교사님들이 충고를 해주셨다.

"선교지에는 감시자가 없기 때문에 스스로 영성 관리를 철저히 해야 한다. 영성 관리에 실패하면 선교는 고사하고 본인부터 무너지게 된다."

나는 이러한 조언을 가슴 깊이 새기고 선교지에서 매일 말씀 묵상과 기도에 힘썼다. 한국어, 영어, 중국어 3개 국어로 매일 혼자서 성경을 공부했는데, 중국어 기초 과정을 간신히 끝낸 나로서는 중국어로 성경을 읽는 게 그리 만만치 않았다. 성경에 나오는 어려운 단어들을 사전을 찾아가며 외우려 노력했다. 하지만 이미 40대에 접어든 나이여서 그랬는지 외우고 돌아서면 잊어버리기 일쑤였다. 사역을 해가면서, 남편을 내조해가면서, 아이들을 돌봐가면서 매일 이렇게 3개 국어로 성경을 공부하기란 정말 쉽지 않은 과정이었다. 하지만 선배 선교사님이 해주셨던 '영성 관리'에 관한 충고와 그 옛날 대학 신입생 시절 철학과 교수님이 해주셨던 '소림사 이야기'를 떠올리며 난 하루도 빠짐없이 성경을 공부하려고 최선을 다했다. 참으로 '어렵고 지루한' 과정이었다!

인류 역사에서 성경은 '수많은 사람을 변화시킨, 정말 위대하고 생명력이 있는 책'이라지만, 수천 년의 역사를 거슬러 올라가야 하는 시간적 간격 그리고 우리나라와 한참 멀리 떨어져 있는 지리적·문화적 간격으로 인하여 성경의 내용들이 결코 쉽지만은 않은 게 사실이다. 그래서 나는 성경이라는 '교과서'와 함께 남편이 권해준 수십 권의 '참고서'를 같이 보며 공부를 해나갔다. 그러는 가운데 세계사나 지리를 알지 못하면 성경을 이해하기 어렵다는 사실도 깨닫게 되었다. 난 중고등학교 때 역사와 지리가 싫어서 이과를 선택했던 사람이지만, 성경을 이해하기 위하여 어쩔 수 없이 공부했다. 그리고 이러한 역사적·지리적·문화적 지식들을 성경의 내용들과 연계시키면서 나만의 '노트 정리'를 꾸준히 해나갔다. 그러는 과정에서 때때로 의문이 들었다.

　'나는 신학을 한 목사도 아니고 평신도 선교사에 불과한데, 이렇게까지 성경을 깊이
　연구할 필요가 있나? 내가 이렇게 성경을 공부한다 한들 어디 써먹을 데가 있을까?'

하지만 어느새 성경을 공부하는 데 어느 정도 내공이 쌓이고, 말씀의 깊은 의미를 깨닫는 기쁨도 알게 된 나는 중도에서 멈출 수가 없었다. 그러면서 나도 모르게 가끔씩 하나님께 이런 기도를 했던 것 같다.

　'하나님, 제가 지금 공부하는 이 내용들을 언젠가는 좀 써먹을 수 있게 해주시면 안

될까요?'

이렇게 기도하면서 나 스스로도 어처구니가 없었다.

'세상에 훌륭한 신학자들과 목사님들이 얼마나 많은데, 나 같은 평신도가 이 정도 성경 연구를 해 가지고 무슨 일을 한다고? 과욕을 부려도 유분수지…. 하나님도 내 기도 들으시면서 기가 막히다 하시겠지?'

그리고 당시에는 내가 훗날 대만 목회자들에게 성경을 가르치게 되리라고는 꿈에도 상상하지 못했다!

나는 내가 대단한 사람인 줄 알았다(I thought I was somebody)

대학을 졸업한 후, 나는 10년간 병원 영양사로 일했다. 병원에서 내가 주로 하는 일은 영양교육자료를 개발하여 환자나 가족들에게 질병별 식사요법을 교육하는 일이었다. 그리고 나는 나의 일을 정말 사랑했다!

앞서도 얘기했듯이 나는 대학 시절 '진정으로 공부 잘 하는 학생'이 아니었다. 특히 2지망으로 어쩌다 가게 된 식품영양학과는 내 적성과 맞지 않는다고 생각했고, 난 내 전공 과목에 거의 흥미를 느끼지 못했다. 그래서 전공 필수과목만 듣고 나머지 시간에는 교육학과나 심리학과의 과목들을 수강하곤 했다. 대학 4년 내내 "나는 영양사는 절대 안 할 거야."라고 외치고 다녔다. 하지만 결국 다른 데 취업이 안 되어 할 수 없이 강남세브란스병원에 영양사로 지원하였다. 거기에서 내 인생의 큰 은인을 만나게 되는데, 그분이 바로 서은경 영양과장님이셨다. 그분은 '교육에 관한 나의 관심과 재능'을 알아봐 주시고, 나를 '영양교육' 파트로 보내 주셨다. 거기에서 나는 '물 만난 고기'였다.

하나님께서는 내게 두 가지 달란트를 주셨는데, 첫째는 '진흙 속에 파묻힌 진주를 알아볼 수 있는 눈'이고, 둘째는 '그 진주를 보기 좋은 목걸이로 꿸 수 있는 재주'이다. 영양학자들이 연구해 놓은 수많은 진주들(실생활에 응용할 수 있는 값진 최신 영양 정보와 지식들)이 진흙 속(두껍고 어려운 영양학 서적들)에 묻혀 있는데, 나는 그것을 '추려내어' 일반인들이 이해하기 쉽도록 '꿰어서' 영양교육 자료를 만들었다. 그리고 그걸 가지고 병원에서 환자와 가족들에게 영양교육을 했다. 감사하게도 그들은 내 강의를 재미있게 들었고, 많은 도움이 되었다고 좋아해 주었다. 나는 또 영양사 학술대회나 영양사 보수교육 때마다 논문을 발표하거나 특강을 했다. 그러면서 차츰 TV나 라디오, 잡지, 신문 등에 자주 섭외되어 유명세(?)를 타면서 외부 특강 의뢰나 원고 요청이 쇄도하였다.

그렇게 10여 년간 명성을 얻고 쏠쏠한(?) 부수입을 누리면서 직장생활을 하다가 캐나다로 떠나면서 사직을 하게 되었다. 캐나다의 WEC이라는 선교단체에서 선교훈련을 받기 위해 남편과 함께 한국을 떠나야 했기 때문이다. 내가 직장에서 당시 사용하던 탁상용 달력이 지금도 생각난다. 그 달력에 적힌 나의 직장생활 마지막 1주일 스케줄에는 하루도 빠짐없이 TV나 라디오 방송국과의 인터뷰 일정이 잡혀 있었다. 나는 그걸 보면서 만감이 교차했다. '허계영, 많이 컸구나!'라는 생각이 들면서 뿌듯했다. 그때 갑자기 전화벨이 울렸다. 어느 잡지사에서 영양칼럼 원고를 요청하는 전화였다. 나는 그때 그 기자에게 지난 10여 년간 정말 궁금했던 걸 질문했다.

"그런데 저를 어떻게 알고 제게 전화하셨어요?"

"우리 기자들은 각 분야별로 전문가 리스트를 가지고 있습니다. 그런데 영양 분야에
서는 선생님이 우리나라 최고십니다!"

물론 그 기자는 내게 원고를 받아내려고 '아부성 발언'을 했을 것이다. 그렇지만 난 그 말에 으쓱했고, 사직 후 한국을 떠난 이후로도 내내 그 말을 잊지 않았다.

난 내가 아무것도 아닌 사람이란 걸 알게 됐다(I found I was nobody)

1997년에 한국을 떠나 캐나다에서 4년, 홍콩에서 3년, 중국에서 10년, 대만에서 5년…, 이렇게 도합 20여 년의 세월을 해외에서 보내는 동안 내가 처절하리만큼 확실히 깨달은 게 있다. 그것은 바로 '내가 아무것도 아닌 사람'이라는 사실이다. 20여 년의 시간 동안 하나님께서는 나를 광야로 내모셔서 철저히 낮아지는 훈련을 시키셨다.

캐나다에 가서 처음에는 이렇게 '유능하고 유명했던' 나를 아무도 알아봐 주지 않는 게 너무 이상했고 받아들이기가 어려웠다. 그리고 기회가 닿는 대로 어떻게든 과거의 화려했던 경력(career)을 자랑삼아 늘어놓곤 했다. 그런데 캐나다에서 만난 외국인들은 그런 것엔 전혀 관심이 없었다. 그들 눈에는 내가 그저 '영어 하나 유창하게 구사하지 못하고 버벅대는 멍청한 외국인'으로만 보였을 것이다. 캐나다에서 만난 한국인들도 마찬가지였다. 교민들은 만나기만 하면 저마다 "내가 왕년에 한국에 있었을 때에는…" 하면서 과거에 다 '한가락 했다'는 사실을 은근히 과시했다. 그런 그들의 모습이 내 눈에는 '캐나다의 주류 사회에 들어가지 못해 좌절하고 낙심한 낙오자들(loser)'로만 보였다. 그런데 정말 한심한 것은, 그 대열에 바로 내가 끼어 있었다는 사실이다!

그후 캐나다를 떠나 홍콩과 중국에서 살아오는 동안, 내가 아무리 잘난 척하려고 애써도 아무도 알아주지 않는 일들이 반복되면서 나는 차츰 제풀에 꺾여갔다. 특히 중국에서 우리가 주로 만나고 교제한 사람들은 운남성의 높고 깊은 산지에 사는 소수민족 사역자들과 곤명시의 도시 빈민들이었는데, 그들에게 나의 과거 경력이 도대체 무슨 의미가 있었겠는가? 어느새 내 '화려한' 경력들은 이렇게 잊혀져가고 있었다. 그러면서 '나는 이제 사역자 잖아? 과거의 모든 자랑들을 다 배설물로 여겨야 해.'라고 스스로 우격다짐을 하곤 했다. 하지만 그럴 때마다 마음 한편에서 늘 떠오르는 생각이 있었다. 내 직장생활의 마지막 시점에 그 기자로부터 들었던 바로 그 이야기 말이다.

"영양 분야에서는 선생님이 우리나라 최고십니다!"

나는 과거에 내가 누렸던 그 영화(?)를 그리워하는 내 모습에 죄책감을 느꼈다.

"손에 쟁기를 잡고 뒤를 돌아보는 사람은 하나님의 나라에 적합한 사람이 아니라"
– 눅 9:62

'나는 왜 이렇게 속물일까? 나는 정말이지 하나님 나라에 적합하지가 않구나.'라는 생각이 날 괴롭혔다.

"그러나 내게는 우리 주 예수 그리스도의 십자가 외에 결코 자랑할 것이 없으니 그리스도로 말미암아 세상이 나를 대하여 십자가에 못 박히고 내가 또한 세상을 대하여 그러하니라” - 갈 6:14

‘그래. 십자가만, 그리스도만 자랑으로 여겨야 해. 내가 과거에 누렸던 그 알량한 명성, 그건 다 배설물로 여겨야 해!’라고 끊임없이 나 자신을 세뇌시키고 억압하려 노력했지만, 그러한 노력들은 그리 효과적이지 못했다. 그리고 또다시 죄책감에 시달리는 일이 반복되었다. 하지만 결국은 내 목에 주었던 힘이 슬슬 빠져갔고, 내가 정말 ‘아무것도 아닌 사람(nobody)’임을 인정할 수밖에 없었다!

나의 은사, 경험, 경력을 잊지 않으신 하나님

우리가 중국 공안에 의하여 ‘부득이하게’ 10년간의 중국 선교 사역을 급히 마무리 짓고 대만으로 사역지를 옮겼을 때, 남편은 중국 운남성에서 하던 사역(목회자들 대상의 신학교 사역)을 대만에서도 계속했다. 그동안 중국에서 남편이 신학교 사역을 할 때, 나는 보안 문제 때문에도 그랬지만 ‘평신도인 내가 나설 자리가 아니다’ 싶어서 단 한 번도 남편이 진행하는 수업에 들어가 본 적이 없었다. 나는 그저 뒤에서 밥만 하면 된다고 생각했다.

그런데 대만에서 남편이 시골 원주민 교회를 찾아가던 첫날, 나는 그저 남편이 졸음 운전을 하지 않도록 옆에서 오징어나 찢어줄 요량으로 따라나섰다. 그리고 남편이 진행하는 수업을 옆에서 지켜보았는데, 남편이 물론 강의를 잘 하긴 했지만 과거에 병원에서 영양교육 자료를 개발하여 강의를 했던 내 머릿속에서는 ‘여기에 이런 교육 자료를 활용하면 더 좋을 텐데…. 이건 이렇게 암기를 시키면 더 효과적일 텐데….’라는 아이디어가 수없이 떠올랐다.

그래서 그날 밤 집에 돌아와 당장 남편의 강의 내용을 바탕으로 부교재들을 만들기 시작했다. 내가 이런 일을 다시 하게 되다니…, 거의 20년 만이었다! 그런데 놀라운 것은 그 순간, 과거 병원에서 10년간 영양교육 자료를 개발한 경험(knowhow)과 중국에서 10년간 성경을 공부, 연구했던 지식들이 절묘하게 융합(convergence)되면서 나 자신도 상상치 못한 자료들이 나오기 시작했다는 것이다! 하나님께서는 이 과정에서 꼭 필요한 참고 자료들을 만나게 해주셨고, 너무 많은 아이디어가 떠오르게 해주셨다. 나는 그저 하나님이 인도해주시고 힌트를 주시는 대로 하나님의 지시에 따라 중국어 성경 교육 자료들을 개발했을 뿐이다. 그리고 이 자료들을 사역자 성경공부반에 사용했을 때, 원주민 목회자들뿐만 아니라 한족 목회자들까지도, 그리고 작은 교회 목회자들뿐만 아니라 큰 교회 목회자들까지도, 또한 대만인 목회자들뿐만 아니라 서양인 목회자들까지도 다 좋아하며 환영한다는 사실을 알게 되었다! 우리와 같이 공부하던 한 원주민 전도사님이 손수 만든 장식품과 함께 써준 카드 내용이 아직도 생각이 난다.

　"목사님과 사모님은 하나님께서 우리에게 보내 주신 천사입니다!"
이 한마디로 그동안의 우리의 헌신과 수고가 다 보상을 받는 느낌이었다!
그리고 내가 개발한 성경 교육 자료들로 대만의 목회자들, 선교사들에게 어느새 성경을 가르치고 있는 내 모습에 깜짝 놀랐다. 신학교 근처에도 가보지 못한 평신도인 내가 목사님, 전도사님들에게, 그것도 중국어와 영어로 성경을 가르치다니… 아무리 생각해도 믿기지가 않았다! 그런데 더 신기한 것은, 목사님들 앞에서 주눅 들 수밖에 없는 평신도인 나의 어디에서 그런 말씀의 위엄과 권위가 나오는지, 목회자들이 나의 한마디 한마디를 놓치지 않고 받아 적으려고 얼마나 애쓰는지, 그리고 어려운 신학적 질문들과 난해한 성경 본문에 관한 질문들을 어떻게 차마 나에게 할 생각을 하는지, 그리고 그 질문을 받았을 때 매번 어떻게 그렇게 적절한 대답이 잘 생각나는지(ㅎㅎ) 모든 게 신기하고 놀라울 뿐이었다.
이건 아무리 생각해도 내 힘으로 하는 게 아니었다. 전적인 성령님의 도우심과 기름 부으심이 있었기에 가능했던 것이다! 그리고 하나님께서 나를 이렇게 사용해 주시는 게 눈물이 날 정도로 감격스러웠다!

죽음의 문턱에서
2년 전, 나는 유방암 진단을 받았다. 전 국민을 대상으로 늘 '항암 식생활'을 교육하던 내가 암에 걸릴 거라는 생각은 정말이지 꿈에도 해 본 일이 없었기에 너무 큰 충격이었다. 하지만 그 과정을 통해 나는 너무나 귀한 영적 깨달음들을 얻게 되었다.

첫째는 그동안 내가 하나님 일을 한다고 바쁘게 돌아다녔지만, 그것이 과연 하나님을 위한 일이었는지 죽음의 문턱에 서서야 비로소 가감없이 평가할 수 있었다는 것이다. 나는 '하나님과 이웃을 사랑해서 그리고 하나님 사랑을 전하는 게 기뻐서' 하나님 일을 했다기보다는 나의 성취감[自己義]을 위하여, 때로는 사역자로서 일을 안 할 때 느껴지는 죄책감을 덜기 위하여 열심을 냈던 것 같다.

> "만일 누구든지 금이나 은이나 보석이나 나무나 풀이나 짚으로 이 터 위에 세우면 각각 공력이 나타날 터인데 그 날이 공력을 밝히리니 이는 불로 나타내고 그 불이 각 사람의 공력이 어떠한 것을 시험할 것임이니라 만일 누구든지 그 위에 세운 공력이 그대로 있으면 상을 받고 누구든지 공력이 불타면 해를 받으리니 그러나 자기는 구원을 얻되 불 가운데서 얻은 것 같으리라" – 고전 3:12-15

나는 그동안 풀이나 짚으로 집을 지었던 것이다. 나중에 하나님께서 불로 시험해 보실 때 다 타 없어져 별로 남을 게 없을 것 같았다. 내가 얼마나 어리석고 헛되게 살아왔는지 죽음의 문턱에 가서야 깨달았다.

둘째는 '그동안 내 것이라고 여겼던 그 어떤 것도 사실은 내 것이 아니었음'을 깨달았다. 내 물질, 내 자녀, 내 가족, 내 재능, 내 경험 등 그 어떤 것도 죽음 앞에서는 다 놓을 수밖에 없다. 그중에서 무엇보다 절박한 것은 내 시간! 나는 나에게 시간이 많이 남아 있을 거라고 생각했다. 하지만 하나님께서 허락지 않으신다면 우리는 너무도 무력하게 우리의 시간을 하나님께 돌려드릴 수밖에 없는 것이다!

하나님께서 말씀 사역에 나를 사용해 주시는 게 너무 감격스럽고 행복하던 당시에, 그리고 이제 그 사역들이 막 자리를 잡아가고 있던 바로 그 중요한 시기에 하나님께서는 유방암이라는 병을 통하여 정신없이 달려가는 나에게 잠시 브레이크를 거셨다. 그리고 내게 물으셨다.

'너는 지금 무슨 동기로 이 일을 하느냐?'

감사하게도 지금은 몸이 건강하게 회복되었지만, 모든 암 환자들이 다 그렇듯이 나 역시 늘 재발의 위험과 우려를 안고 산다. 그러면서 종종 스스로에게 묻는다.

'나는 지금 무슨 동기로 이 일을 하는가?'

하나님께서는 우리가 겉으로 그럴듯해 보이는 '하나님의 일'을 하더라도, 거기에 조금이라도 불순물이 섞이길 원치 않으신다. 정말 순수하게 하나님의 인도하심에 순종하며 따라가기를, 그리고 정말 진정성을 가지고 하나님을 사랑하며 이웃을 사랑하는 마음으로 나아가기를 원하시는 것이다.

나를 죽음의 문턱까지 데리고 가시고 여전히 내 몸에 가시를 남겨두심으로써 '행여 원래 목적에서 벗어나 엉뚱한 방향으로 나가는 건 아닌지' 늘 스스로를 점검케 해주신 하나님께 정말 감사드린다!

내가 정말로 그리워했던 것들

나는 이전에 병원에서 좋은 시설과 기자재를 갖추고 수백 명을 대상으로 큰 무대에서 강의를 하곤 했다. 그리고 한국을 떠난 이후 줄곧 내가 '그때 누렸던 그 좋은 환경과 박수갈채와 명성과 돈을 그리워하는 줄' 알고 사역자로서 늘 죄책감에 시달렸다. 그런데 대만에 와서 내가 그리워한 게 그것이 아니었음을 깨닫게 되었다.

대만에서 우리가 성경공부를 인도하는 장소는 대부분 작고 허름하며 낙후된 시설의 개척 교회들이다. 그리고 수업에 참여하는 목회자 인원도 기껏해야 2~6명 정도로 소수이다. 또한 가난한 목회자들에게 강사료를 받기는커녕 오히려 밥을 사줘가며 공부하는 경우가 대부분이다. 그런데 이들에게 성경을 가르칠 때 나는 '너무너무' 행복하다. 이전에 영양교육을 하던 때의 약 1,000배쯤 행복하다. 이전에는 영양교육을 통하여 '사람들의 육신을 살리는 일'을 했다면, 지금은 성경교육을 통하여 '사람들의 영혼을 살리는 일'을 한다. 그리고 그러한 사실이 내게 너무나 큰 의미와 가치로 다가온다!

지난 20여 년간 내가 진정으로 그리워했던 것! 그것은 돈도, 명성도, 박수갈채도 아닌, '하나님께서 내게 주신 달란트를 가지고 하나님께 쓰임 받는 것'이었다!

우리 인간의 눈으로 볼 때, 어떤 사람들은 100원짜리 '모나미 153 볼펜'으로 태어나고 어떤 사람들은 100만 원짜리 '파커 만년필'로 태어난다. 하지만 하나님 눈에는 다 똑같은 필기구일 뿐이다. 중요한 것은 '하나님께 쓰임 받느냐' 여부이다. 아무리 비싼 만년필이라도 서랍 속에 방치되어 있다면 그보다 불행한 삶이 어디 있을까? 반면 아무리 싸구려 볼펜이라도 하나님 손에 쥐어져 멋진 시를 써내려 가는 데 쓰임 받는다면 그보다 영광스럽고 행복한 삶이 또 어디 있을까?

이전에 나는 내가 100만 원까지는 아니더라도 '꽤 값나가는 고급 만년필'인 줄로 착각하고 살았다. 하지만 지금은 안다. 내가 '100원짜리 싸구려 볼펜'에 불과하다는 것을…. 하지만 이 싸구려 볼펜을 하나님께서는 손에 쥐고 사용해 주신다. 그리고 그 결과는 당연히 멋진 작품이 될 것이라 믿는다. 왜냐하면 그것은 내가 쓴 것이 아니라 하나님께서 쓰신 작품이기 때문이다!

한 영혼을 위해 드린 오병이어

재작년 여름, 유방암 수술과 후속 치료를 받기 위하여 한국에 꼼짝없이 6개월간 발이 묶이게 되었다. 그 기간 동안 많은 것을 묵상하고 깨달으며 하나님과 교제할 수 있는 귀한 계기가 되기도 했지만, 한편으로는 아무 일도 하지 못하고 두 손 놓고 있는 시간이 너무 아깝게 느껴졌다. 그러던 중 선배 언니를 만났는데, 가톨릭 신자였던 그 언니가 이런 이야기를 했다.

   "내가 요즘 남편과 함께 저녁마다 성경을 읽는데, 너무 어려워서 무슨 말인지 하나도
   모르겠어."

그 얘기를 듣자 나는 곧 "내가 대만에서 하는 일이 바로 성경을 쉽게 이해할 수 있도록 도와주는 일이에요."라면서 나와 일대일로 성경공부를 하자고 제안했다. 그리고 그날 밤부터 그 언니를 위한 성경공부 교재를 만들기 시작했다. 처음에는 내가 대만에서 개발한 중

국어 교재를 한국어로 바꾸기만 하면 된다고 쉽게 생각했다. 하지만 생각해 보니 그 교재는 마태복음을 중심으로 한 심도 깊은 성경공부 프로그램이었고, 언니가 원하는 것은 창세기부터 요한계시록까지 성경을 전반적으로 이해하는 공부가 아닌가? 그래서 나는 그 '한 사람'을 위해 성경공부 교재를 새로 개발했다. 당시에 내가 너무 오랫동안 쉬어서 축적된 에너지가 많았는지, 아니면 성경을 읽고 싶다는 그 언니의 마음이 너무 귀하게 느껴져 열정이 샘솟았는지는 모르겠으나, 나는 시간 가는 줄 모르고 성경공부 교재를 만들었다.

그런데 그 언니가 "이 귀한 것을 나 혼자 받기는 너무 미안하기도 하고 아깝기도 하다."면서 주변 사람들을 모으기 시작했고, 그래서 한국에서의 첫 성경공부 팀이 생기게 되었다. 나는 이 공부 과정을 '성경의 맥과 핵' 세미나라고 이름지었다. 성경의 맥과 핵이라는 제목은 사실 남편이 신대원 졸업 후 전도사 시절부터 이러저러한 잡지와 주보 등에 기고하던 칼럼의 제목이었다. 나는 남편의 허락(?)을 받아 이 제목을 빌려 쓰기로 했다. 그리고 제목에 걸맞게 창세기부터 요한계시록까지 성경 전반의 맥과 핵을 추려내 정리했다. 이때 주로 사용한 자료는 내가 중국에서 10년 동안 공부하며 정리해 놓았던 '나만의 성경 노트'였다. 내가 평신도로서 성경을 읽으며 유달리 어려웠던 부분들, 아무리 외우려 해도 쉽게 외워지지 않았던 부분들, 그리고 우리를 향하신 하나님의 깊고도 심오한 뜻을 깨달았던 'A-ha! Point'들을 이해하기 쉽게 정리해 놓은 것을 300여 장의 그림과 함께 자료로 만들었다. 그리고 수강생들이 독서 카드에 이 그림들을 붙여가면서 간략하게 설명을 적어 넣도록 세미나를 진행했다. 그래서 '성경의 맥과 핵' 세미나 수강생들은 세미나 후 저마다 성경에 관한 300쪽짜리 그림 노트를 갖게 된다. 그리고 성경의 12시대라든가 성경 속에 흘러가는 세계사, 7대 절기, 5대 제사, 성전의 구조, 고대 근동의 지도, 성경에 나오는 직책들, 그 많은 헤롯 왕들과 그들이 통치하던 영토, 바울의 선교여행 코스, 요한계시록 예언의 구조 등 어렵고 애매모호한 부분들이 잘 생각나지 않을 때마다 언제든지 이 노트를 찾아보면 쉽게 기억해 낼 수 있다!

처음에는 그림 자료들을 인터넷에서 다운 받아 사용했는데, 저작권 문제도 있었지만   그림의 화풍이 모두 달라 통일성도 없었고, 무엇보다 내가 얘기하고자 하는 내용을 정확히 표현해 준 그림을 매번 찾기도 어려웠다. 그래서 어려서부터 미술에 남다른 소질을 보였으나 화가의 꿈을 접고 지난 20년 동안 캐나다와 미국에서 평신도 사역을 하고 있는 언니에게 이 그림들을 그려 달라는 무모한 부탁을 했다. 그런데 언니는 불과 몇 개월 만에 300장의 그림을 아름답고 세련되게 완성하였다! 기도하며 꾸준히 그림을 그리는 과정에서 언니 역시 성령님의 기름 부으심을 체험했다고 한다.

나는 '성경의 맥과 핵' 자료들을 볼 때마다 '어떻게 이 짧은 시간 내에 이런 방대한 내용의 작품이 나올 수 있었을까?' 신기하기만 하다. 아무리 생각해도 내가 한 게 아니라 하나님이 하신 일이라고 고백할 수밖에 없다! '성경의 맥과 핵' 세미나가 어느 정도 완성도를 갖춘 게 불과 1년 정도밖에 안 되었지만, 그동안 9차에 걸쳐 세미나를 인도했다. 세미나에 참여하는 수강생들은 매번 "그동안 어렵게 느껴졌던 성경 내용들을 시원하게 꿰뚫을 수 있었다. 세미나 기간 내내 너무 행복했다. 많이 웃었다. 그리고 많이 울었다."라고 공통된 고백을 한다. 이 역시 내가 한 게 아니고 하나님께서 인도해 주신 결과라고 생각한다.

처음에 단 한 영혼을 위하여 개발한 '성경의 맥과 핵' 세미나는 어느새 많은 사람에게 전달되었다. 특히 사역자들에게는 사역 현장에서 직접 인도할 수 있도록 이 모든 자료를 원본 파일로 다 드리기 때문에 그분들을 통하여 어느새 '2세대'까지 배출되고 있다. 하나님은 정말 놀라우신 분이다! 한 영혼을 돕겠다는 마음으로 드렸던 나의 '작디작은 오병이어'를 이렇게 많은 사람에게 먹이고 계시다니!

하나님과의 안전거리

나는 모태신앙인으로 어릴 때부터 꾸준히 교회를 다녔지만, 늘 하나님과의 안전거리를 유지하려 애썼다. 하나님께 가까이 다가갔다가는 '행여 날 목사 사모나 선교사로 만드실까 봐' 두려웠기 때문이다. 당시에 하나님을 향한 내 솔직한 심정은 이랬던 것 같다.

"하나님, 부디 내 인생에 참견하지 말아 주세요. 내 인생 내 맘대로 살도록 자유롭게 내버려 두세요."

나는 하나님께 쓰임 받는 게 무섭고 싫었다. 교회에서 언제든 도마 위에 올라 난도질당하기 쉬운 '사모'라는 직분이, 그리고 아프리카 식인종들과 함께 벌거벗고 살아야 할 것만 같은 '선교사'라는 직분이 너무 부담스럽고 두려웠기 때문이다. 그래서 늘 하나님의 사정권에서 벗어나려고 애썼다. 물론 나는 다급한 일이 생기거나 필요한 게 있을 때마다 하나님께 다가가 졸라댔다. 하지만 급한 불을 끄고 나면 언제 그랬냐는 듯이 곧바로 하나님으로부터 다시 도망치는 '먹튀'를 반복했다.

그런데 하나님께서는 결국 나를 내가 그렇게도 두려워하던 사모와 선교사로 만드셨다. '주의 종에게 상처를 줬다가는 평생 하나님께 혼날 것 같은' 두려움 때문에 할 수 없이 결혼하여 얼떨결에 사역자의 길로 들어섰기 때문인지 내가 사역자로서의 정체성을 갖기까지는 정말 오랜 세월이 걸렸다. 난 사역자로서의 소명감도, 하나님께 쓰임 받길 원하는 마음도 전혀 없었다. 여전히 하나님께서 내 인생에 최소로 관여하시면서 내가 필요로 할 때에만 짠~ 나타나셔서 날 도와주시고 바로 빠져주시길 바랐다. 그러면서 다른 한편으론 사역자의 신분이면서 사역자로서 쓰임 받지 못하는 내 인생이 얼마나 비참한 것인지 차츰 깨닫게 되었다. 하지만 하나님께서 어떻게 날 쓰시겠는가? 아무리 생각해도 사역은 내 적성에 맞지 않는 일인데? 나의 달란트는 이런 쪽이 아닌데? 쓰임 받아도 불행하고 쓰임 받지 않아도 불행할 것 같았다. 그래서 더 앞이 보이지 않았다.

물론 과거에 구역장이나 주일학교 교사로 섬기는 동안 '하나님 말씀을 전하는 기쁨'이 얼마나 컸던지, 나는 그 감격과 기쁨에 전율하곤 했다. 그런데도 여전히 '나는 사역자로서 너무 안 어울리는 사람이야. 하나님은 나를 동그라미로 만드시고 왜 세모의 틀 안에 가둬 놓으시는 걸까?'라면서 선교지로 날 보내신 하나님을 원망하곤 했다. 그러다가 차츰 "하나님, 절 이렇게 안 쓰실 거면 왜 선교사로 만드셨어요? 하나님 실수하신 거예요!"라고 하나님께 따지기도 했다. 문득 내 기도가 달라져도 너무 달라진 걸 나는 깨달았다.

전에는 그토록 하나님께 쓰임 받길 거부했는데, 이제는 "하나님, 제발 날 좀 써 주세요. 그리고 이왕이면 하나님이 주신 달란트대로 날 써 주세요."라고 울며불며 기도하는 내 모습에 나 자신도 깜짝 놀랐다. 그리고 얼마 안 가서 대만의 사역자들을 대상으로 성경을 가르치는 남편을 따라나서 내가 개발한 자료들에 대해서는 내가 직접 강의하기 시작한 것이다!

요셉의 감옥 학교, 모세의 광야 학교

나는 가끔 생각해 본다. '하나님께서는 왜 나를 사역자로 만드신 순간부터 바로 사용하시지 않았을까?' 하나님은 우리의 자유의지와 인격을 존중해 주시는 너무나 '신사적'인 분이기 때문에 내가 쓰임 받기를 거부하던 당시에는 나를 쓰실 수가 없었던 것이라고 생각한다. 하지만 내가 완전히 낮아져 고집을 다 꺾고 "하나님, 제발 절 써 주세요!"라고 울부짖게 되었을 때, 하나님은 비로소 나를 사용하기 시작하셨다.

아버지의 사랑을 독차지하던 요셉은 왕자병이 있는 소년이었다. 그는 늘 형들보다 자기가 더 잘났다고 우쭐대는 마음이 있었을 것이다(모르긴 몰라도 '형들의 곡식단이나 해와 달과 열한 별들이 자기를 향해 절하는 꿈'을 꾼 후에는 더 기고만장해졌으리라…). 그런데 이러한 요셉이 종살이, 감옥살이의 훈련 없이 곧바로 애굽의 총리가 되었다면 과연 그렇게 지혜롭고 성숙한 모습으로 많은 사람의 목숨을 살리는 일에 쓰임 받을 수 있었을까?

모세 역시 40세까지 애굽의 왕실에서 왕자로 생활하면서 스스로 대단한 사람(somebody)이라고 생각했을 것이다. 그러니까 동족 히브리인을 구하겠다는 영웅심에 애굽인을 죽이기도 했고, 히브리인들 간의 싸움을 말려 보겠다는 오지랖도 발휘했던 게 아닐까? 하지만 그가 하루아침에 바로의 반역자이자 살인자 신분으로 전락하여 광야로 내몰리어 양이나 치며 살게 된 그 40년의 세월이 없었더라면 과연 그 많은 사랑과 온유와 희생으로 이스라엘 백성을 인도할 수 있었을까?

나 역시 말할 수 없이 교만하고 오만불손하고 하나님을 이용만 해 먹던 형편없는 사람이었다. 그런 나를 하나님께서는 사역자로, 사모로, 선교사로 부르셔서 오늘날 성경을 가르치는 일에 사용하고 계시다. 이렇게 되기까지 20여 년간 하나님은 캐나다와 홍콩과 중국에서 나에게 광야 훈련을 시키셨다. 나는 그 훈련을 통해 바닥까지 낮아졌고, 마침내 '내가 아무것도 아닌 존재'라는 사실, '내 것은 아무것도 없다'는 사실을 처절히 깨달았다. 그렇게도 '하나님께 쓰임 받을까 봐' 겁을 내고 거부하던 내가 이제는 '하나님께 쓰임 받는 인생이 최고로 행복한 인생'이라는 걸 알게 되어 "하나님, 제가 여기 있습니다. 저를 써 주세요. 저를 통해 많은 사람이 하나님의 마음과 말씀을 이해할 수 있게 해주세요."라고 간절히 부르짖게 된 것이다! 이토록 오래 기다리시고 참아 주시면서 인내와 사랑으로 나를 여기까지 인도해 주신 하나님, 나는 그 하나님이 너무너무 좋다!

지난 세월 동안 나를 지도해 주신 나의 가장 큰 스승님은 물론 성령님이시다. 하지만 인간적 스승인 나의 남편, 조문철 목사의 가르침과 도움이 없이는 이 책의 출판이 불가능했음을 고백한다. 또 한 분, 내게는 존경하는 스승님이 계신데, 그분은 정신의학자이자 내적치유 강사이신 길르앗 치유문화원 이성훈 교수님이시다. 이 책에는 이 교수님의 영감 어린 지혜와 가르침들이 군데군데 녹아들어 있다.

또 이 책이 나오기까지 전심을 다해 힘써 주신 주대준 장로님과 미래사 고영래 대표님, 그리고 책을 예쁘게 디자인해 주신 박미혜 집사님, 또한 밤샘작업을 해가며 영감 넘치는 그림을 그려준 우리 큰언니 허설영 화백, 오병이어선교회 이용숙 회장님과 곽미란 대표님, CCC 윤여호수아·김루디아 간사님 부부, 새벽마다 이 사역을 위해 눈물로 기도해 주신 우리 엄마, 그리고 일일이 열거하진 못하지만 뒤에서 많은 도움을 주신 분들께 말로 다 할 수 없는 감사를 드린다.

2020년 4월
대만 타이중에서 허계영

차 례

contents

2부 · 구약 성경의 맥과 핵

3부 신약 성경의 맥과 핵

성경의 맥과 핵, 127개의 보석 줍기

" 모든 성경은 하나님의 감동으로 된 것으로

교훈과 책망과 바르게 함과 의로 교육하기에 유익하니 "

– 딤후 3:16

1 신구약

성경의 맥과 핵

성경은 일반적인 책이 아니랍니다

성경은 일반적인 책이 아니랍니다. 성경은 생명력이 있는 책이지요. 왜냐하면 성경의 원저자는 사람이 아니라 하나님이시기 때문이에요. '모든 성경은 하나님의 감동으로 된 것'(딤후 3:16)이라고 성경은 분명히 얘기합니다. '하나님의 감동으로 되었다'는 게 무슨 뜻일까요? 영어 성경에는 이 구절이 'God-breathed'로 표현되어 있습니다. 바로 '하나님께서 숨결을 내쉬셔서 성경을 기록하셨다'는 뜻이지요. 그런데 재미있는 것은, 성경 원문에 보면, 태초에 하나님께서 사람을 창조하시고 나서 그 코에 '생기를 불어넣으셨다'는 말과 이게 같은 단어를 쓰고 있다는 사실이죠. 진흙덩이였던 사람의 몸에 하나님께서 생기를 불어넣으셨을 때 사람이 비로소 생령이 되었듯이, '하나님의 생기'는 '생명력'을 상징합니다. 히브리서에서도 '하나님의 말씀은 살았고 운동력이 있어'(히 4:12)라고 얘기하는데, 이 역시 성경은 하나님이 '숨결(생기, 생명력)'을 불어넣으신 책이라는 표현이랍니다. 인쇄된 활자인 성경이 어떻게 살아 있냐고요? 성경에는 인류를 향하신 하나님의 보편적인 뜻이 명시되어 있습니다. 이것을 하나님의 **'객관적 계획(Logos)'**이라고 하죠. 하지만 하나님께서는 성경을 통해 개개인에게 너무도 시의적절하며 상황에 딱 맞는 기가 막힌 말씀을 일깨워 주세요. 이것을 **'주관적 인도(Rhema)'**라고 해요. 수많은 그리스도인이 매일 이렇게 성경을 통해 하나님의 위로와 평안과 사랑을 받습니다. 또한 우리가 인생길에서 앞이 캄캄하여 방황할 때 하나님께서는 성경을 통해 어느 길로 가야 할지 이정표를 보여주시기도 합니다.

"주의 말씀은 내 발에 등이요 내 길에 빛이니이다" - 시 119:105

"길에서 우리에게 말씀하시고 우리에게 성경을 풀어주실 때에
우리 속에서 마음이 뜨겁지 아니하더냐" - 눅 24:32

성경, 하나님의 말씀

- 로고스(Logos) : 인류를 향한 하나님의 보편적인 뜻 – 하나님의 객관적 계획
- 레마(Rhema) : 나를 향한 하나님의 개별적인 뜻 – 하나님의 주관적 인도

성경예언의 적중률

성경에는 정말 많은 예언들(전부 1,817개)이 나오죠. 그런데 그중 96%가 이미 다 정확히 성취가 되었답니다. 아직 성취되지 않은 것은 4%에 불과한데, 그것은 다 '종말과 예수님의 재림'에 관한 예언들이에요. 확률적으로만 봐도, 지금까지 96%의 예언들이 정확히 성취되었다면 나머지 4%도 성취될 가능성이 매우 높다고 봐야겠죠? 이렇게 놀라운 적중률을 보이는 성경! 이 역시 성경이 일반적인 책이 아니라 '생명력이 있는 책'이라는 또 하나의 증거가 되는 거죠.

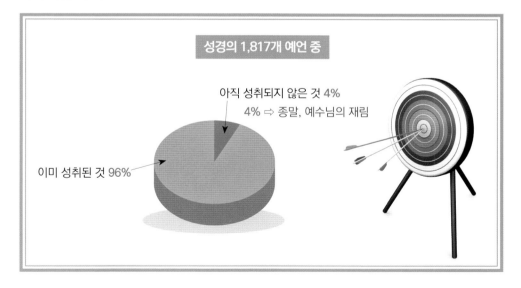

성경, 지상 최대의 베스트셀러!

성경은 역사상 가장 많이 팔린 인류 최대의 베스트셀러이자 가장 많은 언어로 번역된 책입니다. 성경은 이미 3,350개의 언어로 번역되었고, 현재에도 2,658개 언어로 번역 중입니다. 그런데 사실 성경만큼 반대와 핍박을 많이 받은 책도 없습니다. 기독교를 핍박했던 수많은 독재자들과 타종교인들이 성경을 없애려고 별짓을 다했으니까요. 그런데 놀라운 것은, 그럼에도 불구하고 성경이 여전히 살아남아 '인류에게 가장 큰 영향력을 미치는 책'이라는 영예의 자리를 놓치지 않고 있다는 거죠.

또 성경만큼 인류의 예술 작품에 큰 영향력을 끼친 책이 없습니다. 제가 예전에 영문학(English Literature)을 한 학기 수강한 적이 있었는데, 선생님께서 첫 강의 때 해주신 말씀이 지금도 뚜렷이 기억납니다. 지상에 수많은 영문학 작품들이 있는데, 작가들이 작품을 쓸 때 가장 많이 인용한 책 1위가 뭘까요? 정답은 바로 성경! 그럼 2위는? 그리스·로마 신화! 3위는? 셰익스피어의 작품들! 그런데 놀라운 것은 1위와 2, 3위의 격차가 너무 크다는 거예요. 즉, 서양 문학 작품들의 최대 참고서는 성경인데, 그 인용률이 가히 압도적이라는 겁니다! 예를 들어 톨스토이의 『부활』, 도스토옙스키의 『죄와 벌』, 앙드레 지드의 『좁은 문』, 존 번연의 『천로역정』 등 수많은 고전들이 성경적 배경을 가지고 있습니다.

여러분, 이 작품들을 한번 보시겠어요? 성경이나 기독교에 대해서 아무리 일자무식인 사람이라도 다 알고 있는 유명한 예술 작품들이죠. 미켈란젤로의 〈천지창조〉와 〈다비드〉, 레오나르도 다빈치의 〈최후의 만찬〉, 헨델의 〈메시아〉 등이 다 성경을 모티프(motif)로 창작된 것들이죠.

그런가 하면 서양 사람들 이름 중에 성경에 나오는 이름을 그대로 따서 지은 이름이 또 얼마나 많은가요? 아브라함, 사라, 이삭, 리브가, 야곱, 요셉, 모세, 한나, 사무엘, 다윗, 요나단, 마리아, 바울, 베드로, 빌립, 도마 등 끝도 없죠.

만약 위에서 열거한 예술 작품들이나 이름들 중 그 어떤 것도 모르

는 정말 무식한 사람이 있다손 치더라도, 적어도 올해가 AD 2020년이라는 건 알겠죠. 인류 역사를 BC와 AD로 나눈 큰 획을 그은 인류 역사 최대의 사건! 그것은 바로 그리스도의 탄생이었습니다.

BC는 Before

Christ(그리스도 이전), AD는 Anno Domini(주님의 시대, 라틴어)의 약자니까요.

자, 이제 성경이 얼마나 위대하고 얼마나 어마어마한 영향력을 갖고 있는 책인지 아시겠죠?

성경의 아이러니

- 성경처럼 많이 알려진 책도 없고, 성경처럼 덜 알려진 책도 없다.
- 성경처럼 사랑받는 책도 없고, 성경처럼 미움받는 책도 없다.
- 성경처럼 오래된 책도 없고, 성경처럼 새로운 책도 없다.
- 성경은 영원한 베스트셀러요, 최후의 셀러(last seller)이다!

성경의 주제는 하나!

성경은 총 몇 년에 걸쳐서 기록되었을까요? 놀라지 마세요! 성경 66권을 완성하기까지 무려 1,600년이라는 장구한 세월이 소요되었답니다. 또 성경은 3개 대륙에서 기록이 되었는데, 대부분은 아시아에서, 일부는 아프리카와 유럽에서 씌었죠.

그럼 성경의 저자는 모두 몇 명일까요? 물론 앞에서 성경의 원저자는 하나님이시라고 했지만, 하나님께서 사람에게 영감을 주셔서 사람을 통해 기록하셨기 때문에 사람 저자들이 있는 게 사실이지요. 그 저자들이 무려 40여 명이나 됩니다.

그런가 하면 성경은 3가지 언어로 기록되었습니다. 구약은 대부분 히브리어로, 신약은 대부분 헬라어로 기록되었지만, 신구약 중간중간에 아람어로 기록된 부분도 나오죠.

이렇게 1,600년에 걸쳐 3개 대륙에서, 40여 명의 저자가, 3가지 언어로 기록한 엄청난 스케일의 성경! 그런데 놀랍게도 이 성경에는 단 하나의 주제가 유유히 흐르고 있다는 사실! 성경이 비록 66권으로 이루어져 있지만, 그 66권은 주제가 다른 단편모음집이 아니랍니다. 창세기부터 요한계시록까지 일관된 주제로 한 분께 초점을 맞추고 있지요(마치 시공을 초월해서 40여 명의 저자들이 사전에 만나 출판 회의를 한 것처럼요^^).

모든 성경이 궁극적으로 초점을 맞추는 그 한 분은 누구일까요? 바로 예수 그리스도입니다! 그렇다면 이게 과연 우연일까요? 아니면 배후에 계신 한 분의 저자가 시간적·지리적·언어적·개인적 특성을 초월해 '영감을 주셔서' 쓰게 하신 책일까요? 판단은 여러분께 맡기겠습니다!

성경

| 1,600년에 걸쳐서 | 3개 대륙에서 | 40명의 저자에 의해 | 3가지 언어로 | 단 한 가지 주제 (예수그리스도) 로 쓰여짐. |

3개 대륙에서 기록된 성경

- 아시아 : 성경 대부분은 이스라엘이 있던 아시아에서 기록되었어요.
- 아프리카 : 예레미야, 예레미야애가는 예레미야가 아프리카의 이집트로 강제로 끌려갔을 때 기록했어요.
- 유럽 : 사도 바울의 옥중서신 네 권(에베소서, 빌립보서, 골로새서, 빌레몬서)은 바울이 유럽의 로마 감옥에 수감되었을 때 기록했어요.

성경을 기록한 3가지 언어

- **히브리어** : 갑자기 '히브리'란 말이 어디서 튀어나왔냐고요? '히브리'는 이스라엘 백성의 민족 이름입니다. 우리나라의 국호가 '대한민국'이지만 우리 민족의 이름은 '한민족'인 것처럼 '이스라엘'은 국호, '히브리'는 민족명이지요. 가나안 땅에 살던 야곱의 가족 70여 명이 기근을 피해 애굽으로 간 후, 애굽에서 430년간 살면서 점차 노예신분으로 전락한 그들! 인구는 200만이 넘었지만, 여전히 나라 형태를 갖추지 못한 하나의 민족에 불과했어요. 그래서 그들을 '히브리 민족'이라 부르고, 그들이 쓰는 언어를 '히브리어'라고 했지요. 구약 성경은 본래 하나님께서 이스라엘 백성들에게 주신 책이기 때문에 당연히 그들의 언어인 히브리어로 기록됐답니다.

- **헬라어** : '헬라' 하면, 헬레니즘(Hellenism)이 떠오르죠? 헬레니즘은 고대 그리스의 문화를 통틀어 일컫는 말입니다. 이처럼 헬라어는 고대 그리스의 언어예요. 예수님이 오시기 약 300년 전에 팔레스타인 지역(원래는 가나안 땅이었다가 나중에 이스라엘이 차지했지만, AD 70년에 이스라엘이 로마에 완전히 패망하면서 뿔뿔이 흩어진 후, 그 땅은 지금까지 팔레스타인 – 블레셋 사람들의 땅 – 이라고 불리고 있죠)을 포함한 아시아 일부와 유럽 거의 전 지역을 그리스가 정복하면서 헬라어가 국제 공용어가 됐답니다(마치 지금의 영어와도 같았던 거죠). 그리스의 속국이었던 이스라엘은 나중에(BC 70년경에) 로마의 속국으로 넘어가지만, 여전히 헬라어가 국제 공용어로 소통되었기 때문에 신약 성경이 헬라어로 기록되었던 거랍니다.

- **아람어** : 아람어는 옛날 바벨론 제국의 언어입니다. 남유다가 바벨론에게 멸망당하고 백성들이 바벨론에 끌려가 70년간 포로 생활을 한 후, 유다 백성들은 계속해서 아람어를 사용했어요(우리나라 사람들이 일제강점기 이후 한동안 일본어를 사용했던 것처럼요). 아람어는 바벨론 제국이 없어진 이후에도 페르시아, 시리아 등 중동과 근동 지역 전역에서 널리 사용된 언어였어요. 즉, 구약시대부터 신약시대까지 쭉~ 이스라엘이 있던 팔레스타인 지역에서 또 하나의 국제 공용어로 쓰인 게 바로 아람어지요. 여러분도 아람어 몇 마디는 이미 알고 계실 거예요. '달리다굼, 에바다, 엘리엘리 라마사박다니…' 이런 말들 다 아시죠? 이렇게 성경에 원어 발음으로 그대로 기록된 건 대부분 아람어랍니다.

유기적영감설

성경은 '하나님께서, 사람을 통해' 기록하신 책이라고 했죠? 그런데 이건 마치 약수터에 있는 대나무 물관과도 같습니다. 약수물이 대나무 물관을 타고 내려오는 동안 물에 대나무 향이 배긴 하지만 물의 본질은 변함이 없는 것처럼, 하나님의 영감이 40여 명의 저자들을 통해 기록될 때에도 저마다의 독특한 개성, 배경, 문체 등이 반영된 것은 사실이지만 모든 저자가 하나님 말씀의 본질을 왜곡시키지 않고 충실하게 전했답니다(렘 2:2, 겔 1:3, 행 3:21, 히1:1, 벧후 1:21). 예를 들어 전직 세리였던 마태는 마태복음을 기록할 때 세금 장부를 정리하듯(지방세, 토지세, 재산세 등등으로 분류해서) 주제별로 분류해서 정리해 놓았지요. 예수님의 기적은 기적대로, 가르침은 가르침대로, 비유는 비유대로 말이죠. 마태복음은 형식 면에서는 비록 이렇게 저자의 직업병(?) 영향이 나타나지만, 내용 면에서는 '그리스도의 복음'이라는 본질을 놓치지 않고 변질됨 없이 순수하게 표현되었죠. 이것을 조금 어려운 신학적 용어로 '유기적 영감설(Organic inspiration theory)'이라고 합니다.

왜우리가이스라엘의종교를믿어야하는가?

- 여호와께서 아브람에게 이르시되 너는 너의 본토 친척 아비 집을 떠나 내가 네게 지시할 땅으로 가라 내가 너로 큰 민족을 이루고 네게 복을 주어 네 이름을 창대케 하리니 너는 복의 근원이 될지라 너를 축복하는 자에게는 내가 복을 내리고 너를 저주하는 자에게는 내가 저주하리니 **땅의 모든 족속**이 너를 인하여 복을 얻을 것이니라 하신지라 - 창 12:1-3

- 이제 후로는 네 이름을 아브람이라 하지 아니하고 아브라함이라 하리니 이는 내가 너로 **열국의 아비**가 되게 함이니라 - 창 17:5

- 아브라함은 강대한 나라가 되고 **천하 만민**은 그를 인하여 복을 받게 될 것이 아니냐 - 창 18:18

- 그 영광을 **열방** 중에, 그 기이한 행적을 **만민** 중에 선포할지어다 - 시 96:3

- 살몬은 라합(여리고성에 살던 **이방 여인**)에게서 보아스를 낳고 보아스는 룻(모압인, **이방 여인**)에게서 오벳을 낳고 오벳은 이새를 낳고(이 두 사람은 훗날 예수님의 조상이 되어 예수님의 족보에 들어간 이방 여인들이에요) - 마 1:5

- 그러므로 너희는 가서 **모든 족속**으로 제자를 삼아 아버지와 아들과 성령의 이름으로 세례를 주고 - 마 28:19

- 내가 복음을 부끄러워하지 아니하노니 이 복음은 **모든 믿는 자**에게 구원을 주시는 하나님의 능력이 됨이라 첫째는 유대인에게요 또한 **헬라인**(이방인의 상징)에게로다 - 롬 1:16

- 하나님은 홀로 유대인의 하나님뿐이시뇨 또 **이방인**의 하나님은 아니시뇨 진실로 **이방인**의 하나님도 되시느니라 - 롬 3:29

- 너희는 유대인이나 **헬라인**(이방인의 상징)이나 종이나 자주자나 남자나 여자 없이 다 그리스도 예수 안에서 하나이니라 - 갈 3:28

- 이 일 후에 내가 보니 각 **나라와 족속과 백성과 방언**에서 아무라도 능히 셀 수 없는 큰 무리가 흰 옷을 입고 손에 종려 가지를 들고 보좌 앞과 어린양 앞에 서서 - 계 7:9

위의 성경 구절들에 **빨갛게** 표시된 부분의 공통점을 찾아보세요! 네, 모두 유대인과 대치

샘플

되는 개념인 '전 인류'를 뜻하는 말들입니다. 많은 사람들이 이런 질문을 하죠. 왜 우리가 이스라엘의 종교를 믿어야 하느냐고요. 성경을 얼핏 보면 하나님이 '이스라엘의 하나님'인 것 같지만, 창세기부터 요한계시록에 이르기까지 하나님께서는 시종일관 '전 인류'에 대한 관심을 놓치신 적이 한 번도 없었어요.

그렇다면 하나님께서는 왜 굳이 아브라함이라는 인물을 택하셔서 그 자손들인 이스라엘 민족을 만드셨을까요? 그리고 성경에는 왜 '하나님께서 이스라엘 민족을 택하셨다.'는 말이 그렇게 많이 나오는 걸까요? 그것은 바로 '샘플 교육'을 하시기 위해서였어요. 하나님께서 전 인류를 대상으로 교육하시는 게 너무 힘이 드셨거든요. 이스라엘이라는 하나의 민족을 택하셔서 그토록 열심히 소수 정예, 특수 훈련을 시키셨는데도 그렇게 말을 안 듣고 불순종했는데, 그 범위가 전 인류로 확대된다면 이 고집 센 죄인들인 인류 전체를 교육시키시기가 얼마나 더 힘드셨겠어요? 그래서 이스라엘 민족을 샘플로 뽑으셔서 그들과 언약을 맺으신 거죠. "세계가 다 내게 속하였나니 너희가 내 말을 잘 듣고 내 언약을 지키면 너희는 열국 중에서 내 소유가 되겠고 너희가 내게 대하여 제사장 나라가 되며 거룩한 백성이 되리라 너는 이 말을 이스라엘 자손에게 고할지니라"(출 19:5-6)라는 메시지를 이스라엘을 통해 온 인류에게 전달하고 싶으셨던 거예요.(만약에 화장품 샘플이랑 본품 중에 하나를 고르라면 뭘 고르시겠어요? 당연히 크고 좋은 본품이겠죠? 이스라엘은 샘플, 우린 본품! 그러니 우리가 '본품'이라는 자부심을 가지시기 바랍니다!^^)

아브라함과 사라의 이름의 뜻은?

- 아브라함 : 열국(列國, 이스라엘만이 아닌 모든 나라)의 아버지
- 사라 : 열국(列國, 이스라엘만이 아닌 모든 나라)의 어머니

성경 속 샘플 교육

성경은 모든 인류의 이야기로 시작됩니다. 비록 첫 인류의 인구 수가 2명이긴 했지만요. 그러다가 하나님께서 샘플 교육을 시키시려고 이스라엘 민족을 택하셨죠. 하지만 이스라엘 민족이 하나님께 불순종했기 때문에 하나님께서 어쩔 수 없이 범위를 좁혀 이스라엘 12지파 중에 유다 지파를 택하십니다. 하지만 유다 지파도 불순종하자 그중 일부 신실한 사람들만 남기십니다. 샘플의 범위를 점점 좁혀 나가시는 걸 볼 수 있죠? 그러다가 드디어 예수님께서 오십니다. 예수님께서는 12제자를 키우셨고, 그들을 중심으

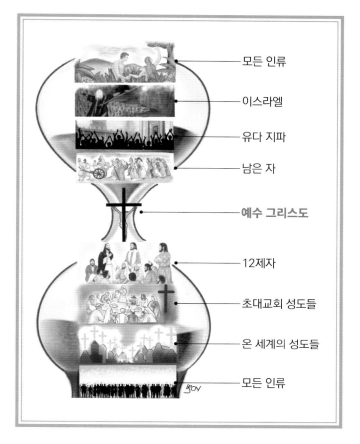

- 모든 인류
- 이스라엘
- 유다 지파
- 남은 자
- **예수 그리스도**
- 12제자
- 초대교회 성도들
- 온 세계의 성도들
- 모든 인류

로 초대교회가 세워집니다. 그리고 초대교회가 선교를 시작하면서 온 세계의 교회들로 하나님의 샘플 교육 범위가 확대되지요.

이렇게 온 세계의 교회들을 통해 모든 인류가 구원을 받는 것이 하나님의 꿈이자 목표이십니다. 구약시대에는 샘플 교육의 범위가 점점 축소되었지만 신약시대에는 그 범위가 점점 확대됩니다. 선교학자 순드클러(Benkt Sundkler)는 이것을 "구약의 선교는 **구심적**(centripetal)이요, 신약의 선교는 **원심적**(centrifugal)이다"라고 표현했지요. 여기에서 또 하나의 중요한 신학적 개념은 바로 '**남은 자**(the remnant) 사상'입니다. 하나님께서 불순종하고 패역한 인류를 다 멸하실 수도 있으셨지만, 그러지 않으시고 '남은 자'들을 통해 다시 모든 인류를 구원하시겠다는 꿈을 갖고 점차 그 범위를 확대해 나가시는 거죠.

"내가 곤고하고 가난한 백성을 너희 중에 남겨 두리니 그들이 여호와의 이름을 의탁하여 보호를 받을지라 이스라엘의 남은 자는 악을 행치 아니하며 거짓을 말하지 아니하며 입에 궤휼한 혀가 없으며 먹으며 누우나 놀라게 할 자가 없으리라"– 습 3:12-13

성경의 맥 – 구속사(救贖史, History of Redemption)

성경은 전체가 1,189장으로 구성되어 있습니다. 그중 맨 앞 두 장(창세기 1, 2장)과 맨 뒤 두 장(요한계시록 21, 22장)은 공통점이 있는데요, 바로 '죄가 없는 세상'을 그리고 있다는 거지요. 창세기 1, 2장은 인류가 타락하기 전이라서 죄가 아직 세상에 들어오지 않은 때이고, 요한계시록 21, 22장은 예수님께서 다시 오셔서 '새 하늘과 새 땅'으로 회복시키시기 때문에 역시 죄가 없지요.

그럼 이 네 장을 뺀 나머지 1,185장의 내용을 한마디로 요약하면? '**구속사**(救贖史, History of Redemption)'라고 할 수 있어요. 하나님께서 죄로 인해 타락한 인류를 구원하시기 위해 갖은 애를 다 쓰시는, 그리고 그 최중심에 예수 그리스도가 계신 역사, 이게 바로 구속사랍니다. 우리가 성경을 읽을 때 이 '**구속사**'의 관점으로 읽는 게 중요해요. 이게 바로 **성경의 맥**이기 때문이죠(이 책의 제목이기도 하고요). 아주 중요한 개념이지요! 자, 다시 한번 복습! 성경의 맥은? 딩동댕! 구속사!

성경의 핵 – 예수 그리스도

그렇다면 성경의 핵은 무엇일까요? **성경의 핵**은 바로 **예수 그리스도**랍니다. 구약의 주제는 한마디로 '오실 예수님'이라고 할 수 있어요. 그리고 신약의 주제는 '오신 예수님과 다시 오실 예수님'이라고 할 수 있죠. 그렇다면 신구약 전체의 주제는? 맞아요. 바로 **'예수 그리스도'**지요.

구약시대 사람들은 성경을 읽으면서 그 내용을 얼마나 이해했을까요? 어려서부터 성경 교육에 목숨을 거는 유대인들(유대 어린이들은 12세까지 모세오경을 다 암송한다고 하지요)은 과연 구약 성경을 100% 다 이해했을까요? 이에 대한 답변을 우린 성경에서 찾을 수 있어요. 사도 바울의 얘기를 들어보면 그들 역시 구약 성경의 내용을 어렴풋이, 대략적으로만 이해했던 것 같아요.

> "그러나 저희 마음이 완고하여 오늘까지라도 구약을 읽을 때에 그 수건이
> 오히려 벗어지지 아니하고 있으니 그 수건은 그리스도 안에서 없어질 것이라"
> – 고후 3:14

또 히브리서 기자는 이것을 "율법은 장차 오는 좋은 일의 그림자요 참 형상이 아니므로 (구약은 신약의 그림자, 신약은 구약의 실체라는 뜻 -히 10:1)"라고 설명하네요. 예수 그리스도가 오신 이야기, 그리고 다시 오실 이야기가 진짜 핵심이라는 거죠. 쉽게 말해서 구약은 예고편, 신약은 본방이라고 할 수 있지요(본방 사수!^^).

바울뿐만 아니라 예수님도 이런 말씀을 하셨어요.

> "너희가 성경에서 영생을 얻는 줄 생각하고 성경을 상고하거니와
> 이 성경이 곧 내게 대하여 증거하는 것이로다" -요 5:39

자, 이제 아시겠죠? 구약이든 신약이든 전체 **성경의 핵**을 왜 **예수 그리스도**라고 하는지 말이에요.

성경의 맥과 핵

- 성경의 맥 : 구속사(History of Redemption)
- 성경의 핵 : 예수 그리스도(Jesus Christ)

금광 속 광맥과 황금

마틴 루터가 이런 말을 했다죠? "성경은 아기 예수가 누워 계신 말구유와 같다. 그러므로 우리는 말구유 어디를 만져도 그 안에 누워 계신 아기 예수를 만질 수 있어야 한다." 하지만 어떤 사람들은 말구유의 나무토막이나 지푸라기만 만지다 끝나고 맙니다. 성경을 읽으면서도 정작 그 주인공이신 예수 그리스도를 못 만나는 거죠.

금광에 금을 캐러 가서 광맥을 따라가지 않고 엉뚱한 곳만 파헤치고 다닌다면 시간, 돈, 노력만 낭비하는 거잖아요? 금광 전문가들은 아무 데나 막 파지 않고 광맥을 먼저 찾는다고 하죠. 우리도 성경의 전문가가 되어 **성경**이라는 **금광** 속에서, **구속사**라는 **광맥**을 따라, **예수 그리스도**라는 **황금**을 캐어 봅시다!

황금을 찾아 떠나는 여행! 준비 됐나요?

그럼 출발~!

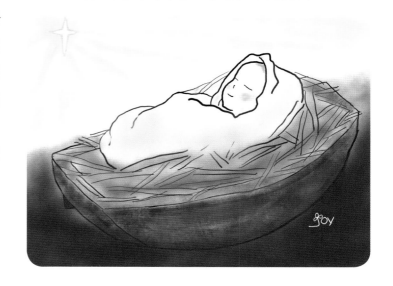

성경의세장르

성경의 구조를 먼저 알고 성경을 읽으면(먼저 숲을 본 후 나무를 보면) 성경을 이해하는 데 큰 도움이 됩니다. 성경은 ① 역사서 ② 체험서 ③ 예언서라는 3개 장르(형식)로 구성되어 있는데, 구약은 각각 17권·5권·17권이고, 신약은 각각 5권·21권·1권입니다. ① 역사서는 사건이나 역사 위주로 기록한 책들이고, ② 체험서는 개인적인 신앙체험을 시나 산문 혹은 편지 형식으로 기록한 책들이지요. 한편, ③ 예언서는 하나님께서 선지자들을 통해 주신 예언을 기록한 책이랍니다.

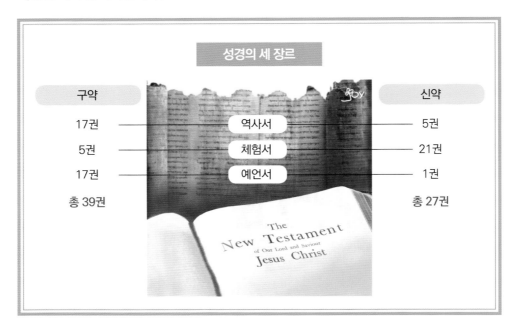

성경의구조

위의 세 장르를 기준으로 성경의 구조를 좀 더 자세히 살펴보면 오른쪽의 표와 같아요.
① 구약의 역사서 중에 첫 5권(창세기, 출애굽기, 레위기, 민수기, 신명기)은 모세5경으로서 율법서라고도 하죠. 유대인들은 이를 '토라(가르침)'라고 부르며 성경의 그 어떤 부분보다 중시한답니다(마 5:17). 한편, ② 구약의 체험서 5권(욥기, 시편, 잠언, 전도서, 아가서)은 시

가서라고도 부릅니다. 신앙의 체험들을 시(운문) 형식으로 기록하였기 때문이죠. 그런가 하면 ③ 구약의 예언서는 모두 17권인데, 그중 앞에 나오는 5권을 대선지서라고 하고, 나머지 12권을 소선지서라고 해요. 대소의 분류 기준은 '책의 분량'이에요. 두꺼운 책은 대선지서, 얇은 책은 소선지서인 것이지 선자자가 위대해서 또는 내용이 걸출해서 대선지서라고 특별대우를 해주는 건 결코 아니랍니다.

이제 신약의 구조를 살펴볼까요? ① 신약의 역사서 중 첫 4권은 모두 '- 복음'이라는 이름을 가지고 있지요? 그래서 이걸 '4복음서'라고 부르죠. 한편, ② 신약의 체험서 21권은 모두 서신(書信, 편지)이에요. 그중 앞의 13권은 사도 바울이 썼기 때문에 '바울서신'이라고 하고, 나머지 8권은 바울서신과 구분하기 위해 '일반서신'이라고 부르죠. ③ 신약의 예언서는 마지막 책인 요한계시록으로, 예수님의 제자였던 사도 요한이 종말과 예수님의 재림에 대해 받은 예언을 기록한 책이에요. 와우! 어느새 성경의 구조를 다 파악했네요! 아직 좀 헷갈리신다고요? 아래 표를 반복해서 자세히 살펴보세요. 그럼 곧 익숙해지실 거예요.

성경의 구조

구약	역사	창세기, 출애굽기, 레위기, 민수기, 신명기	율법서 모세5경
		여호수아, 사사기, 룻기, 사무엘상/하, 열왕기상/하, 역대상/하, 에스라, 느헤미야, 에스더	
	체험	욥기, 시편, 잠언, 전도서, 아가	시가서
	예언	이사야, 예레미야, 예레미야애가, 에스겔, 다니엘	대선지서
		호세아, 요엘, 아모스, 오바댜, 요나, 미가, 나훔, 하박국, 스바냐, 학개, 스가랴, 말라기	소선지서
신약	역사	마태복음, 마가복음, 누가복음, 요한복음	4복음서
		사도행전	
	체험	로마서, 고린도전/후서, 갈라디아서, 에베소서, 빌립보서, 골로새서, 데살로니가전/후서, 디모데전/후서, 디도서, 빌레몬서	바울서신
		히브리서, 야고보서, 베드로전/후서, 요한1/2/3서, 유다서	일반서신
	예언	요한계시록	

성경은 시대순으로 정렬되어 있는 게 아니랍니다!

1. 성경은 시대순이 아니라 장르별로 편집되어 있어요.

2. 같은 장르 안에서는

    1) 크게 보면 시대순이긴 하지만

    2) 분량순(두꺼운 책부터 얇은 책 순)으로 배열되어 있는 경우가 많아요.

3. 신명기와 역대상/하 : 종합편(복습편)으로, 앞에서 기술한 내용들이 반복되어 나와요(그러니까 역사서를 순서대로 읽다가 '왜 같은 얘기가 또 나오지?'라고 이상하게 생각하지 마세요).

4. 역대상/하 = 사무엘상/하 + 열왕기상/하 − 북이스라엘 역사

    역대기는 사무엘서와 열왕기서의 내용을 다 합해서 비교적 오랜 기간의 역사를 기록하고 있죠. 하지만 북이스라엘의 역사는 빼고 남유다 위주로 역사를 기록했어요.

5. 엘리야서, 엘리사서는 역사서일까요, 예언서일까요?

    구약 성경의 많은 부분을 차지하는 선지자 엘리야와 엘리사 이야기! 하지만 그들 이름을 붙인 엘리야서, 엘리사서는 없답니다(소가 넘어갈 뻔?^^). 엘리야 이야기는 열왕기상에, 엘리사 이야기는 열왕기하에 기록되어 있죠.

6. 신약의 체험서는 다 서신서예요.

    1) 바울서신 13권 = 교회 서신 9권 + 개인 서신 4권

    2) 일반서신 = 베드로, 요한, 야고보, 유다의 서신 + 히브리서

성경을 읽는 자세

(1) 구속사의 관점으로 읽는다

성경의 맥은? 구속사! 성경의 핵은? 예수 그리스도! 짝짝짝! 앞에서 설명한 대로 성경이라는 금광에서, 구속사라는 광맥을 따라, 예수 그리스도라는 황금을 찾는다는 일념 하에 성경을 읽어내려 가야겠죠?

(2) 하나님의 연애편지(지금 내게 하시는 말씀, 레마, Rhema)로 읽는다

저는 예전에 성경을 '숙제하는 마음으로' 읽었어요. 목사님들이 '성경을 읽어야 한다'
고 말씀하시니까 의무감에 성경을 읽었던 거죠. 그런데 나중에 '성경은 하나님께서 보
내신 연애편지'라는 사실을 깨달았어요. 성경 전체에 유유히 흐르는 수도 없이 반복되
는 하나님의 사랑고백! 때로는 직설법으로, 때로는 은유법으로, 때로는 반어법으로 하
나님은 성경을 통해 우리에게 끊임없이 사랑을 고백하고 계시답니다.

우린 연애편지를 어떤 마음으로 읽지요? 숙제하듯이? 너무 읽기 싫은데 의무감에 억지

로? 만약 그렇다면 편지를 보낸 연인
의 마음이 너무 슬프겠지요. 하나님
도 마찬가지세요. 우리가 의무감으로
마지못해 숙제하듯이 성경을 읽는다
면 하나님은 큰 상처를 받으실 거예
요. 하나님은 우리에게 성경을 '숙제'
로 주시지 않았어요. '연애편지'로 주
셨죠. 연애편지는 편지를 보낸 연인
의 마음을 생각하면서 읽지요? '왜 여
기에서 하필 이 단어를 썼을까? 이 문
장은 무슨 마음으로 썼을까?' 하면서 말이에요. 연애편지를 읽고 읽고 또 읽으면서, 심
지어는 행간을 읽으며 연인의 사랑고백에 행복해하지 않나요? 그런 마음으로 성경을
읽어보세요. 그러면 '날 향한 하나님의 사랑의 마음'이 찐~하게 느껴질 거예요. 그리고
매 순간 나에게 너무나 시의적절하게 꼭 필요한 말씀(레마, Rhema)을 해주시는 것에
대해 전율하게 될 거예요. 단지 활자가 아닌, '살아서 내 혼과 영과 골수와 관절을 찔러
쪼개는'(히 4:12) 말씀에 가슴이 터질 듯 행복할 거예요.

(3) 하나님과 거래하지 않는다(목적 없는 만남, 순수한 사랑)

만약 어떤 친구가 날 이용할 목적으로 만나자고 한다면 기분이 어떨까요? 별로 안 좋겠죠. 반면 정말 내가 좋아서, 나랑 밥 먹고 커피 마시고 얘기하고 싶어서 만나자고 했다면, 나 역시 신이 나서 그 만남을 즐기겠죠. 사람 사이에도 뭔가 숨은 의도를 가지고 접근하면 기분 나쁘듯이 하나님도 마찬가지세요. 우리는 흔히 뭔가 하나님께 잘 보여야 할 때(급한 기도 제목이 있거나, 문제에 부딪혔을 때) 하나님께 점수 딸 요량으로 무슨 포인트를 쌓듯이 성경을 읽곤 하죠. 하지만 이런 태도 역시 하나님께는 큰 상처가 된답니다. 아무런 의도나 다른 목적이 없이 순수하게 하나님과의 만남과 교제를 즐거워하는 마음으로 성경을 읽을 때, 비로소 '날 향한 하나님의 진정한 사랑'을 깨달을 수 있답니다.

(4) '지켜 행한다'는 각오로 읽는다

여러분은 성경을 왜 읽나요? '1년 1독'을 자랑하려고? 아니면 성경 지식을 쌓아서 아는 척 좀 하려고? 그것도 아니면 성경공부를 인도할 교재를 만들려고? 하나님께서는 우리에게 자신을 계시(啓示, 열어서 보여주심)해 주시기 위해 성경을 주셨답니다. 그래서 우린 성경을 통해 하나님을 알아갈 수 있지요. 그런데 학교에서도 이론공부 외에 실험, 실습 또는 현장학습을 할 때 그 지식이 정말 생생하게 내 것이 되는 것처럼, 성경도 단지 눈으로만 읽고 끝난다면 하나님을 생생하게 알아갈 수가 없어요. 하나님께서 말씀하신 대로 지켜 행할 때에만 하나님을 체험해(experiencing God) 나갈 수 있으니까요. 아무리 말이 안 되는 것 같아도, 아무리 행하기 어려워 보여도 일단 그 말씀대로 순종해 보는 거예요. 즉, **믿음의 모험**을 하는 거죠. 그때 비로소 우리 이성을 초월해서 역사하시는 살아 계신 하나님을 체험할 수 있답니다. 그리고 이런 체험들이 쌓여가면서 하나님을 향한 우리의 믿음은 점점 더 자라가게 되고요. 어때요, 기대되시죠?

"우리가 여호와를 알자, 힘써 여호와를 알자" – 호 6:3

"너희는 여호와의 선하심을 맛보아 알지어다" – 시 34:8

(5) 내가 성경을 읽는 것이 아니라 성경이 나를 읽게 한다

성경을 읽을 때, 처음엔 내가 성경을 읽는 게 사실이지만 어느새 성경이 나를 읽는 걸 느끼게 되지요. 무슨 말이냐고요? 성경 말씀에 비추어 나의 마음, 나의 행동, 나의 삶 등을 점검해 볼 수 있다는 뜻이에요. 만약 잘못된 길로 가고 있다면 바로 궤도를 수정해야겠죠? (아시죠? 속도보다 방향!^^)

(6) 맹목적으로 읽지 말고 자주 질문한다

일부 그리스도인 중에는 '성경은 흠이 없는 완벽한 책이기 때문에 절대 의문을 가져서는 안 돼.'라고 생각하면서, 마치 성경에 대해 의문을 갖는 게 굉장히 불경건한 일인 것처럼 죄책감을 느끼는 사람들이 있는 것 같아요. 혹시 유대인의 성경교육 방식에 대해 들어보셨나요? 그들은 성경을 읽은 후 소그룹으로 나누어 열띤 토론을 벌이는데, 유대인 랍비들은 이렇게 가르친다고 해요. "무슨 질문이든 해라. 하나님이 대답 못 하실 질문은 없다."

물론 우리가 성경을 다 이해할 수는 없어요. 하나님의 계시의 속성상 보여주시는 만큼만 볼 수 있기 때문이지요. 그래서 성경을 과잉 해석하는 것은 아주 위험한 일이에요. 하지만 '덮어놓고 믿어야 해'라는 맹목적 태도야말로 하나님을 알아가는 소중한 기회들을 아예 초반부터 말살해 버리는 아주 위험천만한 태도랍니다. 그건 신앙이 아니라 맹신이지요. 성경을 읽다가 의문이 생기면 그걸 무시하지 말고 질문하세요. 목사님께 질문하거나, 참고자료를 찾아보거나, 그래도 답을 못 얻으면 하나님께 직접 가르쳐 달라고 기도하세요. 그러면 우리의 좋으신 하나님 아버지께서 우리에게 친절하고도 자상하게 잘 가르쳐 주실 거예요(이건 제 체험에서 나온 간증이기도 하답니다).

(7) 점괘책으로 오용하지 않는다

어떤 사람이 '하나님께서 오늘 내게 주시는 말씀이 뭘까? 그 지시를 따라야지!' 하면서 성경책을 탁 펼쳤대요. 그랬더니 '유다가 목 매달아 죽으니라'라는 말씀이 눈에 들어오더랍니다. 기겁을 해서는 "하나님, 이건 아니죠? 다시 한번 지시해 주세요."라면서 또 한 번 탁 펼쳤대요. 그랬더니 이번에는 '가서 너도 이와 같이 하라'는 말씀이 눈에 띄더라는 거예요. 성경을 이렇게 점괘책으로 오용하는 것만큼 위험천만한 일은 없어요(이런 걸 사자성어로 **단장취의(斷章取義)**라고 하지요). 이런 태도는 이단들이 주로 범하는 오류예요. 자기들에게 필요한 말씀만 따로 떼어서 달달 외워 전도(?)하고 다니죠. 성경은 그렇게 읽는 게 아니라 맥과 핵을 잡아, 주제를 놓치지 말고 읽어야 해요. 자, 여기에서 다시 한번 복습! 성경의 맥은? 구속사! 성경의 핵은? 예수 그리스도!

하나님은 선악과를 왜 만드셨을까?

사람들이 성경을 읽기로 결심하고 야심차게 성경책을 펼친 후 처음부터 걸리는 부분이 있다면, 그것은 바로 선악과 이야기일 것입니다. '하나님이 전지전능하시다면 인간이 선악과 따 먹을 것을 다 아셨을 텐데, 왜 군이 선악과를 만드셨을까? 그리고 선악과를 먹고 타락한 인간들의 죄를 대신 짊어지시기 위해 독생자 예수 그리스도를 보내 주셨다니? 이건 병 주고 약 주는 거 아닌가?'라고 말이에요.

태초에 하나님께서 천지를 창조하신 후, 마지막 작품으로 가장 심혈을 기울여 사람을 만드셨어요. 흙으로 사람을 빚으시고 그 코에 숨을 후~ 불어넣으셨죠. 그러자 사람(아담)이 눈을 반짝 떴어요. 하나님과 사람의 눈이 처음으로 마주치는 순간이었죠. 하나님은 바로 그때 큰 문제에 봉착하시게 됐어요. 사람과 사랑에 빠지시고 만 거예요. 마치 엄마가 아기를 낳고 아기와 처음 눈이 마주치는 순간, 아기와 평생 사랑에 빠지는 것처럼 말이에요. 그런데 사랑에 빠지면 그때부터 문제가 시작되죠(사랑에 빠지면서 잠 못 이루는 밤이 계속되듯^^).

한 귀족 청년이 자기의 노예 소녀와 사랑에 빠졌다고 가정해 봅시다. 그럼 이 청년이 노예 소녀에게 가장 먼저 해주고 싶은 게 뭘까요? 노예 신분에서 해방시켜 주는 거겠죠. 자기가 사랑하는 사람이 더 이상 노예로 억압받고 고통당하며 살지 않기를 바라는 게 사랑이니까요. 하지만 소녀에게 노예 해방증서를 써 주는다는 건 청년에게 굉장히 큰 모험이지요. 소녀가 그 증서를 받아 든 순간, 언제든 청년을 떠날 수 있으니까요.

여기에 '사랑의 딜레마'가 있습니다. 사랑하는 그녀를 내 옆에 노예로 묶어 놓을 것인가? 아니면 언제든 날 떠날 수도 있다는 위험을 감수하고라도 그녀에게 자유를 줄 것인가? 귀족 청년이 노예 소녀를 '진정으로' 사랑한다면 분명 노예 해방증서를 써 주겠지요. 그러면서 말하겠죠. "난 그대가 내 곁에 있어 주길 간절히 원하지만, 날 떠나는 게 그대에게 정말 행복한 길이라면 떠나도 좋소."라고요. 사랑하는 사람을 속박하고 고통을 준다는 건 자기 자신에게도 너무 큰 고통이니까요.

하나님이 바로 이런 심정이셨어요. 사람을 너무도 사랑하시지만, 사람이 로봇처럼 그냥 기계적으로 순종하는 게 아니라 자발적으로 사랑하고 순종해 주길 원하셨던 거죠. 집착이나 소유는 사랑이 아니에요. 물론 하나님은 창조주시고 사람은 피조물이라는 엄청난 격차가 있긴 하지만, 하나님께서는 그 힘의 불균형을 이용해 사람에게 사랑을 강요하지 않으셨어요. 만약 힘으로 강요하셨다면, 그건 사랑이 아닌 폭력이니까요. 흔히 '하나님은 인격적이시다'라고들 말하는데, 그게 무슨 뜻일까요? 그것은 바로 '우릴 인격적으로 존중해 주신다'는 뜻이랍니다(롬 12:10). 그래서 동산 한가운데 선악과를 만들어 놓으신 거예요. 그러면서 말씀하셨죠. "난 네가 내 곁에 있어 주길 간절히 원하지만, 날 떠나는 게 네게 정말 행복한 길이라면 떠나도 좋아. 네가 이 선악과를 따 먹는 순간, 네가 날 떠나고 싶어 한다는 뜻으로 알게."라고요. 사람에게 **자유의지(free will)**를 주셨다는 것, 그것은 하나님께 최고의 모험이자 가슴 절절한 사랑의 표현이셨어요. 사람을 인격적으로 대해 주신 거죠. 그런데 사람은 끝내 하나님을 배신하고 말았어요. 그 사랑의 배려를 저버렸던 거예요. 하나님을 떠나 자유를 따라가면 거기에 행복이 있을 줄 알고, 하나님 곁에서 하나님과 사랑하며 사는 게 최고의 행복이란 걸 모르고 사탄의 간교한 유혹에 넘어가 버린 거죠.

사랑은 이성을 마비시킨다!

혹시 'When a man loves a woman'이라는 팝송을 들어보셨나요?
사랑에 빠진 한 남자의 심정을 애절하게 표현한 곡이죠. 그 내용은 다음과 같습니다.

When a man loves a woman, can't keep his mind on nothing else
남자가 여자를 사랑하게 되면 , 다른 어떤 것으로도 그 마음을 돌릴 수가 없어요

He'd trade the world for a good thing he's found
그가 찾은 그녀를 얻기 위해서 이 세상을 다 주고서라도 거래를 하지요

If she is bad, he can't see it, she can do no wrong
그녀가 못된 여자라고 할지라도 그는 그걸 볼 수 없어요
왜냐하면 그에게 그녀는 절대 잘못을 저지를 수 없는 여자거든요

Turn his back on his best friend, if he puts her down
자기 절친이 그녀를 나쁘게 얘기하면 그는 그 친구를 등져 버립니다

(중략)

When a man loves a woman, deep down in his soul, she can bring him such misery
남자가 한 여자를 사랑하게 되면 그녀는 그의 마음 깊은 곳에 더할 수 없는 상처를 줄 수도 있어요

If she is playing him for a fool, he's the last one to know, loving eyes can never see
그녀가 단지 그를 이용할 뿐이라 하더라도 그는 사랑에 눈이 멀어 그 사실을 결코 알지 못합니다

전 인간을 향한 하나님의 사랑이 이와 같다고 생각해요. 사랑은 이성을 마비시키죠. 이러한 맹목적인 사랑, 미친 사랑(crazy love)을 하나님께서 우리에게 하고 계십니다. 그렇기 때문에 우릴 위해 자신의 목숨을 버리기까지 하셨던 거랍니다.

"사랑은 죽음만큼이나 강하고" – 아 8:6

난 선악과 구경도 못 했는데, 왜 나까지 죄인 취급하는 거야?

많은 사람이 자기가 원죄를 가지고 태어났다는 사실을 억울해합니다. 선악과를 따 먹은 것은 아담과 하와인데 왜 자기까지 죄인으로 덤핑 처리되냐는 거지요. 하지만 조금만 생각을 해봅시다. 다음 3가지 질문에 자신있게 아니라고 대답할 수 있나요?

① "난 하나님께 속박당하기 싫어요. 하나님, 내 인생에서 좀 빠져 주세요. 날 좀 자유롭게 살게 내버려 두시라고요."라면서 하나님을 떠나 자기 멋대로 살지는 않나요?

② 선과 악을 판단하는 것은 원래 하나님의 역할인데, 피조물인 우리가 똑같은 신분인 다른 사람들에 대해 "넌 선해" 또는 "넌 악해"라고 판단하지는 않나요? 그 사람이 어떤 상처가 있어서, 어떤 어려움 때문에 그런 행동을 했는지 알 수 없는 우리가 이렇게 남을 판단해도 되는 걸까요? 물론 선과 악을 분별하는 것은 꼭 필요한 일이죠. 하지만 문제는 '판단'에 있는 게 아니라 판단에 배어 있는 '분노'에 있지요.

③ 여러분이 아담이고 하와였다면 끝까지 선악과를 안 따 먹었을 자신이 있나요? 얼마나 버틸 수 있었을까요? 만약 '나는 절대 안 따 먹었을 거야.'라고 생각한다면, 그동안 살아오면서 사탄이 달콤하게 유혹할 때 한 번도 넘어간 적이 없었나요?

그래도 여러분이 선악과랑은 전혀 상관없다고 우기실 수 있겠어요? 아담이 최초로 범죄했을 때, 하나님과의 분리를 체험해야 했고(성경은 이것을 '죽음'이라고 표현하죠 - 창 3:3), 그 충격이 너무나 엄청났기에 그 죄성과 상처가 아담의 DNA에 새겨져 오늘날 우리에게까지 유전되었죠. 아담이 선악과를 따 먹는 순간 죄가 인류에게 들어왔다는 게 바로 이런 뜻이랍니다(롬 5:12-14). 하지만 염려할 것 없어요! 이러한 깊은 죄성과 상처, 그로 인한 각종 병적 증상들을 하나님 앞에서 그대로 인정하고, 예수님께서 날 위해 그 모든 문제들을 이미 다 해결해 놓으셨다는 걸 믿기만 하면, 하나님은 곧바로 우릴 치료하시고 회복시키기 시작하시니까요!

인간, 존재 자체의 불안!

인간이 범죄하면서 하나님을 떠나는 순간, 인간은 어마어마한 트라우마를 겪게 됐어요. 인간은 본래 피조물로, 불완전한 존재로 창조되었기에 창조주이신 하나님이 인간과 함께 계실 때에만 비로소 완전함을 누릴 수 있었죠. 하지만 '죄와 함께하실 수 없는 거룩하신 하나님'께서는 범죄한 인간을 떠나실 수밖에 없었고, 그때 인간이 받은 충격은 실로 가공할 만한 것이었죠(파스칼은 이걸 가리켜 '인간의 마음에는 하나님만이 채울 수 있는 빈 공간이 있다'고 했죠). 하나님이 떠나신 빈 자리는 너무 컸어요. 그래서 인간은 '존재 자체의 불안'을 갖고 있는 거예요. 그 빈 자리가 너무 커서 늘 불안과 공허함, 허무감에 시달리는 것이랍니다. 사람들은 마음속 빈 공간을 세상적 쾌락이나 물질, 명예, 권세 등으로 채워 보려 애쓰지만, 그 어느 것도 하나님을 대신할 수는 없지요. 그 공간은 오직 예수 그리스도로만 채울 수 있답니다!

원시복음(Protoevangelium)과 사탄의 책략

하나님께서는 당신의 사랑의 마음이 이렇게 짓밟히고 당신의 배려가 이렇게 이용당했음에도 불구하고, 그 처절한 배신의 현장에서 '내가 얘들을 위해 대신 죽어야겠다. 그렇게라도 얘들을 살려야 해.'라고 결심하십니다. 우린 이걸 최초의 복음, 즉 '원시복음'이라고 부르죠. 하나님께서는 사람을 유혹했던 사탄에게 이렇게 말씀하십니다.

> "내가 너로 여자와 원수가 되게 하고 너의 후손도 여자의 후손과 원수가 되게 하리니
> 여자의 후손은 네 머리를 상하게 할 것이요
> 너는 그의 발꿈치를 상하게 할 것이니라 하시고" – 창 3:15

이게 무슨 뜻일까요? 원활한 이해를 위해 이 문장의 인칭대명사들을 먼저 정리해 보죠.

나 = 하나님, 너 = 뱀 = 사탄, 너의 후손 = 사탄, 여자의 후손 = 예수 그리스도

그럼, 머리를 상하게 한다는 건 뭘까요? 그건 치명상을 입힌다는 뜻이죠. 그럼 발꿈치를 상하게 하는 건? 네, 그건 경미한 상처를 입힌다는 뜻이겠죠. 즉, "나의 독생자, 예수 그리스도가 언젠가 여자의 후손으로 인간의 몸을 입고 이 세상에 내려와 너(사탄)에게 치명상을 입힐 거야. 그럼 넌 끝이야! 물론 네가 예수 그리스도에게 경미한 상처를 입히긴 하겠지만,"이란 뜻이에요. 그리고 이 일은 실제로 일어났습니다. 예수 그리스도께서 온 인류의 죄를 대신 지시고 십자가에 못 박혀 돌아가셨을 때, 사탄은 더 이상 인간들의 목숨을 볼모로 잡고 시비를 걸 수 없게 된 거예요. 그런데 예수님께서 십자가에 돌아가신 게 오히려 치명상이 아니냐고요? 아니에요. 왜냐하면 예수님은 모든 사망의 권세를 이기시고 3일 만에 부활하셨으니까요! 부활이야말로 인류의 죽음 문제를 해결할 수 있는 '하나님의 승부수(일명 신의 한 수^^)'였던 거죠. 할렐루야!

2천 년 전 예수님의 죽음이
어떻게 현재의 내 죄를 없애(속량해) 주실 수 있죠?

예수님이 십자가에서 돌아가신 것은 과거(그것도 무려 2천 년 전)의 일인데, 먼 훗날 태어난 나의 죄를 어떻게 속량해 주실 수 있을까요? 우리는 시간 속에 갇혀 삽니다. 그래서 시간을 벗어난 세계를 상상하기가 어렵죠. 이에 대해서 C. S. 루이스는 다음과 같이 설명했습니다.
어느 소설가가 시간의 순서에 따라 소설을 써내려 갑니다. 그러다가 문득 소설 속 과거의 사건을 수정하고 싶은 거예요. 그래서 소설의 앞 부분으로 돌아가서 스토리를 고쳤어요. 그런데 또 미래의 사건을 미리 써 놓고 싶지 뭐예요? 그래서 아직 공백으로 남아 있는 페이지를 한참 건너뛰어서 미래의 사건을 먼저 써내려 갔죠. 소설 속의 인물들은 시간의 흐름에 따라 살고 있지만, 그 소설을 창작하는 소설가는 소설 밖에 있기 때문에 소설 속 시간을 초월해 과거, 현재, 미래를 얼마든지 왔다 갔다 할 수 있는 거지요.
하나님은 시간을 초월해 존재하시는 분이십니다. 그분은 인간의 몸을 입고 오셔서 인간들을 대신해 돌아가셔야 했기에 어쩔 수 없이 인간 역사의 한 시점으로 들어오신 게 사실이지만, 태초부터 종말까지의 모든 인간의 죄를 시간을 초월해서 단 한 번에 해결하실 수 있었던 거랍니다.

예수님 한 분이 돌아가신 것으로
어떻게 수십억 명의 죄를 없애(속량해) 주실 수 있죠?

어떤 죄 없는 사람이 어느 사형수 대신 죽겠다고 하면, 그 사형수 한 사람만 살릴 수 있을 뿐 감옥 안의 모든 사형수를 살릴 수는 없겠죠. 그런데 예수님 한 분이 돌아가신 것으로 어떻게 인류 역사의 그 수많은 사람들의 죄를 다 없애 주실 수 있다는 걸까요?

예수님은 창조주십니다. 피조물인 인간과는 너무나 격이 다르고 엄청난 신분 차이가 나지요. 사람이 사람을 대신해서 죽는다면 '1:1'의 거래가 타당하겠지만, 창조주가 피조물을 대신해서 돌아가시는 것은 어마어마한 효력이 있지요. 그것은 '1:수백억' 이상의 엄청난 파워입니다. 창조주 한 분의 생명은 수억조의 인간 생명과는 비교도 안 될 만큼 값진 것이니까요.

그래서 예수님 한 분의 죽음의 가치는 온 인류의 죄를 다 속량하시고도 한~참 남는답니다.

이렇게 창세기 3:15 말씀이 우리에게는 복음이지만 사탄에게는 너무나 무서운 경고였어요. 그래서 사탄은 긴장하기 시작합니다. 그러고는 인류의 역사 가운데 '여자의 후손이 과연 누구일까?' 가슴 졸이며, 그를 없애기 위해 호시탐탐 기회를 노립니다.

(1) 《사탄의 책략 I》 애굽 왕 바로를 통하여 (1,400 BC)

사탄은 하나님과 사람의 대화를 늘 엿들으며 가슴을 졸입니다. 그러다가 하나님께서 아브라함을 불러 이렇게 말씀하시는 걸 엿듣지요.

> "내가 너로 큰 민족을 이루고 네게 복을 주어
> 네 이름을 창대케 하리니 너는 복의 근원이 될지라 너를 축복하는 자에게는
> 내가 복을 내리고 너를 저주하는 자에게는 내가 저주하리니

땅의 모든 족속이 너를 인하여 복을 얻을
것이니라 하신지라" – 창 12:2-3

그리고 거기에서 힌트를 얻죠. "아, 아브라
함을 통해 '여자의 후손'이 태어나겠구나"
라고 말이에요. 그래서 아브라함의 자손을
다 몰살시킬 책략을 꾸밉니다. 그럼 '여자의
후손'이 태어날 가능성을 아예 없앨 수 있을
테니까요. 그러던 중 아브라함의 손자 야곱의 가족 70명이 기근을 피해 이집트(애굽)
로 이주했고, 거기에서 430년을 지내는 동안 200만이 넘는 큰 민족을 이루게 돼요. 사
탄은 이때 이집트 왕 파라오(바로)를 통해 히브리 민족의 대학살을 시행합니다.

"그러므로 바로가 그 모든 신민에게 명하여 가로되
남자가 나거든 너희는 그를 하수에 던지고 여자여든 살리라 하였더라" – 출 1:22

이처럼 많은 남자아이들이 학살을 당했지만, 하나님께서는 모세를 물에서 건져내 극
적으로 구하셔서 모세의 친엄마가 바로의 왕궁으로부터 양육비까지 후원받으며 키우
게 하시고, 애굽의 왕실 장학금을 지원받으며 당대 최고 학문을 익히게 하시는 등 출
애굽 지도자로 성장시키셔서 결국 히브리 민족을 구출하게 하십니다. (이때 모세를 담
았던 갈대상자는 바로 노아의 방주와 동일한 단어인 '테바'로서, 예수 그리스도를 상징합
니다. 즉, 그리스도 안에 있으면 구원을 얻을 수 있다는 뜻이죠.)
이로써 사탄의 책략 실패!

(2) 《사탄의 책략 II》 남유다 아달랴 여왕을 통하여 (840 BC)

세월은 흘러 흘러~ 못내 불안한 마음을 떨쳐 버리지 못한 사탄은 또 한 번의 책략을
씁니다. 이번엔 사탄이 좀 더 유용한 정보를 입수했네요. '여자의 후손'이 다윗 왕의 자
손으로 태어나실 거란 정보까지 얻었어요. 그래서 다윗 왕의 후손, 왕실의 모든 왕자
들을 다 죽이려 합니다.

"아하시야의 모친 아달랴가 그 아들의 죽은 것을 보고 일어나 왕의 씨를 진멸하였으나
요람 왕의 딸 아하시야의 누이 여호세바가 아하시야의 아들 요아스를 왕자들의
죽임을 당하는 중에서 도적하여 내고 저와 그 유모를 침실에 숨겨
아달랴를 피하여 죽임을 당치 않게 한지라" – 왕하 11:1-2

북이스라엘의 악명 높은 커플, 아합 왕과 이세벨 왕비의 딸인 아달랴가 남유다로 시집을 옵니다. 정략결혼이었죠. 그런데 아달랴가 끝내 쿠데타를 일으켜 왕권을 거머쥐고는 모든 왕자들을 다 죽이려 했던 거예요. 하지만 거기에서 단 한 명의 왕자, 요아스가 살아남습니다. 사탄의 책략 또 실패!

여러분, 느껴지세요? 마치 007 영화와도 같은 이 숨막히는, 하나님과 사탄 사이의 쫓고 쫓기는 첩보작전의 긴장감이요?

(3) 《사탄의 책략 III》 페르시아의 대신 하만을 통하여 (450 BC)

세월은 또 흘러 흘러~ 남유다가 하나님께 불순종하여 징벌을 받게 됐어요. 남유다가 바벨론에 패망해서 포로로 끌려가게 되죠. 하지만 머잖아 바벨론 제국마저 페르시아 제국에 패망해 남유다 백성들은 페르시아의 지배 하에 들어가게 됩니다. 그때 페르시아의 최고 고관대작이었던 하만(아말렉 족속)이라는 사람이 자기에게 절하지 않는 유대인 모르드개(에스더 왕비의 사촌 오빠)에게 앙심을 품고 이

참에 온 유대인들을 몰살시키려고 합니다. 하지만 하만은 자기 꾀에 자기가 넘어가 결국 자신이 처형당하고 맙니다. 사탄의 책략 또 실패!

"이에 그 조서를 역졸에게 부쳐 왕의 각 도에 보내니 십이월
곧 아달월 십삼일 하루 동안에 모든 유다인을 노소나 어린 아이나 부녀를 무론하고
죽이고 도륙하고 진멸하고 또 그 재산을 탈취하라 하였고" – 에 3:13

(4) 《아기로 오신 예수님》 (4 BC)

짜잔! 드디어 여자의 후손, 예수님이 오셨어요! 그런데 사탄은 이 중대한 사건을 놓치고 말았네요. 온 인류를 구원할 메시아가 설마 그 작은 마을 베들레헴에서, 그것도 말구유에, 당시 사회적으로 존재감이 전혀 없던 무명의 가난한 부부의 아기로 태어나실 줄은 상상도 못 했던 거죠. 제대로 허를 찔린거지요. 이렇게 해서 사탄의 책략 또 실패!

"오늘날 다윗의 동네에 너희를 위하여 구주가 나셨으니 곧 그리스도 주시니라
너희가 가서 강보에 싸여 구유에 누인 아기를 보리니
이것이 너희에게 표적이니라 하더니" – 눅 2:11-12

창조주가 사람이 되셨다는 것(Cur Deus Homo)

온 우주 만물의 주인이신 창조주 하나님께서 사람이 되셨다는 것, 그건 뭘 의미할까요? 그 엄청난 괴리를 우린 상상하기조차 힘들지만, 혹자는 이 성육신(Incarnation) 사건에 대해 "하나님이 인간이 되신 것은 온 우주가 성냥갑 안에 들어온 갑갑함이었다."라고 표현했습니다. 마치 사람이 바퀴벌레가 되는 듯한 느낌? 아니, 하나님께는 이것이 그보다 훨씬 더 큰 모욕이고 수치셨겠죠. 이처럼 하나님께서 사람이 되신 것만도 엄청난 충격인데, 하나님이시라면 금수저를 물고 태어나시는 게 당연하지 않았을까요? 그런데 하나님은 아예 나락으로 떨어져 곤두박질칠 각오라도 하신 것처럼 가장 가난한 부부에게서, 더러운 말구유에 태어나신 것도 모자라 출생 후 곧 헤롯의 영아 대학살을 피해 이집트로 피신, 난민으로 사셔야 했지요. 또한 외모도 볼품이 없으셔서(사 53:2) 사람들의 주목을 전혀 끌지 못하셨죠(예수님은 결코 얼짱이나 몸짱이 아니셨답니다^^). 공생애 기간에도 당신이 창조한 피조물인 인간들에게 온갖 무시와 거부와 비난을 당한 것도 모자라 심한 고문과 엉터리 재판까지 받으신 후, 끝내는 창조주가 피조물에게 사형 언도까지 받으시게 됐지요.

하나님은 도대체 왜 이렇게까지 낮아지신 걸까요? 그것은 우리가 그분께 편하게 다가가게 해주시기 위해서였습니다. 범죄 이후 자기의 수치심과 열등감 때문에 자기보다 우월한 사람 앞에서 주눅이 드는 우리 인간들이 행여 하나님께 다가가지 못할까 봐, 하나님께서는 이렇게 '좀 심하다' 싶

을 정도로 낮아지셨던 거죠. 그래서 당시 '죄인들의 대명사'였던, 인간 취급도 못 받던 세리와 창녀들이 예수님께 쉽게 다가갈 수 있었지요. 이게 바로 성육신의 비밀입니다.

성육신 사건은 이처럼 우릴 향한 하나님의 사랑을 여과 없이 보여주는 '사랑의 극치'였던 겁니다!

(5) 《사탄의 책략 Ⅳ》 팔레스타인의 헤롯 대왕을 통하여 (4 BC)

그러다가 사탄은 멀리 동방에서 예수님을 경배하러 온 천문학자들과 헤롯 대왕의 대화를 엿듣습니다. 그리고 곧 '아기가 베들레헴에서 태어났다'는 정보를 입수하죠. 그래서 헤롯 대왕을 통해 또다시 영아 대학살을 감행합니다. 하지만 꿈에 천사의 지시를 받은 예수님의 아버지(생부가 아닌 호적상의 아버지죠. 예수님은 성령으로 잉태되셨으니까요) 요셉이 아내 마리아와 아기 예수를 데리고 이집트로 피신하여 '여자의 후손'은 가까스로 목숨을 건집니다. 사탄의 책략 또 실패!

"이에 헤롯이 박사들에게 속은 줄을 알고 심히 노하여 사람을 보내어
베들레헴과 그 모든 지경 안에 있는 사내아이를 박사들에게 자세히 알아본
그 때를 표준하여 두 살부터 그 아래로 다 죽이니" – 마 2:16

(6) 《사탄의 책략 V》 대제사장들과 율법학자들을 통하여 (AD 29)

사탄은 예수님을 계속 쫓아다니면서 예수님이 십자가에서 돌아가시는 것을 어떻게든 막아보려고 안간힘을 씁니다. 회유책(유혹 전략)을 쓰기도 하고, 당시 권력자들을 통해 협박하기도 하고. 하지만 예수님은 결국 십자가에 못 박히시죠. 성령으로 잉태되신 예수님은 100% 하나님이시기도 했지만, 100% 사람이기도 하셨어요. 그래서 십자가의 고통을 그대로 다 느끼셨지요. 그 극심한 고통의 때에 사탄은 당시 종교지도자들을 통해 예수님을 자극합니다.

"그와 같이 대제사장들도 서기관들과 함께 희롱하며 서로 말하되
저가 남은 구원하였으되 자기는 구원할 수 없도다 이스라엘의 왕 그리스도가
지금 십자가에서 내려와 우리로 보고 믿게 할지어다
하며 함께 십자가에 못 박힌 자들도 예수를 욕하더라" – 막 15:31-32

그 극심한 고통의 현장에서 인간적 고통을 100% 느끼셨던 예수님은 얼마든지 십자가에서 내려오실 수 있었지요(예수님 양옆에서 함께 십자가에 달렸던 두 강도는 절대 그럴 수 없었지만요). 100% 하나님이셨던 예수님은 그럴 능력이 충분히 있으셨기에 그들의 이런 조롱의 말은 큰 유혹이 되었을 겁니다. 하지만 예수님은 묵묵히 그 고통을 참아내셨어요. 어떻게 그러실 수 있었을까요? 전 예수님께서 '엄마의 마음'으로 그러셨을 거란 생각이 듭니다. '내가 지금 내려가면 내 자녀가 죽는데…'라고 생각하면 엄마들은 아무리 극심한 고통이라도 참아내잖아요. 바로 그런 사랑으로 예수님은 끝내 십자가에서 운명하십니다. 그들의 말대로 십자가에서 내려오시면 사람들이 '예수님이 하나님의 아들'이란 걸 바로 믿었겠지만, 만약 그러셨다면 '뱀의 후손'의 머리를 상하게 하실 수 없었을 테니까요. 이렇게 해서 사탄의 책략 완전 실패!

이미, 하지만 아직 아님(Already, but not yet)

이렇게 예수 그리스도는 십자가에서 사탄의 머리를 박살내셨어요! 할렐루야! 예수님께서 온 인류의 죄를 대신 짊어지심으로써 우리 인간을 옥죄던 죄와 사망의 권세를 다 깨뜨리셨죠. 그 순간 사탄은 모든 세력을 잃고, 죄 문제를 걸고넘어지는 걸로 더 이상 사람들을 괴롭힐 수 없게 된 거예요! 이렇게 예수님께서 사탄을 누르고 승리하셨음에도 불구하고, 즉 사탄의 머리가 박살이 났음에도 불구하고 왜 세상은 여전히 죄가 가득하고, 죄인들이 득세하며, 또 사람들은 온갖 질병으로 고통을 받다가 결국 죽을 수밖에 없는 걸까요? 여기에 바로 중요한 신학적 개념이 있습니다. 오스카 쿨만(Oscar Cullmann)이라는 신학자는 이걸 '이미, 하지만 아직 아님(Already, but not yet)'이라는 개념으로 설명했습니다. 즉, '예수 그리스도의 부활과 재림 사이의 긴장이 우리가 사는 시대 즉 교회시대인데, 결정적 사건이 일어났지만 완성은 이루어지지 않았다'는 것이죠. 전쟁을 할 때 작전을 개시하는 D-day부터 그 작전을 통해 결국 승리하는 V-day(Victory day)까지는 일정 시간이 필요하겠죠? 이처럼 '예수 그리스도의 초림(성육신)으로 이미(already) 우리 안에 하나님의 나라가 시작됐지만 하나님 나라의 완성은 아직 이루어지지 않았다(not yet)'는 거죠.

그럼 하나님 나라는 언제 완벽하게 완성될까요? 그것은 예수님께서 약속하신 대로 예수님이 재림하실 때 이루어질 거예요. 그러니 아직도 작전 중인 이 전투를 끝까지 잘 싸워 기필코 승리를 거두어야겠지요.

> "바리새인들이 하나님의 나라가 어느 때에 임하나이까 묻거늘 예수께서 대답하여 가라사대 하나님의 나라는 볼 수 있게 임하는 것이 아니요 또 여기 있다 저기 있다고도 못하리니 하나님의 나라는 너희 안에 있느니라 (the kingdom of God is in your midst.)"
>
> – 눅 17:20-21

**예수님께서 십자가에서 운명하시던 그 순간,
우주에는 무슨 일이 벌어졌나?**

예수님께서 희생제물로 십자가에서 돌아가실 때,
온 인류의 죄가 '한 번에, 영원히, 온전케'(히 10:14)
해결되었어요. 그 순간은 인류 역사상 최고의 순간
이었죠! 왜냐하면 역사상 존재했던, 그리고 앞으로
존재할 인류의 모든 죄가 깨끗이 사라지는 순간이
었으니까요! 그것은 온 우주 공간이 '죄가 없는 멸
균실'로 변한 위대한 사건이었어요. 그때 우주 공간
에 '거대한 진공청소기'가 설치되어 인간이 죄를 짓
는 즉시 죄를 흡입하게 된 거예요. 이렇게 예수님의 십자가 사건으로 인해 우리는 사실 지금 죄가
존재할 수 없는 '멸균실'에서 살고 있는 것과 마찬가지예요. 설사 우리가 죄를 지어도 그 순간 '예
수님의 보혈'이라는 진공청소기가 즉시 우리 죄를 빨아들여 영원히 없애 주니까요.

**그럼 예수님을 믿지 않는 사람들의 죄도
예수님이 다 없애(속량해) 주신 건가요?**

네, 맞아요. 예수님을 믿지 않는 사람들, 우상 숭배자들, 타종교 숭배자들, 무신론자들의 죄도 예
수님의 보혈로 다 없애 주셨어요(요 3:16). 하지만 그들은 '예수님께서 자기 죄를 없애 주셨다'
는 사실을 믿지도, 받아들이지도 않기 때문에 구원을 받을 수가 없는 것뿐이에요. 미국에서 남북
전쟁 후, 이미 노예해방이 됐음에도 불구하고 남부의 악덕 주인들이 노예들에게 그 사실을 감추
고 여전히 노예로 부려먹은 사례들이 있었다지요? 그들처럼 여전히 사탄에게 속아 사탄의 노예
로 살아가는 사람들이 우리 주변엔 너무 많답니다. 정말 불쌍하지요? 그래서 우리가 그들에게 이
Good News(희소식, 복음)를 전해야 하는 거예요. 이미 노예해방 선언이 이루어졌다는 사실을,
우린 더 이상 죄와 사망의 노예가 아니라는 사실을, 그래서 이젠 예수님 안에서 자유와 행복을 만
끽해도 된다는 사실을 말이에요!

고래 싸움에 새우등 터지는 땅, 가나안

앞에서도 말씀드린 것처럼, 하나님께서는 이스라엘이라는 한 민족을 샘플로 택하셔서 온 인류를 교육하십니다. 그럼 이스라엘 민족은 어떻게 생겨난 걸까요? 성경에서 창세기 12장은 매우 중요한 장이에요. 하나님께서 훗날 이스라엘 민족의 조상이 될 아브라함을 부르시는 장면이기 때문이죠.

> "여호와께서 아브람에게 이르시되 너는 너의 본토 친척 아비 집을 떠나
> 내가 네게 지시할 땅으로 가라 내가 너로 큰 민족을 이루고 네게 복을 주어
> 네 이름을 창대케 하리니 너는 복의 근원이 될지라 너를 축복하는 자에게는 내가 복을 내리고
> 너를 저주하는 자에게는 내가 저주하리니 땅의 모든 족속이 너를 인하여 복을 얻을 것이니라
> 하신지라 이에 아브람이 여호와의 말씀을 따라 갔고 롯도 그와 함께 갔으며
> 아브람이 하란을 떠날 때에 그 나이 칠십오 세였더라 아브람이 그 아내 사래와 조카 롯과
> 하란에서 모은 모든 소유와 얻은 사람들을 이끌고 가나안 땅으로 가려고 떠나서
> 마침내 가나안 땅에 들어갔더라" - 창 12:1-5

그런데 여기에서 한 가지 의문이 듭니다. 하나님께서는 갈대아 민족(훗날 바벨론 제국을 세움)의 땅 우르에서 잘 살던 아브라함을 왜 굳이 불러내셔서 그 먼 길을 가게 하시고, 결국 가나안 땅(지금의 팔레스타인 지역)으로까지 가라고 하시냐는 거죠. 우르에서도 얼마든지 샘플 민족으로 만드실 수 있으셨을 텐데 말이에요. 여기에서 우린 가나안 땅의 지정학적 위치를 살펴볼 필요가 있습니다.

여기에서 잠깐, 성경 지도를 보는 요령 한 가지! 성경 지도는 '물'을 먼저 찾으면 쉽습니다 (갑자기 웬 물이냐고요? 바다, 만, 호수, 강 같은 것 말이에요^^).

① **지중해(地中海)** : 지중해는 말 그대로 '땅 사이에 있는 바다'라는 뜻입니다. 지중해의 북쪽은 유럽, 동쪽은 아시아 그리고 남쪽은 아프리카 대륙이지요. 그럼 성경 어디에 '지중해'라는 말이 나올까요? 어디에도 안 나와요. 왜냐하면 성경에서는 지중해를 '대해(大海, The Great Sea, - 수 1:4, 수 15:12)'라고 기록하고 있거든요.

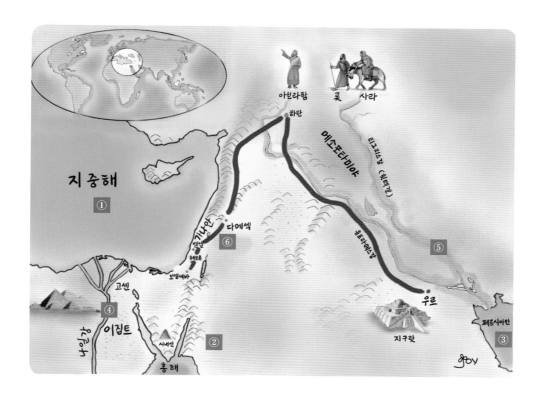

② **홍해** : 지도의 왼쪽 아래에 곤충의 더듬이 모양으로 뻗어 나온 바다 보이세요? 이게 바로 홍해예요. 이 곤충의 두 더듬이 사이가 바로 시내산이 있는 '시내(시나이)반도'지요.

③ **페르시아만** : 지도의 오른쪽 아래에 파란색 물이 또 하나 보이시죠? 이게 바로 페르시아 만이에요. 예전에 페르시아가 있던 지역에 위치해 있어서 페르시아만이라고 불렀지요. 만(灣)과 반도(半島)의 차이 아시죠? 만은 3면이 육지로, 반도는 3면이 바다로 둘러싸인 곳이잖아요(그래서 우리나라를 한반도라고 하죠). 이곳은 3면이 육지로 둘러싸여 있어 페르시아만(灣)이라고 부른답니다.

④ **나일강** : 아까 지중해의 남쪽이 아프리카 대륙이라고 했죠? 그런데 아프리카 중에서도 이집트(애굽)가 이곳에 위치해 있습니다. 이집트의 유명한 강은? 나일강! 나일강은 남쪽 에서 북쪽으로 흐르다가 지중해로 흘러 들어가요. 그런데 나일강의 하류로 갈수록 강의 폭이 넓어지면서 비옥한 땅이 형성돼요. 강물이 퍼져 삼각형 모양을 이룬 게 보이시죠?

이 지역을 바로 '나일 삼각주'라고 한답니다. 이곳이 바로 야곱의 가족 70명이 이민 가서 산 곳으로 훗날 히브리 민족이 살게 된 '고센 땅'이에요.

⑤ **티그리스강, 유프라테스강** : 페르시아만으로 흘러 들어가는 두 줄기의 강물 보이시죠? 이게 바로 그 유명한 티그리스(힛데겔)강과 유프라테스강이에요. 그리고 이 두 강 사이의 땅을 메소포타미아(Mesopotamia)라고 부른답니다. 메조소프라노가 소프라노와 알토의 중간 음역이듯 '메소(meso)'라는 말은 '중간'이라는 뜻을 가지고 있어요. 즉, 두 강의 중간에 있는 땅이라고 해서 '메소포타미아'라는 이름이 붙여진 거죠. 후에는 이 일대의 땅을 다 메소포타미아라고 부르게 되었지만요. 이 두 강의 하류 지역에 '우르'라는 곳이 있었는데, 아브라함의 가족이 여기에 살고 있었어요. 우르는 '지구라트'라는 거대한 건축물의 유적지이기도 해요. 고고학자들은 이 지구라트가 바벨탑이었을 것으로 추측한답니다.

⑥ **사해** : 이번엔 지중해의 오른쪽(동쪽) 땅을 한번 보세요. 그곳이 바로 그 유명한 성경 지리의 중심지, 가나안 땅이에요. 가나안 땅에는 큰 호수가 2개 있는데, 북쪽 호수가 갈릴리, 남쪽 호수가 사해예요. 이 지도에는 갈릴리 호수가 너무 작아서 안 보이지만 사해는 작게나마 보이네요. 사해는 염도가 높아 물고기가 살 수 없어서 사해(死海, 죽은 바다)란 이름이 붙여졌다지요? 그래서 사해는 염해(鹽海, 소금 바다)라고도 불린답니다.

이렇게 해서 성경 지도의 중요한 '물'을 공부했어요. 그런데 이 지도에 인류 문명의 4대 발상지 중 2개가 나오네요. 바로 티그리스-유프라테스강과 나일강이에요(나머지 두 개는 인도의 인더스강과 중국의 황하강이죠).

자, 여기에서 아까 제기했던 질문의 답을 한번 찾아봅시다. '갈대아 우르에서 잘 살던 아브라함을 하나님께서는 왜 굳이 불러내셔서 그 먼 길을 가게 하시고, 결국 가나안 땅으로까지 가라고 하셨는가?'라는 질문 말이에요. 그 답은 바로 앞에 나온 지도 안에 있어요.

가나안 땅은 지정학적으로 3개 대륙이 만나는 교차로와도 같은 곳이지요. 즉, 유럽이나 아프리카나 아시아의 어느 제왕이 다른 대륙을 정복하기 위해서는 반드시 먼저 거쳐가야 할 곳이 바로 가나안 땅이라는 거죠. 그런데 앞에서도 얘기한 것처럼 가나안 땅 주변에는 강대국들이 포진되어 있었어요. 실제로 구약시대 때 강대국이었던 이집트와 앗수르, 바벨론, 페르시아 제국이 다 가나안 땅 주변에 위치해 있었던 거예요. 한마디로 가나안 땅은 '고래 싸움에 새우등 터지는 곳'이라고 할 수 있지요. 우리나라도 지정학적으로 열강들의 틈바구니에 위치해 있어서 역사상 수없이 많은 외침을 당했는데, 가나안 땅도 그랬던 거예요. 즉, 군사력으로는 어찌해 볼 도리가 없는 곳, 오로지 하나님만 바라봐야 살 수 있는 곳이 바로 가나안 땅이에요. 이 정도면 하나님께서 샘플 민족을 훈련시키시기에 가장 적합한 곳이란 생각이 드시죠? 그래서 하나님께서 아브라함을 가나안 땅으로 불러내셨고, 아브라함의 후손인 이스라엘 민족에게 그 땅을 주신 거예요.

"주 여호와께서 가라사대 이것이 곧 예루살렘이라
내가 그를 이방인 가운데 두어 열방으로 둘러 있게 하였거늘" – 겔 5:5

느부갓네살 왕의 꿈 – 성경의 세계사에 대한 예언

앞에서 성경 지리를 공부했으니, 이제 성경 역사를 한번 공부해 봅시다! 다니엘서 2장을 보면, 다음과 같은 이야기가 나옵니다.

어느 날 바벨론 왕 느부갓네살이 꿈을 꿉니다. 꿈이 하도 뒤숭숭해서 마음이 산란해진 왕은 자기 휘하의 현인들에게 두 가지 미션을 줍니다. 첫째는, 자기가 꾼 꿈을 알아맞힐 것, 둘째는 그 꿈을 해몽할 것. 이 명령에 현인들은 아연실색합니다. 꿈 해몽이야 어떻게 적당히 둘러대서 해보겠지만, 왕이 꾼 꿈을 어떻게 알아맞힐 수 있겠냐는 것이죠. 왕의 머릿속에 들어갔다 나올 수도 없고. 이렇게 현인들이 다 처형당할 위기에 처해 있을 때, 바벨론 제국에 포로로 끌려가 현인으로 활동하던 유대 청년 다니엘이 하나님께 계시를 받아 왕의 꿈을 알아맞힐 뿐 아니라 해몽까지 멋지게 해냅니다.

느부갓네살의 꿈은 다음과 같았어요.

"왕이여 왕이 한 큰 신상을 보셨나이다 그 신상이 왕의 앞에 섰는데
크고 광채가 특심하며 그 모양이 심히 두려우니 그 우상의 머리는 정금이요
가슴과 팔들은 은이요 배와 넓적다리는 놋이요 그 종아리는 철이요
그 발은 얼마는 철이요 얼마는 진흙이었나이다
또 왕이 보신즉 사람의 손으로 하지 아니하고 뜨인 돌이 신상의 철과 진흙의 발을 쳐서
부숴뜨리매 그때에 철과 진흙과 놋과 은과 금이 다 부숴져 여름 타작 마당의 겨같이 되어
바람에 불려 간 곳이 없었고 우상을 친 돌은 태산을 이루어 온 세계에 가득하였나이다"

– 단 2:31–35

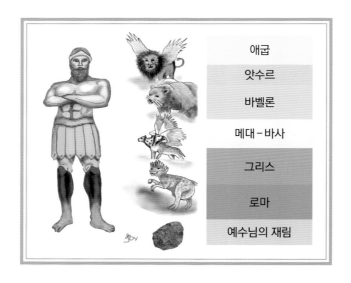

그 꿈은 앞으로 펼쳐질 세계사의 흐름을 하나님께서 예언해 주신 것이었어요. 느부갓네살의 바벨론 왕국이 머잖아 메대 – 바사(페르시아) 제국에게 패망하고 바사는 그리스에, 그리스는 로마에 패망한다는 것이었죠. 그리고 어디선가 날아온 돌은 바로 예수님의 재림을 상징하는데, 이것은 예수님께서 다시 오실 때 이 세상의 그 어떤 강한 세력이나 권세도 다 산산조각 나 흔적도 없이 사라진다는 의미지요.

자, 그럼 여기에서 세계사의 패권을 잡는 나라들을 순서대로 외워 봅시다.

성경 속 국제 사회의 패권을 잡은 나라들
바벨론 – 메대와 바사 – 그리스 – 로마

그런데 다니엘서 7장에 보면, 이번에는 다니엘의 꿈 이야기가 나옵니다.

꿈에서 다니엘은 4마리의 짐승을 보는데, 독수리 날개를 가진 사자, 세 갈빗대를 입에 문 곰, 날개 넷과 머리 넷을 가진 표범 그리고 열 뿔을 가진 무서운 짐승이었어요. 이 역시 세계사의 흐름에 대한 예언적 꿈으로, '사자는 바벨론, 곰은 메대 – 바사, 표범은 그리스, 무서운 짐승은 로마'를 상징하죠.

그런데 여기에서 재미있는 것은 이 짐 승들의 머리 수를 다 합하면 7개, 뿔의 수를 다 합하면 10개라는 거죠. 나중에 요한계시록에도 음녀가 짐승을 타고 있 는 장면이 나오는데, 그 짐승도 머리가 7개, 뿔이 10개예요. 즉, 이 짐승들은 하나님 나라 를 대적하는, 사탄에게 속한 세상 나라들을 상징합니다(계 17:7-12).

성경 이야기는 역사적인 사실이기 때문에 성경 역사도 세계사의 흐름을 타고 흘러갑니다. 물론 느부갓네살 왕은 바벨론 시대의 인물이라서 이 꿈이 바벨론부터 시작되지만, 우린 바벨론 이전 시대도 알아 두면 더 좋겠죠. 바벨론 이전에는 앗수르, 앗수르 이전에는 애굽 이 국제 사회의 패권을 차지했답니다. 그럼 처음부터 다시 순서대로 외워 볼까요?

> **성경 속 국제 사회의 패권을 잡은 나라들**
> 애굽 – 앗수르 – 바벨론 – 메대와 바사 – 그리스 – 로마

앞으로 이 순서를 기억하면서 성경을 읽어 나가면, 성경이 훨씬 더 쉽게 이해되실 거예요.

성경의 개요 – 2막 5장

여기에서 성경 역사 공부의 여세를 몰아 성경 역사를 아주 간략하게 한번 정리해 볼까요? 성경 역사를 줄이고 또 줄이면 '2막 5장'으로 요약할 수 있어요. 제1막을 구약, 제2막을 신약이라고 한다면….

성경의 개요 – 2막 5장				
구약 (제 1 막)		신약 (제 2 막)		
제 1 장	제 2 장	제 1 장	제 2 장	제 3 장
건국	망국	광복	임시정부	천국

① **건국** : 하나님께서 아브라함을 부르셔서 이스라엘이라는 나라의 기초를 세우십니다.

② **망국** : 하지만 하나님을 배신하고 우상숭배에 빠진 이스라엘은 하나님께 징벌을 받아 망하고 말죠.

③ **광복** : 그러다가 그리스도께서 오셔서 인류를 죄와 사망으로부터 해방시켜 주십니다. 이것이 바로 빛의 회복, 광복이죠!

④ **임시정부** : 예수님께서 십자가에서 돌아가시고 부활, 승천하신 후 성령님께서 오시면서 교회가 시작됩니다. 교회가 천국의 모델이긴 하지만, 아직 완전한 형태는 아니니 임시정부(Already, but not yet!)라고 할 수 있겠죠?

⑤ **천국** : 마침내 예수님께서 다시 오실 때 이 땅에 새 하늘과 새 땅, 즉 영원한 천국이 세워지게 됩니다.

성경의 15시대

이제 성경 역사 공부를 좀 더 깊이 해보겠습니다. 성경 역사는 다음 그림과 같이 크게 15시대로 구분할 수 있지요.

성경의 15시대

창조시대 → 족장시대 → 노예시대 → 출애굽 및 정복시대

남유다 멸망 ← 북이스라엘 멸망 ← 왕국시대 ← 사사시대

포로시대 → 포로귀환시대 → 침묵시대 → 복음시대

재림시대 ← 선교시대 ← 교회시대

(1) 창조시대 : 창조, 타락, 홍수, 바벨탑 (창 1-11장)

1) **창조** : 태초에 하나님께서 천지를 창조하셨어요. 인간이 살기에 딱 좋은 완벽한 환경을 만드시고, 마지막으로 사람을 만드셨어요. 하나님은 사람과 사랑에 빠지셨어요. 그리고 그 사랑의 선물로 자유의지를 주셨죠.

2) **타락** : 하지만 사람은 그 자유의지를 이용해 하나님을 떠나고 말았어요. 이렇게 타락의 길로 접어든 사람은 점점 더 타락의 소용돌이로 걷잡을 수 없이 빨려 들어갔어요. 인간들의 타락상이 도무지 회생 불가능한 지경에 이르자 하나님께서는 사람을 만드신 걸 후회하시게 됐어요.

3) **홍수** : 하나님께서는 모든 걸 다 정리하고 '다시 시작!' 하고 싶으셨어요. 그래서 당대의 의인이었던 노아에게 방주를 지으라고 하시고, 노아를 통해 사람들에게 '곧 홍수로 인한 대심판이 임할 것이니 방주에 들어오라'고 촉구하셨어요. 하지만 노아네 가족 8명 이외에는 아무도 하나님 말씀에 관심이 없었죠. 그래서 하나님께서는 노아네 가족을 제외한 전 인류를 홍수로 심판하셨어요.

4) **바벨탑** : 세월은 흘러 흘러~ 사람들이 또 많아졌어요. 하지만 사람들은 또다시 하나님을 떠나 하나님과 상관없이 살아갔어요. 그러다가 끝내는 바벨탑을 세우게 되죠. 사람들은 발달된 건축기술(돌 대신 벽돌, 흙 대신 역청 사용)을 가지고 "또 말하되 자, 성과 대를 쌓아 대 꼭대기를 하늘에 닿게 하여 우리 이름을 내고 온 지면에 흩어짐을 면하자"(창 11:4)라면서 성을 쌓아 올렸죠. 이걸 보신 하나님께서는 "이 무리가 한 족속이요 언어도 하나이므로 이같이 시작하였으니 이후로는 그 경영하는 일을 금지할 수 없으리로다"(창 11:6) 하시고는 그들의 언어를 뒤섞어 놓으셨고, 사람들은 성 쌓는 일을 멈추고 온 땅에 흩어지게 됐어요.

하나님은 사람들이 이름 내는 걸 왜 그리 싫어하셨을까요?

사람들은 누구나 자기 이름 내기를 원합니다. 그런데 하나님께서는 유난히도 그걸 경계하시죠. 그래서 우리는 '모든 영광을 하나님께 돌려야지, 사람이 하나님 영광을 가로채면 안 된다.'고 배워왔습니다. 그렇다면 하나님께서는 왜 모든 영광을 혼자서 독식하시려는 걸까요? 그 영광을 사람에게 좀 나눠 주시면 어째서 그리도 경계하시는 걸까요?

여기에서 우리가 함께 살펴봐야 할 성경구절이 있습니다.

그것은 창세기 12장, 하나님께서 아브라함을 불러 복을 주시는 장면입니다.

창세기 11장의 바벨탑 사건에서는 "우리가 우리 이름을 널리 알리고"라고 하지만, 창세기 12장의 아브라함에게 주시는 축복에서는 "내가 네 이름을 창대케 하리니"라고 하시죠. 이 두 문장을 비교해 보세요. 주어가 다르지요? 11장에서는 주어가 '우리(사람)'지만, 12장에서는 주어가 '나(하나님)'잖아요? 우리가 아브라함처럼 하나님께 순종하는 삶을 살면 하나님께서는 우리 이름을 높여 주세요. 더할 수 없는 영광의 자리에 앉혀 주시죠. 하지만 우리 스스로 우리 이름을 높이는 것을 하나님께서는 싫어하세요. 왜냐하면 피조물이 주제를 모르고 창조주 코스프레를 하는 것보다 더 추한 게 없거든요. 여러분도 잘난 척하는 사람을 보면 '재수없다'는 생각이 들지 않던가요? 하나님께서는 우리가 명예욕의 노예가 되어 추하고 비굴하게 살아가길 원치 않으시는 거예요. 그래서 '하나님 영광을 가로채지 말라'는 것은 하나님께서 우릴 품위 있게 살도록 해주신 보호장치인 거예요. 다시 말해서, 우리가 우리 이름을 높이는 것은 언젠가 와르르 무너질 사상누각이지만, 하나님께서 우리 이름을 높여 주시는 것은 기초공사가 튼튼한 멋진 건물이라는 거죠. 하나님께서는 우리가 허망하게 무너지지 않도록, 상처받지 않도록 보호해 주시기 위해 스스로 자기 이름 내는 걸 그토록 경계하신거랍니다.

하지만 사실은 이보다 더 중요한 이유가 있어요.

바벨탑을 쌓아올려 자기 이름을 드러내려고 하는 것은 이미 그 마음에 '내가 내 인생의 주인이야. 내 맘대로 살 거야. 하나님은 필요 없어!'라는 생각을 갖고 있다는 뜻이에요. 하나님께서 가장 신경 쓰시는 것은 바로 '우리와의 사랑의 관계'

예요. 하지만 이렇게 하나님과 절교를 선언하고 자기 맘대로 살겠다고 하면, 하나님은 너무 큰 상처를 받으시고 슬퍼하세요. 왜냐하면 우리와의 사랑의 관계가 깨졌기 때문이죠. 그래서 '사람들 스스로 자기 이름을 널리 알리려고' 쌓은 바벨탑을 그렇게도 싫어하셨던 거랍니다.

(2) 족장시대 : 아브라함, 이삭, 야곱, 요셉 (2,000~1,800 BC, 창 12-50장)

하나님께서는 아브라함을 부르셔서, 전인류 교육을 위한 모델로 하나님의 백성을 만들어 나가기 시작하십니다. 그리고 아브라함은 하나님 말씀에 순종하여 고국(갈대아 우르)을 떠나 가나안 땅으로 이민 가서 그곳에서 이삭을 낳죠. 이삭은 쌍둥이 아들 에서와 야곱을 낳고, 야곱은 열두 아들을 낳는데, 이 야곱의 열두 아들이 바로 이스라엘 민족 12지파의 조상이 됩니다.

(3) 노예시대 : 노예생활, 영아 학살, 모세 소명, 10대 재앙 (1,800~1,400 BC, 출 1-11장)

야곱은 열두 아들 중 11번째 아들인 요셉을 가장 사랑했어요. 이러한 아버지의 편애에 불만을 갖고 동생 요셉을 시기한 형들이 요셉을 노예로 팔아넘겨 요셉은 이집트(애굽)로 끌려갑니다. 우여곡절 끝에 결국 이집트의 총리가 된 요셉은 가나안 땅에서 기근으로 고생하고 있는 가족들을 이집트로 이주시키죠(이것이 초청 이민의 원조!^^). 하지만 요셉이 죽은 후 400여 년이 흐르면서 요셉을 모르는 새로운 파라오가 즉위했는데, 그는 점차 늘어나는 히브리 민족에게 위기감을 느끼게 됩니다. 그래서 이스라엘 백성들을 노예로 부리며 극심한 강제노역을 시키죠. 그럼에도 불구하고 하나님의 은혜로 이스라엘의 인구 수는 점점 더 증가했어요. 파라오는 두려움에 사로잡혀 이번엔 히브리 남자아이들이 태어나면 다 죽이라는 영아 대학살령을 내립니다. 하지만 그 와중에 모세라는 인물이 극적으로 살아남아, 극적으로 이집트 공주의 아들로 입양되었다가, 극적으로 살인자 및 반역자로 몰려 광야로 피신해 살다가, 극적으로 하나님의 소명을 받게 됩니다(정말 드라마틱한 삶이지요?^^). 이스라엘 백성을 출애굽시키라는 소명을 받고 이집트로 돌아간 모세는 하나님이 주신 능력으로 10가지 재앙을 일으켜 결국 그렇게도 강팍하던 파라오를 굴복시킵니다.

(4) 출애굽 및 정복시대 : 첫 유월절, 율법과 성막, 광야생활, 가나안 (1,400 BC, 출 12-수)

1) 첫 유월절 : 10가지 재앙 중 마지막 재앙은 모든 가정의 장자를 죽이는 재앙이었는데, 이것은 영적으로 아주 중요한 의미가 있답니다. 하나님께서 모든 가정의 장자를 치시기 전에 그 재앙으로부터 벗어날 수 있는 한 가지 암호를 알려주시는데, 이것이 바로 첫 유월절 사건이죠. '유월절(逾越節, Passover)'이란 말은 한자로 '넘을 유, 넘을 월'을 써서 '(피가 발라진 집은) 재앙이 넘어갔다'는 의미를 가지고 있어요. 하나님께서 알려주신 암호는? 태어난지 1년 된 흠 없는 숫양이나 숫염소를 잡아 그 피를 집의 문설주와 문인방에 바르라는 것이었죠.

> "내가 애굽 땅을 칠 때에 그 피가 너희의 거하는 집에 있어서 너희를 위하여
> 표적이 될지라 내가 피를 볼 때에 너희를 넘어가리니 재앙이 너희에게 내려
> 멸하지 아니하리라 너희는 이 날을 기념하여 여호와의 절기를 삼아
> 영원한 규례로 대대에 지킬지니라" - 출 12:13-14

이 10번째 재앙으로 그동안 계속 고집을 부리던 파라오가 끝내 포기하고 히브리 민족을 보내 줍니다. 이렇게 모세는 200만 백성을 데리고 이집트를 탈출(출애굽)하는 데 성공하게 되죠. 이 첫 유월절 사건은 '죄와 사망의 노예가 되었던 우리를 어린양(예수 그리스도)의 피로 해방시켜 주신다'는 아주 큰 영적인 의미가 있기 때문에 성경에서 매우 중요한 사건입니다(밑줄 쫙~ ★표 5개!).

2) 율법과 성막 : 홍해가 갈라지는 기적을 체험하고 무사히 이집트를 탈출한 이스라엘 백성! 그들이 시내 광야에 이르자 하나님께서는 이스라엘 백성에게 율법을 주시면서 언약을 맺으십니다. 언약의 내용은 '하나님의 율법에 순종하면 축복을 받지만, 불순종하면 저주를 받는다.'는 것이었죠. '우리 인간은 사랑의 왕이신 하나님의 통

치를 받을 때 가장 행복할 수 있다.'는 것을 온 인류에게 가르쳐 주시기 위해 하나님
께서는 샘플 민족인 이스라엘 백성과 언약을 맺으셨던 거랍니다. 이스라엘 백성은
하나님께서 지시하신 대로 성막을 지어 출애굽한 지 1년 만에 시내 광야에서 성막
봉헌식을 하게 됩니다.

3) 광야생활 : 원래는 11일로 끝날 수 있었던(신 1:2) 가나안 여정이 이스라엘 백성들
의 불신앙으로 인해 40년 광야생활로 길어집니다. 하지만 광야는 하나님의 은혜의
법을 실험하고 체험하는 '체험학습 현장'이라는 영적 의미를 가지고 있답니다. 죄와
사망의 노예로 살면서 혹독한 '세상 법'의 지배를 받던 우리가 광야에서 '은혜 법'을
비로소 맛보고 경험해가면서, 점차 하나님의 자녀로서의 정체성을 회복해 나가는
것이죠.

4) 가나안 : 광야에서 40년을 지내는 동안 출애굽 1세대들은 다 죽고(여호수아와 갈렙
은 제외), 2세대들만 젖과 꿀이 흐르는 약속의 땅 가나안으로 마침내 들어가게 됩니
다. 하나님께서는 홍해의 기적을 보지 못한 출애굽 2세대들에게 요단강이 갈라지는
기적을 보여주시면서 '하나님만 의지하면 가나안 정복은 문제도 아니다.'라고 격려
해 주시죠. 요단강을 건넌 후 여리고성을 시작으로 총 33회의 전투에서 모두 승리하
여(이것이 진정한 백전백승!^^) 이스라엘은 가나안 땅을 정복하게 됩니다.

(5) 사사시대 : 반역, 심판, 회개, 구원 (1,400~1,000 BC, 삿-룻)

하나님께서는 이스라엘 백성이 가나안을 정복하고 그곳에 정착한 후, 하나님과 시내
산에서 맺었던 언약을 지키며 살길 원하셨어요.

1) 하지만 이스라엘 백성은 곧 타락하여 여호와 신앙을 버리고 가나안 족속들이 섬기
던 우상을 숭배하며 **반역**을 일삼았어요.

2) 그러면 하나님께서는 가나안 땅에 남아 있던 이방 족속들을 도구로 사용하셔서 이
스라엘 백성을 **심판**하셨죠.

3) 이스라엘 백성은 이방 족속의 압제를 견디다 못해 **회개**하며 여호와께 부르짖었어요.

4) 그러면 하나님께서는 그들의 기도에 응답하여 사사를 지도자로 세워 **구원**해 주셨죠.

하지만 이스라엘 백성은 평화를 되찾으면 언제 그랬냐는 듯이 어느새 하나님과의 언약을 또 잊고 반역을 일삼았어요. 이렇게 '반역-심판-회개-구원'의 사이클이 사사시대 내내 계속됐답니다.

이런 사이클이 몇 번 반복됐을까요? 7번이에요. 그럼 이스라엘의 사사는 모두 몇 명이었을까요? 14명이에요(사사기에는 12명의 사사만 나와요. 그럼 나머지 2명은? 사무엘상에 나오는 엘리 제사장과 그 제자 사무엘이죠). 이처럼 사사시대는 왕이 없어서 각자 소견에 옳은 대로 행하던 시대(삿 21:25)였어요. 그럼에도 불구하고 하나님의 구속사는 이방 여인 룻과 예수님을 예표하는 유력자 보아스와의 극적인 사랑의 만남을 통해 메시아의 족보로 이어져갔으니 참 놀랍죠?

| 이스라엘의 사사들

- 전체 14명 = 사사기 12명 + 사무엘상 2명
- 사사기의 사사 12명 :
  옷니엘, 에훗, 삼갈, 드보라, 기드온, 돌라, 야일, 입다, 입산, 엘론, 압돈, 삼손
- 사무엘상의 사사 2명 : 엘리, 사무엘
- '반역-심판-회개-구원'의 사이클 : 총 7회
- 여호와의 신에 감동된 사사 4명 : 옷니엘, 기드온, 입다, 삼손

삼손과 들릴라

14명의 사사 중에 가장 유명한 사사는 아마도 삼손일 거예요. 삼손과 들릴라 이야기는 영화로도 만들어져 웬만한 비기독교인들도 다 알죠. 우린 흔히 삼손을 '이방 여인을 사랑하고 하나님 말씀에 불순종한' 좋지 않은 사사로 생각하지만, 삼손을 '예수 그리스도의 예표'로 보는 시각도 있답니다. 삼손이 들릴라를 사랑한 것은 정말 진심이었거든요. 삼손은 순정남, 진정한 로맨티스트였어요. 그걸 어떻게 알 수 있냐고요? 들릴라가 삼손에게 '힘의 근원이 어디에 있는지' 물었을 때, 삼손은 처음에 몇 번 거짓말로 대답합니다. 하지만 들릴라의 집요한 추궁에 결국 '머리카락'이라는 비밀을 알려주고 말죠. 이때 삼손은 들릴라가 자기 머리카락을 자를 거란 걸 이미 각오하고 있었어요. 왜냐하면 그전에 힘의 근원을 거짓으로 대답했을 때에도 들릴라는 곧이곧대로 그 모든 방법을 실험해 봤거든요. 그러니 들릴라가 자기 머리카락도 당연히 자를 줄 알았던 거죠. 하지만 사랑하는 여인의 간청에 못 이겨 결국 '천기누설'을 하고 만 삼손! 그리고 과연 예상했던 대로 이방 여인 들릴라에게 배신을 당해 눈도 뽑히고 결박당한 채 비참한 최후를 맞게 되죠(죽으면서 많은 블레셋인을 몰살시키긴 했지만요).

예수님도 하늘나라의 이방인인 우리에게 배신당할 걸 뻔히 아시면서 여전히 우릴 너무나 사랑하셨기에 우리에게 속아 주셨어요. 그리고 이 맹목적인 사랑의 대가를 결국 십자가 위에서 고스란히 다 치르셨지요. 이런 면에서 삼손이 예수님의 예표적 인물이었다고 볼 수도 있답니다.

(6) 왕국시대 : 통일왕국, 분열왕국, 북이스라엘, 남유다 (1,000~600 BC, 삼상-대하)

하나님께서는 이스라엘에 왜 왕이 아닌 사사를 주셨을까요? 이스라엘의 진정한 왕은 하나님이셨기 때문이에요. "나는 너희 하나님이 되고, 너희는 내 백성이 되리라"(출 19:5-6)는 말씀 기억 나시죠? 하지만 이스라엘 백성은 어느새 왕을 요청하기 시작했어요. 주변 나라들의 '눈에 보이는 왕'들이 왠지 더 있어 보이고 멋져 보였기 때문이었죠. 눈에 보이지 않는 하나님보다 눈에 보이는 인간 왕이 자기들을 더 든든히 지켜줄 것 같았던 거예요. 하나님은 이걸 기뻐하시지 않았지만, 이스라엘 백성들의 끈덕진 요구에 마지못해 사울을 초대 왕으로 세우세요.

1) 통일왕국시대

① 제1대 왕 : 사울 (하나님께 무심, 無心)

사울 왕은 외모도 출중했지만 전쟁에서도 계속 승리를 거두어 일약 스타가 되었어요. 점점 인기가 올라가자 겸손했던 사울은 어느새 교만해지고 말았죠. 그래서 하나님의 뜻이 아닌 자신의 뜻대로 일처리를 강행했어요. 아말렉 군대와의 전쟁에서 '적에게 속한 모든 것을 다 멸하라.'는 하나님의 뜻을 거역한 후, 나중에 사무엘에게 '하나님께 제사 드릴 제물을 남겨놓았다.'고 구차한 변명을 늘어놓습니다. 그런가 하면 조급한 마음에 제멋대로 제사를 드리기도 하고, 무당을 찾아가기도 하고, 질투심에 사로잡혀 다윗을 죽이려고 쫓아다니는 등 하나님에게서 마음이 완전히 떠난 행동들을 했답니다.

② 제2대 왕 : 다윗 (하나님께 전심, 全心)

그 후 하나님께서는 사무엘 선지자에게 다윗이라는 어린 목동을 왕으로 기름 부으라고 명하십니다. 이 다윗은 성경의 수많은 인물 중 가장 유명한 사람으로서, 하나님의 모든 명령에 기꺼이 순종하고 하나님을 전심으로 사랑해서 하나님께 '내 마음에 합한 사람'이라는 칭찬까지 받은, 그리스도를 예표하는 인물이

었어요. 다윗은 처음엔 장인 사울에게 10년 이상 쫓겨다니는 신세로 살다가 결국은 유다 지파의 왕으로 7년, 전체 이스라엘의 왕으로 33년을 통치하게 돼요. 통치기간 동안 다윗은 주변국들을 정복해서 나일강에서 유프라테스 강변까지 영토를 확장시키는 등 이스라엘 역사상 최고의 태평성대를 이룩합니다. 그리고 하나님이 거하실 성전을 지을 만반의 준비를 하죠. 비록 훗날 밧세바 사건을 통해 살인과 간음이라는 무서운 죄를 짓긴 했지만, 다윗은 변명만 늘어놓던 사울과는 달리 하나님 앞에 철저히 회개합니다. 또 말년에 아들 압살롬의 반역으로

마음고생을 많이 하기도 하지만, 결국 정권을 회복하고 아들 솔로몬에게 왕권을 물려주죠.

 사울은 살인미수죄, 다윗은 살인죄

"사울이 죽인 자는 천천이요, 다윗이 죽인 자는 만만이로다"(삼상 18:7)라는 여인들의 노래에 사울은 민심이 자기에게서 떠나고 있다는 두려움에 떨며, 남은 여생을 다윗을 죽이는 데 다 소모하고 맙니다. 하지만 끝내 다윗을 죽이지 못했으니, 사울의 죄목은 '살인미수'라고 할 수 있겠죠.

하지만 다윗은 밧세바와의 간음 사건을 덮기 위해 자기의 충신이자 밧세바의 남편인 우리야를 비열한 방법으로 살해합니다. 다윗의 죄목은 명백한 '살인'이었죠.

세상 법정이라면 사울보다 다윗에게 훨씬 더 무거운 처벌을 내리겠지요. 그런데 하나님께서는 사울은 버리신 반면, 다윗은 끝내 사랑하시면서 "네 집과 네 나라가 내 앞에서 영원히 보전되고 네 왕위가 영원히 견고하리라"(삼하 7:16)고 일찍이 다윗과 맺으셨던 언약을 신실하게 지키십니다. 하나님께서는 왜 이렇게 다윗만 편애하신 걸까요?

사실 하나님께 인간의 죄목은 그다지 중요하지 않습니다. 하나님 눈에는 거짓말이건, 탐심이건, 음욕이건, 살인미수건, 살인이건 다 '사형'에 해당되는 무서운 죄니까요. 하나님께서는 다만 '죄를 지은 후 보이는 죄인의 태도'만이 중요하죠. 사울은 죄를 지은 후 계속 자기변명으로 일관하지만, 다윗은 곧바로 회개합니다. 이 점이 바로 하나님께서 눈여겨보시는 것입니다. 왜냐하면 회개를 통해서만 하나님과 우리의 사랑의 관계가 회복될 수 있으니까요!

"하나님의 구하시는 제사는 상한 심령이라 하나님이여 상하고 통회하는 마음을 주께서 멸시치 아니하시리이다" – 시 51:17

③ 제3대 왕 : 솔로몬 (하나님께 반심, 半心)

지혜의 왕, 솔로몬이 '아기의 생모를 찾아준' 유명한 재판 이야기는 아마 모르는 사람이 없을 겁니다. 솔로몬은 재위 초기에 하나님을 사랑하여 겸손히 순종했지요. 아버지 다윗이 준비해 놓은 건축 재료들로 이스라엘 성전을 짓기도 했고요. 하나님께서는 이러한 솔로몬에게 많은 복을 주셔서 세상 부러울 것 없이 온갖 부귀영화를 다 누리게 하셨지만, 훗날 솔로몬은 주변 이방국들의 공주들과 정략 결혼을 했고, 나중엔 그 여인들이 섬기는 우상을 따라 섬기는 무서운 죄에 빠지고 말았습니다. 잠언, 전도서, 아가서의 저자이기도 한 솔로몬은 "헛되고 헛되며 헛되고 헛되니 모든 것이 헛되도다"(전 1:2)라고 고백하지요. 이것은 하나님을 떠나 극도의 쾌락만 추구하던 솔로몬의 삶을 대변해주는 인생 말년의 고백이라고 볼 수 있겠죠.

2) 분열왕국시대

솔로몬의 방탕한 생활은 이스라엘 왕국에 분열의 씨앗을 심는 결과를 초래했습니다. 사치와 향락에 빠진 솔로몬이 백성들에게 과중한 세금을 부과했고, 백성들은 솔로몬 왕이 죽자 세금이 줄어들길 기대했지요. 어느 날 여로보암 장군과 대신들이 솔로몬의 아들 르호보암 왕을 찾아와 '백성들의 짐을 가볍게 해 달라'고 건의합니다. 하지만 르호보암은 이를 거절했고, 결국 이에 대해 10지파가 반란을 일으켜 여로보암을 초대 왕으로 하는 북이스라엘이 세워짐으로써 이스라엘은 남북으로 갈라지게 됩니다.

① 북이스라엘

쿠데타로 왕이 된 여로보암은 정통성이 없었기에 늘 불안했지요. 당시 북이스라엘 백성들은 여전히 남유다에 있는 예루살렘 성전에 가서 제사를 드리곤 했는데, 여로보암 왕은 '이러다 내 백성들이 아예 남유다로 귀환하는 거 아냐?' 하고 염려하다가, 궁리 끝에 단과 벧엘에 금송아지를 세워 놓고 백성들이 그곳에서 우상숭배를 하게 했죠. 그런데 여로보암이 죽은 후에도 북이스라엘 왕들의 우상숭배는 더 심하면 심했지 결코 줄어들지 않았어요. 특히 제7대 왕 아합은 두로의 공주였던 이세벨과 정략결혼을 했는데, 이때 이세벨이 바알 우상을 들여와 많

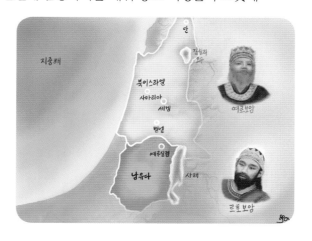

은 사람이 하나님을 저버리고 바알을 숭배하게 만들었어요. 아합 이후에도 북이스라엘의 우상숭배는 끊임없이 반복되었고, 이에 진노하신 하나님께서 선지자들을 보내 북이스라엘의 멸망을 경고하셨지만 백성들은 하나님께 끝내 돌아오지 않았어요. 결국 하나님께서는 앗수르를 통해 이스라엘을 멸망시키시죠. 이로써 북이스라엘의 역사는 슬픈 결말을 맞게 됩니다.

② **남유다**

남유다도 초대 왕이었던 르호보암 때부터 점차 쇠하기는 했지만, 그 이후 일부 왕들은 하나님을 향한 신실한 신앙을 지켰어요. 그 결과 아사나 여호사밧과 같은 선한 왕들이 통치할 때에는 부국강병을 이루기도 했지요. 하지만 남유다 역시 점차 북이스라엘의 우상들을 들여와 숭배하면서 타락의 길로 치달았어요. 특히 남유다 말기의 므낫세 왕 때에는 우상숭배가 극에 달했고, 심지어 자기 아들들까지 불살라 제물로 바치는 참혹한 이방 제사법을 도입하기도 했지요. 하나님께서는 많은 선지자를 통해 남유다의 멸망을 경고하셨지만, 백성들은 끝내 하나님께 돌아오길 거부했어요. 그 결과 남유다도 결국 바벨론의 느부갓네살 왕에게 패망하고 말죠. 이때 많은 남유다 백성들이 바벨론에 포로로 끌려가면서 남유다의 역사도 비극으로 끝납니다.

(7) 북이스라엘 멸망 : 앗수르, 살만에셀 5세, 호세아, 호세아 (700 BC, 왕하)

하나님께서는 마침내 BC 722년, 앗수르의 왕 살만에셀 5세를 통해 북이스라엘을 멸망시키십니다. 북이스라엘의 마지막 왕의 이름은 호세아였지요. 그런데 또 하나의 호세아가 있어요. 바로 북이스라엘의 멸망을 경고했던 선지자 호세아랍니다(헷갈림 주의!^^).

(8) 남유다 멸망 : 바벨론, 느부갓네살, 시드기야, 예레미야 (600 BC, 대하)

BC 586년, 남유다도 결국 바벨론의 느부갓네살 왕에게 패망하고 맙니다. 형제국 북이스라엘이 하나님께 불순종해서 패망한 것을 뻔히 보고도 하나님께 돌아오길 거부한 결과였죠. 남유다의 마지막 왕은 시드기야였어요. 그리고 남유다가 멸망하던 즈음에 활동한 선지자가 바로 그 유명한 눈물의 선지자, 예레미야랍니다.

(9) 포로시대 : 바벨론, 1차·2차·3차 포로 (600~500 BC, 겔-단)

이처럼 남유다가 바벨론에게 패망하자 수많은 백성이 포로로 끌려가게 됩니다. 총 3차에 걸쳐 포로로 가는데, 1차 때에는 왕족과 귀족들, 2차 때에는 중산층들 그리고 3차 때에는 극빈자나 하층민들만 빼고 거의 모든 백성이 포로로 잡혀갔지요. 그런데 바벨론 포로 생활 중에도 여전히 믿음을 지켰던 유명한 인물들, 기억하세요? 다니엘과 세 친구, 에스라, 느헤미야, 에스더와 모르드개 등이 바로 포로시대의 신실한

인물들이랍니다(이런 사람들을 일컬어 뭐라고 한다고요? 네, '남은 자'라고 합니다).

(10) 포로귀환시대 : 페르시아, 고레스 칙령, 스룹바벨, 성전과 성벽 재건 (500 BC, 스-에)

하나님께서 예레미야를 통해 '너희가 지금은 바벨론에 포로로 끌려가지만, 70년 만에 이스라엘 땅으로 다시 돌아올 거다'(렘 29:10)라고 예언을 하십니다. 그런데 정말 단 1년의 오차도 없이 정확히 70년 만에 남유다 백성이 고향으로 돌아오죠. 페르시아의 초대 왕인 고레스가 '가서 너희 신을 섬겨라' 하며 포로들을 돌려보냅니다. 이건 정말 세계사의 미스터리죠. 세상의 어느 왕이 애써 잡아온 포로들을 아무 조건 없이, 그것도 재정 후원까지 해주면서 석방시켜 주냐고요. 그런데 이건 결코 우연이

아니라 하나님의 예언의 성취였답니다. 바로 이사야가 '고레스'라는 이름과 함께 이 일을 정확히 예언했거든요 (사 45:1-4, 성경 예언의 성취, 정말 놀랍죠?). 이때 포로귀환대의 지도자가 스룹바벨이었는데, 스룹바벨은 남유다 말기의 여호야긴 왕의 후손으로 마태복음

1장, 예수님의 족보에도 나옵니다. 70년 포로 생활을 마치고 돌아온 남유다 백성은 무너진 성전과 성벽을 재건합니다.

(11) 침묵시대 : 그리스, 70인역 성경, 로마, 메시아 대망사상 (400 BC, -0)

바벨론 포로지에서 귀환한 백성들은 처음엔 '민족 대회개 운동'도 벌이고, '말씀 사경회'도 가지면서 성결하게 살려고 노력합니다. 하지만 이것도 잠깐, 언제 그랬냐는 듯이 또다시 하나님을 떠나 불순종의 길을 가죠.

하나님께서 인간을 창조하신 이래 인간은 끊임없이 배신과 패역을 저질렀지요. 그럼에도 불구하고 하나님께서는 인간을 너무나 사랑하셨기에 끝내 포기하지 못하십니다. 구약 성경의 마지막 책인 말라기에서 하나님은 이렇게 말씀하시죠.

"나 주가 말한다. '나는 너희를 사랑한다.'
그러나 너희는 '주님께서 우리를 사랑하신다는 증거가 어디에 있습니까?'
하고 묻는다." – 말 1:2

이 장면은 이혼 직전의 부부를 연상시킵니다. 끊임없이 외도를 일삼는 아내, 하지만 그 아내를 줄기차게 사랑하는 남편! 그래서 남편은 외도한 아내를 다시 데려오고 또 용서하는 과정을 수없이 반복합니다. 그러던 어느 날, 남편과 아내가 마주 앉았습니다. 그리고 남편이 안타까운 마음으로 사랑을 고백하죠. "내가 당신을 얼마나 사랑하

는지 아오?" 그런데 적반하장도 유분수지 아내의 입에서 "아니, 당신이 날 언제 사랑했다고 그래요? 증거를 대 봐요. 못 믿겠어요."라는 말이 나오는 게 아니겠어요? 남편은 너무나 기가 막혀서 그날부터 입을 닫고 말았습니다. '정말 말이 안 통하는구나. 도무지 말로는 안 되겠구나'라며 침묵하고 말았죠.

이것이 바로 구약시대 전체의 슬픈 결말이랍니다. 하나님을 배신하고, 우상을 숭배하며 끊임없이 영적 간음을 저지른 이스라엘 백성에게 하나님께서는 말라기 선지자를 통하여 다시 한번 사랑을 고백하시지만, 무심한 이스라엘의 태도에 400년간이나 침묵하시죠(그리고 그 400년의 침묵을 깨고, 마침내 하나님께서 직접 인간이 되어 인간들을 찾아오십니다. 인간들을 살리기 위해 대신 죽으시러 말이죠!).

그런데 이 400년 동안 하나님께서는 놀고 계셨던 게 아니에요. '독생자를 보내어 인간들을 구원하실 준비'를 차근차근 꼼꼼하게 하고 계셨답니다.

1) 그리스

BC 300년경, 국제 사회의 패권은 페르시아에서 그리스로 넘어가고, 이때 헬라어가 국제 사회의 공용어가 됩니다(요즘의 영어처럼요. 헬라어＝고대 그리스어, 앞에서 배운 거 기억하시죠?). 하나님께서는 이처럼 언어를 통일시켜 놓으심으로써 복음 전파를 준비하고 계셨던 거죠.

2) 70인역 성경

당시 이스라엘의 자녀들은 점차 자기 민족 언어인 히브리어를 잊고 헬라어를 더 쉽게 구사했지요(마치 미국에 이민 간 한인 2세대들이 한국어보다 영어를 더 편하게 쓰는 것처럼요). 그래서 자녀에게 성경(구약)을 교육시키기 위해 유대인 랍비 70명이 모여 히브리어 성경을 헬라어로 번역합니다. 이것이 바로 70인역 성경이죠. 이 70인역 성경 덕에 성경이 신세대 유대인들, 유대인 디아스포라들 그리고 이방인들에게도 쉽게 전파될 수 있었답니다.

| 70인역 성경

3) 로마

BC 70년경, 국제 사회의 패권은 로마가 차지하게 됩니다. '모든 길은 로마로 통한다'는 얘기가 있을 정도로, 로마는 당시 세계의 정치, 경제, 군사, 문화 및 교육의 중심지로서 큰 영향력을 끼쳤습니다. 그런데 하나님께서는 실제로도 로마제국이 최첨단 도로망을 구비하게 하심으로써 복음 전파의 통로를 마련해 놓으셨답니다. (로마의 도로망은 제국의 안정을 유지하고 확대하는 데 중요한 역할을 했지요. 예를 들어 그 광활한 로마제국 어디에서건 반란의 조짐이 보이면 이 도로망을 통해 즉시 군대를 보내 제압할 수 있었죠. 로마제국의 도로가 얼마나 견고했는지, 일부 도로는 2천 년이 지난 오늘날까지 사용된답니다. 훗날 이 도로가 도리어 이민족이 침입하는 통로가 되기도 했지만요. 이것이 바로 역사의 아이러니!^^)

4) 메시아 대망사상

이러한 시대적 배경에서 팔레스타인 역시 로마제국의 속국이 되고, 유대인들은 로마의 식민 백성이 됩니다. 그래서 그들은 로마의 압제로부터 자기 민족을 해방시켜 줄 정치적 '메시아'를 간절히 기다렸습니다. 이것을 '메시아 대망사상(Messianism)'이라고 부르죠.

(12) 복음시대 : 성육신, 사역, 십자가, 부활 (0 - 30 AD, 마 - 요)

드디어 예수님이 오셨습니다! 말씀이 육신이 되어 오셨습니다. 이것을 성육신(成肉身, Incarnation)이라고 하죠(중국어로는 도성육신, 道成肉身). 그리고 예수님께서는

3년간의 공생애를 통해 많은 사역을 하십니다. 예수님은 여느 인간들과는 달리 애초에 이 땅에 살기 위해 오신 게 아니었어요. 그분은 죽기 위해 태어나셨던 거예요. 죽는 게 인생의 목표인 사람이 있을까요? 하지만 예수님께서는 우리 인간들의 모든 죗값을 당신의 목숨으로 대신 치르시기 위해 십자가에서 돌아가십니다. 하지만 이게 끝이 아니죠. 그분은 3일 만에 다시 부활하셔서 '부활의 첫 열매'가 되십니다(고전 15:19-26). '첫 열매'라는 말은 두 번째, 세 번째 열매도 계속 있음을 의미합니다. 즉, 우리도 예수님처럼 부활하게 될 거라는 뜻이죠. 그리고 **부활(Resurrection)**이야말로 우리 그리스도인들의 가장 큰 소망이지요!

(13) 교회시대 : 성령강림, 초대교회, 교회성장, 핍박 (30 AD, 행 1-12장)

예수님께서 부활하신 후, 40일간 이 땅에 계시면서 제자들에게 "가서 모든 족속으로 제자를 삼으라"(마 28:19)는 대사명을 남기고 승천하셨어요. 그리고 10일 후, 성령께서 오십니다. 성령의 능력으로 사랑과 용기를 얻은 제자들은 담대히 나가 복음을 전파하죠. 그러면서 초대교회들이 탄생하고요. 이 과정에서 그동안 유대교를 믿던 수많은 유대인이 기독교로 전향하고, 교회가 급속도로 성장합니다. 그러다가 예루살렘 교회가 큰 핍박을 받아 많은 믿는 사람들이 유대와 사마리아 땅으로 다 흩어집니다. 결국 이러한 핍박은 도리어 교회가 곳곳에 세워지는 계기가 되어 교회는 더더욱 성장하게 됩니다(하나님의 놀라운 섭리!).

(14) 선교시대 : 1차 · 2차 · 3차 선교여행, 투옥 (40 AD, 행 13-28장)

당시 교회를 핍박하던 주동 인물 중에 사울이라는 청년이 있었습니다. 그런데 사울이 그리스도인들을 잡아 가두려고 다메섹을 향해 가던 도중에 부활하신 예수님을 만나 완전히 변화됩니다. 그리고 이방인의 사도로 쓰임받게 되죠. 이름도 바울로 바꾸고, 소아시아와 유럽을 향해 세 차례에 걸친 선교여행을 하며 많은 교회를 개척하고 제자들을 양육합니다. 하지만 바울은 결국 로마 감옥에 수감되었다가 끝내 네로 황제에 의해 순교당하고 맙니다.

(15) 재림시대 : 대환란, 예수님 재림, 최후의 심판, 새 하늘과 새 땅 (계 1-22장)

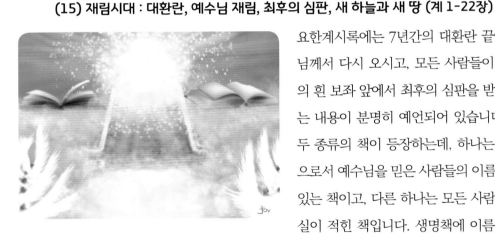

요한계시록에는 7년간의 대환란 끝에 예수님께서 다시 오시고, 모든 사람들이 하나님의 흰 보좌 앞에서 최후의 심판을 받게 된다는 내용이 분명히 예언되어 있습니다. 이때 두 종류의 책이 등장하는데, 하나는 생명책으로서 예수님을 믿은 사람들의 이름이 적혀 있는 책이고, 다른 하나는 모든 사람들의 행실이 적힌 책입니다. 생명책에 이름이 적혀 있는 사람들은 구원을 받지만, 그렇지 못한 사람들은 각자의 행실에 따라 심판을 받습니다(사실상 이 심판의 결과는 '보나 마나'입니다. 이 심판을 무사히 통과할 사람은 아무도 없을 테니까요). 생명책에 이름이 적혀 있는 사람들은 새 하늘과 새 땅에 들어가 영원한 삶을 누리게 되지만, 그렇지 못한 사람들은 유황 불못에 던져지게 됩니다. 이 책의 서두에서 말씀드린 것처럼 성경의 예언 중 96%는 이미 성취가 되었고 4%는 아직 성취되지 않았는데, 그 4%가 모두 이 재림시대에 관한 예언들입니다. 앞서 96%

의 예언이 정확히 다 성취되었듯이 재림시대의 예언들도 그대로 다 성취될 것입니다. 왜냐고요? 성경은 일반적인 책이 아니라 생명력이 있는 책이니까요!

자, 이렇게 해서 '성경의 15시대'를 함께 공부해 봤습니다. 이제 오른쪽 표를 보면서 한 번 더 복습해 볼까요?

	연대	성경시대
BC	?	창조시대
	2000 – 1800	족장시대
	1800 – 1400	노예시대
	1400	출애굽 및 정복시대
	1400 – 1000	사사시대
	1000 – 600	왕국시대
	700 (722)	북이스라엘 멸망
	600 (586)	남유다 멸망
	600 – 500	포로시대
	500	포로귀환시대
	400 – 0	침묵시대
AD	0 – 30	복음시대
	30	교회시대
	40	선교시대
	?	재림시대

성경의 15시대

쉽게 외우는 성경 연대

그런데 오른쪽 표의 '연대' 부분을 잘 들여다보면 몇 가지 재미있는 사실을 발견하게 됩니다. 지금부터 성경 연대를 쉽게 외우는 방법을 가르쳐 드릴게요.

1) 400년 : 우선, 400년짜리 시대가 몇 개 나오나요? 모두 4개죠. 노예시대, 사사시대, 왕국시대, 침묵시대가 다 약 400년이에요. 그런데 우리가 배우진 않았지만 사실 한 개가 더 있어요. AD 400년에 신약 정경화 작업이 완성됩니다. 그게 무슨 말이냐고요? 예수님이 부활 승천하신 후 많은 사람들이 예수님의 행적과 기독교의 교리를 기록했지만, 그중 27개 문서만을 엄선해서 신약 성경으로 엮었던 거죠. 이걸 '신약 정경화'라고 해요(참고로 구약 정경화는 AD 90년에 이미 완성되었죠).

2) 70년 : 그다음, 70년짜리 시대가 있었죠. 기억나세요? 네, 포로시대였죠. 바벨론 포로로 끌려갔다가 70년 만에 돌아오잖아요? 그런데 70년과 관련된 중요한 사건이 사실 두 개 더 있어요. 하나는 BC 70년에 로마제국이 팔레스타인 지역을 점령한 것이고, 또 하나는 AD 70년에 예루살렘 성전이 파괴되는 사건이에요. 그래서 70년과 관련된 시대 또

는 사건은 모두 3개랍니다.

3) **40년 × 3세트:** 우리가 따로 다루진 않았지만, 3세트의 40년 시대 2개가 더 있답니다.

① 우선 모세의 생애를 살펴볼까요? 모세가 120세까지 살았는데, 첫 40년간은 애굽의 왕궁에서 왕자로, 두 번째 40년간은 살인자 및 반역자로 몰려서 미디안 광야로 피신해 양치기로, 마지막 40년간은 이스라엘 백성을 이끌고 출애굽해서 가나안 땅에 들어가기 직전까지 이스라엘 민족의 지도자로 살았어요.

② 또 통일왕국시대, 세 왕의 통치기간이 모두 40년이었어요. 사울, 다윗, 솔로몬의 재위 기간이 정확히 각각 40년이었답니다.

> **쉽게 외우는 성경 연대!**
>
> **400년 × 5**
> • 노예·사사·왕국·침묵시대 각각의 기간
> • 400 AD 카르타고 공회 : 신약 정경화
>   (90 AD 얌니아 랍비 회의 : 구약 정경화)
>
> **70년 × 3**
> • 바벨론 포로시대의 기간
> • 70 BC 로마제국의 팔레스타인 점령
> • 70 AD 예루살렘 성전 파괴
>
> **(40년 × 3) × 2**
> • 모세의 생애
> • 사울, 다윗, 솔로몬의 통치기간

예루살렘 성전의 역사

예루살렘 성전은 AD 70년에 훼파된 후 아직까지 복원되지 않고 있지요. 이렇게 현재에는 있지도 않은 성전을 성경은 왜 그리 자세히 기록해 놓았으며, 우린 또 왜 공부해야 할까요? 그 이유는 성전이 '구속사의 핵심이자 상징'이기 때문이에요. 성전에 바로 '하나님의 놀라운 구속의 은혜와 섭리'가 배어 있거든요. 우리가 성전을 공

부하기 위해서는 성전의 유래와 역사를 먼저 알아야 해요. 자, 그럼 지금부터 성전 역사여행 출발~!

(1) 범죄한 인간에게 가죽 옷을 입혀 주심 (에덴동산, 창 3:21)

하나님께서는 아름답고 완벽한 에덴동산에서 인간과 사랑하며 행복하게 살고 싶으셨어요. 하지만 인간은 선악과를 따 먹음으로써 하나님을 배신하고 말았죠. 인간은 처음부터 불완전한 존재, 즉 피조물이었어요. 창조주와 함께할 때에만 완전할 수 있는 존재였죠. 그런데 인간이 사탄의 유혹에 넘어가 범죄하면서 하나님을 떠났어요. 인간을 너무도 사랑하셨던 하나님께서는 그 배신의 현장에서 짐승의 가죽으로 옷을 만들어 입혀 주셨어요. 왜냐하면 인간이 범죄하는 순간, 수치심을 갖게 되어 몸을 가려야만 했거든요. 창조주와의 분리에서 오는 엄청난 심리적 충격, 상처, 열등감, 죄의식, 버림받음, 굶주림, 분노, 두려움, 외로움 등으로 수치심을 갖게 된 인간! 이때 하나님은 죄 없는 짐승을 희생시켜 피를 흘리게 하시고 인간의 수치를 가려 주셨어요. 이게 바로 '그리스도의 희생 제사 – 십자가'를 예표하는 최초의 사건이지요.

(2) 멜기세덱 (BC 2,000년, 모리아산, 창 14:18-20 / 시 110:4 / 히 6:20-7:7)

세월은 흘러 흘러~ 아브라함 시대가 되었어요. 아브라함이 하나님의 부르심을 받고 조카 롯과 함께 고향인 갈대아 우르를 떠나 가나안 땅에 들어가 살게 됐지요. 얼마 후 조카 롯은 소돔성에 들어가 살았는데, 거기에 4개국 연합군이 쳐들어와 주민들을 인질로 잡아갔어요. 이때 롯도 함께 잡혀갔다는 소식을 들은 아브라함이 수하에 있던 318명의 사병을 이끌고 가서 4개국 왕들을 쳐부수고 조카 롯을 되찾아 오죠. 그런데

오는 길에 사웨 골짜기(왕의 골짜기, 모리아산)에서 멜기세덱이라는 신비한 인물을 만난답니다. 멜기세덱은 살렘(예루살렘의 옛 이름, '평화'라는 뜻) 왕, 즉 '의(義)의 왕이자 평화의 왕'이지요(히 7:2). 또 멜기세덱은 '지극히 높으신 하나님의 제사장'이라고 성경에 기록되어 있어요(히 7:1). 그런데 이 멜기세덱이 떡과 포도주를 가지고 와 아브라함을 영접하며 축복해요. 그에 대한 보답으로 아브라함은 전리품의 1/10(십일조)을 멜기세덱에게 바치죠.

히브리서에서는 멜기세덱을 "아비도 없고 어미도 없고 족보도 없고 시작한 날도 없고 생명의 끝도 없어 하나님 아들과 방불하여 항상 제사장으로 있느니라"(히 7:3)라고 설명해요. 그래서 많은 신학자들이 멜기세덱을 '구약에 잠깐 현현하신 예수 그리스도'라고 말합니다. 멜기세덱이 아브라함에게 주었던 떡과 포도주! 어디서 많이 들어보지 않았나요? 예수님께서 최후의 만찬 때 제자들에게 주시면서 '내 살과 내 피'라고 하셨던 게 바로 떡과 포도주였죠. 이처럼 멜기세덱은 예수 그리스도를, 그가 준 떡과 포도주는 우리를 위해 대속제물로 드려진 그리스도의 희생을 예표한답니다. 그런데 이 사건이 미래의 성전 부지인 모리아산에서 일어났다는 게 정말 놀랍지요?

(3) 아브라함이 이삭을 바침 (BC 2,000년, 모리아산, 창 22:1-18)

세월은 또 흘러 흘러~ 아브라함이 100세가 되던 해에 약속의 자녀 이삭을 낳습니다. 그런데 어느 날 하나님께서 이렇게 눈에 넣어도 안 아플 아들 이삭을 제물로 바치라고 하세요. 이때 아브라함은 조금도 주저함 없이 하나님께서 지시하신 모리아산으로 이삭을 데려가 번제물로 드릴 아들을 향해 칼을 듭니다. 그때 하늘에서 "그

아이에게 네 손을 대지 말라 아무 일도 그에게 하지 말라 네가 네 아들 네 독자라도 내게 아끼지 아니하였으니 내가 이제야 네가 하나님을 경외하는 줄을 아노라"(창 22:12)라는 음성이 들려오죠. 그리고 이삭 대신 하나님께서 예비해 놓으신(여호와 이레), 덤불에 걸린 숫양으로 번제를 드리게 하십니다.

이삭을 바치는 아브라함의 심정이 어땠을까요? 여기에서 우리는 우릴 위해 독생자를 아낌없이 내주신 하나님 아버지의 마음을 엿볼 수 있습니다. 그런가 하면 반항 한 번 하지 않고 아버지께 순종하며 목숨까지 내놓은 외아들 이삭은 하나님 아버지께 순종하며 십자가에서 돌아가신 하나님의 독생자 예수 그리스도를 예표합니다. 그리고 덤불에 걸려 있던 숫양 역시 우리 죄를 대신하여 희생제물로 돌아가신 예수 그리스도를 예표하지요.

그런데 이 사건 역시 미래의 성전 부지인 모리아산에서 일어났다는 게 정말 놀랍지요?

이삭은 어떻게 일언반구 반항 없이 아버지께 순종할 수 있었을까?

아브라함이 번제물로 아들 이삭을 드리려 했을 때 이삭의 나이가 성경에 정확히 기록되어 있지 않지만, 신학자들은 대개 청소년기에 접어든 때로 추정합니다. 이삭이 10대 청소년이었다면 아브라함은 적어도 110대 중반에 접어든 힘없는 노인이었을 것이고, 건장한 이삭은 얼마든지 힘으로 아버지를 제압할 수 있었을 것입니다. 하지만 이삭은 아버지가 자기를 번제단에 올려놓고 결박한 후, 칼로 찌르려 하는 순간까지 일언반구 반항 없이 순종합니다. 어떻게 그럴 수 있었을까요? 성경은 이에 대해 구체적으로 설명하고 있지 않지만, 제가 본 〈아브라함〉이라는 영화에서는 이 사건을 다음과 같이 해석하더군요.

이삭은 어릴 때부터 줄곧 아버지 아브라함이 하나님께 제사 드리는 걸 지켜보면서 자랐습니다. 아버지는 제물을 고를 때 언제나 양떼 중에서 가장 좋은 양을 골랐습니다. 정말 흠 없고 순전한 양을 골라 하나님께 번제물로 바쳤던 거죠. 그러던 어느 날, 아브라함은 이삭에게 "오늘은 네가 한 번 하나님께 제사를 드려 보렴!" 하고 말합니다. 이삭이 양 우리로 가서 양을 고르려 하자 아브라함이 말합니다. "하나님께는 네가 가장 아끼는 양, 가장 사랑하는 양을 드리는 거란다." 이삭에게는 자나깨나 늘 품에 안고 다니던, 가장 친한 친구와도 같이 너무나 사랑하는 어린 양이 있었는데, 바로 그 양을 드리라는 거였죠. 이 청천벽력 같은 아버지의 지시에 이삭은 가슴이 미어집니다. 하지만 결국 눈물을 머금고 자기가 가장 사랑하는 양을 하나님께 드리죠.

그런데 어느 날 아버지가 자기를 번제물로 드리려 하는 거예요. 이삭은 그 순간 한 가지 생각이 떠올랐습니다. '우리 아버지가 가장 사랑하는 존재는 바로 나구나! 그래서 나를 번제물로 드리려 하시는구나.' 이렇게 이삭은 자기를 향한 아버지의 사랑에 오히려 가슴이 뭉클해지면서 담담히 번제단 위로 올라갔습니다. (완전 감동!)

(4) 첫 유월절 (BC 1,500년, 애굽의 고센 땅, 출 12:1-14)

기근을 피해 애굽으로 이민 갔던 야곱의 가족 70명이 애굽에서 430년을 사는 동안 인구 수가 어느새 200만으로 늘어났습니다. 그런데 그들은 바로의 학정에 못 이겨 하나님께 부르짖었고, 하나님께서는 그 기도에 응답해 주셔서 모세를 보내 이스라엘 백성을 애굽에서 탈출시켜 주시죠. 그런데 이 과정에서 10가지 재앙 중 마지막, '장자의 재앙'으로부터 이스라엘 백성이 무사할 수 있었던 것은 바로 '문설주와 문인방에 어린양의 피를 바르라'는 하나님 말씀에 순종했기 때문이죠. 그날 밤 하나님께서 내려오셔서 어린양의 피가 발라져 있는 집은 그냥 넘어가시고, 그렇지 않은 집은 들어가셔서 장자를 다 치셨습니다. 이 유월절 어린양이 바로 우릴 위해 대속 제물로 돌아가신 예수 그리스도를 예표하기에 첫 유월절 역시 성전 역사의 맥을 이어 주는 사건이지요.

│ 내 심령의 문인방과 문설주에는 그리스도의 보혈이 발라져 있는가?

첫 유월절 사건에서 우리는 중요한 구원의 원리를 발견할 수 있습니다. 하나님께서는 그 집 안에 있는 사람들의 도덕성이나 국적을 보시고 재앙에서 보호해 주신 게 아니었다는 것이죠. 집 안의 사람들이 착하건 나쁘건, 애굽인이건 이스라엘 사람이건, 그런 건 아무 상관이 없었습니다. 오직 '어린양의 피가 있느냐, 없느냐'가 재앙 여부를 결정하는 기준이었죠. 우리가 구원을 받을 때에도 우리의 도덕성, 성품, 인격, 학벌, 재산, 국적 등은 전혀 상관이 없습니다. 다만 우리의 심령에 그리스도의 보혈이 묻어 있느냐, 없느냐가 중요한 거죠. 즉, '예수 그리스도께서 날 대신해 십자가에서 돌아가신 것을 믿는 믿음'이 유일한 구원의 조건이랍니다!

(5) 이동식 성전 - 성막 (BC 1,500년, 시내 광야, 출 25-31장 / 35-40장)

출애굽 후 모세는 시내산에서 하나님께 '성막(회막, Tabernacle)을 지으라'는 명령을 받아요. 그리고 시내 광야에서 약 6개월에 걸쳐서 성막을 짓고, 출애굽한 지 딱 1년 만에 성막을 완성합니다(출 40:17). 이 성막이 훗날 예루살렘 성전의 원형이 된답니다. 당시 이스라엘 백성은 광야에서 유랑생활을 했기 때문에 성막은 당연히 언제든 접었다 펼 수 있는 '이동식 구조'였어요. 하

지만 성막의 구조와 그 부품 및 기구들은 모두 완벽한 설계와 완벽한 제작 과정을 거친 완벽한 모습이었죠. 출애굽기 내용의 거의 1/3이 성막 건축에 관한 설명인 걸 보면 하나님께서 성막에 얼마나 많은 공을 들이고 계신지 알 수 있습니다. 왜냐하면 성막(성전)은 바로 구속사의 핵심이신 예수 그리스도를 예표하니까요.

(6) 오르난의 타작마당 (BC 1,000년, 모리아산, 삼하 24장)

세월은 흘러 흘러~ 다윗의 시대가 되었어요. 그런데 다윗 왕이 교만과 자랑의 마음으로 인구조사를 한 것에 대해 하나님께서 진노하셔서 징벌로 온 나라에 전염병을 보내시는 사건이 벌어지죠. 그 결과 백성 7만 명이 죽었고요. 한편, 하나님께서는 다윗에게 징벌을 막을 수 있는 방법을 선지자 갓을 통해 가르쳐 주세요. 그것은 오르난(아라우

나)의 타작마당에서 하나님께 제사를 드리라는 것이었죠. 다윗은 그 땅과, 번제물로 쓸 소와, 땔감으로 쓸 목재까지 다 값을 주고 사서 온전한 마음으로 하나님께 제사를 드렸어요. 그랬더니 하나님께서 다윗의 간청을 들으시고 재앙을 멈춰 주셨죠. 그런데 놀라운 것은 이 오르난의 타작마당이 바로 아브라함이 이삭을 바쳤고, 훗날 성전이 건축된 모리아산이었답니다(대하 3:1).

(7) 제1성전(솔로몬 성전) 건축 (BC 1,000년, 예루살렘 모리아산, 왕상 6장)

그동안 이동식 성막에서 장소를 변경해가며 드리던 제사를 이제 드디어 일정한 장소, 즉 성전에서 드릴 수 있게 됐어요! 솔로몬이 성전을 건축했기 때문이지요. 물론 성전을 건축해야겠다는 아이디어를 처음으로 낸 사람도, 성전 건축에 필요한 재료들을 준비한 사람도 다윗이었어요. 하지만 하나님께서는 "다윗이 전쟁에서 피를 많이 흘렸

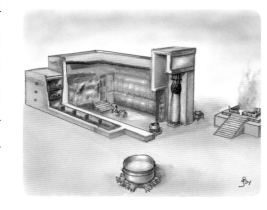

기 때문에 성전을 지을 수 없다"(대상 22:8-10)고 하시면서, "다윗의 아들 솔로몬이 성전을 지을 것"이라고 말씀하세요(삼하 7:13). 그리고 정말 그 말씀대로 솔로몬이 성전을 건축하죠. 그런데 이 성전을 건축한 장소가 바로 예루살렘의 모리아산입니다(대하 3:1). 아브라함 시대부터 예비되었던 성전터 모리아산, 정말 놀랍죠?

(8) 1차 포로 – 성전 기물 약탈 (BC 606년, 솔로몬 성전, 대하 36:5-8)

세월은 흘러 흘러~ 분열왕국시대의 막바지에 이르렀어요. 형제국 북이스라엘이 앗수르에 망하는 걸 보고도 남유다는 회개하지 않고 끝내 우상숭배와 불순종의 길로 치달았어요. 하나님께서 그토록 많은 선지자를 보내셔서 경고하셨음에도 불구하고 하나님께 돌아오지 않은 남유다 백성들은 결국 3차에 걸쳐서 바벨론 포로로 끌려가게 되죠. 이 과정을 쉽게 이해하기 위해서는 남유다의 마지막 왕들의 이름을 먼저 외워 두는 게 좋아요. 남유다 왕조 말기, 제16대 요시야 왕이 있었는데, 그는 종교개혁을 한 선한 왕이었어요. 요시야가 죽고 요시야의 넷째 아들 여호아하스가 왕위를 계승하지만, 그는 곧 애굽에 끌려가요. 그다음 요시야의 둘째 아들 여호야김이 왕위에 오르지만, 그 역시 바벨론 느부갓네살 왕의 침공을 받고 바벨론 1차 포로로 끌려가요. 1차 포로는 주로 왕족과 귀족 등 상류층이었는데, 여기에는 다니엘과 세 친구도 포함됩니다. 이때 바벨론은 포로뿐만 아니라 성전의 금, 은 기물들을 약탈해 가서 바벨론 신당에 두는, 하나님을 모독하는 행동을 합니다.

남유다 말기, 5명의 왕

잠깐! 여기에서 남유다 말기, 5명의 왕 이름을 외워 두면 성경 읽기가 한결 쉬워진답니다!

16대 요시야(기준!)	17대 여호아하스	18대 여호야김	19대 여호야긴	20대 시드기야
다른 이름	4) 살룸	2) 엘리야김	2-1) 여고냐 또는 고니야	3) 맛다냐

* 맨 아래 칸의 번호들은 요시야의 아들들 순서입니다. 예를 들어 2)는 요시야의 둘째 아들, 2-1)은 요시야의 둘째 아들의 첫째 아들이란 뜻입니다.

그런데 여기에서 더 헷갈리는 이유가 이 마지막 왕들의 이름이 적어도 두 개 이상이기 때문이죠.
4) 여호아하스＝살룸
2) 여호야김＝엘리야김(둘 다 '김'으로 끝나요!)
2-1) 여호야긴＝여고냐(다행히 발음이 좀 비슷하죠?)＝고니야(여고냐에서 '여'를 빼면 돼요!)
3) 시드기야＝맛다냐('남유다의 마지막 왕이 시드기야 맞다냐?'로 외우세요!)
이 중 마지막 3명은 꼭 외워 두세요. 이 세 왕이 각각 1, 2, 3차 포로로 바벨론에 끌려갔어요

남유다 말기, 3명의 왕
여호야김(1차 포로) – 여호야긴(2차 포로) – 시드기야(3차 포로)

(9) 2차 포로 – 성전과 왕궁의 보물 약탈
(BC 597년, 솔로몬 성전, 대하 36:9-10)

여호야김 왕이 바벨론 1차 포로로 끌려가고, 그 아들 여호야긴이 왕위에 오르지만 그 역시 바벨론 2차 포로로 끌려가요. 2차 포로 때는 에스겔 등 18,000여 명이 여호야긴 왕과 함께 끌려갑니

다(주의! 구약 성경의 순서로는 에스겔 다음에 다니엘이 나오지만, 포로로 끌려간 건 다니엘이 1차, 에스겔이 2차예요). 이때 바벨론 군대는 성전에 남아 있던 기물들과 왕궁의 보물들을 거의 다 약탈해 갑니다.

(10) 3차 포로 – 성전·왕궁·성벽 파괴, 성전 약탈 (BC 586년, 솔로몬 성전, 대하 36:17-21)

여호야긴 왕이 2차 포로로 끌려간 후 그의 삼촌, 즉 요시야의 셋째 아들 시드기야가 왕위에 오르죠. 하지만 그 역시 바벨론 3차 포로로 끌려가게 돼요. 이때 바벨론 군대는 성전에서 남녀노소를 불문하고 많은 백성을 학살하고, 살아남은 백성들은 거의 다 포로로 끌고 가죠(유다 땅에는 하층민들, 빈민들만 남게 돼요). 그리고 성전과 왕궁에 불을 지르고 성벽을 파괴합니다. 이로써 남유다는 완전히 망하는데, 이때가 바로 BC 586년입니다.

바벨론 강가에서

"우리가 바벨론의 여러 강변 거기 앉아서 시온을 기억하며 울었도다 그 중의 버드나무에 우리가 우리의 수금을 걸었나니 이는 우리를 사로잡은 자가 거기서 우리에게 노래를 청하며 우리를 황폐케 한 자가 기쁨을 청하고 자기들을 위하여 시온 노래 중 하나를 노래하라 함이로다 우리가 이방에 있어서 어찌 여호와의 노래를 부를꼬 예루살렘아 내가 너를 잊을진대 내 오른손이 그 재주를 잊을지로다 내가 예루살렘을 기억지 아니하거나 내가 너를 나의 제일 즐거워하는 것보다 지나치게 아니할진대 내 혀가 내 입천장에 붙을지로다" – 시 137:1-6

아마도 보니 엠(Boney M)의 '바벨론 강가에서(Rivers of Babylon)'라는 팝송을 모르는 사람은 거의 없을 거예요. 또 베르디의 오페라 〈나부코〉에 나오는 '히브리 노예들의 합창'이란 유명한 곡도 사람들이 거의 다 알죠('나부코'는 '느부갓네살'의 다른 발음이랍니다).
하지만 이 두 곡이 시편 137편을 주제로 한 노래라는 사실을 아는 사람은 그리 많지 않습니다. 시편 137편은 바벨론에 포로로 잡혀간 남유다 백성들이 예루살렘 성전에서 제사 드리던 때를 그리워하는 내용이죠.

하나님의 거룩한 백성인 이스라엘 사람들이 이방인인 바벨론 사람들에게 희롱을 당합니다. "야, 너희들! 성전에서 성가대 했다면서? 어디 그 노래 한번 불러 봐!" 하나님께 올려드리는 찬양을 이방인들의 여흥을 돋우는 노래로 부르며 굴욕을 당하는 신세가 된 이스라엘 백성은 성전이 있었을 때가 얼마나 큰 복이었는가를 회상하며 눈물을 흘립니다. 성전이 있었을 때에는 하나님께서 그렇게 돌아오라고 읍소하셔도 들은 척도 안 하며 우상숭배에 빠져 있더니만, 이제 성전이 파괴되고 포로민 신세가 되어 이방 땅에서 유배생활을 하니 뒤늦게 가슴을 치며 후회하는 거죠.

어떤 사람들은 (심지어 그리스도인까지도) '한국에 교회가 너무 많다'고 비난합니다. 상가 2층, 3층에 나란히 있는 교회들을 비난하기도 하지요. 세상은 점점 강퍅해져가고 사탄은 자기의 종말이 다가옴을 감지하면서 점점 더 교회를 핍박합니다. 지금도 세계 곳곳에서 예수님을 믿는다는 사실 때문에 핍박을 받아 지하에서 숨죽이며 예배 드리는 성도들이 많이 있습니다. 또 이번 'COVID19'의 팬데믹 현상으로 우리나라는 물론 전 세계 자유국가에서도 함께 모여 예배하지 못하는 초유의 사태가 벌어지지 않았습니까? 그때 우리는 '교회에서 맘껏 찬양하고 기도하며 예배 드리던' 순간을 얼마나 그리워했나요? 그러니 모든 예배에 참여할 때마다 '성전에서 예배 드리는 것이 얼마나 큰 복인가?'를 묵상하면서, 정말 떨리고 감사한 마음으로 예배의 감격에 전율하는 그리스도인들이 되어야 할 것입니다!

(11) 1차 포로귀환 – 성전 재건 시작 (BC 536년, 스룹바벨 성전, 대하 36:22-23/스 1:1-2)

정말 놀라운 일이 벌어졌어요! 포로로 끌려갔던 남유다 백성이 예레미야의 예언(렘 29:10)대로 정확히 70년 만에 고향 땅으로 다시 돌아옵니다. 바사(페르시아)의 제1대 왕인 고레스가 '가서 너희 신을 섬겨라' 하면서 성전 재건 비용까지 지원, 유대인 포로들을 돌려보냅니다. 고레스라는 인물에 대해서는 일찍이 이사야가 예언했었지요(사 45:1-8). 이때 포로귀환대의 지도자가 바로 스룹바벨이었어요. 그리고 스룹바벨을 도와 하나님 말씀으로 백성들이 힘을 내어 성전을 재건할 수 있도록 독려한 두 선지자가 바로 학개와 스가랴였습니다.

포로귀환 후 성전을 재건한 드림팀 : 스룹바벨, 학개, 스가랴

(12) 성전 재건 완성 (BC 516년, 스룹바벨 성전, 스 5-6장 / 슥 4:6-10)

이렇게 성전 공사를 시작했지만, 사마리아 사람들
과 주변 이민족들이 자기들도 성전 재건 공사에 참
여하겠다고 나섭니다. 하지만 유대인들이 거절하자
그들은 갖가지 방법으로 공사를 방해하지요. 그래
서 성전 재건 공사가 무려 15년간이나 중단됐어요.
그러다가 바사 왕 다리오의 조서와 재정 후원으로
성전 재건이 다시 재개되어 5년 만에 공사가 완성

됩니다. 이 성전은 스룹바벨의 지도하에 재건됐기 때문에 '스룹바벨 성전'이라고 불
러요. 또 솔로몬 성전(제1성전)을 재건한 것이기에 '제2성전'이라고도 부르지요.

(13) 2차 포로귀환 – 성벽 재건 시작 (BC 458년, 에스라 7:1-12)

그후 BC 458년 바사 왕 아닥사스다의 지시로 2차
포로귀환대가 돌아옵니다. 이때 지도자가 에스라였
는데, 에스라는 학사(성경박사) 겸 제사장이었어요.
성전이 완성된 지 거의 60년이 흘렀지만, 이스라엘
백성은 선민 공동체로서 합당한 모습을 여전히 갖
추지 못하고 있었어요. 이때 에스라가 대대적인 개
혁을 일으켜 이스라엘의 영적 부흥을 회복하는 계
기가 되었답니다.

성전과 성벽은 달라요!

종종 성전과 성벽을 혼동하는 경우가 있는데, 전혀 다르답니다. 성전은 제사를 드리는 장소로서
성소와 지성소가 있는 곳이고, 성벽은 도시를 둘러싸는 보호벽인 담장을 말하지요(서울성곽길을
연상하시면 됩니다). 예루살렘 성전은 1차 포로귀환자들이, 예루살렘 성벽은 2차·3차 포로귀환자
들이 재건 공사를 완성했어요. 즉, 성전을 먼저, 성벽을 나중에 재건한 것이지요.

(14) 3차 포로귀환 – 성벽 재건 완성 (BC 444년, 느 6:15 / 8:1-3)

바사 왕 아닥사스다의 술 맡은 관원장이었던 느헤미
야는 '예루살렘 성이 훼파되고 성문들이 불탔다'는
소식을 듣고 슬퍼하며 기도했어요(느 1:11). 그 결과,
하나님의 도우심으로 아닥사스다 왕이 느헤미야를
유다 총독으로 임명해 예루살렘으로 돌아가게 해주
죠. 이게 바로 3차 포로귀환이에요. 사실 그동안 아닥
사스다 왕은 사마리아 사람들의 음모로 상황을 오해
하여 성벽 재건을 중단시켰는데, 느헤미야의 간청에 3차 포로귀환과 성벽 재건을 적
극적으로 지원해 줬지요. 왕이 자기가 내렸던 조서를 번복한다는 것은 하나님의 섭
리가 아니고서는 불가능한 것인데, 하나님께서 느헤미야의 눈물의 기도를 들으셨던
거예요! 귀환한 느헤미야는 대적들의 방해와 위협 등 수많은 난관을 뚫고 '한 손에는
무기를, 한 손에는 연장을' 든 채 52일 만에 성벽 재건을 완성해요. 그 후 느헤미야는
말라기 선지자와 함께 이스라엘의 영적 개혁운동도 일으킨답니다.

> **포로귀환 후 성벽 재건과 영적 부흥을 이끈 드림팀 : 에스라, 느헤미야, 말라기**

(15) 성전이 돼지 제물로 오염됨 (BC 167년, 요 10:22)

페르시아 다음으로 국제 사회의 패권을 잡은 나라는? 그리스! 기억하시죠?

> **복습! 국제 사회 패권의 흐름**
> **애굽 – 앗수르 – 바벨론 – 페르시아 – 그리스 – 로마**

그리스의 정복왕 알렉산더 시대에 그리스 영토는 급속도로 확장됐어요. 하지만 알렉
산더는 32세 때 열병으로 죽고(알렉산더 대왕의 죽음을 다니엘서 8:8에서는 '숫염소의
그 큰 뿔이 꺾이고'라고 단 한 구절로 예언했었죠.) 셀류쿠스 왕조가 들어서는데, 그중
안티오쿠스 4세라는 왕이 유대인들을 극심하게 탄압했어요. 성전에서 제사를 못 드

리게 하는 건 물론이고, 예루살렘 성전에 제우스 신상을 갖다 놓기도 했죠. 또 유대인들이 가장 부정하게 여기는 돼지를 성전 제단에 바쳤어요. 성전을 모욕하려고 고의로 그랬던 거예요. 그래서 유다 마카비라는 유대인이 독립군을 조직해 싸운 결과, 드디어 BC 164년에 성전을 탈환해요. 그리고 성전을 보수, 정화한 다음 다시 제사를 드리기 시작했죠. 이를

기념하는 절기가 바로 수전절(修殿節, 하누카 - 요 10:22)이랍니다.

(16) 헤롯 대왕의 성전 중건 (AD 1년, 완성은 63년, 헤롯 성전, 요 2:20 / 마 21:12)

예수님이 태어나실 무렵, 유대 땅은 헤롯 대왕(동방박사와 접견한 후 영아학살을 시행했던 바로 그 헤롯)이 통치하고 있었어요. 헤롯은 유대인이 아니라 에돔 사람이었기 때문에 왕으로서의 정통성이 없었던 까닭에 민심을 잃을까 봐 늘 불안했죠. 그래서 유대인의 환심을 사기 위해 기존의 스룹바벨 성전을 부수고, 아주 화려하고 웅대하게 성전을 재건축했어요(헤롯은 건축광이었다고 해요). 헤롯 대왕은 BC 20년에 성전 재건축을 시작한 후 완공을 보지 못하고 BC 4년에 죽었지만, 성전 중건은 계속되어 AD 1년에 완성됐어요. 하지만 실내장식까지 완벽하게 끝난 것은 AD 63년이었지요. 이 성전을 '헤롯 성전' 또는 '제3성전'이라고 부른답니다.

예루살렘 성전의 간단 역사
제1성전 : 솔로몬 성전 – 제2성전 : 스룹바벨 성전 – 제3성전 : 헤롯 성전

(17) 예수님의 십자가 수난 (AD 29년, 마 27:32-61)

사실 에덴동산의 가죽 옷부터 시작해서 모세의 성막, 솔로몬의 성전 등 그동안의 모든 제사의식은 다 '장차 오실 예수님'의 상징이었어요. 그리고 마침내 인류 역사 속으로 들어오신 예수님께서 십자가에서 돌아가심으로써 그동안 수없이 행해졌던 상징적인 제사의식들이 '한번에, 영원히, 온전히' 완성을 이루었죠(히 10:14). 이 순간이야말로 온 인류가 죄와 사망으로부터 해방되고 구원받아 하나님께 나아갈 수 있는 길이 열린, 어마어마한 역사적 순간, 즉 온 인류 역사의 클라이맥스였죠!

> **예수님의 십자가 수난의 의미**
> **'한번에, 영원히, 온전히' 온 인류의 죄를 대속(代贖, 대신 갚아 주심)**

(18) 성령 강림 (AD 29년, 고전 3:16)

예수님께서 십자가에서 수난당하시고 부활, 승천하신 후 성령님께서 오십니다. 본래 성전은 제사 드리는 곳이기도 하지만 하나님께서 거하시는 곳, 하나님께서 당신의 백성들을 만나 주시는 곳이기도 하지요. 그런데 이제 성령 하나님께서 오셔서 성도들의 심령 안에 거하시게 된 거예요. 이것을 '성령님의 내주(內住)하심'이라고 해요. 그래서 이제는 하나님을 만나러 굳이 예루살렘 성전에 갈 필요가 없는 거예요. 내 안에서 사시는

성령님과 언제든지 만나고, 대화하고, 사랑할 수 있으니까요.

(19) 헤롯 성전의 파괴 (AD 70년, 헤롯 성전)

그후 유대 지방에 파견된 로마 총독들은 권력을 남용하여 무자비한 폭정을 했어요. 유대인들의 사유재산뿐만 아니라 성전에 드려진 헌금마저 약탈하고, 이에 저항하는 사람은 무참히 처형했죠. 유대인은 열심당(독립군)을 중심으로 로마의 폭정에 항거했지만, 로마의 디도 장군이 이끄는 군대가 예루살렘시를 공격해 수많은 예루살렘 주민들을 학살하고, 헤롯 성전을 함락해 전소(全燒)시키고 맙니다. 이로써 예수님의 예언대로 예루살렘 성전은 '돌 위에 돌 하나도 남지 않을 정도'로 철저히 파괴되어 역사 속으로 사라지게 되지요(마 24:2). 이 성전 파괴 사건은 유대인들이 그후 2천 년간 유랑민족으로 떠도는 계기가 됩니다. 그리고 AD 7세기경, 예루살렘 성전터에 이슬람 황금돔 사원이 세워져 오늘에 이르고 있답니다.

(20) 새 예루살렘 (계 21:10-22:5)

요한계시록에서는 예수님께서 재림하신 후 새 예루살렘성이 내려와 구원받은 성도들이 그곳에서 살면서 하나님과 어린양의 보좌 앞에서 영원토록 예배할 것이라고 말합니다. 하나님의 빛 가운데 성도들이 주님과 함께 영원히 다스리는 거죠. 이 새 예루살렘이야말로 이 땅에 있었던 성전의 궁극적 완성이라고 볼 수 있겠죠? 할렐루야!

이스라엘 성전의 역사 1

연대	?	BC 2,000년	BC 2,000년	BC 1,500년	BC 1,500년
성전	에덴동산	모리아산(미래의 성전 부지)		첫 유월절 (출애굽 전야)	이동식 성전 (성막)
사건	타락 후 짐승 가죽으로 수치를 가려 주신 대속의 은혜	떡, 포도주, 축복, 십일조	아브라함이 이삭을 하나님께 바침	어린양의 피를 바른 집은 장자의 재앙을 면함	광야 40년 성막 중심 생활 훈련
인물	하나님, 아담. 하와, 짐승(양?)	멜기세덱 아브라함	아브라함 이삭	모세 이스라엘 백성	모세
성경	창 3:21	창 14:17-20	창 22:1-18	출 12:1-14	출 25-40장

연대	BC 1,000년	BC 1,000년	BC 606년	BC 597년	BC 586년
성전	제1성전(솔로몬 성전)				
사건	다윗이 모리아산, 오르난의 타작마당에서 제사 드림	솔로몬이 모리아산에 성전을 지음	1차 포로 성전 기물 약탈	2차 포로 성전과 왕궁의 보물 약탈	3차 포로 성전, 왕국, 성벽 파괴
인물	다윗	다윗 솔로몬	여호야김 왕, 다니엘, 왕족, 귀족	여호야긴 왕, 에스겔 등 18,000명	시드기야 왕
성경	삼하 24:10-25	대하 3:1 왕상 6장	대하 36:5-8	왕하 24:10-16	대하 36:17-21

이스라엘 성전의 역사 2

연대	BC 536년	BC 516년	BC 458년	BC 444년	BC 167년
성전	제2성전(스룹바벨 성전)				
사건	1차 포로귀환 고레스 칙령 성전 재건 시작	성전 재건 중단 20년 후 다리오 왕 칙령 성전 재건 완성	2차 포로귀환 아닥사스다 왕 칙령 성벽 재건 시작	3차 포로귀환 아닥사스다 왕 칙령 성벽 재건 완성(52일)	성전이 돼지 제물로 오염됨
인물	스룹바벨, 학개, 스가랴	스룹바벨, 학개, 스가랴	에스라	느헤미야, 말라기	안티오쿠스 4세 유다 마카비
성경	대하 36:22-23 에스라 1:1-2	에스라 6:1, 14, 15	에스라 7:1-12	느 6:15, 8:1-3	요 10:22

연대	AD 1년(63년 완성)	AD 29년	AD 29년	AD 70년	?
성전	제3성전(헤롯 성전)				새 예루살렘
사건	헤롯 대왕이 성전 재건	예수님의 십자가 수난	성령 강림 성령님의 내주하심	성전 파괴	하나님과 어린양의 보좌 앞 예배
인물	헤롯 대왕	예수 그리스도	성령 하나님	로마 디도 장군	하나님과 어린양의 택함을 받은 성도
성경	요 2:20 마 21:12	마 27:32-61 히 10:14	행 2:1-36 고전 3:16	막 13:1-2	계 22:3-5

바벨론 포로기간(70년) 예언이 정확히 성취됐어요!

앞의 표에서 연대를 한번 자세히 살펴보세요. 예레미야의 예언(렘 29:10)대로 이스라엘 백성들이 바벨론에서 정확히 70년 만에 고향 땅으로 돌아왔다는 사실을 알 수 있지요? 이걸 계산하는 방법은 두 가지가 있는데, 어떻게 계산해도 70년이 된답니다! 정말 놀랍죠?

- 1차 포로 (BC 606년) – 1차 포로귀환 (BC 536년) = 70년
- 3차 포로 (BC 586년) – 성전 재건 완성 (BC 516년) = 70년

바벨론-사탄의상징

요한계시록에 보면 사람들을 현혹시키는 음녀, 바벨론 이야기가 많이 나옵니다. 이미 오래전에 역사의 뒤안길로 사라진 바벨론 제국이 말세에 왜 다시 언급되는 걸까요? 성전의 역사에서 배웠듯이 예루살렘 성전을 약탈하고 파괴한 나라는 바벨론이었어요. 바벨론이 예루살렘 성전을 철저히 짓밟았던 거죠. 그래서 하나님의 입장에서는 하나님이 거하시는 곳, 그 거룩한 곳, 하

나님과 당신의 백성이 만나는 곳을 파괴한 바벨론이 사탄과 같은 거예요(앞에서 배운 것처럼 바벨론은 바벨탑을 만든 나라로 두고두고 하나님을 대적하는 세력을 상징하고 있어요. 바벨론은 국가 이름이고, 그 민족 이름은 '갈대아'라고 했던 것 기억나시죠?). 그래서 요한계시록을 읽다가 바벨론이 나오면, '아, 이건 사탄을 말하는구나'라고 이해하시면 된답니다.

> "또 다른 천사 곧 둘째가 그 뒤를 따라 말하되 무너졌도다 무너졌도다 큰 성 바벨론이여
> 모든 나라를 그 음행으로 인하여 진노의 포도주로 먹이던 자로다 하더라" – 계 14:8

7머리, 10뿔

요한계시록에서 음녀가 타고 있는 짐승은 머리가 7개, 뿔이 10개이지요. 그런데 다니엘이 해석했던 느부갓네살 왕의 꿈에 나오는 네 짐승의 머리와 뿔 수를 다 합해 봐도 역시 7개의 머리, 10개의 뿔이 됩니다. 앞에서 배운 것처럼, 이 네 짐승은 '바벨론-페르시아-그리스-로마'로, '하나님과 대적하는 이 세상의 나라들'을 상징한다는 것을 알 수 있답니다.

• 사탄(음녀)이 부리는 짐승 = 하나님을 대적하는 이 세상에 속한 나라

성전들의 크기 비교

이제 성전들의 크기를 한번 비교해 볼까요? 모세가 시내 광야에서 세웠던 회막부터 제1성전인 솔로몬 성전, 그리고 제3성전인 헤롯 성전의 크기를 비교하면 아래 그림과 같아요(제2성전인 스룹바벨 성전의 크기는 성경에 정확히 기록되어 있지 않기 때문에 알 수 없어요. 다만 솔로몬 성전보다 훨씬 작고 초라했다는 기록만 있답니다 -스 3:12-13).

그런데 여기 에스겔 성전이 있네요? 에스겔 성전은 제 몇 성전이었죠? 에스겔 성전은 실재했던 성전이 아니고 하나님께서 선지자 에스겔에게 환상 가운데 보여주신 성전이었어요(또 소가 넘어갈 뻔^^). 에스겔서에 나오는 두 가지 유명한 환상 아시죠? 하나는 마른 뼈들이 살아나 군대를 이루는 환상이고, 또 하나는 성전에서 생명수가 흘러나와 처음에는 발목까지 찼다가 점차 무릎, 허리까지 차올라 나중에는 헤엄을 칠 수 있을 정도로 깊은 강이 되었다는 환상이죠(겔 47:1-12). 이처럼 에스겔 성전은 예수님께서 재림하신 후 하늘에서 내려오는 새 예루살렘성의 성전을 상징한답니다.

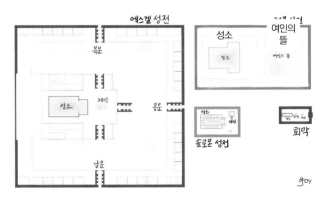

" 주의 말씀은 내 발에 등이요 내 길에 빛이니이다 "

- 시 119:105

2 구약

성경의 맥과 핵

지금까지 우리는 신구약 성경을 관통하는 광맥들을 살펴봤어요. 이제부터는 구약 성경을 조금 더 쉽게 이해하기 위한 구약 성경의 광맥들을 찾아보겠습니다.

이스라엘과 주변 민족의 선조

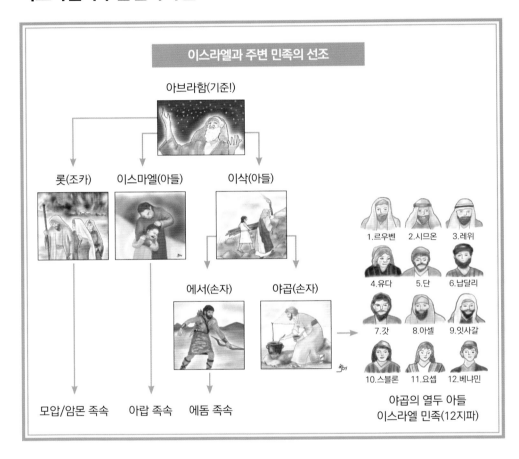

(1) 모압과 암몬 족속

아브라함이 갈대아 우르를 떠날 때 조카 롯을 데려가죠. 롯은 그때부터 아브라함 삼촌과 줄곧 함께하다가 나중에 독립해서 소돔으로 이주했지요. 그러던 중 소돔과 고모라 성의 악이 극에 달하자, 하나님께서는 롯과 아내 그리고 두 딸을 피신시키신 후 소돔과 고모라를 멸망시키십니다. 하지만 이 과정에서 '뒤를 돌아보지 말라'는 경고를 무시하고 뒤를 돌아봤던 롯의 아내는 소금기둥으로 변하고 말죠. 결국 아버지와 딸 둘만 남게 되는데, 롯의 두 딸이 아버지를 만취하게 만든 후 아버지와 동침하여 각각 아들을 낳아요. 이들의 후손이 바로 모압과 암몬 족속이랍니다.

(2) 아랍 족속

아브라함의 나이 75세 때, 하나님께서 "내가 너로 큰 민족을 이루고 네게 복을 주어 네 이름을 창대케 하리니 너는 복의 근원이 될지라"(창 12:2)라고 복을 내려 주시죠. 그런데 10년이 지나도 아브라함에게는 자녀가 생기지 않았어요. 그래서 아내 사라의 권고로 아브라함은 사라의 여종, 애굽 여인 하갈을 통해 아들을 낳게 됩니다. 그 아들의 이름이 이스마엘이에요. 이스마엘은 나중에 태어난 이복동생(14년 터울)이자 아브라함의 적자였던 이삭이 젖 떼는 걸 축하하는 잔치에서 이삭을 조롱해 엄마 하갈과 함께 쫓겨나죠. 그리고 훗날 아랍 족속의 조상이 된답니다.

(3) 에돔 족속

아브라함이 100세 때 낳은 언약의 아들, 이삭은 훗날 리브가와 결혼해서 쌍둥이 아들을 낳습니다. 그중 형 이름은 에서, 동생 이름은 야곱이었죠. 하지만 에서는 팥죽 한 그릇에 넘어가 야곱에게 장자권을 팔아 결국 장자권은 야곱에게 주어집니다. 한편, 형 에서도 훗날 큰 민족을 이루게 되는데, 에서의 후예들이 바로 에돔 족속이랍니다(에서와 에돔, 둘 다 '에' 자로 시작하니 외우기가 쉽죠?).

(4) 이스라엘 민족(12지파)

드디어 성경의 주인공, 이스라엘 민족이 나왔네요. 이스라엘 민족은 누구의 후손일까요? 아브라함이라고요? 그 말도 틀린 건 아니지만, 100점짜리 답은 아니에요. 왜냐하면 앞에서 배운 아랍, 에돔 족속도 다 아브라함의 후손이니까요. 더 정확한 답은 바로 '야곱'이랍니다. 하나님께서는 야곱의 이름을 '이스라엘'로 개명시켜 주셨는데, 이게 바로 훗날 이스라엘 국가의 이름이 되었지요. 야곱에게는 열두 아들이 있었고, 이 아들들이 이스라엘 12지파의 조상이 됩니다.

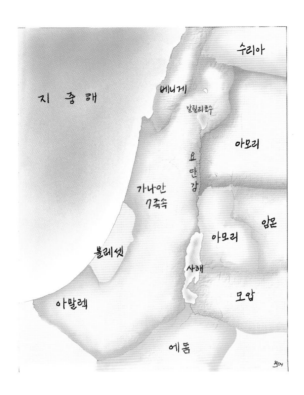

가나안 땅의 주변국들

그럼 이번엔 이스라엘과 그 주변 민족들이 어디에 살았는지 지도를 통해 살펴보겠습니다. 앞에서 성경 지도를 볼 때 가장 먼저 찾아야 하는 것이 뭐라고 했죠? 딩동댕! 바로 '물', 그 중에서도 지중해입니다! 위의 지도를 한번 보세요. 지중해가 눈에 띄지요? 지중해 동편(오른쪽)에 가나안 땅이 있다고 했고요? 가나안 땅 동편에 두 개의 호수가 보이는데, 위쪽 호수가 갈릴리, 아래쪽 호수가 사해랍니다. 그리고 이 두 호수 사이에 흐르는 강이 바로 요단 강이지요. 이로써 '물' 위치 확인 완료!

(1) 아말렉

성경을 조금 아시는 분들은 이스라엘 민족이 출애굽 후 첫 번째로 만난 적이 아말렉 이었다는 사실을 기억하실 거예요(출 17장). 아말렉과의 전쟁에 여호수아 장군이 나가

싸울 때, 모세가 산에 올라가 그 전쟁 상황을 지켜보면서 기도를 하죠. 그때 모세의 손이 올라가면 이스라엘이 우세하고, 모세의 손이 내려가면 아말렉이 우세했어요. 모세의 팔에서 점차 힘이 빠지자 옆에서 아론과 훌이 모세의 팔을 받쳐 주어 결국 이스라엘이 승전했다는 유명한 이야기 잘 아시죠? 이렇게 이스라엘 민족이 저 남쪽 애굽을 탈출하여 가나안 땅으로 북진하는 여정에서 가장 먼저 만난 적이 아말렉이었다면, 아말렉이 가장 남쪽에 위치해 있었다는 것쯤은 쉽게 유추해 볼 수 있겠지요? (물론 아말렉과 전쟁을 벌인 장소는 아말렉 거주지보다는 훨씬 남쪽이었어요. 아마도 아말렉이 지레 겁을 먹고 이스라엘의 진영이 있던 남쪽으로 침략해 내려온 것 같아요.) 지도에서 아말렉을 찾으셨나요? 네, 남서쪽에 있지요?

(2) 에돔, 모압, 암몬

앞에서 이 세 민족에 대해 배웠는데, 이들의 공통점은 무엇일까요? 다 아브라함의 직계 후손이거나 친족이라는 거죠. 그래서 이 세 민족은 거주했던 위치도 나란히 붙어 있어요. '에돔 – 모압 – 암몬' 이렇게 이어서 외워 두세요. 남쪽에서 북쪽으로 올라가는 순서예요. (출애굽해서 가나안에 들어가는 과정이 북진 방향이라고 앞에서 말씀드렸죠? 그래서 이 지도도 남쪽에서 북쪽으로 올라가면서 공부하고 있는 거예요.)
이렇게 해서 벌써 4개를 외웠네요! 다시 정리해 볼까요? 아말렉 – 에돔 – 모압 – 암몬!

(3) 아모리

이스라엘 민족이 가나안으로 들어가기 전에 보너스로 얻은 땅이 있었어요. 바로 아모리 족속의 땅이었죠. 지도에서 요단강 동편에 있는 아모리 땅 보이죠? 가나안에 들어가기 위한 진군 방향이 '남 → 북'이라는 건 앞에서 배웠어요. 그런데 사해 지역에 이르러서는 '요단강 동쪽 → 요단강 서쪽' 방향으로 진군합니다. 요단강을 건너기 전 아직 요단강 동편에 있을 때, 아모리 족속이 이스라엘을 침공합니다(민 21장). 원래 이곳은 하나님께서 약속하신 땅이 아니었는데, 아모리 족속이 싸움을 걸어와 어쩔 수 없이 싸우고, 어쩔 수 없이 이기고, 어쩔 수 없이 그 땅을 차지하게 되죠. 그래서 보너스로 얻은 땅이라는 거예요. '아모리 왕 시혼과 바산 왕 옥'이란 말 많이 들어 보셨죠? 이들은 둘 다 아모리 족속이었어요. 아무튼 중요한 건, 아모리 족속이 요단강 동편에 위치해 있었다는 거죠. 이렇게 여기를 먼저 얻고 이 땅을 두 지파 반(르우벤 지파, 갓 지파, 므낫세 반 지파)이 차지하게 된답니다.

(4) 가나안 7족속

드디어 요단강을 건너 약속의 땅 가나안으로 진군합니다. 요단강 동쪽에서 서쪽으로 건너갔으니 가나안은 요단강 서쪽에 있겠지요? 여리고성을 무너뜨리면서 시작된 이 가나안 정복 전쟁은 총 7년간, 33회에 걸쳐 계속됩니다. 그런데 결과는? 33전 33승! (인류의 전쟁사에 이런 전적이 또 있을까요?) 요단강 서쪽에는 가나안 7족속이 살고 있었는데, 여호수아가 가나안의 왕 31명을 다 물리치고 압승하지요. 그렇게 얻은 땅이 바로 젖과 꿀이 흐르는 땅, 가나안이었답니다.

> **가나안 7족속의 이름(신 7:1, 수 3:10)**
> 헷, 기르가스, 아모리, 가나안, 브리스, 히위, 여부스

(5) 블레셋(=팔레스타인)

삼손의 여친이었던 들릴라의 고향 가사, 이스라엘의 법궤를 빼앗아 간 후 주민들이 독종에 걸려 죽어갔던 도시 아스돗, 소년 다윗이 물맷돌로 쓰러뜨렸던 거인 골리앗의 고향이자 다윗이 사울 왕을 피해 도망가 자기를 의탁했던 아기스 왕이 통치하던 가드. 이 모두가 블레셋의 주요 도시였어요. 블레셋은 지중해 해안의 5개 도시를 차지하고 살던 해양국가이자 도시국가였어요. 골리앗이 그랬듯이 블레셋 족속은 거인족으로서 지중해에 나가 해적질을 하던 흉악하고 잔인한 민족이었다고 해요.

> **블레셋 5개 도시의 이름**
> 가사, 아스돗, 가드, 아스글론, 에그론

(6) 수리아(=시리아)

갈릴리 호수 북쪽에 '수리아'라는 나라가 있지요? 수리아가 바로 요즘 난민으로 큰 이슈가 되고 있는 시리아예요. 수도는 다메섹(=다마스커스)이고요. 바울이 부활하신 예수님을 만나 변화되었던 곳이 다메섹으로 가던 길이었던 것 아시죠?

(7) 베니게(=페니키아)

고대에 페니키아(Phoenicia) 문명으로 유명했던 베니게에는 여러 도시가 있었지만, 성경에는 남부의 두 도시 두로와 시돈이 종종 등장하지요. 베니게 역시 가나안의 북쪽, 지중해 해안에 위치한 해양 민족이었어요. 지도에서 위치 확인! 잊지 마세요!

가나안 땅의 주변국들

① 이스라엘과 제일 먼저 전쟁을 했던 아말렉!
② 이스라엘의 사촌 3개국, 에돔, 모압, 암몬!
③ 가나안 입성 전 요단강 동편에서
　보너스로 얻은 땅, 아모리!
④ 요단강 서편, 가나안 7족속!
⑤ 남쪽 해안의 해양민족, 블레셋!
⑥ 가나안 땅의 북쪽에 위치한 수리아!
⑦ 북쪽 해안의 베니게(두로와 시돈)!

야곱의 가족

야곱은 형 에서에게서 장자권을 빼앗은 후 형의 보복이 두려워 외삼촌 라반의 집으로 도망을 가죠. 라반은 하란에서 살고 있었어요(하란은 메소포타미아의 북부 지역으로, 아브라함이 갈대아 우르를 떠나 가나안 땅으로 이동하는 도중 하란에서 아버지 데라가 세상을 떠나죠). 그런데 야곱은 하란에 도착하자마자 외삼촌의 딸, 즉 자신의 외사촌 여동생인 라헬과 첫눈에 사랑에 빠져요. 그래서 외삼촌에게 라헬과 결혼하게 해달라 했더니 외삼촌 왈, "공짜로는 안 되고 지참금을 내야 하는데, 네가 지금 지참금이 없으니 7년간 날 위해 일해!"라고 하죠. 그래서 야곱은 7년을 수일같이 열심히 일합니다. 드디어 7년이 지나 야곱이 결혼식을 치르고 첫날밤을 보냈는데, 아침에 눈을 떠 보니 옆에 누워 있는 사람이 라헬이 아닌 레아였지 뭐예요? ① 야곱의 1번 아내 : 레아!

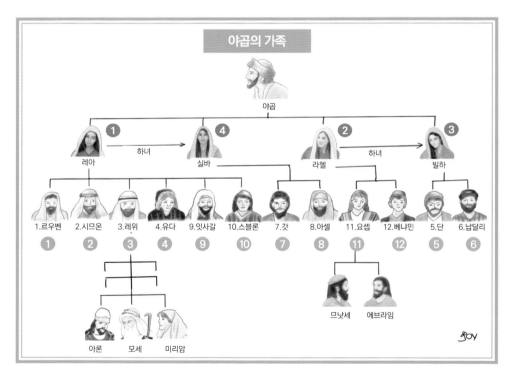

야곱이 너무 황당해서 외삼촌에게 가서 따졌더니 "우리 고장에서는 동생을 언니보다 먼저 시집 보내는 일이 없다. 하지만 7년간 더 일을 하면 라헬도 아내로 주겠다."고 해요. 여기에서 퀴즈! 야곱이 레아와 결혼한 후 다시 라헬과 결혼하기까지 기간이 얼마나 걸렸을까요? 방금 7년이라고 했지만, 사실 그건 라헬과의 결혼 이후의 일이었어요. 야곱이 레아와의 신혼을 7일간 보낸 후, '가불'로 라헬을 먼저 받았거든요. ② 야곱의 2번 아내 : 라헬! 야곱은 외삼촌에게 두 번째 결혼 지참금을 갚기 위해 추가로 7년간 열심히 일해요. 그런데 그사이 레아가 아들을 4명이나 낳았지 뭐예요? 그러자 아이를 하나도 못 낳은 라헬이 조급해졌죠. 그래서 자신의 하녀인 빌하를 야곱에게 주었고, 빌하는 아들 둘을 낳았지요. ③ 야곱의 3번 아내 : 빌하! 그랬더니 이번에는 레아가 "어? 이러다 라헬에게 밀리겠는걸?" 하면서 조급한 마음에 자기의 하녀 실바를 야곱에게 주었고, 실바도 아들 둘을 낳았어요. ④ 야곱의 4번 아내 : 실바! 어떠세요? 어느새 야곱의 아내 순서를 다 외우셨죠?

야곱의 아내들
① 레아 ② 라헬 ③ 빌하 ④ 실바

그 후 하나님께서는 남편에게 사랑받지 못하던 레아에게 다시 한번 은혜를 베풀어 주셔서 아들 둘을 더 낳게 해주세요. 레아는 또 딸 디나도 낳죠. 그리고 그토록 아이가 안 생기던 라헬도 결국은 아들 둘을 낳게 됩니다.

자, 그럼 여기에서 야곱의 아들들을 순서대로 살펴볼까요? 첫 네 아들은 누가 낳았다고요? 레아! 레아의 네 아들은 ① 르우벤 ② 시므온 ③ 레위 ④ 유다였어요. 그다음엔 라헬이 자기 하녀 빌하를 들여서 아들 둘을 낳게 했지요? 그 두 아들이 ⑤ 단 ⑥ 납달리예요. 그다음, 레아가 조급해져서 자기 하녀 실바를 들여 아들 둘을 또 낳게 했다고 했지요? 그래서 실바의 두 아들이 ⑦ 갓 ⑧ 아셀이에요. 다음으로 하나님께서 레아에게 은혜를 주셔서 아들 둘을 추가로 더 주셨다고 했죠? 그 두 아들이 ⑨ 잇사갈 ⑩ 스불론이에요. 마지막으로 라헬도 결국 아들 둘을 낳았다고 했죠? 그 두 아들이 그 유명한 ⑪ 요셉 ⑫ 막둥이 베냐민이에요. 이 열두 아들의 이름을 다는 모르더라도 첫 네 아들 이름은 꼭 알아 두셔야 해요. 르우벤, 시므온, 레위, 유다! 마지막 두 아들 이름은 아시죠? 요셉과 베냐민! 이로써 6명의 아들 이름 암기 끝!

야곱의 아들들
① 르우벤 ② 시므온 ③ 레위 ④ 유다 …… ⑪ 요셉 ⑫ 베냐민

야곱 가족의 '장자권 변천사'

야곱의 장자는 원래 르우벤인데, 르우벤이 서모 빌하와 동침하면서 장자권을 잃어버려요 (아버지의 아내와 동침을 했다는 것은 단순한 간음죄가 아니라 아버지의 권위에 정면으로 도전한 패륜죄로, 장자권을 잃을 만큼 심각한 범죄였거든요). 그럼 장자권이 둘째 아들 시므온에게 넘어가야 하는데, 시므온도 장자권을 못 받아요. 그 이유는 다음과 같아요.

야곱의 가족이 세겜 땅에 들어가서 살던 때, 야곱의 딸 디나가 세겜의 추장 세겜(지역 이름과 추장 이름이 같아요. 서울 시장 이름이 박서울?^^)에게 강간을 당해요. 세겜은 디나를 진심으로 사랑했기 때문에 정식으로 청혼을 하지만, 자기 여동생 디나를 더럽힌 세겜에게 원한을 품은 야곱의 아들들이 청혼을 수락하는 척하면서 "너희 부족의 남자들이 다 할례를 받으면 디나를 주겠다."고 거짓말을 해요. 사랑에 눈이 먼 세겜은 이 조건을 아무 의심 없이 받아들이고, 자기 부족의 모든 남자들이 할례를 받게 하죠. 이렇게 남자들이 할례를 받고 아파서 누워 있을 때 둘째 아들 시므온과 셋째 아들 레위가 가서 세겜의 남자들을 다 죽이는 비겁한 짓을 했어요. 사실 이것은 비겁할 뿐만 아니라 아주 위험한 행동이었어요. 왜냐하면 지금 야곱 가족 70명은 세겜 땅에 들어가서 이민족들 틈에 끼어 사는 형편인데, 비겁한 방법으로 한 부족을 몰살시켰다는 소문이 나면 주변의 다른 민족들이 가만둘 리가 없잖아요. 이렇게 시므온과 레위가 온 가족을 위험에 빠뜨렸던 거예요.

다행히 하나님의 은혜로 무사히 넘어가긴 했지만, 야곱은 이 일을 두고두고 못마땅하게 여기죠. 그래서 나중에 죽기 전에 열두 아들을 축복할 때에도 시므온과 레위에게는 축복 대신 저주를 하죠. 그래서 시므온과 레위도 장자 자격 상실!

요셉의 꿈이 이루어지다

장자권은 결국 11번째 아들 요셉에게 가게 되는데, 그 이유는 다음과 같아요.

요셉의 형들이 아버지의 사랑을 독차지하던 요셉을 시기해 애굽의 노예로 팔아버린 이야기는 잘 아시죠? 그런데 요셉이 우여곡절 끝에 하나님의 은혜로 애굽의 총리가 되죠. 그리고 7년의 풍년 기간 동안 앞으로 닥칠 7년 흉년을 대비해요. 훗날 가나안 땅에도 흉년이 들

어 형들이 곡식을 사러 애굽에 오게 되어 요셉을 만나고, 결국 요셉은 총리라는 빽을 동원해서 야곱의 온 가족 70명을 애굽으로 이민시켜요.

장자는 원래 '생명의 부양자'라는 책임을 갖고 있어요. 가족이 위기에 처했을 때 가족을 보살피는 게 장자의 임무지요. 그래서 '굶어 죽을 뻔한 온 가족을 살려냈다'는 이유로 장자권이 결국 요셉에게 돌아가게된 거예요. 이것은 사실 요셉이 어렸을 때 하나님께서 꿈으로 계시해 주신 하나님의 예정이었어요. 어릴 적 요셉은 형들의 곡식단이 자기 곡식단에게 절을 하는 꿈을 꿨죠. 또 해와 달과 11개의 별이 자기에게 절하는 꿈도 꿨고요. 이처럼 요셉이 장자권을 얻게 된 것은 하나님의 예정이었던 거예요.

제사장과 레위인의 조상, 레위

한편, 야곱의 아들들 중에 셋째 레위가 중요해요. 왜냐하면 레위의 후손들이 제사장들과 레위인들, 즉 레위 지파가 되거든요. 아까 시므온과 레위가 비겁하고 위험한 짓을 해서 아버지 야곱에게 저주를 받았다고 했는데, 이 와중에 레위는 어떻게 그 저주를 모면하고 하나님 섬기는 일을 전담하는 거룩한 지파가 되었을까요? 그 이유인즉슨 훗날 모세가 십계명을 받으러 시내산에 올라간 동안 이스라엘 백성들이 금송아지를 만들어 우상숭배를 할 때, 레위 지파가 하나님의 마음을 이해하고 우상숭배한 자들을 처단했기 때문에 사면을 받은 거예요(하지만 시므온은 끝내 별 볼일 없는 지파가 되고 맙니다).

창세기 15장에서 하나님께서 아브라함을 부르시고 복을 주실 때, 축복인지 저주인지 도무지 알 수 없는 말씀을 하세요. "네 후손들이 외국 땅에 가서 노예생활을 하다가 4대 만에 돌아올 거다"(창 15:13-16)라고 말이죠. 이게 언뜻 보면 저주 같지만, 크게 보면 구속사를 상징하는 이스라엘 민족의 역사가 된답니다. 죄와 사망의 노예였던 우리를 어린양 예수 그리스도의 피로 구원해서 노예생활에서 탈출시켜 주시는 과정을 생생한 역사 체험으로 설명해 주시기 위해 하나님께서는 이스라엘 백성에게 이런 노예생활도 허락하셨던 거예요. 크게 보면 다 축복의 과정이었던 거죠. 야곱의 가족(훗날 히브리 민족=이스라엘 백성)은 애굽에 들어간 후 하나님의 약속대로 정확히 4대 만에 출애굽해서 가나안 땅으로 돌아오게 된답니다.

한편, 레위에게는 세 아들이 있었어요. 게르손, 고핫, 므라리! 그런데 이 세 아들 중 둘째 고핫이 중요해요. 왜냐하면 고핫의 아들이 아므람이고, 아므람의 자녀가 모세와 아론과 미리암 3남매거든요. 레위 시대 때 야곱의 가족 70명이 애굽으로 이주했잖아요? 그리고 '레위-고핫-아므람-모세', 이렇게 4대째 출애굽을 하죠. 너무도 정확한 성경 예언의 성취, 정말 놀랍죠? 아무튼 레위 지파는 이렇게 제사장들과 레위인들을 내기 때문에 중요하지요. 하지만 레위 지파의 기업은 '하나님 자신'이기 때문에 그들은 나중에 가나안 땅에 들어가서도 땅을 별도로 기업으로 받지 않고(목초지만 약간 받고, 경작지는 받지 않죠.) 나머지 11지파가 십일조를 해주는 것으로 생활하죠.

 ## 아론의 후손들과 모세의 후손들 중 누가 더 높을까?

하나님께서는 모세의 형, 아론을 대제사장으로 임명하시고, 그 후손들이 대대로 제사장직을 물려받게 하세요(그중 종갓집 장손은 대제사장이 되는 거고요). 그럼 모세의 후손들은 뭘 했을까요? 모세의 후손들은 다른 레위 지파 사람들과 마찬가지로 평범한 레위인이 되었지요. 레위인이란 성전에서 성전 기구들을 관리하고 제사장이 제사 드리는 것을 돕는 일종의 '제사장 도움이들'이에요. 이러한 하나님의 '인사정책'은 출애굽 과정에서 형 아론보다 훨씬 더 뛰어난 지도력을 발휘하고 온갖 희생과 인내로 이스라엘 백성을 인도한 모세의 입장에서는 충분히 불만을 가질 수도 있는 처사였어요(자기가 좀 밀리는 건 그래도 참겠지만, 자기 자녀가 밀리는 건 참기 어려운 게 부모 심정이 잖아요). 그럼에도 불구하고 모세는 일언반구 불평없이 그대로 다 순종해요. 어떻게 그럴 수 있었을까요?

모세는 신앙공동체의 성격을 분명히 이해하고 있었기 때문에 그럴 수 있었던 거예요. 신앙공동체의 머리는 예수 그리스도시죠. 그리고 사람들은 그리스도의 몸이고요(고전 12:12-27).

잠시 우리 몸을 한번 생각해 볼까요? 우리 몸의 다양한 지체들은 상하관계가 아니죠. 모든 지체가 반드시 머리의 지시를 받아 움직입니다. 등이 가려워 손을 뻗어 긁을 때도 등이 손에게 직접 명령 하지 않아요. 등은 '가렵다'는 신호를 머리로 보낼 뿐이죠. 그럼 머리가 손에게 '등을 긁으라'고 명 령하고, 손이 거기에 순종하는 거죠.

우리가 보기에는 '대제사장－제사장－레위인'이 상명하복의 계급구조인 것 같지만, 하나님의 의 도는 절대 그런 게 아니었어요. 이것은 오늘날 교회에서도 마찬가지예요. '목사－장로－안수집 사－권사－집사－일반 성도－새신자'는 절대 '계급'이 아니에요(우리는 종종 헌금을 많이 내거나 봉 사를 많이 하는 순서로 계급을 매기기도 하지요). 그래서 교회의 구성원들은 서로 맡은 역할이 다를 뿐 '한 몸 의식'을 가지고 서로 사랑으로 돌봐야 할 지체들이랍니다. 우리의 머리는 오직 예수 그 리스도 한 분이세요! 그러니 누구도 교회에서 주인 행세를 해서는 안 되겠죠? 모세를 본받읍시다!

왕의 지파, 유다

야곱의 열두 아들 중 넷째 아들인 유다가 또 중요해요. 예수님은 왜 유다 지파로 오셨을까 요? 그것은 유다가 왕의 지파이기 때문입니다. 예수님의 조상, 유다 지파 중 첫 번째 왕은 다윗이었죠(이스라엘의 초대 왕은 베냐민 지파의 사울이었지만, 불순종으로 왕권을 상실하고 왕권은 유다 지파의 다윗에게 넘어가지요). 야곱이 죽기 전에 열두 아들을 축복할 때, 유다에 게는 "유다는 사자 새끼로다… 홀(왕들이 들고 있는 지휘봉, 圭)이 유다를 떠나지 아니하며, 치리자의 지팡이가 그 발 사이에서 떠나지 아니하기를"(창 49:9-10)이라고 축복해요. 사자 는 동물의 왕이잖아요? 유다가 왕족이 될 것을 예언한 거죠.

요셉의 두 아들, 에브라임과 므낫세

한편, 요셉에게는 두 아들이 있었어요. 장남 므낫세와 차남 에브라임이죠. 그런데 이 둘 중에 장자권을 물려 받은 아들은 누구일까요? 네, 둘째 에브라임이었어요. 요셉이 연로하신 아버지 야곱에게 자기의 두 아들을 축

복해 달라고 하면서 야곱의 오른쪽에 첫째 아들 므낫세를, 왼쪽에 둘째 아들 에브라임을 데려다놓지만, 야곱은 짓궂게도(?) 두 손을 X자로 교차해서 축복해요. 그래서 차남 에브라임이 장자권을 받게 되는데, 왜 그랬는지 그 이유는 성경에 안 나와 있지만 어떤 학자들은 야곱에게 '차남 콤플렉스'가 있었기 때문일 거라고 하더군요. 그 이후 성경에서는 줄곧 '에브라임과 므낫세'로 동생인 에브라임을 먼저 언급해요. 에브라임에게 장자권이 계승됐기 때문이지요.

레위 지파를 빼고도 여전히 12지파인 이유는?

앞에서 레위 지파는 기업도 받지 않고, 12지파로 계수하지도 않는다고 했죠? 이렇게 레위 지파를 열외로 치는데도 이스라엘은 여전히 12지파예요. 왜 그럴까요? 이걸 이해하기 위해서는 이스라엘의 유산 상속 제도를 먼저 이해할 필요가 있어요. 예를 들어, 어느 집에 아들이 네 명 있을 경우 유산을 상속할 때에는 거기에 +1을 해서 아버지의 유산을 5등분 해요. 그중 장자에게 2인분의 유산을 주고, 나머지 아들들에게는 각각 1인분의 유산을 주죠. 즉, 장자에게는 더블로 주는 거예요(신 21:17). 엘리야 선지자의 후계자인 엘리사가 '갑절의 영감을 주소서'라고 했는데, 그것은 '자신을 엘리야의 장자처럼 직계 후계자로 선택해 달라'는 뜻이었답니다..

앞에서 이스라엘의 장자권이 요셉에게 넘어갔다고 했죠? 그래서 요셉 지파는 다른 지파의 두 배, 즉 에브라임 지파와 므낫세 지파로 2개 지파의 이름을 갖게 돼요. 나중에 요한계시록 7장에서는 요셉 지파라는 표현이 나오지만, 성경 대부분에서는 요셉 지파 대신 에브라임 지파와 므낫세 지파가 나온답니다. 그래서 레위 지파를 빼고도 여전히 12지파가 되는 거예요.

💎 예수 그리스도의 예표, 요셉

요셉과 예수님은 공통점이 참 많습니다. 둘 다 당시 노예 시세가로 팔렸고, 둘 다 죄의 유혹을 받았지만 물리쳤고, 둘 다 거짓으로 고발당했지만 고난 후 높임을 받았죠. 하지만 가장 중요한 공통점은 무엇보다 둘 다 '자신에게 죄 지은 사람들을 용서했다'는 사실이죠. 요셉은 자신

을 팔아넘긴 형들을 용서했고, 예수님은 자신을 십자가에 못 박은 유대인들, 더 나아가서는 온 인류를 용서하셨죠. 이처럼 요셉은 성경의 맥인 구속사를 잇고, 성경의 핵인 예수 그리스도를 예표하는 인물이에요. 그래서인지 창세기의 여러 인물 중 요셉이 가장 많은 분량을 차지한답니다(총 50장 중에 무려 12장 이상이 요셉 이야기니까요).

북이스라엘의 대표 지파-에브라임

남유다의 대표는 어느 지파일까요? 나라 이름처럼 유다 지파가 남왕국의 대표 지파예요. 그럼 북이스라엘의 대표 지파는? 에브라임 지파예요. 왜 그럴까요? 앞에서 배웠듯이, 야곱이 요셉의 두 아들에게 손을 교차해서 축복했기 때문에(창 48:13-14, 19) 요셉의 차남인 에브라임이 장자권을 갖게 됐죠. 그 이후 에브라임은 쭉~ 북이스라엘의 대표 지파가 된답니다. 여기에서 잠깐, 다음의

성경구절들을 찾아서 '에브라임'이라는 단어에 밑줄을 쳐 보세요.
(대상 5:1, 사 28:1-4, 렘 31:9, 렘 31:20, 호 11:12)

이 성경구절들은 모두 하나님께서 에브라임 지파에게 말씀하시는 장면들이에요. 하나님께서는 왜 유독 에브라임 지파에게만 이렇게 자주 말씀하셨을까요? 사실 이것은 북이스라엘에 말씀하신 건데, 그 장자(대표)가 에브라임이니까 에브라임을 부르셨을 뿐이에요(국어 시간에 배웠던 제유법 아시죠?). 그러니까 앞으로 성경을 읽을 때는 하나님께서 "에브라임아!"라고 부르시면, '아, 북이스라엘을 부르시는 거구나!'라고 이해하시면 된답니다.

성경의 문학적 수사법

성경에는 여러 가지 문학적 수사법이 등장하는데, 그중 하나가 반복법이에요. 그런데 그냥 앵무새처럼 두 번 똑같이 반복하는 게 아니라 같은 의미의 다른 단어, 즉 동의어로 반복하지요.

"에브라임아, 내가 어찌 너를 포기하겠느냐? 이스라엘아, 내가 어찌 너를 넘겨주겠느냐?"
– 호 11:8

위의 성경구절에서 에브라임은 이스라엘, 포기함은 넘겨줌을 뜻해요.

"에브라임은 거짓으로 나를 에워쌌고, 이스라엘은 속임수로 나를 에워쌌다." – 호 11:12

이번엔 에브라임은 이스라엘, 거짓은 속임수를 뜻하지요.
결론적으로 이를 통해서도 '에브라임＝이스라엘'이라는 걸 아시겠죠?

최종적 장자권 – 유다 지파에게로

이렇게 에브라임이 북이스라엘의 대표 지파가 되었어요. 하지만 훗날 북이스라엘은 하나님 말씀을 너무 안 들어서 결국 패망하고 온 세계로 뿔뿔이 흩어지게 돼요. 그래서 장자권은 다시 유다 지파로 넘어가게 되지요(대상 5:2, 호 11:2). 앞에서 배운 것처럼, 야곱이 유다를 축복할 때 '유다 지파가 왕족이 될 것'을 예언합니다(창 49:8-12). 그리고 우리의 진정한 왕, 예수 그리스도도 유다 지파, 다윗의 후손으로 오셨지요(미 5:2).

출애굽 여정과 광야 방랑기 30가지 에피소드

이제 아래 지도로 출애굽기와 민수기를 공부해 보겠습니다! 출애굽기와 민수기는 사실 성경 전체의 요약판이라고 볼 수 있어요. 뿐만 아니라 구속사의 요약판이기도 하고, 우리 인생의 요약판이기도 하지요. '이스라엘 백성들이 광야에서 겪은 사건들'이 결국 '우리 인생사에서 겪는 사건들'을 상징하기 때문이에요. 그래서 출애굽 이야기만 제대로 공부해도 그리스도인의 신앙 여정과 삶을 훨씬 더 깊이 있게 이해할 수 있답니다.

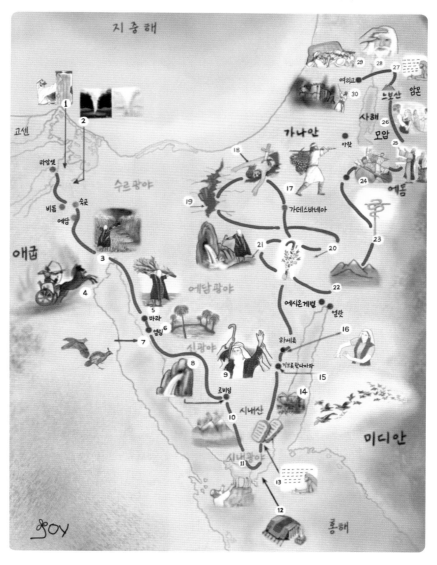

성경 지도에서 제일 먼저 뭘 찾아야 한다고 했죠? 네, 지중해! 찾으셨죠? 그다음에 또 다른 바다가 있었죠? 곤충의 더듬이 모양인 홍해! 자, 이 정도로 현 위치를 파악하고, 이제 출애굽을 하여 가나안 땅에 들어가기까지 일어난 30가지 에피소드를 하나하나 살펴보겠습니다(민 33장 참고).

(1) 첫 유월절 (출 12:1-51)

출애굽기 12장을 보면, 이스라엘 백성들이 나일 삼각주, 즉 고센 땅에서 살다가 애굽을 탈출합니다. 출애굽기 12장은 '첫 유월절 사건'이 기록되어 있기 때문에 엄~청 중요해요. 어린양의 피를 문인방과 문설주에 발라서 죽음을 면한 첫 번째 유월절! 이렇게 출애굽은 '죄와 사망의 노예였던 우리가 어린양의 피 덕분에 죄와 사망으로부터 탈출한다'는 영적 의미를 가지고 있어요. 즉, 구원의 시작점이죠.

성경에서 중요한 '12장'들

- 창세기 12장 : 구원의 약속(아브람을 부르시고 축복하심)
- 출애굽기 12장 : 구원의 시작(믿음으로 유월절 어린양의 피를 바름)
- 이사야 12장 : 구원의 노래(구원의 은혜를 전심으로 찬양함)
- 로마서 12장 : 구원의 생활(그리스도 안에서 새로운 피조물이 된 자들의 삶)

(2) 구름기둥과 불기둥 (출 13:20-22)

이렇게 출애굽과 함께 하나님께서는 이스라엘 백성을 구름기둥과 불기둥으로 바로 인도하세요(한참 후에 구름기둥, 불기둥이 나타난 게 아니랍니다).

(3) 홍해 도하 (출 14:21-22)

뒤에서는 바로의 군대가 특별 병거 600승과 함께 맹렬히 추격해 오고, 앞은 홍해가 가로막고 있고…. 이때 하나님께서 홍해를 갈라 주셔서 200만의 이스라엘 백성이 건넙니다. 아까 출애굽은 구원을 상징한다고 했지요? 그런데 홍해를 건너는 건 이스라엘 백성이 집단 세례를 받은 걸 상징합니다(고전 10:1-2).

(4) 바로의 추격 (출 14:23-31)

그런데 '바로가 바로' 추격을 해오네요. 하지만 홍해가 다시 원상복구되면서 결국 '바로의 군대가 바로' 수장당하고 말지요(줌마 개그^^). 바로가 수장당했다는 사실은 '구원받은 백성에게 죄와 사망의 권세는 더 이상 영향을 끼칠 수 없다'는 사실을 상징적으로 보여줍니다.

이때 이스라엘 백성들의 사기가 어땠을까요? 하늘을 찌를 것 같은 기세였겠죠. 애굽의 모든 장자가 다 죽었지만 자기들은 털끝 하나 안 다치고 애굽을 빠져나왔지, 홍해를 건너는 기적을 체험했지, 바로의 군대가 추격해 왔지만 다 수장시켜 버렸지…. 얼마나 기분이 좋았을까요? 모세가 찬양을 하고, 미리암도 탬버린을 들고 여성 성가대를 즉석에서 조직해 함께 찬양을 합니다(출 15:1-21).

(5) 마라의 쓴 물 (출 15:22-26)

이스라엘 백성들이 수르 광야로 들어가 3일간 광야 길을 걸었습니다. 그런데 물이 다 떨어졌네요. 목이 말라 죽겠는데 마라에 도착해 보니 물이 있지 뭐예요? 좋아라 마셨는데, 세상에! 물이 쓴 거예요('마라'는 '쓰다'라는 뜻이 있어요). 그때 백성들이 당장 모세를 원망했어요. 조금 전까지 기세등등, 사기충천, 룰루랄라 했던 백성들의 태도가 삽시간에 변했어요. 이에 모세는 하나님께 울부짖었고, 하나님께서는 '물에 나무를 던지라'고 지시하셨죠. 그대로 하자 쓴 물이 단 물로 바뀌었어요. 여기에 중요한 영적 원리가 있어요. 우리가 예수님의 보혈로 구원을 받고, 세례도 받고, 기쁨으로 신앙생활을 시작하지만 얼마 안 가 고난을 만날 수 있다는 거죠. 그때는 백성들처럼 원망하지 말고 모세처럼 하나님께 부르짖어야 해요. 그러면 또 다른 기적을 체험하게 되는 거죠.

구원받은 백성은 꽃길이 아닌 광야길을 걷는다!

하나님께서는 출애굽한 이스라엘 백성들을 대상으로 광야 훈련을 시작하십니다. 그런데 그 훈련이 무려 40년(거의 한 세대)이나 걸려요. 구원 이후 바로 꽃길만 걷게 해주시면 좋을 텐데, 왜 굳이 광야 훈련을 시키셨을까요? 그것은 이스라엘 백성이 몸은 비록 출애굽을 했지만 의식은 여전히 노예근성을 버리지 못하고 있었기 때문이에요. 430년간 노예로 살아왔으니, 의식이 쉽게 바뀌지 않는 거죠.

우리도 마찬가지예요. 죄와 사망의 노예로 살던 우리가 구원을 받았지만 예전 습관을 버리기는 쉽지 않죠. '노예에서 해방되어 자유인이 되었다, 이젠 하나님의 자녀가 되었다.'는 엄청난 신분 변화가 생겼는데, 그게 믿기지 않고 습관이 안 되어 자꾸만 노예근성이 나오는 거죠. 여전히 죄의 종 노릇이나 하면서 말이에요. 마치 부잣집에 입양된 고아가 자기를 입양해준 부모를 못 믿고 부모가 새 옷을 입혀 주기 위해 헌 옷을 벗기려 하는데, 자기 옷을 빼앗으려는 줄 알고 악을 쓰며 거부한다거나, 냉장고의 음식을 자기 방에 숨겨 놓아 다 상하게 만드는 것과 같다고나 할까요?

여전히 노예의식에 사로잡혀 있는 우리를 하나님께서는 너무도 사려 깊게 배려하시면서 노예근성을 차츰차츰 빼 주십니다. 죄와 상처로 얼룩진 우리를 윽박지르거나 다그치지 않으시고, 차근차근 가르쳐 주시고, 체험하게 해주시면서 점차 신뢰하게 해주시죠.

그 과정에서 우리 삶 가운데 문제들을 배열해 놓으시는 거예요.

• 문제 발생 – 하나님께 도움 요청 – 하나님이 해결해 주심 – 하나님에 대한 신뢰 증가

이런 사이클을 계속 돌리시는 거죠. 이렇게 하나님께서는 '때 빼고 광 내서' 우리가 왕자, 공주의 신분에 걸맞게 살게 하시려고 광야에서 훈련을 시키시는 거예요. 하나님의 자녀답게, 하나님을 100% 신뢰하면서, 품위 있고 당당하게 살아가는 훈련 말이에요. 그러니 광야길이 꽃길보다 더 축복의 길임을 알아야겠죠?

(6) 엘림 오아시스 (출 15:27)

이렇게 이스라엘 백성은 마라에서 실컷 해갈하고, 다시 길을 나서 엘림 오아시스에 도착했어요. 하나님께서는 엘림에서 샘물 12개와 종려나무 70그루를 만나게 해주셨죠. 그래서 이 오아시스에 장막을 쳐요. 우리가 신앙생활을 하면서 종종 만나는 하나님의 깜짝 선물! 이처럼 하나님은 자녀인 우리들에게 좋은 것 주기를 기뻐하시는 아버지시랍니다.

(7) 만나와 메추라기 (출 16:1-36)

그렇게 좋은 오아시스를 떠나 시내산으로 가는 도중 신 광야에 들어섰을 때, 출애굽하면서 급하게 싸들고 나왔던 무교병마저 다 떨어졌어요. 그러니까 백성들이 또다시 원망하기 시작합니다. 배고픈 것, 정말 힘들죠. 하지만 이스라엘 백성이 출애굽 이후 얼마나 많은 기적을 체험했나요? 10가지 재앙, 홍해 도하, 마라의 쓴 물 등등…. 이쯤 되면 하나님을 신뢰할 만도 한데, 노예근성이 또다시 튀어나오네요. 노예는 주인에게 늘 학대를 받아왔기 때문에 주인에 대한 기대도, 사랑도, 신뢰도 없어요. 그저 피해의식에 쩔어 있죠. 그래서 조금만 고난이 닥쳐도 금방 주인을 원망하는 거예요. 하지만 자녀는 그렇지 않지요. 자녀는 문제가 생겨도 '아버지가 날 사랑하시기 때문에 곧 해결해 주실 것'이라는 믿음이 있어요. 그런데 이스라엘 백성은 "우리가 차라리 이집트 땅에서 고기 가마 곁에 앉아 빵을 배불리 먹었을 때 여호와의 손에 죽었더라면 좋았을 텐데, 지금 당신들이 우릴 이 광야로 인도해 내어 우릴 다 굶겨 죽이려 하는군" (출 16:3) 하고 원망을 늘어놓습니다. 단지 당장 배고픈 것만 원망하는 게 아니고 출애굽을 시켜준 것까지 원망하고 있어요.

여기에서 잠깐 출 2:23로 돌아가 볼까요? '이스라엘 백성이 노예의 고된 일로 인하여 신음하며 울부짖었다'라는 말씀이 나오지요? 얼마 전까지 노예생활이 힘들어 울부짖던 그들이 이젠 오히려 노예생활을 그리워하고 있네요. 이게 바로 노예근성이에요. 뼛속까지 노예 신분이었던 이스라엘 백성들, 하나님의 자녀로서의 삶을 누리려면 아직 한~참 멀었네요!

하지만 사랑이 많으신 하나님께서는 '너의 진정한 공급자는 나다.'라는 걸 보여주시기 위해서 초자연적인 기적을 베풀어 주세요. 바로 만나와 메추라기를 공급해 주신 거예요. 그리고 이때부터 광야생활 40년간 하나님께서는 하루도 빠짐없이 매일 성실하게 만나를 공급해 주세요.

┃ 양다리는 사랑이 아니에요!

하나님께서 우리에게 물질 훈련을 시키실 때가 종종 있어요. 왜냐고요? 우리는 사탄의 속임수에 너무 오랫동안 속아 살아왔거든요. 사탄이 '돈이 우리에게 행복을 보장해준다'고 속여서 우리로 하여금 돈을 섬기게 만들어 버린 거죠. 어차피 몇 십년 후 이 세상을 떠날 땐 아무 소용도 없어질 돈이 마치 우리에게 영원한 행복을 보장해주는 것처럼 우릴 속이지요. 이렇게 구원받은 하나님의 백성이 여전히 가짜에 기만당하면서 끌려다닐 때, 하나님께서는 광야 훈련을 계속하실 수밖에 없으시죠. "하나님은 날 절대 굶기지 않아. 하나님은 나의 공급자야."라면서 여호와 이레의 하나님을 전적으로 신뢰하는 믿음을 갖도록 해주시기 위해서죠. 그리고 우리가 그런 믿음을 가질 때 하나님께서는 우리의 필요를 풍성하게 채워 주세요(여기에서 '풍성한 공급'을 '필요 이상의 과잉 공급'으로 오해하지 않으셨으면 좋겠네요).

그리고 하나님께서는 우리가 물질을 쌓아 두는 걸 아주 싫어하세요. 오히려 우리 보물을 하늘에 쌓아 두라고 하시죠. 그런데 우리는 왜 여전히 이 땅에 물질을 쌓아 두려고 하는 걸까요? 그것은 하나님을 못 믿는다는 우리 불신앙의 반증이지요. '하나님 이외의 다른 옵션이 필요하다'는 태도니까요.

<blockquote>"한 사람이 두 주인을 섬기지 못한다" – 마 6:24</blockquote>

하나님께서는 지금도 우리에게 묻고 계십니다. '우리의 주인이 하나님인지, 돈인지'를 말이에요. 왜냐하면 진정한 사랑은 양다리를 걸치지 않는 법이니까요.

진정한 신앙은 다른 옵션을 다 없애고 배수진을 침으로써 하나님께만 올인하는 거랍니다!

(8) 반석의 물 (출 17:1-7)

르비딤 광야에 갔을 때 물이 또 떨어졌어요. 그래서 백성들이 모세와 말다툼을 하죠(아, 이 고질적인 불신과 불평!). 그런데 모세가 하나님께 부르짖자, 하나님께서 모세에게 지팡이로 반석을 치라고 하세요. 모세가 그대로 순종하자 반석에서 어마어마한 양의 물이 폭포수처럼 쏟아져 나왔죠. 200만 명이 실컷 마실 수 있을 만큼 말이에요. 이 사건을 기억하기 위해 모세는 이 지역 이름을 '맛사('시험'이라는 뜻) 또는 '므리바('다툼'이라는 뜻)'라고 불렀어요.

(9) 아말렉과의 전투 (출 17:8-16)

앞에서 '가나안 땅의 주변국들' 지도를 공부한 거 생각나세요? 가나안 땅의 남쪽에 아말렉이 살고 있었죠? 아말렉이 이스라엘 백성들이 진을 친 곳까지 공격해 와 출애굽 후 첫 전투를 치르게 돼요. 이때 바로 그 유명한 '모세와 아론과 훌의 중보기도'가 나옵니다. 여호수아가 군대를 이끌고 나가서 싸우는 동안 모세와 아론과 훌이 산꼭대기로 올라가 전투 광경을 바라보며 기도하는데, 모세가 팔을 들면 이스라엘이 이기고 팔을 내리면 아말렉이 이겼어요. 그러다 모세의 팔이 점차 피곤하게 되자 아론과 훌이 양쪽에서 모세의 팔을 들어주죠. 그렇게 모세의 팔은 해 질 녘까지 들려 있었고, 결국 전투는 이스라엘의 승리로 끝이 납니다. 우리의 신앙생활에서도 기도의 동역자들이 너무나 중요합니다. 삶에 위기가 닥쳤을 때 바로 기도를 부탁할 수 있는 사람, 날 위해 기도해 주는 기도의 동역자는 그 무엇보다 값진 재산이지요. 하지만 다른 사람의 중보기도를 받는 데에만 그치지 말고 다른 사람을 위해 중보기도를 해주는 것도 중요하죠. '주는 것이 받는 것보다 복되다'(행 20:35)는 말씀은 기도에도 적용되니까요!

(10) 십계명과 기타 율법들 (출 19-31장)

시내(시나이)반도의 중심에 있는 시내산에서 모세가 십계명과 기타 율법을 받습니다. 시내산의 다른 이름은? 호렙산이에요. 같은 장소의 다른 이름들을 잘 알아 두면 성경을 읽을 때 헷갈리지 않습니다.

| 모세의 시내산 등정 퀴즈

① 시내산의 높이와 왕복 등정 시간은 얼마나 될까?

② 모세는 시내산에 몇 번 올라갔을까?

③ 모세는 40일 금식을 몇 번 했을까?

④ 모세는 40일 기도를 몇 번 했을까?

⑤ 하나님을 직접 뵙고 하나님과의 언약(MOU) 체결 기념 식사를 한 사람은 몇 명일까?

⑥ 십계명 돌판은 모두 몇 개였을까?

⑦ 모세는 돌판에 십계명을 몇 번 새겼을까?

⑧ 하나님께서는 십계명 돌판을 몇 번 준비하셨을까?

⑨ 모세가 하나님께서 직접 새겨 주신 십계명 돌판을 받은 것은 몇 차 등정 때였을까?

⑩ 하나님께서 직접 음성으로 들려주신 십계명을 들은 사람은 모두 몇 명이었을까?

〈정답〉

① 2,291m, 약 5시간

② 8번(1차: 출 19:1-8, 2차: 출 19:8-19, 3차: 출 19:20-25, 4차: 출 20:1-24:4, 5차: 출 24:9-11, 6차: 출 24:12-32:29, 7차: 출 32:30-33:23, 8차: 출 34:1-35)

③ 2번(6차: 출 24:18, 8차: 출 34:28)

④ 3번(6차, 8차: 위의 2번의 금식기도 + 7차: 또 다른 40일 기도, 신 9:25)

⑤ 74명(5차: 모세, 아론, 나답, 아비후, + 장로 70명, 출 24:9-11)

⑥ 4개(2개 × 2세트, 6차: 출 31:18, 8차: 출 34:28-29)

⑦ 0번(두 번 다 하나님께서 직접 새겨 주심, 6차: 출 24:12, 8차: 출 34:28)

⑧ 1번(6차: 출 24:12, 8차는 모세가 직접 깎아 가지고 올라감: 출 34:4)

⑨ 6차(출 24:12)와 8차(출 31:18)

⑩ 약 200만(모든 백성이 하나님의 십계명 선포를 직접 들음, 출 20:1-24:2, 신 5:22, 10:4)

(11) 금송아지 (출 32:1-35)

모세가 첫 번째 십계명 돌판을 받아 가지고 내려올 때는 시간이 꽤 오래 걸렸습니다. 40일이나요. 그러니까 백성들이 '모세가 죽은 거 아냐?' 하고 불안해하다가 아론에게 '우리를 인도해 줄 금송아지를 만들라'고 요구하죠. 출애굽 후 수많은 기적을 통해 하나님의 신실하신 보호하심과 인도하심을 체험했지만, 이스라엘 백성은 여전히 노예근성을 벗지 못하고 있네요. 애굽에서 보고 배웠던 뿌리 깊은 우상숭배 근성이 불쑥불쑥 튀어나옵니다. 이에 하나님께서도 분노하셨지만, 모세 역시 화가 나서 십계명 돌판을 깨 버립니다. 이때 모세 편에 서서 금송아지를 섬긴 사람들을 다 칼로 처단했던 지파가 있었어요. 그게 바로 레위 지파예요. 이처럼 레위 지파는 금송아지 사건 때 하나님의 마음을 읽고 하나님의 분노를 대변해 드렸던 거예요. 하나님도 우리 사람들처럼 공감해 드리는 걸 굉장히 좋아하세요. 그리고 그 덕에 레위 지파는 두고두고 성전에서 하나님을 섬기는 '제사장과 레위인'의 직분을 맡게 되죠. 제사장은 하나님의 마음을 읽고 공감해 드리는 사람들이니까요. '우리는 다 왕 같은 제사장'(벧전 2:9)이라 했으니, 우리도 늘 하나님 마음을 헤아리고 하나님 마음을 대변해 드리며 살아갑시다!

(12) 성막 건축 (출 25장-40장)

그 후 이스라엘 백성은 하나님께서 지시하신 대로 성막을 짓습니다. 그런데 어디에 성막을 지었을까요? 시내산 바로 아래, 시내 광야에서 약 6개월에 걸쳐서 성막을 지어요. 그리고 출애굽한 지 1년 만에 성막을 완성하죠. 성막과 그 기구들을 만드는 데 필요한 재료를 백성들이 헌물하고, 하나님께서 특별히 브살렐과 오홀리압이란 사람에게 재능과 총명, 지식과 예술적 감각 등 '장인정신'을 주셔서 성막과 그 기구들을 정교하고도 완벽하게 만들게 해주세요. 나중에 배우겠지만, 성막은 그리스도를 상징한답니다.

(13) 1차 인구조사 (민 1장)

하나님께서 시내 광야에서 1차 인구조사를 명령하세요. 그런데 이건 요즘 하는 일반적인 인구 센서스가 아니라 전쟁을 위한 인구 조사였어요. 20세 이상의 남자들 중 전쟁에 출전할 수 있는 사람들만 계수하죠. 이것은 '구원받은 백성은 이제 마귀와 대적하여 싸우는 하나님의 군사로 살아가야 한다'는 영적 의미를 담고 있어요. 사도 바울도 디모데에게 '그리스도의 선한 군사가 되라'(딤후 2:3-4)고 했듯이 말이에요. 그리고 하나님께서 각 지파의 지도자들도 일일이 임명하세요(이때 레위 지파의 지도자는 안 뽑아요. 왜냐고요? 레위 지파의 수장은 대제사장 아론으로 이미 정해져 있으니까요). 인구조사 결과 603,550명으로 집계되죠. 이게 바로 민수기 1장의 내용이에요. 민수기(民數記)는 한자로 '백성을 세다'라는 뜻이고, 영어로도 'Numbers'라고 하지요.

(14) 다베라 불 (민 11:1-3)

'다베라'라는 곳에서 백성이 악한 말로 원망을 해요(아, 이 고질적인 불신과 불평의 습관!). 그런데 이 원망 소리가 하나님의 귀에 거슬렸어요. 그래서 진노하신 하나님께서 백성들 진영 한쪽 끝에 불을 붙이시죠. 백성은 모세에게 울부짖고, 모세는 하나님께 기도하고, 그래서 하나님께서 진화시켜 주시죠.

(15) 더 많은 메추라기 (민 11:4-35)

그다음 '기브롯 핫다아와'라는 곳에서 백성들이 또 고기 타령을 해요. 앞서 신 광야의 '맛사'라는 곳에서 양식이 떨어졌을 때 하나님께서 만나와 메추라기를 공급해 주셨죠? 그 이후로 만나는 매일 내려 주셨지만, 메추라기는 그때 한 번만 주셨던 것 같아요. 이렇게 백성들이 1년 넘게 매일 만나만 먹으니 질렸는지 슬슬 불평이 나오는 거죠. "우리가 애굽에서는 공짜로 생선, 오이, 참외, 부추, 파, 마늘을 먹었다. 그런데 이제 우린 기력이 쇠했다. 우리에겐 만나밖에 없구나!"라고 말이죠. 이때 하나님께서 진노하셨지만 결국 다량의 메추라기를, 거의 한 달 동안 먹을 만큼이나 많이 보내 주세요. 그런데 이 고기를 삼키기도 전 아직 고기가 이 사이에 끼어 있을 때, 하나님께서는 탐욕스러운 사람들을 죽이세요(시 78:27-31). 그래서 그곳 이름이 '탐욕의 무덤'이라는 뜻의 '기브롯 핫다아와'가 되었답니다.

┃'감사'의 반대말은?

많은 그리스도인들이 좋아하는 성경 구절 중 하나가 다음과 같은 말씀이죠.

> "내게 능력 주시는 자 안에서
> 내가 모든 것을 할 수 있느니라" - 빌 4:13

하지만 많은 그리스도인들이 흔히 오해하는 성경 구절도 바로 이 말씀인 것 같아요. 원하는 것을 얻고자 할 때 우린 이 구절을 암송하며 되뇌곤 하죠. 그런데 여기에서 말하는 '능력'이 뭘까요? 이 말씀은 바로 그 전 구절과의 맥락에서 이해해야 합니다.

> "내가 비천에 처할 줄도 알고 풍부에 처할 줄도 알아
> 모든 일에 배부르며
> 배고픔과 풍부와 궁핍에도 일체의 비결을 배웠노라" - 빌 4:12

이 능력은 다름 아닌 '어떤 형편에도 만족하고 감사할 수 있는 능력'을 말하는 것입니다. 사도 바울은 어떻게 그런 능력을 소유할 수 있었을까요? 제 생각에는 다음의 수식이 그 비결을 설명해 주는 것 같습니다.

$$\bullet \ \text{만족도(행복지수)} = \frac{\text{소유량}}{\text{기대치}}$$

우린 어려운 형편에 처했을 때 '**만 있으면 너무 행복할 텐데…'라고 생각합니다. 하지만 막상 원하는 걸 얻으면 어느새 거기에 익숙해져 그 행복감도 곧 사라지고 말죠. 왜냐하면 소유량(분자)보다 기대치(분모)가 훨씬 더 빠른 속도로 증가하기 때문입니다. 세계적인 대부호들이라고 해서 반드시 행복하지만은 않은 이유가 바로 여기에 있지요. 아무리 많이 소유했다 하더라도 어느새 기대치(탐욕)가 훨씬 더 커져 있으니까 만족도는 높아질 틈이 없는 거죠.

이스라엘 백성들도 마찬가지였습니다. 물론 그들이 '고기를 먹고 싶다'고 원망한 것이 충분히 이해는 됩니다. 1년 내내 단일 메뉴 만나만 먹으니 얼마나 질렸겠어요? 그런데 하나님은 여기에 분노하셨어요. 하나님께서는 왜 이 정도도 이해하거나 용납해 주지 않으셨을까요? 하나님이 그렇게 옹졸하신 분일까요?

하나님이 분노하신 이유는 '백성들이 감사의 마음을 잊었기 때문'이에요. 전에 출애굽하면서 가지고 나온 양식이 맛싸에 이르렀을 때 다 떨어졌죠. '광야에서 양식이 떨어졌다'는 건 죽음을 의미하죠. 이렇게 아무것도 없는 상황에서 하나님께서는 만나를 내려 주셨죠. 얼마나 신기한 체험입니까? 하늘의 음식(시편에서는 만나를 '천사들의 빵'이라고 했어요–시 78:25)! 그 감격은 실로 어마어마했을 거예요. 그런데 이걸 한참 먹다 보니까 어느새 당연해진 거예요.

감사의 반대말이 뭔지 아세요? 바로 '당연'이랍니다. 우리가 일상의 소소한 일들을 당연히 여길 때 감사가 사라지고, 하나님과의 관계가 소원해지죠. 매일 아침 눈을 뜰 때마다 내가 숨을 쉴 수 있다는 것, 청아한 새소리를 들을 수 있다는 것, 사랑하는 가족이 내 곁에 있다는 것 등 일상의 소소한 것들을 무감각하게, 당연히 여길 때 감사가 사라지고 불평과 원망이 나오는 거예요.

매일 내려오는 만나가 어느새 일상이 되어서 질렸나요? 굶어 죽을 위기에 처했던 때를 기억해 보세요. 그럼 감사의 마음을 되찾으실 수 있을 거예요!

원망 vs 원망의 기도

그동안 그렇게 온유한 마음으로 백성들을 다독이며 인내해 온 모세가 심지어 "그러나 합의하시면 이제 그들의 죄를 사하시옵소서 그렇지 않사오면 원컨대 주의 기록하신 책에서 내 이름을 지워 버려 주옵소서"(출 32:32)라고 기도했던 모세가, 기브롯 핫다아와에서 백성들의 고기 타령에 하나님께 원망의 기도를 해요. 모세도 스트레스가 극에 달한 것 같아요. "왜 내게 이 모든 백성을 맡기셔서 날 힘들게 하시나요? 내가 이 백성을 배었습니까? 낳았습니까? 내가 이 백성에게 줄 고기를 어디서 얻겠습니까? 제 짐이 너무 무겁습니다. 절 이렇게 대하실 바에야 차라리 절 지금 죽여주세요"(민 11:11-15)라고 극단적인 말까지 하며 기도하죠.

하나님께서는 이런 원망의 기도를 싫어하실까요? 정답은 No, 좋아하신다! 어? 좀 전에 원망은 싫어하신다고 했는데…? 남들이나 자기 자신을 향해 불평하고 원망하는 건 싫어하시지만, 하나님을 향해 내 모든 심정을 다 쏟아내는 것은 설사 그게 부정적인 말이라 해도 하나님은 좋아하세요. 왜냐하면 그게 진심 어린 기도이기 때문이에요. 그리고 그건 하나님을 신뢰하는(하나님께서 내 심정을 이해해 주시고 해결해 주실 만큼 크신 분인 걸 신뢰하는) 기도이기 때문이죠. 우리 마음속의 모든 감정과 생각들을 가식 없이 하나님께 다 쏟아내는 것을 하나님은 아주 좋아하세요. 그래서 모세를 한마디도 꾸짖지 않으세요. 오히려 70명의 장로들을 세워 짐을 나누어 지게 하시죠.

이런 예들이 성경에 많이 나와요.

엘리야도 바알과 아세라 선지자들 850명을 처단한 다음 이세벨 왕비가 자기를 잡아 죽이겠다고 위협하자, 유대 광야로 도망가서 로뎀나무 아래에 앉아 하나님께 "차라리 절 죽여 주세요!"라고 원망조로 기도하죠. 그때 하나님이 혼내셨나요? 아니죠. 오히려 천사를 보내어 어루만져 주시고, 떡과 물을 공급해 주셨죠(왕상 19:1-8).

예수님께서도 이런 기도를 두 번이나 하셨어요. 우선, 겟세마네 동산에서 "이 잔을 내게서 지나가게 하옵소서"(마 26:39)라고 하시잖아요. 예수님은 100% 하나님이셨지만 동시에 100% 인간이셨기 때문에 인간적으로 그만큼 고뇌가 크셨던 것을 그 심정 그대로 하나님께 토로하셨던 거예요. 또 예수님이 십자가에 달리셨을 때에는 "나의 하나님, 나의 하나님, 어찌하여 나를 버리셨나이까"(마 27:46)라고 좌절의 심정을 있는 그대로 토로하는 기도를 하셨죠.

이렇게 우리도 모세처럼, 엘리야처럼, 예수님처럼 마음속에 있는 복잡하고 괴로운 심정을 하나님 앞에 다 쏟아낼 때 하나님께서는 오히려 우릴 위로해 주시고 우리의 상한 감정을 치유해 주신답니다. 하나님은 정말 '인격적인 분'이세요. 성경이 예수님을 '기묘자라 모사라'(사 9:6)라고 표현하잖아요? 영어 성경에는 이게 'Wonderful Counsellor'로 나와 있어요. 하나님은 정말 우리 얘기를 경청해 주시고, 공감해 주시며, 치유해 주시는 '멋진 상담자'시랍니다.

(16) 미리암의 나병 (민 12장)

이 사건의 발단은 모세가 구스(이디오피아) 여자와 결혼을 한 데서 비롯됐어요. 모세가 이방 여인과 결혼을 한 걸 가지고(아마 모세의 부인 십보라가 죽은 다음이었을 것으로 추측되긴 하지만) 모세의 누나 미리암과 형 아론이 비방했어요. 바로 얼마 전 시내산에서 율법을 받은 당사자로서 '타의 모범'이 되어야 할 모세가 '이방 여인과 결혼하지 말라'는 율법(출 34:15-16)을 어겼으니, 비난할 만하잖아요? 그런데 하나님께서 이들의 비난을 용납하지 않으셨어요. 근데 더 어이없는 건 아론은 봐주시고, 미리암만 나병에 걸리게 하셨다는 거죠. 왜 그러셨을까요? 일단 아론을 징벌하지 않으신 이유는 아론은 이미 대제사장 직분을 받아 날마다 제사를 드려야 했기 때문일 거예요. 하지만 아론도 마음의 벌은 똑같이 받았던 것 같아요. 미리암이 나병에 걸렸을 때 자기도 똑같이 잘못했다는 죄책감이 드니까, 모세에게 사과하면서 미리암을 고쳐 달라고 부탁하잖아요.

그럼 다시 첫 질문으로 돌아가서, 하나님께서는 정당한 비난을 한 미리암을 왜 징벌하셨을까요? 우리가 남을 비난할 때, 그게 정말 항상 공의에서 비롯된 걸까요? 교회에 문제가 생겼을 때 정말 교회를 사랑하고 하나님을 사랑하는 마음에 하나님의 공의의 잣대를 가지고 비난하나요? 그럴듯한 명분을 내세우지만 대부분의 경우는 평소에 그 사람이 마음에 안 들었기 때문에 '아, 잘 걸렸다! 건수 하나 잡았다.'라면서 어떤 사건을 빌미 삼아 비난하는 경우가 많지는 않나요?

모세에게 미리암은 어떤 누나였나요? 어렸을 때 모세가 죽을 뻔한 걸 미리암이 살려서 바로의 공주한테 위탁한 생명의 은인이죠. 또 미리암은 리더십이 뛰어나고 예술적 소양도 풍부해서 홍해를 건넌 직후 여인들을 통솔해 즉석에서 성가대를 조직, 하나님께 찬양을 올리기도 했죠. 그러니 그 나름대로 자기가 리더십이 뛰어나다는 자부심을 갖고 있었을 거예요. 한편, 아무리 동생 나이가 80이 되었어도 동생은 끝까지 동생일 뿐 민족의 지도자로 보이지는 않았던 거죠. 자기 아니었으면 목숨조차 부지하지 못했을 동생이 민족의 지도자로 부상해서 많은 사람의 존경을 받고 있는 걸 보면서 어쩌면 시기와 질투가 생겼을지도 몰라요. 그래서 미리암도, 아론도 '모세의 재혼 사건'을 빌미 삼아 모세를 비난한 것 같아요. 하나님께서는 이 점을 징계하신 거고요.

우리도 남을, 특히 교회 안에서 지도자를 비판하기 전에 하나님 앞에서 깊이 기도해 보고 '이게 정말 공의와 진리를 사랑하기 때문에 하는 비판인가, 아니면 내 안에 다른 악한 동기가 숨어 있지 있는가?'를 철저히 점검해 봐야 할 것 같네요.

(17) 정탐꾼 (민 13:1-14:38)

'가데스바네아'는 아주 중요한 지점입니다(지도 위에 ★표 하세요!). 모세가 이곳에서 12명의 정탐꾼을 가나안 땅에 보냈는데, 그중 10명은 부정적인 보고를 했죠. 그들은 기골이 장대한 아낙 자손들에게 기가 죽어 '우리들은 그 앞에서 메뚜기 같았다.'라고 한 거예요. 이때 백성들의 여론은 이 10명에게 확 쏠렸죠. 여호수아와 갈렙이 했던 "여호와께서 우리를 기뻐하시면 우리를 그 땅으로 인도하여 들이시고 그 땅을 우리에게 주시리라 이는 과연 젖과 꿀이 흐르는 땅이니라 오직 여호와를 거역하지 말라 또 그 땅 백성을 두려워하지 말라 그들은 우리 밥이라 그들의 보호자는 그들에게서 떠났고 여호와는 우리와 함께 하시느니라 그들을 두려워 말라"(민 14:8-9)라는 긍정적 보고는 전혀 귀에 들어오지 않았던 거예요. 그리고 "우리가 차라리 애굽이나 광야에서 죽는 게 낫지, 하나님께서는 왜 우릴 그 땅으로 데리고 들어가셔서 그들의 칼에 죽이시려는 겁니까? 다시 애굽으로 돌아가는 게 낫겠어요!"라면서 불평하고 낙심하여 밤새도록 울었어요.

그러자 하나님께서는 "내가 이 백성 가운데 모든 이적을 보여줬는데도 얼마나 더 오래 나를 믿지 않겠느냐? 내가 그들을 전염병으로 쳐서 멸할 것이다."라고 말씀하세요. 이때 모세는 또 하나님께 간구하고, 하나님께서는 백성을 용서해 주셔서 진멸하지 않으시죠(마음이 약하신 하나님^^). 하지만 "내게 불평한 이 사람들은 한 사람도 약속의 땅에 들어가지 못할 것이다. 단, 여호수아와 갈렙은 예외! 그리고 너희 자녀들, 즉 출애굽 2세대는 내가 그 땅으로 데려갈 것이다."라고 말씀하세요. 그리고 '정탐기간이 40일이었으니(하루를 1년으로 환산해서) 40년간 광야에서 유랑자로 살게 될 것'이라고 하시죠. 그래서 출애굽 1세대는 그 후 38년간 더 유랑생활을 하다가 광야에서 다 죽게 됩니다.

가나안 땅은 우상이 아주 많은 곳이었어요. 철저히 정신무장을 하고 들어가지 않으면 곧 우상에게 먹힐 위험이 아주 높았기에 하나님께서는 철저히 하나님만 신뢰하는 영성을 갖추게 하고 싶으셨던 거예요. 그래서 출애굽 후 약 2년간 광야에서 훈련하신 다음 '가나안 입국 시험'을 보게 하신 거죠. 시험 결과는? 전체 백성 중 딱 두 명만 빼고 다 불합격이었네요(200만 명 중 2명 합격, 합격률=1/100만분).

여호수아와 갈렙처럼 하나님을 신뢰하지 않으면 가나안 땅은 아무 의미가 없지요. 하나님께서는 죄와 사망의 노예였던 우리를 구원하신 후, 하나님께서 통치하시는 멋진 나라로 인도하셔서 우리에게 그 나라를 누리게 해주시겠다는 야심찬 계획을 갖고 계셨어요. 그런데 이 멋진 나라의 왕이신 하나님을 신뢰하지 않는다는 건 하나님의 통치를 거부하는 것이고, 그건 하늘나라를 누릴 수 없다는 뜻이기 때문에 가나안 입성이 아무 의미가 없는 거예요. 그래서 불합격인 거죠.

(18) 백성의 불순종, 패전 (민 14:39-45)

그런데 막상 "가나안 땅에 못 들어간다!"는 선고를 받고 나니 백성들의 마음이 다급해졌어요. 어디나 '뒷북 치는 사람들'이 꼭 있죠. 기회가 주어졌을 때에는 거부하더니, 기회를 상실하게 되자 다급해져서 "이제라도 가나안에 진군해서 정복하자!"고 한 거죠. 모세는 "하나님의 명령에 순종해라, 올라가지 말라!"고 말렸지만 그들

은 무모하게 산지로 올라갔고, 그곳에 살던 아말렉 사람들과 가나안 사람들에게 호르마까지 역추격을 당해 결국 비참하게 패하고 맙니다.

(19) 고라의 반역 (민 16장)

고라가 다단, 아비람, 온 그리고 족장 250명과 합세해서 모세와 아론에게 반기를 듭니다. 고라는 레위의 증손이고 고핫의 손자였어요. 그러니까 모세, 아론과는 사촌 형제였죠. 고라가 보기에는 자기 사촌 형제인 모세는 민족의 지도자가 되고 아론은 대제사장이 되었는데, 자기는 고작 제사장 보조나 하는 레위인이라는 게 못마땅했던 거죠(민 16:10). 그런데 하나님께서 직접 이 반역자들을 처단하십니다. 땅이 갈라져 고라와 다단, 아비람과 그 가족들을 삼키죠. 고라와 합세했던 족장 250명은 여호와의 불에 타 죽고요. 그뿐만이 아니죠. 이러한 징벌에 반감을 품고 불평을 했던 백성 14,700명도 전염병으로 죽습니다. 하나님께서는 우리에게 각각 다른 역할을 주셨는데, 우리는 그것을 종종 신분의 높고 낮음으로 오해하죠. 그래서 고라처럼 질투심으로 영적 지도자에게 반항하는 것은 아주 위험한 일이랍니다.

(20) 아론의 싹 난 지팡이 (민 17장)

하나님께서 이스라엘 각 지파 족장들에게 "지팡이 하나씩을 가져와 회막 안 증거궤 앞에 놓으라."고 하십니다(이때 레위 지파의 대표는 아론이었죠). 그리고 "내가 선택한 사람의 지팡이에 싹이 날 것이다. 이로써 백성들이 불평하는 것을 그치게 하겠다."고 말씀하셨어요. 말씀대로 했더니, 다음 날 아론의 지팡이에만 움이 트고 싹이 나서 꽃이 피고 살구 열매가 맺히지 않았겠어요? 이걸 본 백성들은 모두 두려워 떨었어요. 아마도 그다음부터는 모세와 아론에게 감히 대드는 사람이 없었을 것 같네요.

사탄은 교회의 리더가 쓰러지는 걸 아주 좋아해요. 왜냐하면 그때 예수님의 몸인 교회가 분열되고 와해되기 때문이지요. 그러니 우리는 늘 영적 지도자를 위해 기도하면서 교회가 튼실하게 설 수 있도록 도와야겠지요.

(21) 모세가 반석을 침 (민 20:2-13)

출애굽 후 제 40년 1월, 백성이 신 광야, 가데스의 므리바('싸움'이라는 뜻)에 머물 때, 그들은 또 물을 구할 수가 없었어요. 가데스, 어디서 많이 들어봤죠? 네, 12명의 정탐꾼을 보냈던 곳, 그들의 부정적 보고에 여론이 휩쓸려 38년간 뺑뺑이를 돌았던 곳이죠. 이렇게 근처를 뺑뺑이 돌다가 다시 가데스에 돌아온 거죠.

그런데 물이 없다고 또 모세와 다투면서 불평합니다. "왜 우릴 애굽에서 광야로 끌고 나와 여기에서 죽게 하는 거요?" 어이쿠! 40년간 어쩜 이렇게 레퍼토리가 하나도 변하지 않았는지…. 그런데 더 놀라운 것은 모세의 태도 역시 전혀 변함이 없다는 것입니다. 문제가 생길 때마다 바로 하나님께 엎드려 부르짖는 태도 말이죠. 그랬더니 하나님께서 "온 회중이 보는 앞에서 반석에게 명령하여 물을 내게 해라!"고 하시죠. 그런데 모세가 하나님의 명령에 뭘 하나 살짝 추가했어요. 바로 지팡이로 반석을 두 번 친 거예요. 이 행동을 하나님께서는 "나를 믿지 않고 백성들 앞에서 나를 거룩하게 여기지 않았다."고 해석하세요. 그리고 그 벌로 모세는 가나안 땅에 들어가지 못하게 됩니다.

보석줍기

가나안 땅을 목전에 두고…

하나님께서 모세에게 '반석에게 명령하라'고 하셨는데, '모세가 반석을 지팡이로 두 번 쳤다'는 이유로 그토록 오매불망 그리던 젖과 꿀이 흐르는 땅, 가나안에 들어가지 못하게 벌을 내리신 건 좀 과하다고 생각되지 않으세요? 모세가 화낼 만하잖아요? 40년간 조금도 변함이 없는 백성들 모습을 보면서 얼마나 화가 치밀어 올랐겠어요? 그토록 온유하던 모세가 한 번 화냈다고 가나안 땅에 못 들어가다니…. 너무 심한 벌이 아닌가요?

하지만 이것은 상징적 의미가 더 강하답니다. 이 사건에 대한 보충 설명으로도 볼 수 있는 로마서 7:1-6의 사도 바울 이야기를 좀 쉽게 풀어서 설명하면 다음과 같아요.

옛날에 어떤 여인이 결혼을 했는데, 남편이 너무나 엄하고 무섭고 꼬장꼬장한 잔소리쟁이인 거예요. 아내의 작은 실수 하나에도 엄청 화내고 윽박지르고 학대하고…. 여인은 결혼 생활이 완전히 지옥 같았어요. 그러던 어느 날 남편이 죽었어요(할렐루야!^^). 그래서 여인이 재혼을 했는데, 이 새 남편은 얼마나 사랑이 많은지…. 아내가 어떤 잘못을 해도 다 이해해주고, 용서해주고, 심지어는 아내가 사고 칠 때마다 많은 돈과 노력으로 다 수습하고 무마해 줍니다. 전남편과 너무 비교되죠?

이게 바로 사도 바울이 복음을 설명한 비유예요. "아무리 나쁜 남편이라도 그 남편이 살아 있을 때 그 남편을 떠나면 간음한 것이지만, 남편이 죽은 후에는 얼마든지 새로운 남편을 만나 재혼할 수 있다. 그리고 전남편의 통제를 더 이상 받지 않는다."는 내용이죠. 여기에서 전남편은 율법을 상징하죠. 그런데 새로운 남편인 그리스도께서 십자가에서 돌아가시면서 율법의 효력을 깨뜨리셨어요. 전남편의 영향력이 더 이상 없게 된 거죠. 그런데 이게 공짜로 된 게 아니었어요. 그리스도께서 우릴 위해 목숨 바쳐 이 일을 해주신 거예요. 우리를 그 혹독한 율법의 학대에서 벗어나게 하신 거죠.

성경에서 모세는 종종 구약의 '율법'을 상징하는 인물로 표현됩니다(한편 엘리야는 '선지자'의 대표로 종종 등장하죠). 반면, 여호수아는 이름부터 예수님과 같을 만큼 예수님을 예표하는 인물이에요. 그리고 가나안 땅은 천국을 상징하고요. '모세는 가나안 땅에 못 들어가고 여호수아는 들어간다.'는 것은 '율법으로는 천국에 들어갈 수 없고, 예수님으로만 들어갈 수 있다.'는 걸 상징합니다.

(22) 아론의 죽음 (민 20:22-29)

하나님께서 아론의 죽음을 예고하시면서, 모세에게 아론과 그의 아들 엘르아살을 데리고 호르산에 올라가라고 하십니다. 거기에서 아론은 겉옷을 벗어 아들 엘르아살한테 입혀 주면서 제사장직을 넘겨주죠. 그리고 아론은 호르산 꼭대기에서 죽습니다. 이렇게 출애굽 1세대, 아론까지도 사라져가네요.

(23) 구리 뱀 (민 21:4-9)

앞에서 '가나안 땅의 주변국들' 지도를 공부할 때 가나안 땅의 남동쪽에 나란히 연결된 세 나라가 있었는데, 바로 '에돔-모압-암몬'이었죠. 가나안을 향해 가는 길은 남쪽에서 북쪽으로 올라가는 과정이니까 에돔을 먼저 만나게 되죠. 거기에 '왕의 대로(King's highway)'라는 넓고 편한 길이 있었어요. 에돔은 사실 이스라엘의 사촌 국가인데도 군대까지 동원해서 이스라엘 백성의 통과를 막았어요(민 20:14-21). 그래서 이스라엘 백성은 할 수 없이 더 멀고 피곤한 길로 돌아가야 했지요. 그랬더니 백성들이 또 모세를 원망합니다. 여전히 똑같은 레퍼토리예요. "우릴 왜 이집트 땅에서 데리고 나와 이 광야에서 죽게 하는 거요? 이곳에는 먹을 것도 없고 물도 없으며, 우리는 하찮은 음식에 싫증이 났소." 그러자 하나님께서 불뱀(광야의 독사)을 보내셔서 백성들을 물게 하십니다. 이렇게 많은 사람이 죽어가니까 사람들이 모세에게 와서 살려달라고, 하나님께 기도해 달라고 간청하죠. 그래서 모세가 기도했더니, 하나님께서 모세에게 "구리 뱀을 만들어 장대 끝에 매달아라. 불뱀에 물린 사람이 이 구리 뱀을 쳐다보면 살게 될 것이다."라고 가르쳐 주시죠. 이 장대, 즉 나무는 십자가를 상징하고 구리 뱀은 예수님을 상징해요. 예수님께서 한밤중에 찾아온 니고데모에게 '거듭남'에 대해 설명해 주시면서 이런 말씀을 하셨죠. "모세가 광야에서 뱀을 든 것같이 인자도 들려야 하리니 이는 저를 믿는 자마다 영생을 얻게 하려 하심이니라"(요 3:14-15)

이처럼 구리 뱀 사건은 '누구든지 십자가를 바라보면 살 수 있다'는 구원 사건의 상징이 된답니다.

(24) 아모리와 바산 전투 (민 21:21-35)

이제 이스라엘이 요단강 동편, 아모리 땅을 향해 가고 있네요(여기에서 지도 복습 필수!). 이때 이스라엘은 아모리 왕 시혼에게도 '왕의 대로를 따라 그냥 지나가기만 하겠다.'고 사자를 보내지만, 아모리는 오히려 전쟁을 걸어옵니다. 얼마 전 에돔 왕의 모습과 흡사하죠? 그런데 그때는 모세가 우회로를 선택했지만, 이번에는 정면대결을 택합니다. 에돔은 이스라엘의 형제(사

촌)국이었지만, 아모리는 진멸해야 할 가나안 일곱 족속 중 하나였기 때문이죠. 당시 위세를 떨치던 아모리 왕 시혼이 자신의 힘만 믿고 감히 하나님께 도전한 결과는? 대참패! 그리고 그 땅은 이스라엘의 것이 됩니다. 은혜로 얻은 보너스 땅이죠.

그다음, 이스라엘 백성이 바산에 들어서자 이번엔 또 바산 왕 옥이 전쟁을 걸어와요 (바산 왕 옥도 아모리 족속이죠). 이때 이스라엘은 '두려워 말고 나가서 싸우라.'는 하나님의 말씀에 순종해 바산도 진멸시킵니다. 그리고 그 땅 역시 이스라엘의 것이 됩니다. 역시 은혜로 얻은 보너스 땅이었죠. 이렇게 얻은 요단강 동편 아모리와 바산 땅을 두 지파 반(르우벤, 갓, 므낫세 1/2)이 소유하게 됩니다.

(25) 발락과 발람 (민 22장-24장)

한편, 모압 왕 발락은 계속 승전고를 울리며 다가 오는 이스라엘이 너무 두려웠어요. 그래서 미디안 과 연합해 발람을 초청합니다. 발람은 발락 왕의 고향이었던 유프라테스강 유역, 브돌에 살던 꽤 유명한 점술가(무당)였어요. 발락 왕은 발람을 온 갖 뇌물로 현혹하면서 이스라엘을 저주해 달라고

하지만, 하나님께서는 오히려 발람에게 이스라엘을 축복하라고 하세요. 그래서 발람 은 울며 겨자 먹기로 이스라엘을 축복하지요.

(26) 모압 여인들과의 음행 (민 25:1-18)

발람은 부득불 이스라엘을 축복하긴 했지만 모압 왕 발락의 뇌물을 놓친 게 너무 아까웠어요. 그래서 이번엔 다른 작전을 세웁니다. 즉, 발락에게 이스라 엘이 망하는 길을 몰래 가르쳐줬는데, 그것은 '모압 의 우상숭배 제사에 이스라엘 남자들을 초청하라' 는 것이었죠. 이 작전은 성공했어요. 이스라엘 백성 이 싯딤에 도착했을 때, 일부 남자들이 모압 여자들 의 유혹에 넘어가 그들과 음행을 저지르고 바알의 제사의식에까지 참여했으니까요.

이 일로 하나님께서 진노하셔서 이스라엘 백성 24,000명이 전염병으로 죽게 되죠. 그 런데 이스라엘 진영에까지 미디안 여자를 데려와 음행하던 시므온 지파의 족장 시므 리를 아론의 손자인 제사장 비느하스가 그 여자와 함께 죽이자 전염병이 그쳤어요. 그 리고 모세는 하나님의 명령대로 5명의 미디안 왕들과 점술가 발람을 함께 죽였죠.

(27) 2차 인구조사 (민 26장)

하나님께서는 다시 2차 인구조사를 명하십니다. 1차 인구조사 때와 마찬가지로 20세 이상의 남자들 중 전쟁에 출전할 수 있는 사람들만 계수하죠. 인구조사 결과 601,730명으로 집계돼요. 1차 인구조사 때 603,550명이었으니까 1,820명이 줄었네요. 40년의 광야 훈련 기간 동안 인구가 줄었다는 것은 훈련이 결코 쉽지 않았음을 말해 줍니다(하나님을 신뢰하고 순종만 했더라면 쉬웠을 텐데…ㅜㅜ).

(28) 모세의 마지막 설교와 죽음 (신 1장-34장)

출애굽 1세대들은 광야 40년 동안 자신들의 불순종으로 말미암아 모두 죽고, 갈렙과 여호수아만 살아남았어요. 이제 요단강을 건너 가나안 땅에 들어갈 사람들은 1.5세대들(출애굽 당시 20세 이하였던 사람들)과 2세대들(광야에서 태어난 사람들)이었죠. 모세는 이 신세대들에게 요단강을 건너기 전 모압 평지에서 '가나안 땅에 들어가 새로운 나라를 세울 때 꼭 필요한 격려와 당부'를 합니다. 3번에 걸쳐서 유언과도 같은 설교를 하는데, 이 설교문을 기록해 놓은 것이 바로 신명기예요. 설교의 주제는 '하나님께 순종하면 복을 받고 불순종하면 저주를 받는다.'는 것이었죠. 그후 후계자로 여호수아를 세우고 자신은 느보산(=비스가산)에 올라가 죽습니다.

(29) 요단강 도하 (수 3장-4장)

드디어 가나안 입성이 초읽기에 돌입합니
다! 이스라엘 백성은 요단강을 건너기 전 먼
저 몸을 성결하게 했어요. 그리고 제사장들
이 언약궤를 메고 먼저 요단강에 발을 내딛
자 요단강 물줄기가 완전히 끊겼어요. 출애
굽 후 홍해가 갈라지는 기적을 경험한 사람
들 중에 1세대들은 다 죽었을 뿐만 아니라
1.5세대들은 너무 어릴 때의 일이라 기억이 희미했던 만큼, 하나님께서 걱정이 많으
셨던 것 같아요. '가나안 땅에 들어간 다음에 나를 떠나면 어떡하지? 가나안은 우상
숭배가 극심한 곳인데, 눈에 보이는 우상에게 마음이 쏠려 내 사랑을 잊으면 어떡하
지?' 아마도 그래서 초자연적인 기적을 다시 보여주시고 하나님의 전능하심과 세심
한 돌보심을 각인시켜 주신 거겠죠.

이렇게 기적적으로 요단강을 건넌 이스라엘 백성은 길갈에 도착해 하나님의 명령대
로 먼저 할례부터 받습니다. 할례에는 '옛 자아, 옛 가치관, 옛 노예근성을 끊어내고
새출발한다.'는 의미가 있기 때문이죠. 적진 한가운데에 들어가 모든 군사가 할례를
받고 누워 있다니… 상식적으로 이해가 안 되는 위험천만한 일이죠? 하지만 어차피
이 전쟁은 '여호와께 속한 전쟁'이었기 때문에 하나님 말씀에 믿음으로 순종하는 게
최고의 전략이자 작전이었답니다!

(30) 여리고성 함락 (수 6장)

가나안 땅의 첫 성인 난공불락 여리고성! 그
런데 이 성도 하나님께서 초자연적인 힘으로
직접 함락시켜 주세요. 여리고성 주변을 첫 6
일간은 1바퀴씩, 마지막 7일째에는 7바퀴 돌
아(총 13바퀴) 정말 칼 한 번 안 쓰고, 활 한 번

안 쏘고 오로지 하나님의 힘으로 철옹성 여리고성을 함락시킵니다. 이때 하나님을 향한 믿음을 가지고 이스라엘의 정탐꾼을 숨겨 주었던 기생 라합의 집은 건재했죠. 라합은 '이 세상의 실세가 누구인지' 정확히 파악하고 '줄을 잘 선' 여인이었어요. 그 결과 구원을 얻었을 뿐 아니라 예수님의 족보에까지 오르게 된답니다.

이렇게 출애굽 30가지 사건을 살펴봄으로써 출애굽기와 민수기, 신명기 그리고 여호수아 일부까지 다 정리해 봤습니다. 하나님께서는 이 출애굽 사건을 너무너무 중요하게 여기세요. 왜냐하면 여기에는 '구원과 성화의 과정'이라는 중요한 영적 의미가 있기 때문이에요. 그래서 하나님께서는 그 후 '자기소개'를 하실 때 항상 이렇게 말씀하세요(하나님의 자소서는 늘 다음과 같이 시작된답니다^^).

> "나는 너를 애굽 땅 종 되었던 집에서 인도하여 낸 너의 하나님 여호와다!"
> (출 20:2, 레 25:55, 민 15:41, 신 5:6, 수 24:17, 삿 2:12, 삼상 10:18, 왕하 17:7).

이게 바로 '하나님의 정체성'이 되어 버린 거예요. 그리고 '출애굽-광야생활-가나안 입성' 과정은 성경의 맥인 구속사를 상징하지요.

성막-천국의모형

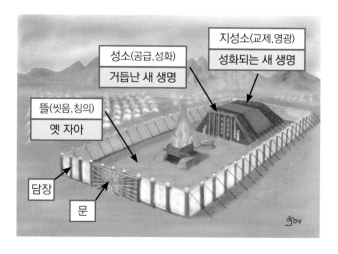

예루살렘 성전의 모본이 되었던 성막은 어떤 모습이었을까요? 바로 위의 그림과 같답니

다. 성막은 또 회막(會幕, 이스라엘 백성들이 이곳에 모여 하나님을 만나서 붙여진 이름), 증거막, 증거의 장막, 법막 등으로 불리기도 하지요.

성막 = 회막(會幕) = 증거막 = 증거의 장막 = 법막

(1) 담장

성막은 담장으로 둘러져 있는데, 담장은 세마포 포장들을 연결해 세웠어요. 담장의 가로:세로는 1:2로 가로는 세마포 10개, 세로는 20개를 연결해 만들었어요. 그래서 담장 전체의 길이는 가로가 22.5m, 세로가 45m였답니다(전체 면적이 테니스코트 2배). 한편, 담장의 높이는 2.25m로 꽤 높아 밖에서 안을 들여다볼 수가 없었어요. 이것은 '하나님의 전에 들어오기 전에는 밖에서 하나님의 은혜를 전혀 볼 수도, 체험할 수도 없음'을 상징하지요.

(2) 문

담장 앞쪽에 출입문이 있는데, 이 문은 동쪽을 향해 나 있어요. 그런데 여기에서 성막 문이 단 한 개라는 사실이 중요해요. 이것은 구원의 문이신 예수 그리스도 이외에는 하나님께 나아갈 수 있는 방법이 없음을 상징하죠(요 10:9). 또한 문은 앞쪽 담장 10개 세마포 중 4개(문폭이 10m)로 비교적 넓은데, 이것은 '구원의 문은 누구에게나 넓게 열려 있다'는 걸 상징해요.

(3) 뜰

성막의 출입문을 열고 들어가면 성막 뜰이 나와요. 뜰에는 두 개의 기물(번제단과 물두멍)이 있어요.

(4) 성소와 지성소

성막 뜰 안쪽에 건물이 하나 있는데, 이 건물은 성소와 지성소로 나뉘어요. 앞쪽 2/3에 해당되는 곳이 성소, 뒤쪽 1/3에 해당되는 곳이 지성소예요. 성소(聖所)는 '거룩한 곳'이란 뜻이고, 지성소(至聖所)는 '지극히 거룩한 곳'이란 뜻이죠.

성소와지성소

성소와 지성소를 좀 더 자세히 살펴볼까요? 앞쪽이 성소, 뒤쪽이 지성소라고 했지요? 성소와 지성소 사이에는 휘장(커튼)이 쳐져 있어요. 원래 지성소는 아무도 들어갈 수도, 볼 수도 없었어요. 1년에 딱 한 번 대속죄일에, 딱 한 사람 대제사장만 지성소에 들어갈 수 있었죠. 그것도 정결예식을 완벽하게 행한 후 들어가야지 그러지 않으면 바로 사망이에요. 그래서 대제사장은 지성소에 들어갈 때 발목에 줄을 매고 옷자락 끝에 방울들을 달고 들어갔어요. 대제사장이 지성소에서 죽어 방울 소리가 안 나면 그 시신을 끌어내기 위한 장치였지요. 지성소는 그 정도로 거룩한 곳이었어요. 왜냐하면 하나님께서 임재하시는 곳이기 때문이었죠.

대제사장은 몇 명이었을까?

이스라엘의 초대 대제사장은 아론이었어요. 그리고 아론 가문의 장손들이 대제사장직을 물려받았죠. 아론의 다른 후손들은 그냥 제사장이예요. 종갓집 장손들이 혈통에 의해 대대로 부여받는 직분이 대제사장이에요. 또 대제사장직은 종신직으로 죽을 때까지 계속 맡게 되어 있어요. 그래서 대제사장은 항상 단 1명뿐이었답니다.

성전의 기물들

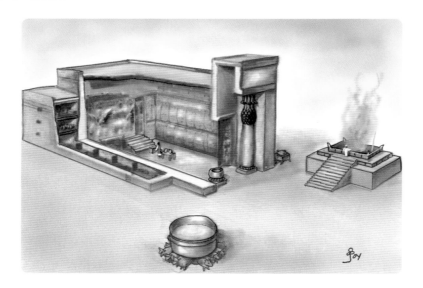

이동식 성전이었던 모세의 회막 이후, 솔로몬 시대 때 성전을 지었다고 했지요? 솔로몬 성전도 구조는 회막과 같아요.

> **솔로몬 성전의 구조**
>
> **담장 – 문 – 뜰 – 성소 – 지성소**

(1) 문

성전 담장에는 출입문이 하나 있었죠? 그 문을 통해 들어가면 성전 뜰이 나오고요? 이렇게 성전 안으로 들어가는 것은 예수님을 영접하고 구원받는 것을 상징해요. 예수님은 자신에게 나아올 때에만 구원과 풍성한 생명을 얻는다고 말씀하셨지요.

> "내가 문이니 누구든지 나로 말미암아 들어가면 구원을 얻고
> 또는 들어가며 나오며 꼴을 얻으리라" – 요 10:9

(2) 뜰 – 번제단과 물두멍

성전 뜰에는 두 가지 중요한 기물이 있어요.
성전에 들어가서 앞쪽에 먼저 보이는 게 번
제단이고, 그 너머에 있는 게 물두멍이에요.

1) 번제단 : 번제단은 제물을 태워 드리는 곳이
에요. 번제단의 불은 1년 내내 꺼뜨리면 안
되고, 이 불의 관리 책임은 제사장들에게
있어요(마치 예전에 며느리들이 불씨를 꺼뜨리면 쫓겨나듯^^). 번제단 위에는 철망 석
쇠 같은 게 있는데, 그 위에 희생제물 짐승을 올려 놓고 태워 드렸죠. 번제단은 예수
님의 십자가 수난을 상징해요. 모든 제사에는 반드시 피가 있어야 해요. '우리의 죗
값을 누군가가 대신 치러줌으로써 우리가 살 수 있다.'는 게 제사의 의미이기 때문
이지요.

> "율법을 따라 거의 모든 물건이 피로써 정결케 되나니
> 피흘림이 없은즉 사함이 없느니라" – 히 9:22

| 짐승이 우리 죗값을 대신 치를 수 있는가?

구약 율법의 원칙 중 하나가 '동해보복(同害報復)'입니다. 쉽게 말해서 '눈에는 눈, 이에는 이'라
는 뜻이지요. 누군가가 죄를 지으면 죄인이 그 죗값만큼 똑같이 값을 지불해야 사면이 된다는 뜻
인데요, 그렇다면 구약시대에 인간의 죄를 대신해서 죽었던 희생제물들(소, 양, 염소, 비둘기 등)의
목숨 값이 인간의 목숨 값과 같다는 뜻일까요? 절대 그럴 수 없죠. 어떻게 짐승과 사람의 가치가
같겠어요? 그럼 왜 희생제물들로 제사를 드렸을까요? 사실 희생 짐승들은 장차 오실 예수 그리스
도를 상징하는 것에 불과하답니다. 즉, 구약시대건 신약시대건 우리 인간들의 죄는 오직 예수 그
리스도의 희생으로만 용서받을 수 있지요. 그래서 구약시대 사람들도 '율법이 아닌 믿음으로' 죄
사함을 받은 거고요. 제사를 드릴 때마다 '이 짐승(장차 오실 그리스도를 상징하는)이 내 죄 때문에
내 대신 죽는구나!'라는 걸 믿음으로써 죄사함을 받은 것이랍니다.

> "아브라함이 하나님을 믿으매 이를 그의 의로 여기시고" – 창 15:6

2) 물두멍 : 번제단 바로 뒤쪽에 있는 것, 즉 번제단과 성소 사이에 있는 기구가 바로 물두멍이에요. 물두멍은 제사장들이 성소에 들어가기 전에 몸을 씻는 곳이에요. 물두멍은 물로 씻음, 즉 세례를 상징하지요. 번제단에 나의 모든 죄를 내려놓고 회개하여 예수님의 보혈로 씻음을 받아 구원을 받았으면 됐지, 굳이 세례가 왜 또 필요할까요? 세례는 성도와 그리스도의 결혼식과도 같답니다. '그리스도를 신랑으로 영접하고 영원히 같이하겠다.'는 결단을 만인에게 공포하고 축하하는 것이죠. 물론, 결혼식 자체가 결혼 생활의 필수 요건은 아니지만, 결혼 생활에 어려움이 올 때 결혼서약을 기억하면서 결혼 생활을 지속해 나갈 수 있듯이 우리의 신앙생활에서도 그리스도와의 신의를 지키면서 끝까지 갈 수 있는 힘을 더해 주는 것이 바로 세례랍니다.

"믿고 세례를 받는 사람은 구원을 얻을 것이요
믿지 않는 사람은 정죄를 받으리라" – 막 16:16

(3) 성소 – 등잔대, 분향단, 진설병대

그다음, 성소로 들어가 볼까요? 성소에는 세 가지 중요한 기물이 있는데, 그것은 바로 등잔대, 분향단, 진설병대랍니다. 성소에 들어가서 좌향좌! 왼쪽에 등잔대가 있어요. 이번엔 우향우! 앞쪽, 즉 지성소 쪽 휘장 앞에 분향단이 있고요. 다시 한번 우향우! 오른쪽엔 진설병대가 있지요.

1) 등잔대(금등잔대, 금등대) : 등잔대는 정금 1달란트 (34kg, 시가 약 3억원!!!)로 만들어졌는데, 살구꽃 모양의 등잔 7개가 있어요. 등잔엔 등유와 심지가 있어서 불을 밝힐 수 있지요. 등잔대의 등불은 24시간 내내 절대 꺼뜨리면 안 돼요(앞에서 번제단의 불도 꺼뜨리면 안 된다고 했지요?). 또 등유로는 특

별히 제조된 순도 100% 감람유(올리브유)만 사용할 수 있었어요. 등잔대는 성령의 조명을 의미해요.

성령님은 우리를 진리 가운데로 인도하세요. 원래 성소는 제사장들만 들어갈 수 있었죠. 성도들은 다 '왕 같은 제사장'(벧전 2:9)이기 때문에 예전에 제사장만 누리던 특권을 지금은 우리가 다 누릴 수 있게 되었답니다. 즉, 그리스도인이라면 누구나 성령의 조명을 받아, 성령의 인도를 따라 살아갈 수 있는 것이지요.

"그러하나 진리의 성령이 오시면 그가 너희를 모든 진리 가운데로 인도하시리니
그가 자의로 말하지 않고 오직 듣는 것을 말하시며
장래 일을 너희에게 알리시리라" - 요 16:13

2) 분향단(금단, 금향단) : 분향단은 이름에 '향(香)' 자가 들어 있듯이 제사장이 아침저녁으로 성소에 들어가 향을 피우는 기구예요(장례식장에서 향불 피우는 거 보셨죠? 그걸 연상하시면 돼요). 분향단은 조각목(아카시아나무)으로 만든 후 정금으로 싸서(도금해서) 만들었어요. 향 재료의 제조 규정도 엄격히 지켜야 했는데, 소합향, 나감향, 풍자향, 유향, 이렇게 네가지 향 재료에 소금을 혼합해서 만들었어요. 분향단에서 피어오르는 향은 찬양, 기도, 경배 등 하나님께 올려 드리는 것들을 상징해요(향불이 위로 올라가듯이 말이에요).

"책을 취하시매 네 생물과 이십사 장로들이 어린양 앞에 엎드려
각각 거문고와 향이 가득한 금대접을 가졌으니 이 향은 성도의 기도들이라" - 계 5:8

또한 분향단은 우리의 중보 기도자이신 예수 그리스도를 상징하기도 하지요.

"이와 같이 성령도 우리 연약함을 도우시나니 우리가 마땅히 빌 바를 알지 못하나
오직 성령이 말할 수 없는 탄식으로 우리를 위하여 친히 간구하시느니라" - 롬 8:26

분향단과 번제단은 다르답니다!

분향단과 번제단! 둘 다 '단' 자로 끝나서 혼동하는 경우가 많은데, 이 둘은 완전히 다르답니다.

- 번제단 : 성소 바깥, 뜰에 있는 기구로서 희생제물인 짐승을 태우는 곳
- 분향단 : 성소 안에 있는 기구로서 향불을 피우는 곳(성소 안에는 짐승을 가지고 들어가지 않아요. 짐승의 피를 담은 대접은 갖고 들어가지만요.)

3) 진설병대(떡상) : 진설병(陳設餅)의 병은 '떡 병' 자예요. '진열해서 배치해 놓는 떡'이라는 뜻이죠. 진설병대는 분향단과 마찬가지로 조각목으로 만든 후 정금으로 쌌어요. 여기에 누룩(이스트)을 넣지 않은 떡(무교병) 12개를 올리는데, 이 떡들은 이스라엘의 12지파를 상징해요. 그리고 안식일마다 이 떡을 새것으로 교체해요. 그럼 물려낸 떡은 어떻게 할까요? 그것은 제사장이 거룩한 곳(회막 뜰)에서 먹어요. 진설병은 '생명의 양식'이신 예수 그리스도, 즉 하나님의 말씀을 상징해요. 그런데 특기할 만한 것은 등잔대와 진설병대가 서로 마주 보고 있다는 사실이에요. 이것은 우리가 하나님의 말씀을 읽을 때 성령의 조명(인도)을 받아 우리 영의 양식으로 삼아야 한다는 뜻이랍니다.

"내가 곧 생명의 떡이로라 너희 조상들은 광야에서 만나를 먹었어도 죽었거니와
이는 하늘로서 내려오는 떡이니 사람으로 하여금 먹고 죽지 아니하게 하는 것이니라
나는 하늘로서 내려온 산 떡이니 사람이 이 떡을 먹으면 영생하리라
나의 줄 떡은 곧 세상의 생명을 위한 내 살이로라 하시니라" – 요 6:48-51

(4) 지성소 – 언약궤, 시은좌, 그룹

1) 언약궤 : 성소의 맨 안쪽 공간을 지성소라고 한다고 했죠? 그곳에는 상자 하나가 놓여 있는데, 그걸 언약궤라고 부른답니다. 언약궤는 또 증거궤, 법궤, 성궤 등으로 불리기

도 해요. 언약궤도 조각목으로 만든 후 정금으로 싸요(도금하는 거죠).

언약궤 = 증거궤 = 법궤 = 성궤

2) 시은좌 : 언약궤의 뚜껑을 '시은좌(施恩座)'라고 해요. '베풀 시, 은혜 은'(그리스도인의 자녀들 이름 중에 시은이가 많죠?) 자를 쓰는데, 이것은 '하나님께서 은혜를 베푸시는 곳, 즉 하나님께서 임재하시는 곳'이라는 뜻이에요. 시은좌는 순금으로 만들었고, 속죄소(贖罪所)라고도 불리죠. 1년에 딱 한 번, 대속죄일(7월 10일)에 대제사장이 염소를 잡아 그 피를 가지고 지성소 안에 들어가 속죄소 위와 앞에 뿌려요. 이렇게 해서 이스라엘 백성들이 1년간 지은 죄를 속죄하는 거예요. 시은좌로 언약궤 안에 있는 십계명 돌판(율법을 상징함)을 덮는다는 것은 '예수님의 피로 율법의 정죄와 형벌을 덮어 주신다.'는 것을 상징한답니다.

시은좌 = 속죄소 = 언약궤의 뚜껑

3) 그룹 : 시은좌 위에 붙어 있는 두 천사의 조각상이에요(group, 즉 단체라는 뜻이 아니랍니다^^). 그룹은 천사장을 뜻하는 영어 단어, Cherub을 우리 말로 음역한 것이에요(성경에 Cherubim이란 말도 자주 나오는데, 이것은 Cherub의 복수형이지요). 그룹의 다른 이름은 아크엔젤(Archangel)로 '언약궤, ark의 angel'이란 뜻이에요.

그룹 = 아크엔젤(Archangel) = 언약궤의 뚜껑(시은좌)에 붙어 있는 천사 조각상

4) 언약궤 안의 3가지 물건

① 십계명 돌판(율법판, 증거판) : 모세가 시내산에서 하나님께 받았던 십계명 돌판은 두 개였죠. 그중 첫번째 돌판에는 1-4계명(하나님에 대한 계명), 두번째 돌판에는 5-10계명(사람에 대한 계명)이 쓰여 있었을 것으로 추정됩니다.

십계명을 줄이고 또 줄이면?

- 1-4계명 : 하나님을 사랑하라!
- 5-10계명 : 이웃을 사랑하라!
- 1-10계명 : 사랑!!!
- 결론 : 율법의 기본정신은 사랑!!!

② 아론의 싹난 지팡이 : 민수기 16장에는 고라 일당의 반역 사건이 나옵니다. 그들은 하나님께서 직접 세우신 리더십인 모세와 아론에게 반항했어요. 그중 고라, 다단, 아비람과 그 가족은 땅이 갈라져 삼키고, 나머지 족장 250명은 불에 타 죽죠. 그런데 그다음 날, 아직도 정신을 못 차린 백성들이 모세와 아론에게 '너희가 백성들을 죽였다!'면서 원망합니다. 이때 하나님께서는 각 지파 대표들의 지팡이와 아론의 지팡이를 언약궤 앞에 갖다 놓으라고 하시죠. 그런데 다음 날 보니 아론의 지팡이에만 살구꽃이 피고 살구 열매도 주렁주렁 열렸지 뭐예요?

이 사건이 주는 교훈은 무엇일까요? 바로 '교회 공동체에서 하나님이 세우신 영적 지도자들을 존중하라'는 의미입니다. 그래야만 영적 공동체의 질서가 유지되고 사탄의 공격을 효과적으로 막아낼 수 있기 때문이지요. 그리고 이 교훈을 잊지 말라는 의미에서 언약궤 안에 아론의 싹난 지팡이를 넣어 두게 하셨답니다.

③ 만나 항아리 : 또 하나님께서는 만나 항아리를 언약궤 안에 넣어 놓으라고 하셨어요. 출애굽 후 광야생활 40년 동안 하루도 빠짐없이 성실하게 자기 백성을 먹이신 하나님을 기억하라는 것이었죠. 이것은 '여호와 이레(하나님은 나의 공급자)'를 믿고, 돈에 집착하며 돈의 노예가 되는 삶이 아니라 돈을 잘 관리하는 선

한 청지기 의식으로 돈에 대해 참자유를 누리는 삶을 살라는 교훈을 주시기 위한 것이었답니다.

성전 기물의 위치

지금까지 우린 성전 기물들에 대해 배웠어요. 마지막으로 이 기물들의 위치를 다시 한 번 살펴볼까요? 그 배치도가 바로 다음 그림과 같습니다.

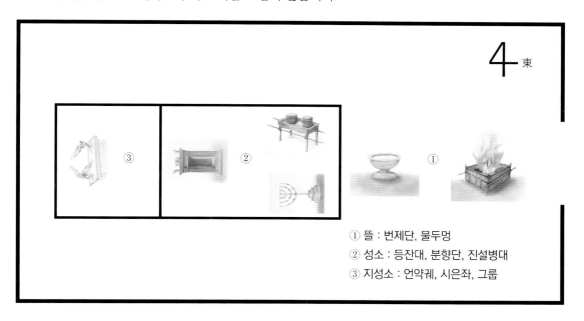

① 뜰 : 번제단, 물두멍
② 성소 : 등잔대, 분향단, 진설병대
③ 지성소 : 언약궤, 시은좌, 그룹

성전 기물은 누구를 상징하는가?

앞에서 배운 것처럼 예루살렘 성전은 AD 70년, 로마의 디도 장군에 의해 파괴되어 없어졌어요. 그 이후 이스라엘 백성들은 흩어졌고, 더 이상 하나님께 제사를 드릴 수도 없게 됐죠. 이렇게 2천 년 남짓 성전도, 제사도 없이 지내왔는데, 우리가 왜 골치 아프게 굳이 성전에 대해서 배워야 할까요? 그것은 성전 기물들이 바로 예수 그리스도를 상징하기 때문이랍니다!

장소	기물		영적 의미	성경 구절
뜰	번제단		피로 씻음 : 예수님의 십자가	엡 1:7, 히 9:20
	물두멍		물로 씻음 : 세례(예수와 함께 죽고 함께 부활, 옛 자아의 죽음)	마 28:18-20, 갈 2:20, 엡 5:26, 벧전 3:20-21
성소	등잔대		성령의 조명	요 8:12/16:7-13
	분향단		찬양, 기도, 경배	롬 8:34, 계 5:8/8:3-5
	진설병대		하나님의 말씀(제사장만 먹음)	요 6:47-51(벧전 2:9)
지성소	시은좌		예수의 피로 우리의 죄를 덮으심	출 25:8, 마 1:21, 롬 3:25
	그룹		하나님의 임재	겔 10:18, 시 18:10
	언약궤	십계명 돌판	하나님 나라의 통치 원칙 : 하나님 사랑, 사람 존대	출 20장, 신 5장
		아론의 지팡이	영적 권위 존중	민 17:10
		만나 항아리	하나님의 공급하심	출 16:35, 계 2:17

성전 : 천국의 모형

대제사장 예복

대제사장은 백성들을 대표해서 하나님께 나아가는 사람입니다. 구약시대에는 아론의 장손들이 대제사장직을 맡았지만, 그 모든 게 사실은 예수 그리스도를 예표하는 것이었어

요. 앞의 그림에서도 알 수 있듯이, 대제사장이 입었던 예복만 보아도 그 하나하나의 부속품이 다 예수님을 상징한답니다.

소품	영적 의미
세마포 관(흰색)	거룩하게 구별하심, 영광
금패	"여호와께 성결!"
고의, 세마포 속옷(흰색)	자기(수치)를 가림 : 속죄, 칭의
에봇 받침 겉옷(청색)	하늘에서 오신 그리스도
에봇	어깨에 짐, 책임
띠(속옷 띠, 에봇 띠)	느슨함 경계, 성실, 균형
흉패(12보석, 우림과 둠밈)	12지파 백성 품음, 하나님 뜻에 따른 판결

성전 직조물 4색의 의미

청색 : 하늘
자색 : 왕
흰색 : 성결
홍색 : 보혈

성전의 직조물들과 대제사장의 의복 등은 4가지 주요 색으로 이루어져 있어요. 이 중 청색은 하늘 보좌에 앉아 계신 예수님, 자색은 왕이신 예수님, 흰색은 성결하신(죄가 없으신) 예수님 그리고 홍색은 우릴 위해 보혈을 흘려 주신 예수님을 상징한답니다. 정말 성전 어딜 살펴보아도 다 예수 그리스도를 찾을 수 있지요?

5대제사

5대 제사 역시 구속사의 핵심인 '그리스도의 희생'을 상징하는데요, 이런 관점으로 제사를 공부하면 그 모든 절차와 내용이 얼마나 은혜가 되는지 모른답니다. 왜냐하면 제사야말로 '하나님의 우릴 향한 사랑의 극치'라고 볼 수 있으니까요. 그러니 골치 아프게만 생각하지 말고 제사법에 담긴 하나님의 사랑을 헤아려가며 공부해 봅시다!

5대 제사는 번제, 소제, 화목제, 속죄제, 속건제예요. 첫 글자만 따서 외워 두세요!

> **5대 제사 첫글자로 외우기**
> 번, 소, 화, 속, 속 (번제, 소제, 화목제, 속죄제, 속건제)

(1) 번제(燔祭, Burnt Offering)

1) 번제란?

번제는 제물을 온전히 태워 드리는 제사예요(제물을 태워 드리는 제사는 번제 말고도 다른 것들이 있지만, '온전히' 태워 드리는 제사는 번제밖에 없답니다). 일반적으로 번제는 (앞으로 배우게 될) 소제나 전제와 함께 드리는 기본 제사예요.

2) 번제의 종류는?

① **상(常)번제** : 이스라엘 민족 공동체를 대표해서 제사장이 아침저녁으로 드리는 번제예요.

② **특별 번제** : 이따금 개인이 드리는 번제예요.

3) 번제물의 종류는?

드리는 사람의 경제적 형편에 따라 소, 양, 염소 또는 산비둘기나 집비둘기 등 다양해요. 여기에서 우리는 우리의 형편에 맞추어 제물을 디스카운트 해주시는 하나님의 자상하심과 세심한 배려를 볼 수 있죠.

4) 번제를 드리는 방법은?

① 제사 드리는 사람이 집에서 흠 없는 짐승을 골라서 예루살렘 성전에 가져와 우선 회막 문에서 짐승의 머리 위에 손을 얹어 안수해요. 안수는 '내 죄를 짐승에게 전가한다.'는 의미가 있어요.

② 그리고 나서 번제단 북쪽(입구에서 바라봤을 때 오른쪽)에서 짐승을 잡아요.

③ 이때 나온 짐승의 피를 제사장에게 넘겨주면 제사장은 번제단 사면에 피를 뿌리죠(단, 제물이 비둘기일 경우에는 제사장이 번제단 위에서 목을 비틀어 죽이지만요).

④ 그다음, 제사 드리는 사람이 짐승의 가죽을 벗겨(가죽은 제사장 몫이에요), 모든 부위를 다 토막낸 뒤 물로 씻어요.

⑤ 그리고 이걸 제사장에게 넘겨주면 제사장이 번제단 위에서 제물을 완전히 다 태워 드려요.

5) 번제의 의미는?

번제는 '온전한 헌신'을 상징해요. 아브라함이 자기 목숨보다 귀한 아들 이삭을 바칠 때에도 번제로 드렸던 것처럼 번제는 '나의 전부를 하나님께 드린다.'는 의미가 있지요.

▎제사 드리는 사람의 심정을 헤아려 보셨나요?

제사를 드리는 사람은 최상급의 흠 없는 짐승을 골라 예루살렘 성전까지 가지고 가야 합니다. 이렇게 짐승을 데리고 와 안수하고, 가죽을 벗기고, 각을 뜨고, 물로 씻는데, 이 모든 과정을 누가 할까요? 제사장? 아니면 제사 드리는 사람 본인? 정답은 제사 드리는 사람 본인!

우리가 제사를 이해하기 위해서는 이스라엘 민족의 정서를 먼저 좀 알아야 해요. 이스라엘 사람들에게 소, 양, 염소 등은 단순한 축산의 개념이 아니라 가족의 개념이었어요. 예수님께서도 이러한 목자와 양의 관계를 많이 언급하셨죠. 수많은 가축에게 번호를 붙이지 않고 이름을 붙였다는 것은 뭘 의미할까요? 그것은 '인격적인 관계, 사랑의 관계'를 의미하죠.

또 나단 선지자가 다윗의 잘못을 책망할 때 쓴 비유에서도 "그 암양 새끼는 그 가난한 사람과 또 그의 자식들과 함께 자랐으며, 그의 음식을 먹고, 그의 잔에서 마셨으며, 그의 품에 누웠으며, 그에게는 딸과 같았습니다"(삼하 12:3)라고 하잖아요?

이렇게 딸과 같은 가축에게 안수하면서 '네가 내 죄를 다 뒤집어쓰는구나'라고 생각하면 얼마나 미안하고 애틋할까요? 게다가 다른 사람이 아닌 내가 직접 칼로 죽이면서 눈망울을 보는데 뭔가를 직감적으로 느낀 그 짐승이 눈물까지 흘린다면, 주인의 마음이 어떨까요? 너무나 절박한 심정으로 날 간절히 쳐다볼 때 얼마나 마음이 찢어질까요? 그런데 짐승을 그냥 단순히 딱 죽이고 끝나는 게 아니란 말이죠. 가죽을 벗기고, 일일이 각을 뜨고, 그걸 다 흔적도 없이 태우는 거예요. '이 모든 과정이 다 내 죄 때문'이란 걸 생각하면 얼마나 미안하고 마음이 아프겠어요?

그런데 이 짐승이 바로 예수 그리스도를 상징한단 말입니다. 그리고 하나님께서는 너무도 사랑하는, 단 하나밖에 없는 아들 예수님을 우릴 위해 아낌없이 내주셨지요. '하나님이 날 사랑하셔서 자기 아들을 희생시키셨다.'는 얘길 하도 많이 들어서 무감각해졌을 수도 있지만, 우린 이걸 날마다 깊이 묵상해야 해요(내 대신 돌아가시면서 날 바라보시는 예수님의 그 애틋한 눈망울을 볼 수 있어야 해요).

창조주가 피조물을 사랑해서 자기 아들을 죽였다는 것은 정말 이해하지 못할 사랑이죠. 집에 불이 났을 때 자녀를 들여보내 자기가 만든 인형을 구하게 함으로써 대신 죽게 할 부모가 있을까요? 이건 정말 아무리 생각해도 이해할 수 없는, 말도 안 되는 미친 사랑(crazy love)이에요. 하나님께서 우릴 그렇게 사랑하신 거예요.

그래서 우리가 예배를 드릴 때마다 구약의 제사를 묵상해야 해요. 그리고 우리의 희생제물을, 제사장이 아닌 내가 잡아야 해요. 목사님은 내 예배를 대신 드려 주는 '예배 대행자'가 아니에요. 나 스스로 예배에 주동적으로 참여해야 해요. 그 제물은 사실 나를 대신하는 거니까요. 그리고 날 대신해 십자가의 제물로 돌아가신 예수님과 함께 나 자신을 날마다 십자가에 못 박아 이전의 나는 죽고, 새로 태어난 예수님의 생명으로 살아야 하니까요.

"그러므로 형제들아 내가 하나님의 모든 자비하심으로 너희를 권하노니 너희 몸을 하나님이 기뻐하시는 거룩한 산 제사로 드리라 이는 너희가 드릴 영적 예배니라" - 롬 12:1

"내가 그리스도와 함께 십자가에 못 박혔나니 그런즉 이제는 내가 산 것이 아니요 오직 내 안에 그리스도께서 사신 것이라 이제 내가 육체 가운데 사는 것은 나를 사랑하사 나를 위하여 자기 몸을 버리신 하나님의 아들을 믿는 믿음 안에서 사는 것이라" - 갈 2:20

(2) 소제(素祭, Grain Offering)

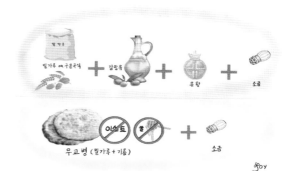

1) 소제란?

소제의 '소(素)' 자는 '흴 소'예요. 곡식, 즉, 흰 밀가루를 드리는 제사이기 때문에 이런 이름이 붙여졌지요(소면은 흰 국수, 소복은 흰 옷!).

2) 소제물의 종류는?

소제물로 드릴 수 있는 것은 생 밀가루(첫 이삭), 밀 화덕구이, 밀 부침개 그리고 밀 수제비, 이렇게 네 가지 종류가 있어요.

3) 소제물의 부재료와 금지 품목은?

소재의 부재료로는 세 가지, 즉 감람유(올리브유), 유향, 소금이 추가돼요. 이 중 기름은 성령을, 유향(향기)은 기도를, 소금은 하나님과 우리 사이의 변치 않는 언약을 상징하죠.

한편, 넣어서는 안 되는 게 있는데, 그것은 누룩(이스트)과 꿀이에요. 누룩은 죄를 상징하고 꿀은 이 세상의 향락을 상징하기 때문이지요.

4) 소제를 드리는 방법은?

소제는 번제나 화목제와 함께 세트로 드려요. 왜냐하면 소제에는 피가 없기 때문이에요. 제사의 기본 정신이 '누군가가 내 죄를 대신해서 죽는다.'는 것으로서, 제사에는 반드시 짐승의 피가 있어야 하기 때문이죠. 제사 드리는 사람이 소제물을 가져오면 제사장이 그중 한 움큼만 집어서 번제물 위에 놓고 번제물과 함께 태워 드려요. 이때 남은 소제물은 제사장 몫이죠.

5) 소제의 의미는?

소제로 드리는 밀가루는 아주 곱게 극상품으로 빻아야 해요. 내 자아를 깨뜨린다는 마음으로 곡식을 빻는 거예요. 구약시대에는 제분기가 없었을 테니 밀을 아주 곱게 빻는 것이 쉽지 않았겠죠? 고운 가루는 소리가 나지 않지요. 이처럼 하나님 앞에서 곱게 갈린 사람은 자기 소리를 내지 않아요. 소제는 또 '나의 가장 좋은 것을 하나님께 드린다.'는 뜻을 담고 있어요.

소제

- 종류 ; 밀가루, 화덕구이, 부침개, 수제비
- 부재료 : 감람유, 유향, 소금
- 금지 품목 : 누룩(이스트), 꿀

(3) 화목제(和睦祭, Peace Offering)

1) 화목제란?

화목제는 하나님과 사람 사이의 화목(화해)을 위해 드리는 제사예요.

2) 화목제의 종류는?

① 서원제 : 뭔가를 서원할 때
② 낙헌제 : 기쁜 일이 있을 때
③ 감사제 : 감사할 일이 있을 때

3) 화목제물의 종류는?

다른 제사는 주로 수컷 제물(예수 그리스도를 상징)을 드리는데, 화목제의 제물은 암수 상관없이 다 드릴 수 있어요. 화목제는 또 소제를 세트로 같이 곁들여 드리는데, 소제의 제물은 유교병이든 무교병이든 상관없이 드릴 수 있어요. 화목제가 화목, 감사, 기쁨을 표현하는 일종의 축제 형식의 제사이기 때문에 하나님께서 제물의 기준도 까다롭게 따지지 않으시고 많이 봐주신 것 같아요.

4) 화목제를 드리는 방법은?

① 제사 드리는 사람이 회막 문에서 제물의 머리에 안수한 다음 제물을 잡아 피를

제사장에게 건네요.

② 제사장이 그 피를 번제단 사면에 뿌려요.

③ 그다음 제사 드리는 사람이 제물의 가죽을 벗겨요(여기까지는 번제랑 순서가 똑같죠?).

④ 그런데 화목제는 제물 전체를 다 드리는 게 아니라 기름, 콩팥, 간(꺼풀)만 떼어서 제사장에게 건네주면 제사장이 이것만 번제단 위에서 불살라 드려요. 이때 제물의 가슴과 오른쪽 뒷다리는 제사장 몫이지만, 나머지 부위는 제사장과 그 가족 및 제사 드리는 사람이 함께 나누어 먹는답니다(기쁨, 감사, 나눔이 화목제의 모토라는 거 아시겠죠?).

화목제

- 화목제의 종류 : 서원제, 낙헌제, 감사제
- 제물의 종류 : 소, 양, 염소(암수 모두 가능)
- 소제와 세트로 : 무교병, 유교병(누룩(이스트) 사용 가능)
- 번제단에서 불사르는 부위 : 기름, 콩팥, 간(꺼풀)

하나님은 왜 피와 기름에 집착하실까?

"모든 생물은 그 피가 생명과 일체라 그러므로 내가 이스라엘 자손에게 이르기를
너희는 어느 육체의 피든지 먹지 말라 하였나니 모든 육체의 생명은 그 피인즉
무릇 피를 먹는 자는 끊쳐지리라" - 레 17:14

"사람이 여호와께 화제로 드리는 희생의 기름을 먹으면 그 먹는 자는
자기 백성 중에서 끊쳐지리라" - 레 7:25

하나님께서는 이스라엘 백성에게 '짐승의 피와 기름을 절대 먹지 말라'고 하십니다. 왜 그러셨을까요? 왜 혼자서만 피와 기름을 독식하시려 한 걸까요? 하나님의 식성이 살코기보다 피와 기름을 선호하시기 때문일까요?

현대 영양학에서는 동물의 피 성분 중 철분 성분이 인체의 세포막을 산화시켜 결국 암을 유발한다는 사실을 밝혀냈어요. 한편, 동물성기름(포화지방)은 심혈관질환과 암을 일으키죠. 이걸 보면 하나님께서 우리에게 피와 기름을 먹지 못하게 금지시키신 이유는 우리의 신체적 건강을 지켜주시기 위한 배려일 수도 있다는 생각이 드는군요(콩팥과 간을 특별히 언급하신 이유도 이 장기들이 내장 지방으로 둘러싸여 있기 때문에 기름을 먹지 못하게 하기 위해 금지하신 것 같아요).

하지만 이보다 더 근본적인 이유가 있어요. **피는 생명의 근원이고, 기름은 힘의 근원**이기 때문이지요. 즉, 생명과 힘의 근원이 되시는 하나님의 주권과 하나님의 통치 영역을 인정하고 그 영역을 침범하지 말라는 뜻이랍니다.

(4) 속죄제(贖罪祭, Sin Offering)

1) 속죄제란?

속죄제는 하나님께 지은 죄와 부지중에 지은 죄를 회개하는 제사예요.

2) 속죄제물의 종류는?

속죄제는 신분에 따라 제물이 달라져요.

① 제사장이나 온 백성(공동) : 수송아지
② 족장 : 숫염소
③ 평민 : 암양 또는 암염소
④ 빈민 : 산비둘기 또는 집비둘기
⑤ 극빈자 : 고운 밀가루

3) 속죄제를 드리는 방법은?

① 제사 드리는 사람이 회막 문에서 짐승에게 안수해요.
② 제물을 번제단의 북쪽에서 잡아 피를 제사장에게 건네줘요. 그런데 번제나 화목제는 이 피를 제사장이 번제단의 사면에 뿌리지만, 속죄제는 제사장이 피를 먼저 번제단 뿔에 바른 다음에야 나머지 피를 번제단 밑에 쏟아요(온 백성 공동으로 드

리는 속죄제일 경우 제사장이 제물의 피를 성소 앞에,

향단 뿔에 먼저 발라요).

③ 그다음으로 제사장이 제물의 기름과 콩팥을 번제단 위에서 불실

④ 제물의 나머지 부분은 진 밖 재 버리는 정결한 곳에서 나무 위에 놓고 =

4) 속죄제의 의미는?

속죄제는 '나의 전 존재가 근본적으로 타락해 다 태워질 수밖에 없다', '하나님의 은
혜와 긍휼이 없이는 살 수 없는 존재다.'라는 의미를 가지고 있어요.

진 밖에서 불사르는 속죄제물, 영문 밖에서 돌아가신 예수님

속죄제물은 기름과 콩팥을 제외하고는 다 진 밖에서 불사릅니다. 그런데 이 과정도 제사의 일부
라고 봐야 할까요? 원래 모든 제사는 성전의 번제단에서 드리는 게 원칙이에요. 그러니 진 밖에서
불사르는 과정은 엄밀히 말해 제사라고 할 수 없죠. 속죄제가 특별히 죄를 회개하는 제사인 만큼
하나님께서 죄를 얼마나 미워하시는지를 알게 하시려고 그렇게 하신 것 같아요(제사장을 위한 속
죄제물은 다리와 고기를 회막 뜰에서 구워 먹도록 하셨지만요. – 레 6:24-27). 즉, '속죄제물은 제물
로서의 가치조차 없다', '내 죄를 뒤집어쓴 속죄제물은 성전에서 태울 가치조차 없다'는 걸 강조하
시는 거죠.

그런데 예수님께서 십자가에 달려 돌아가신 곳이 바로 진 밖–영문(성문) 밖이었죠. 예수님이야
말로 우리 죄를 대신 뒤집어쓰시고 그렇게 보잘것없는 속죄제물로 진 밖에서 죽임을 당하신 진정
한 속죄제물이십니다.

> "이는 죄를 위한 짐승의 피는 대제사장이 가지고 성소에 들어가고
> 그 육체는 영문 밖에서 불사름이니라
> 그러므로 예수도 자기 피로써 백성을 거룩케 하려고
> 성문 밖에서 고난을 받으셨느니라" – 히 13:11-13

(5) 속건제(贖愆祭, Guilt Offering)

1) 속건제란?

속건제는 하나님과 이웃에 대한 손해배상 제사예요. 즉, 손해배상이 가능한 범죄를 저질렀을 경우 드리는 제사죠.

2) 속건제물의 종류는?

속건제는 제물로 숫양 1마리를 하나님께 드리고, 피해자에게 손해배상을 해야 해요. 배상액은 '원금+20%'예요. 그러니까 웬만하면 손해를 끼치지 않고 사는 게 낫지요. 남한테 피해를 끼치면 숫양도 제물로 바쳐야 하고 20%를 더해서 배상도 해야 하니 너무 복잡해지는 거예요.

3) 속건제의 의미는?

속건제에는 '서로 피해 끼치지 말고 공동체의 질서를 지키면서, 남을 배려하면서 살라'는 의미가 있어요. 즉, 공동체의 회복이 목적이죠.

속죄제와 속건제의 차이

• 속죄제 : 배상 불가능한 죄를 저질렀을 경우 드림
• 속건제 : 배상 가능한 죄를 저질렀을 경우 드림

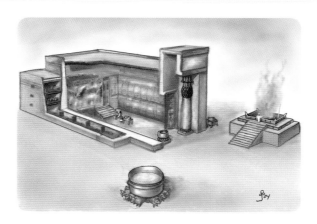

제사	방법	의미
번제	가죽을 제외한 제물 전체를 불로 태워 드림 신분에 따라 제물 종류가 다름	나의 전부를 드림
소제	피가 없는 유일한 제사, 다른 제물과 함께 드림 곡식 가루를 기름, 유향, 소금 등과 섞어 불사름	나의 가장 좋은 것을 드림
화목제	제물의 기름, 간, 콩팥 등만 불사르고 나머지는 제사장과 제사 드리는 자가 같이 먹음	서원, 낙헌, 감사로 나아감 하나님과 사람의 화목을 위함
속죄제	제물에 안수 후 제사장이 제물의 피를 제단에 뿌림 신분에 따라 제물 종류가 다름	근본적으로 타락한 전 존재에 대해 하나님의 은혜와 긍휼을 구함
속건제	하나님의 것이나 이웃의 것에 해를 가했을때 숫양 1마리를 제물로 바치고, 1/5을 더해 보상함	공동체의 회복을 위해 드림

제사의 강제성에 따른 분류

- 자원제 : 본인이 원할 때 자유롭게 드리는 제사 – 번제, 소제, 화목제
- 의무제 : 본인이 원치 않아도 범죄 시 반드시 드려야 하는 제사 – 속죄제, 속건제

제사 방식에 따른 분류

5대 제사의 종류, 기억하세요? 번-소-화-속-속! 그런데 성경에 보면 이 5대 제사 이외에도 여러 가지 제사 이름들이 나와요. 그건 또 뭘까요? 거제, 화제, 요제, 전제는 제사 방식에 따라 분류한 이름이에요. 자세한 내용은 다음 표와 같아요.

거제 (擧祭, Heave offering)	화제 (火祭, Offering by fire)	요제 (搖祭, Wave offering)	전제 (奠祭, Drink offering)
들어올려 드림(출 29:28)	태워 드림(레 1:9)	흔들어 드림(출 29:24)	화제물 위에 포도주를 부어 드림(출 29:40, 빌 2:17)

레위기의 정결법

(1) 음식 규정 (레 11장)

사도행전 10장에는 베드로가 기도 중에 환상을 보는데, 하늘에서 부정한 짐승들이 담긴 보자기가 내려오고 '잡아먹으라'는 음성을 듣는 장면이 나옵니다. 보자기 안의 부정한 짐승들은 레위기에서 식용이 금지된 품목들이었죠. 전통적으로 유대인들이 이방인과 같이 식사할 수 없었던 이유도 레위기의 정결법을 준수하기 위해서였어요. 그런데 신약시대에 하나님께서는 레위기의 음식 규정을 넘어서라고 말씀하신 거예요. 이는 더 이상 유대교 문화에만 매여 있지 말고 복음 전파를 위해 이방인들과 소통하라는 뜻이었지요.

그렇다면 어차피 신약시대 때 깨뜨릴 이 음식 규정을 구약시대에는 왜 굳이 주셨던 걸까요? 그것은 이스라엘이 하나님의 거룩한 백성으로서 구별되어야 함을 강조하시기 위한 것이었습니다. 레위기의 음식 규정은 매우 까다로워 보이지만, 사실은 원칙과 의미만 알면 쉽게 이해할 수 있습니다.

아래 표를 보면서 하나님의 백성이 거룩하게 살기를 원하셨던 하나님의 마음을 한번 헤아려 봅시다.

레위기의 6종류 금지 식품

굽이 갈라지지 않은 짐승	새김질하지 않는 짐승	지느러미나 비늘 없는 물고기	맹금류	고독한 새	배로 기는 곤충
구별됨(거룩) 없는 삶	말씀을 반추하지 않음	세상 풍조에 휩쓸림	포악, 핍박, 약탈, 공격성	우울, 슬픔, 외로움	세상을 끊지 못함
1	2	3	4	5	6

(2) 출산 규정 (레 12장)

출산은 매우 자연스러운 인간 삶의 한 과정이지요. 그런데 하나님께서는 출산한 산모를 부정하다고 하십니다. 왜일까요? 그것은 우리 인간이 '출생부터 근본적으로 타락한 존재'임을 암시하는 것이랍니다. 그래서 출산한 산모는 반드시 정결기간을 지켜야 하는데, 그게 남아는 33일, 여아는 66일입니다. 그리고 이 정결기간을 다 지내고 나면 속죄제와 번제를 드려 부정함을 씻어야 했어요.

(3) 나병 규정 (레 13-14장)

레위기에서는 특별히 나병에 대해 엄격하고도 상세한 규정을 말씀하시는데, 그것은 나병이 우리의 영적인 문제들을 상징하기 때문이에요. 또 구약 성경에서 나병이 발병한 사례들을 찾아볼 수 있는데 그 대표적 예가 미리암(민 12:1-16), 게하시 (왕하 5:20-27), 웃시야 왕(대하 27:16-21) 등이었지요. 그런데 재미있는 것은 이들 모두 '영적 권위를 무시한 죄'에 대한 징벌로 내려진 나병이었답니다.

나병의 특징과 영적 상징

- 피부에 확산됨 : 죄, 부정적인 말 등의 빠른 확산
- 환부가 우묵해짐, 털이 희어짐 : 내면의 부패
- 불치병 : 인간의 노력으로 해결 불가능한 죄
- 감각 상실 : 영적 감각 상실, 하나님께 둔감한 마음

(4) 유출병 규정 (레 15장)

바리새인들이 종종 예수님과 제자들에게 '손을 씻지 않고 식사를 한다'고 시비를 걸었죠? 그때 예수님께서는 "입으로 들어가는 것이 사람을 더럽히는 것이 아니고, 입에서 나오는 것이 사람을 더럽힌다"(마 15:11)고 말씀하셨죠. 실제로 레위기에서는 사람 몸에서 나오는 온갖 종류의 체액(정액, 월경혈, 하혈 등-정상적인 것과 병적인 것 모두)을 부정하다고 규정합니다. 이는 사람 몸 안에서 나오는 것들이 인간 내면의 죄성과 타락상을 상징하기 때문입니다. 몸에서

나오는 이러한 유출액을 볼 때마다 '아, 내 영혼이 이렇게 더럽고 부패했구나!'라는 걸 상기하라는 뜻이지요.

"만물보다 거짓되고 심히 부패한 것은 마음이라 누가 능히 이를 알리요마는" – 렘 17:9

유출병은 두 가지 특징이 있습니다. 첫째는 은밀하다는 것이고, 둘째는 통제가 불가능하다는 것이죠. 레위기의 유출병 규정을 통해서 우리 영혼의 은밀한 죄와 거역, 분노, 증오, 고집, 나태, 정욕, 거짓 등 통제 불가능한 감정들의 실상을 깨닫고, '우리는 절대 스스로 깨끗해질 수 없는 존재다', '예수 그리스도의 보혈만이 우리를 깨끗하게 해주실 수 있다.'는 사실을 늘 기억해야 합니다.

유출병의 종류 및 정결의식

- 생리적 : 남자의 설정, 여자의 월경 – 몸을 씻기
- 병리적 : 남자의 임질, 여자의 혈루병 – 몸을 씻은 후 제사

이스라엘의 7대 절기

이스라엘의 절기들은 우리에게 익숙지 않아 어렵게 느껴지는 게 사실이죠. 그럼에도 불구하고 우리가 절기들을 공부해야 하는 이유는 절기들이 구속사에서 중요한 의미를 갖기 때문이에요. 하나님께서 이스라엘 백성에게 절기를 주신 직접적인 두 가지 이유는 ① 지금껏 인도해 주시고 지켜 주신

하나님의 은혜를 기억하라(신 8:2) ② 부모가 체험한 하나님의 은혜를 자녀들에게 교육하라(출 12:26-27 / 13:8, 신 6:7)는 것입니다. 이스라엘 아이들이 무교절에 "엄마, 왜 갑자기 무교병을 먹어요?"라고 물을 때, 무교절의 의미를 얘기해 주면서 자연스럽게 역사와 신앙 교육을 시킬 수 있었겠죠?

이스라엘의 7대 절기

하나님께서 절기를 주신 이유

① 기억하라!　② 교육하라!

성경의 달력은 우리 달력과 다르다!

이스라엘 백성이 출애굽을 할 때 하나님께서 "이 달을 새해 첫 달로 삼아라"라고 하셨어요. 당시 백성들이 사용하던 민간력으로는 출애굽하던 달이 7월이었는데, 하나님께서 "내가 애굽에서 노예로 살던 너희를 해방시켜 내 자녀로 신분을 바꿔 줬다. 이제부터 새로운 역사를 함께 써나가자꾸나. 다시 시작!"이라는 의미로 그 달을 1월로 삼으셨던 거예요. 그런데 이 이스라엘의 새로운 종교력은 우리가 현대에 사용하는 달력과 또 달라서 약 3개월의 차이가 난답니다.

- 이스라엘의 민간력 – 6 = 이스라엘의 종교력(7월 → 1월)
- 이스라엘의 종교력 + 3 = 현대력(1월 → 4월)

이스라엘의 7대 절기, 첫 글자로 외우기

- 유, 무, 초, 오, 나, 속, 장
- 유월절, 무교절, 초실절, 오순절, 나팔절, 속죄일, 장막절

이스라엘의 중요한 석 달 : 1월, 3월, 7월

- 1월 : 유, 무, 초(대표 선수 : 유)
- 3월 : 오
- 7월 : 나, 속, 장 (대표 선수 : 장)
- 이스라엘의 3대 절기 : 유월절, 오순절, 장막절

(모든 이스라엘 남자들이 성전에 가서 제사를 드림)

3대 추수감사 절기 : 초실절, 오순절, 장막절

- 1월 : 초실절 – 보리 등 곡식 수확. '늦은 비'가 오는 계절
- 3월 : 오순절 – 밀 등 곡식 수확
- 7월 : 장막절 – 과일 수확(곡식 파종). '이른 비'가 오는 계절

(1) 유월절(逾越節, Passover) : 1월 14일

1) 구약적 의미 : 출애굽

유월절은 이스라엘 절기 중에 첫 절기이자, 가장 중요한 절기예요. 바로 출애굽을 기념하는 절기거 든요. 하나님의 변치 않는 자기소개서 기억하시 죠?

"나는 너를 애굽 땅 종 되었던 집에서 인도하여 낸 너의 하나님 여호와로라" – 출 20:2

출애굽하던 때 하나님께서는 그 달을 1월(=아빕 월=니산월)로 새로 정하시면서, 11일에 가족별로 양 한 마리씩을 골라 놓았다가 14일 밤에 그 양을 잡아 그 피를 문설주와 문인방에 바르라고 하세요(출 12:1-11). 그날 밤, 하나님께서 온 애굽 땅을 두루 다니시면서 사람이든 짐승이든 첫 것은 다 죽이 셨어요. 하지만 문설주와 문인방에 피가 발라져 있는 집은 그냥 넘어가셨죠(유월절 의 逾越은 '넘을 유, 넘을 월'이고요, 영어로도 Passover는 '넘어서 지나간다'라는 뜻이 지요. 6월이 아니랍니다!^^).

2) 신약적 의미 : 예수님의 수난

유월절 사건은 어린양 예수 그리스도의 희생적 죽음을 상징해요(사 53:4-9, 요 1:29 / 3:16, 계 5:12 / 7:10). 어린양의 피가 문인방 과 문설주에 묻어 있을 때 죽음의 사자가 넘어갔 듯이 예수님의 피가 우리의 심령 가운데 있을 때 사망이 더 이상 우리를 지배할 수 없다는 거죠.

(2) 무교절(無酵節, Unleavened Bread) : 1월 15-21일

1) 구약적 의미 : 출애굽 때 먹은 무교병

이스라엘 백성은 애굽에서 급히 나오면서 미처 발효되지 못한 빵 반죽을 가지고 나왔어요. 이걸 기념해서 유월절 바로 다음 날부터 1주일간 무교절을 지키죠. 정통파 유대인들은 지금도 무교절이 되면 온 집안을 샅샅이 뒤져 누룩(이스트)이 들어간 음식을 다 없앤다고 해요.

무교병은 '고난의 빵'이라고도 불리었는데, 그것은 '애굽 노예생활의 고난과 그 고난에서 해방시켜 주신 하나님의 은혜를 기억하라'는 의미였어요. 또한 누룩을 애굽에 놓아둔 채 가지고 나오지 않았다는 사실은 우리가 구원받을 때 우리의 죄과도 떠나갔음을 의미하지요(고전 5:7).

2) 신약적 의미 : 그리스도를 양식으로 삼음

예수님께서 처형당하시기 전날 밤, 제자들에게 무교병을 나눠 주시면서 "이것은 너희를 위해 주는 내 몸이다"(눅 22:19)라고 말씀하셨죠. 그래서 무교절은 성도가 '죄가 없으신 예수 그리스도를 양식으로 삼는다'는 의미를 가지고 있어요.

> "예수께서 가라사대 내가 곧 생명의 떡이니
> 내게 오는 자는 결코 주리지 아니할 터이요,
> 나를 믿는 자는 영원히 목마르지 아니하리라" – 요 6:35

(3) 초실절 (初實節, First Fruits) : 대략 1월 16일(유월절 후 첫 일요일)

1) 구약적 의미 : 첫 열매 감사

초실은 한자로 '初實', 즉 '첫 열매'라는 뜻이에요. 그래서 초실절은 보리 등 곡식의 첫 수확을 감사하는 절기랍니다. 초실절 날짜는 매년 바뀌어요. 왜냐하면 '유월절 후 첫 안식일 다음 날'로, 날짜가 아니라 요일로 정해져 있기 때문이에요. 이스라엘의 안식일은 토요일이니까, 안식일 다음 날은 일요일! 그래서 초실절은 유월절 후 첫 일요일이에요. 초실절에는 첫 열매를 흔들어서 바치되(이걸 '요제'라고 해요), 숫양, 밀가루, 포도주와 함께 바쳐요. 하나님께서 첫 열매를 이렇게 중시하시는 이유는 첫 열매가 대표성을 지니기 때문이에요. 즉, '첫 것뿐 아니라 그 이후의 모든 것이 다 하나님 것'이라는 의미가 있어요(민 8:16-18).

2) 신약적 의미 : 예수님의 부활

초실절은 '예수님의 부활'을 상징해요. 예수님께서 '부활의 첫 열매(초실)'이시기 때문이죠(고전 15:20). 앞에서도 말한 것처럼 첫 열매는 대표성을 지니기 때문에 그다음 것들도 다 동일하다는 의미가 있어요. 즉, 예수님께서 첫 열매로 부활하셨다는 것은 이후에 성도들도 예수님처럼 부활할 거라는 뜻이죠(고전 15:21-24).

보석줍기

초실절과 부활절

예수님이 무슨 요일에 부활하셨죠? 네, 주일 새벽이죠. 유월절(금요일) 날 돌아가시고, 제3일째인 일요일에 부활하세요. 일요일이 바로 안식(토요일) 후 첫날이죠.

• 초실절 = 유월절 후 첫 안식일 다음 날
• 부활절 = 안식 후 첫날(안식일 다음 날)
• 구약의 초실절 = 신약의 부활절

기가 막힐 정도로 아귀가 딱딱 맞죠? 성경은 일반적인 책이 아니랍니다! 생명력이 있는 책이죠!

(4)오순절(五旬節, 칠칠절, 맥추절, Pentecost) : 초실절 후 제50일

1) 구약적 의미 : 밀 추수 감사

오순절은 바로 앞 절기인 초실절로부터 50일째 되는 날이에요(五旬 = 50). 오순절은 다른 말로 칠 칠절이라고도 부르는데, 7 × 7 = 49로 '초실절 후 7주가 지난 다음 날'이라는 뜻이죠. 초실절이 날 짜로 정해져 있지 않고 요일(일요일)로 정해져 있 는 만큼 초실절을 기준으로 하는 오순절도 날짜 가 매년 바뀐답니다. 오순절의 또 다른 이름은 맥 추절인데, 이것은 밀을 추수하는 절기라는 뜻이

에요(우리나라에서는 麥을 보리 맥이라고 읽지만, 중국어로는 보리와 밀을 다 麥으로 써 요. 大麥은 보리, 小麥은 밀!). 오순절에는 첫 수확한 밀로 만든 빵 두 개(요제)를 가지 고 가서 숫염소(속죄제) 등과 함께 제물로 드리죠.

2) 신약적 의미 : 성령 강림

한편, 신약시대 때 오순절 마가의 다락방에서 무슨 일이 일어났죠? 네, 성령이 강림 하시죠(행 2:1-4). 이때 유대인에게만 갇혀 있던 복음이 이방인에게도 전해지고요.

특이한 것은, 오순절 제사 때 드리는 빵은 무교
병이 아니라 유교병이라는 사실인데, 여기에서
유교병은 이방인을 상징해요. 즉, 오순절은 '성
령께서 강림하셔서 유대인과 이방인을 불문하고
성도의 마음속에 내주하신다.'는 의미를 가지고
있어요.

(5) 나팔절 (Trumpets) : 7월 1일

1) 구약적 의미 : 광야생활 기억

이제 남은 세 절기는 다 7월에 있어요. 날짜도 외우기
가 쉬워요. 1일, 10일, 15일! 나팔절, 속죄일, 장막절!
나팔절에는 하루 종일 제사장들이 나팔 2개를 불어
요. 광야생활을 할 때 구름기둥이나 불기둥이 일어나
면 출발! 멈추면 휴식! 이렇게 행군을 했잖아요. 이처
럼 200만 인구가 움직이기 위해 광야에서 신호로 나
팔을 불었던 것을 기념하는 절기가 나팔절이에요. 이
날은 하나님께 화제를 드리죠(레 23:23-25).

2) 신약적 의미 : 예수님의 재림

'나팔 불 때 나의 이름~' 찬송가 아시죠? 나팔절은
이렇게 예수님의 재림을 상징해요. 요한계시록에
도 일곱 나팔이 나오는데, 그 중에 마지막 나팔을
불 때 예수님께서 전 우주적으로, 공개적으로 재림
하시죠(계 19:11-16). 이때 성도들이 하늘로 올라
가 공중에서 예수님과 혼인잔치를 하죠(그 후 천년
왕국으로 돌입!).

(6) 속죄일 (贖罪日, Atonement) : 7월 10일

1) 구약적 의미 : 회개와 금식기도

7월의 두 번째 절기인 속죄일은 대속죄일이라 고도 하죠(다른 절기들은 다 '절' 자가 붙는데 속 죄일만 '일' 자가 붙어요). 속죄일에는 하루 종일 금식하면서 성회를 열어요. 이날은 또 대제사 장이 1년에 딱 한 번 지성소에 들어가는 날이 기도 해요(레 16장 / 23:26-32). 대제사장은 지 성소에 있는 언약궤의 속죄소(시은좌)에 숫소

의 피를 7번 뿌렸어요. 또 염소 두 마리를 취해서 그중 한 마리는 속죄제물로 바치 고, 나머지 한 마리는 산 채로 광야로 내보내요. 이렇게 내보내는 염소를 '아사셀'이 라고 불렀답니다.

2) 신약적 의미 : 이스라엘의 대회개

속죄일의 두 마리 염소는 각각 예수 그리스도를 상징해요. 우리를 대신해서 속죄제 물이 되어 주신 예수 그리스도 그리고 우리 죄를 가지고 멀리멀리 광야로 쫓겨나 우 리 죄를 소멸시켜 주신 예수 그리스도를 상징하죠. 속죄일은 특히 종말의 때, 7년 대

환난 기간 중 '이스라엘의 대회개'를 상징해요(슥 12:10-13:1). 2천 년 전, 메시아를 십자가에 못 박 았던 이스라엘. 그들은 영원히 버림받은 걸까요? 사도 바울은 참감람나무 가지였던 이스라엘이 회 개하고 믿음을 회복하면 다시 접붙임을 받을 것이 라고 얘기하죠(롬 11:23-27). 이처럼 이방인의 뒤 를 이어 마침내 이스라엘도 예수님을 메시아로 인 정하고 돌아올 것입니다.

(7) 장막절(帳幕節, 초막절, 수장절, Tabernacles) : 7월 15-21일

1) 구약적 의미 : 광야생활을 기억

장막절의 다른 이름은 초막절이에요(장막은 '텐트' 라는 뜻이고, 초막은 '풀로 만든 텐트'라는 뜻이죠). 이스라엘 백성이 광야생활을 기억하며 각자의 집 마당에 나뭇가지나 풀을 엮어 만든 텐트에서 7일 간 안식하며 지내죠. 또 첫째 날과 제8일째 되는 날은 성회로 모여요. 장막절은 또 수장(收藏)절이 라고도 하는데, 이것은 '추수해서 저장한다.'는 뜻 이 있죠. 수장절은 가을에 과일을 수확한 걸 감사하는 추수감사절기이기도 해요. 이 때 '이른 비'가 오죠.

2) 신약적 의미 : 천년왕국

회개한 유대인들이(나팔절엔 이방인 성도들 이, 대속죄일엔 유대인 성도들이) 하늘로 올 라가 예수님과 함께 천년 동안 다스리게 된 답니다. 수장절에 추수해서 창고에 저장하 듯이 하나님께서 당신의 백성들을 추수해서 하늘 창고로 데리고 올라가신다는 의미가 있지요(계 20:1-6, 슥 14:16-21).

유대 종교력 1월 (현대 4월)　　유대 종교력 3월 (현대 6월)　　유대 종교력 7월 (현대 10월)

성경에 나오는 이스라엘 절기의 예

이제 아래 표에 나와 있는 성경 구절들을 찾아서 읽어보세요. 먼저, 레위기 23장은 이스라엘의 7대 절기와 안식일에 관한 내용이죠. 전에는 무슨 소린지 모호하게만 느껴지던 것들이 이제 머리에 쏙쏙 들어올 거예요.

또 룻기에 나오미와 룻이 '보리 추수 시작할 때에 베들레헴에 돌아왔다'(룻 1:22)고 나와 있지요? 보리 추수를 시작하는 게 무슨 절기였죠? 네, 초실절이죠. 그다음 '보리 추수와 밀 추수를 마칠 때까지'(룻 2:23)라는 표현이 나오는데, 이건 무슨 절기죠? 밀 수확을 감사하는 추수감사절기는? 네, 오순절이죠. 그렇다면 룻기 1장과 2장 사이에 며칠이 지났을까요? 네, 50일이 지났어요(초실절~오순절 : 50일)! 절기 공부를 하기 전에는 이런 게 안 보였지만 이제는 한층 명확해졌지요? 축하합니다! 절기 완전정복!

안식일과 안식년

안식일과 안식년은 우리의 신앙생활에서 아주 중요한 개념입니다. 하나님께서는 천지창조 때 6일간 일하시고 7일째 안식하신 것을 통해 우리에게 직접 모델 교육을 시켜 주실 만큼 안식일을 강조하셨지요. 그리고 이 안식일이 확대된 개념이 바로 안식년이랍니다. 6년간 농사를 짓다가 제7년째에는 모든 농사를 멈추고 사람과 가축뿐 아니라 땅까지 안식하게 하라는 것이죠.

6일간 일하고 하루 안식하는 것, 6년간 일하고 1년 안식하는 것, 이거 정말 신나는 일 아닌가요? 그런데 이스라엘 백성들은 이 안식일과 안식년을 제대로 못 지켰어요. 왜 그랬을까요? 세상에, 일하라는 명령을 못 지키는 건 이해가 되지만, 놀고 쉬라는 명령을 못 지키다니? 사실 이것은 믿음의 문제예요.

"먹고살려면 열심히 일해야지, 일 안 하고 어떻게 돈을 벌 수 있어?"

언뜻 보면 굉장히 성실한 태도를 담은 말 같지만, 하나님께서는 이렇게 말씀하세요.

"지난 6일간(혹은 6년간) 정말 수고 많았구나. 이제 하루(혹은 1년) 동안 푹 쉬어도 돼. 먹고 살 걱정? 안 해도 돼! 내가 책임져 줄게. 안식일(안식년)만큼은 푹 쉬면서 나랑 즐겁게 놀자!"

그런데 죄의 종이었던 우리는 여전히 노예근성이 남아서 맘 편히 쉬지 못해요. 일을 안 하면 불안한 거예요. 일의 노예가 되는 거지요(이게 심하면 일중독이 되는 거고요). 이건 불신

앙이에요. 하나님께서 안식일(안식년)에 쉬라고 하셨으니까 일 안 해도 하나님께서 우릴 먹여 살리신다는 걸 믿고 쉬면 되는데, 하나님을 못 믿어 늘 불안한 마음으로 일에 쫓겨 살아요.

안식일과 안식년을 지키는 것.

그것은 하나님을 향한 믿음의 표현이랍니다!

희년(禧年, Jubilee), (레 25:8-17)

한편, 안식일과 안식년이 더 확대된 개념이 바로 희년이에요. 희년은 7번째 안식년 다음 해로, 50년째 되는 해지요(7 × 7 + 1 = 50). 희년이야말로 은혜가 극대화된 제도예요. 희년은 해방과 자유의 해로서 그 내용은 크게 네 가지로 정리할 수 있지요.

1) **노동으로부터의 안식** : 희년에도 안식년처럼 일체 노동을 하지 않고 1년간 안식하죠. 희년 바로 전해도 안식년이었으니까 희년에는 2년간 연속으로 안식하는 거랍니다.

2) **땅의 휴경** : 희년에는 땅도 경작하지 않고 방치해 둬요(이 역시 희년 전 안식년까지 2년 연속 휴경하는 거죠). 안식년과 마찬가지로 희년 때 생산되는 자연 수확분은 종들, 빈민, 객, 들짐승과 나눠 먹어요. 희년은 '은혜가 극대화된 해'이니까요.

3) **기업 환원** : 가나안 땅을 정복한 후 제비뽑기로 각 지파에게 땅을 다 나눠 줬는데, 이 땅은 자손에게 그대로 대물림됐어요. 그런데 어떤 사람이 가난하게 돼서 조상에게 물려받은 땅을 부득이 팔았다 해도, 희년이 되면 땅을 원래 주인에게 다 돌려줘야 했어요. 그러니까 땅을 사고파는 것이 사실은 '매매가 아닌 임대'였던 거예요. 어차피 희년이 되면 다시 주인에게 돌려줘야 하니까요(그래서 희년이 가까워올수록 땅값(임대료)은 싸졌답니다). 땅뿐만 아니라 다른 빚도 희년이 되면 다 탕감해 줘야 해요. 경제적으로 평등한 원래의 모습으로 환원시키는 거지요. 희년 제도만 잘 지켜진다면 자본주의의 최대 단점인 '부익부 빈익빈' 현상을 원천봉쇄할 수 있겠죠? 금수저, 흙수저 논란도 없을 테고요.

4) **노예해방** : 동족 이스라엘 사람 중에 부득이한 사정으로 노예 신분으로 전락한 사람이 있다면 희년에 자유인으로 해방시켜 줘야 했어요.

고엘(Redeemer) 제도 (레 25:2, 룻 2:20/3:9/3:12/4:3, 민 35:12, 사 35:4)

룻기에 보면 나오미의 가까운 친척이었던 보아스가 나오미의 며느리인 룻과 결혼해서 자녀도 낳고, 나오미 집안의 기업(땅)도 되찾아주는 이야기가 나오죠? 이게 바로 고엘 제도예요. 고엘은 '근족(近族), 기업(基業) 무를 자, 보수자(報讐者)'라는 의미를 가지고 있어요. 요즘으로 치면 '빚보증인'과 비슷한 개념이지요. 하지만 빚 보증인과 고엘은 근본적인 차이가 있어요. 빚보증인은 자기가 보증 선 채무자가 파산했을 때 채무자의 빚을 대신 갚아줄 법적 의무가 있지만, 고엘은 순수하게 자원하는 마음으로, 즉 은혜로 빚을 대신 갚아주는 거랍니다. 고엘 제도는 다음과 같이 4가지 유형으로 분류돼요.

1) 땅값 대신 물어주기 (레 25:25-26)

어떤 사람이 가난해져 땅을 팔았을 경우 가까운 친족이 땅값을 대신 갚아주고 땅을 되찾아주는 제도예요. 부모의 유산을 놓고 '형제의 난'까지 벌이는 요즘 세상에서는 상상도 하지 못할 은혜로운 제도지요?

2) 몸값 대신 물어주기 (레 25:47-49)

어떤 사람이 빚 때문에 종으로 팔려 갔을 경우 가까운 친족이 그 몸값을 물어주고 그 사람을 자유인의 신분으로 회복시켜 주는 제도예요.

3) 자녀 대신 낳아주기 - 계대혼인(繼代婚姻) (신 25:5-10)

어떤 사람이 아들 없이 죽어 대를 잇지 못할 경우 가까운 친족이 그 미망인과 결혼해서 아들을 낳아 주는 제도예요.

4) 원한 대신 갚아주기 – 동해보복(同害報復) (레 25:25-28/47-49, 민 35:12/35:19/35:21)

어떤 사람이 피살되었을 경우 가까운 친족이 그 살인자를 대신 죽임으로써 피해자의 원한을 갚아주는 제도예요. 하지만 실수나 사고 혹은 정당방위로 사람을 죽였는데도 피해자의 친족이 이러한 사정을 살펴보기도 전에 분노에 차서 살인자를 죽일 수 있기 때문에, 이러한 부작용을 방지하기 위해 하나님께서는 '도피성 제도'를 마련해 놓으셨답니다. 실수로 사람을 죽인 사람이 도피성으로 피하면 재판을 받을 때까지 보호받을 수 있었던 거죠.

 고엘의 자격 조건

① 혈연상 근족(近族)이어야 함(신 25:5-7, 룻 4:3-4) : 가장 가까운 친척이 고엘을 못하면 그다음으로 가까운 친척이 고엘이 될 수 있어요.

② 본인이 자원해야 함(룻 3:13) : 강제 조항이 아닌 자원 제도였기 때문에 본인이 싫다고 하면 억지로 시킬 수 없었죠. 그래서 룻기에서도 나오미의 남편 엘리멜렉의 가장 가까운 친족이 '내 돈 들여 나오미의 땅을 대신 사줄 수 없다'면서 '고엘 포기 서약'을 한 후(이때 신발을 벗어서 다른 당사자에게 주는 걸로 서약을 했지요 – 룻 4:6-7), 비로소 그다음 가까운 친족인 보아스가 고엘이 될 수 있었던 거예요.

③ 능력을 구비해야 함(룻 2:1, 4:5-6) : 경제력이 없으면 아무리 원해도 고엘을 할 수 없었어요. 보아스도 유력한 부자였기 때문에 룻의 고엘이 될 수 있었던 거죠.

예수 그리스도, 우리의 영원한 고엘

하나님께서는 아담의 범죄로 마귀에게 넘어간 우리를 '고엘 제도'를 통해 원래의 신분(하나님의 자녀)으로 정당하게 회복시켜 주셨어요. 하나님의 속성 중 하나가 '공의'이시기 때문에 이러한 합법적 절차를 통해 구속사를 성취하신 거죠.

예수 그리스도는 고엘의 자격을 완전히 갖추신 우리의 영원한 고엘이세요. 예수님은

① 우리의 친척이시고(히 2:11)

② 구속의 능력을 갖추신 분이며(마 28:18, 요 1:14, 빌 2:6-8)

③ 자원해서 우릴 구속해 주신 분이니까요(요 10:18, 히 10:7).

지금, 여기에서! (Here and Now!)

우리는 흔히 하늘나라를 죽어서 가는 천당 정도로만 생각하죠. 그런데 하나님께서는 희년과 고엘 제도를 통해 '지금, 여기에서' 천국을 미리 맛보고 누릴 수 있도록 해주셨어요. 예수님께서도 "회개하라, 천국이 가까웠느니라"(마 4:17), "나라가 임하옵시며"(마 6:10) 또는 "하나님의 나라는 너희 안에 있느니라"(눅 17:20~21)라고 하심으로써 천국이 죽어서 가는 곳만이 아니라 이 땅에서부터 누릴 수 있는 개념임을 강조하셨죠.

하나님 나라 = 하나님이 통치하시는 나라

그래서 우리 마음의 왕좌를 하나님께 내드리고 하나님께서 우리 삶을 통치하시도록 하는 순간, 우리에게 바로 하늘나라가 임하는 거예요.

희년과 고엘 제도는 오늘날과 같은 각박한 사회에서는 상상도 하지 못할 은혜의 제도인 게 사실이에요. 하지만 이렇게 은혜로우신 하나님의 선하신 통치를 믿고 내 인생의 통치권을 '사랑의 왕'께 양도할 때에야 비로소 우린 '지금, 여기에서' 희년과 고엘의 은혜를 누릴 수 있게 된답니다.

북이스라엘과 남유다

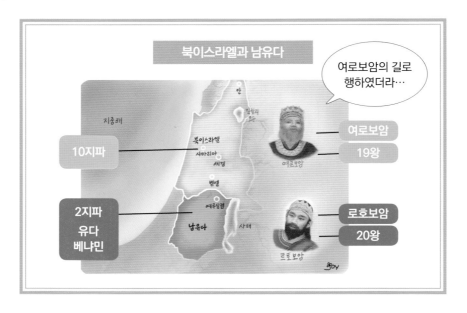

앞에서 '성경의 15시대'를 공부하면서 통일왕국시대와 분열왕국시대도 배웠죠? 통일왕국 시대의 세 왕 이름은? 사울-다윗-솔로몬! 하지만 솔로몬의 아들 르호보암 왕 때, 솔로몬 의 대신이었던 여로보암이 쿠데타를 일으켜서 10지파를 데리고 북이스라엘을 따로 세웠 죠. 그리고 북이스라엘에는 모두 19명의 왕이, 남유다에는 모두 20명의 왕이 등극합니다. 그런데 나라가 남북으로 갈라진 직후 북이스라엘 사람들이 절기 때마다 남유다의 예루살 렘 성전으로 제사를 드리러 가지 뭐예요? 가뜩이나 정통성이 없어 불안해하던 여로보암 왕은 '어? 이러다가 백성들이 다 남유다로 떠나가는 거 아냐?' 하며 더욱더 불안해졌지요. 그래서 남쪽으로 가는 백성들을 막기 위해 벧엘과 단에 신전을 짓고 금송아지를 세운 뒤, 백성들에게 거기 가서 제사를 드리라고 해요. 그 이후 열왕기에 두고두고 나오는 말씀이 있어요. 왕들의 치적을 평가할 때 나오는 말인데, '여로보암의 길로 행하였더라'라는 것이 죠. 이 말은 '우상숭배를 했다'는 뜻이에요. 이렇게 여로보암은 우상숭배의 아이콘이 되었 답니다.

북이스라엘에서 월남한 실향민들

앞에서 여로보암이 10지파를 데리고 따로 북이스라엘을 세웠다고 했습니다.

Q : 그럼 남유다에는 몇 지파가 있었을까요?

A : 2지파 : 유다와 베냐민 지파입니다.

Q : 그럼 레위 지파는 북이스라엘과 남유다 중 어디에 속할까요?

A : 레위 지파는 본래 전국 각지에 흩어져 살았어요. 그런데 이스라엘이 남북 왕국으로 분열된 후
북쪽에 살던 대부분의 레위인들이 성전이 있던 남유다로 이주했답니다.

Q : 그럼 남유다에 다른 지파 사람들은 전혀 없었을까요?

A : 북쪽에 살던 10지파 중 경건한 사람들은 월남해서 남유다에 살았어요(대하 11:16-17, 마치 북
한이 공산화될 때 신앙의 자유를 찾아 남하한 이북 사람들처럼 말이에요). 그래서 실제로는 남유
다에 '유다, 베냐민, 레위' 이렇게 3지파가 주류를 이루었지만, 나머지 10지파도 조금씩 있었
다고 해요(아기 예수님이 성전에 갔을 때 예언했던 여선지자 안나도 아셀 지파였지요. - 눅2:36).

북이스라엘왕조실록

총 19왕	총 9왕조		선한 왕	악한 왕
1 여로보암	2 나답	3 바아사	4 엘라	5 시므리
6 오므리	7 아합	8 아하시야	9 여호람	10 예후
11 여호아하스	12 여호아스	13 여로보암II	14 스가랴	15 살룸
16 므나헴	17 브가히야	18 베가	19 호세아	

북이스라엘의 왕은 모두 몇 명이었을까
요? 19명! 그럼 왕조는 모두 몇 개였을까
요? 9왕조! 왼쪽 그림을 보세요. 북이스라
엘 19명의 왕 중에 선한 왕이 몇 명이
었나요? 세상에! 단 한 명도 없네요. 북이
스라엘은 이처럼 처음부터 끝까지 쭉~
우상숭배를 하면서 하나님께 불순종했
답니다. 북이스라엘의 왕 19명을 다 외
우면 좋겠지만 (목표를 약간 하향조정해
서^^) 중요한 왕들만 공부해 볼게요. 사
실 열왕기상하에도 대부분의 왕은 '몇
년을 통치하고 죽었더라'라고 그냥 한 줄

로 끝나죠. 하지만 성경이 길게 설명하는 왕들이 있어요. 그런 왕들만 알아도 성경 읽기가 한결 쉬워진답니다.

1) 초대 왕 여로보암

원래 솔로몬의 대신이었다가 솔로몬의 아들 르호보암 왕 때 쿠데타를 일으켜서 10지파를 데리고 북왕국을 세운 북이스라엘의 초대 왕이죠. 그런데 백성들이 제사를 드리러 남유다로 가는 것에 위기감을 느껴 벧엘과 단에 사당을 세우고 금송아지를 만들어 백성들을 우상숭배로 몰고 감으로써 북이스라엘이 타락하는 데 결정적인 역할을 한 왕이에요.

2) 제7대 왕 아합

본인보다 아내 이세벨 왕비가 더 유명한 왕이죠. 시돈의 공주였던 이세벨이 북이스라엘로 시집을 오면서 바알 우상을 들여와, 이스라엘의 우상숭배가 극에 달하게 됩니다. 그래서 아합과 이세벨은 이스라엘 왕조실록에서 악명 높은 부부 1위에 올랐어요. 구약의 유명한 두 선지자, 엘리야와 엘리사도 아합 왕 때 활동한 사람들이에요. 역시 난세에 영웅이 나는 게 맞나 봐요!

3) 제13대 왕 여로보암 2세

북이스라엘이 가장 태평성대를 누린 최고 번성기였죠. 이때 요나, 아모스, 호세아 등 선지자들도 많이 활동합니다.

4) 마지막 왕 호세아

북이스라엘의 마지막 왕 이름 정도는 알아 두셔야죠! 바로 호세아랍니다 (선지자 호세아랑 헷갈림 주의!). 슬프게도 호세아 왕 때 앗수르가 침공해서 북이스라엘은 패망하고 맙니다.

남유다 왕조실록

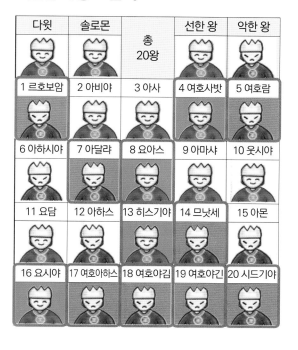

다윗	솔로몬	총 20왕	선한 왕	악한 왕
1 르호보암	2 아비야	3 아사	4 여호사밧	5 여호람
6 아하시야	7 아달랴	8 요아스	9 아마샤	10 웃시야
11 요담	12 아하스	13 히스기야	14 므낫세	15 아몬
16 요시야	17 여호아하스	18 여호야김	19 여호야긴	20 시드기야

남유다에는 몇 명의 왕이 있었을까요? 20명! 그럼 왕조는 몇 개였을까요? 단 하나였어요! 하나님께서 다윗에게 약속하신 대로 다윗 왕조가 계속 유지됐어요(대상 17:11-14). 중간에 다윗의 후손이 아닌 사람 아달랴 여왕이 하나 끼어 있긴 하지만, 아달랴는 쿠데타를 일으켜 잠깐 왕권을 차지했다가 폐위되었기 때문에 왕조 자체가 바뀐 것은 아니었지요. 왼쪽 그림을 보세요. 남유다에는 선한 왕이 몇 명이었나요? 9명! 20명 중에 9명이 선한 왕이었다면 점수로 몇 점이죠? 45점! 낙제네요. 이렇게 남유다도 우상숭배와 불순종을 계속해 결국 바벨론에 패망하고 말죠. 남유다의 왕들 중에 기억해 두면 좋은 왕들은 다음과 같아요.

1) 초대 왕 르호보암

솔로몬의 아들로서 백성의 마음을 읽지 못하고 어쭙잖은 폭정을 선포했다가 민심을 잃고, 신하 여로보암에게 10지파를 빼앗겨 왕국이 분열되는 데 결정적 역할을 한 왕이죠.

2) 제4대 왕 여호사밧

여호사밧은 일평생 하나님을 잘 섬긴 왕이었어요. 우상과 산당을 제거하고 백성들에게 여호와의 율법을 가르치기도 했지요. 또 남유다-북이스라엘-에돔 3개국 연합군을 결성해서 모압-암몬 연합군과의 전쟁에서 압승하는데, 이 전쟁은 군사력으로 싸운 게 아니라 하나님께서 직접 싸워 주신 전쟁이었어요.

> "이 큰 무리로 인하여 두려워하거나 놀라지 말라
> 이 전쟁이 너희에게 속한 것이 아니요 하나님께 속한 것이니라" – 대하 20:15

남유다를 비롯한 3개국 연합군이 전쟁터에서 한 일이라고는 금식하고 찬양한 것밖에 없었는데, 하나님께서 직접 적군을 물리쳐 주셨던 거예요. 여호사밧이 이렇게 훌륭한 왕이었지만 한 가지 잘못한 게 있었는데, 그것은 바로 북이스라엘의 아합 왕가와 사돈을 맺은 것이었어요. 아합의 딸 아달랴를 자기 아들 여호람과 정략 결혼시켜 결과적으로 남유다가 바알과 아세라를 숭배하는 계기를 만들었죠.

3) 제5대 왕 여호람

아버지 여호사밧 왕의 뜻에 따라 아합의 딸 아달랴 공주와 결혼한 왕이에요. 아내 아달랴의 말에 따라 자기 형제들을 다 죽이고, 선대 왕 여호사밧이 제거했던 우상과 산당들을 다시 복구해서 유다 백성들을 우상숭배에 빠뜨렸지요. 하나님께서 선지자 엘리사를 보내어 경고하셨지만 끝내 불순종한 여호람은 블레셋과의 전쟁에서 참패를 당할 뿐 아니라 창자가 터져 나와 죽는 비참한 최후를 맞이합니다.

4) 제7대 왕 아달랴

남유다의 여호람 왕에게 시집온 북이스라엘 아합 왕의 딸이에요. 남편 여호람이 죽고 자기 아들 아하시야(=여호아하스)가 왕위를 물려받았을 때, 대비마마 위치에서 섭정을 해 백성들을 계속 우상숭배의 길로 몰고 갔어요. 그러다가 아들 아하시야 왕이 선견자 예후에게 살해당하자 유다 왕족들을 모두 숙청하고 쿠데타를 일으켜 스스로 왕위를 찬탈하죠. 권력에 눈이 멀어 자기의 혈육까지 다 죽인 거예요. 하지만 이 살육의 현장에서 아달랴 여왕의 손자이자 아하시야 왕의 한 살 난 아들 요아스가 고모인 여호사브앗에 의해 극적으로 구출됩니다. 고모와 고모부 여호야다 제사장은 어린 요아스를 빼내어 6년 동안 몰래 키우다가 아달랴를 모반하여 죽임으로써 아달랴의 폭정이 막을 내리죠.

5) 제8대 왕 요아스

 할머니 아달랴가 숙청당하고 요아스가 왕위를 물려받았을 때 요아스는 겨우 일곱 살이었어요. 요아스는 생명의 은인이었던 고모부 여호야다 제사장에게 철저한 신앙교육을 받으며, 예루살렘 성전을 수리하는 등 종교개혁도 감행했어요. 하지만 고모부 여호야다가 죽으면서 요아스는 유다 방백들의 손에 놀아나 스가랴 제사장의 충언을 멸시했고, 끝내는 스가랴를 돌로 쳐죽이기까지 합니다. 그리고 아람 왕 하사엘의 위협에 기가 죽어 성전과 왕궁의 보물들을 아람에 갖다 바치기도 하지요. 요아스는 결국 신하들에게 시해되고 맙니다.

6) 제13대 왕 히스기야

 히스기야는 아버지 아하스 왕과 달리 전심으로 하나님을 섬겼어요. 아마도 선왕의 우상숭배와 그릇된 통치로 인한 국가적·영적 혼란을 보고 자라면서 아버지를 반면교사로 삼았던 것 같아요. 히스기야는 왕위에 오르자마자 성전정화작업을 통해 신앙을 바로 세우기 시작했죠. 그러자 하나님께서 히스기야를 형통케 해주셨어요.

한편, 히스기야의 통치 시기에 북이스라엘이 앗수르에게 패망하는데, 앗수르는 그 여세를 몰아 남유다까지 위협했어요. 그때 히스기야는 신하들과 함께 굵은 베옷을 입고 하나님 앞에 부르짖었고, 이 기도를 들으신 하나님께서 앗수르 진영에 전염병을 일으키셔서 하룻밤에 185,000명이라는 엄청난 수의 적군을 몰살시켜 주세요. 칼 한 번 써보지 못하고 전쟁에서 무참하게 패한 앗수르 왕 산헤립은 본국으로 돌아가 결국 부하들에게 암살당하죠.

그 후 히스기야가 죽을병에 걸렸어요. 하지만 히스기야는 심히 통곡하며 기도했고, 하나님께서 그 기도를 들어주셔서 15년의 생명을 연장시켜 주세요. 그런데 히스기야가 그만 그 은혜를 망각하고 교만해졌어요.

> "히스기야가 마음이 교만하여 그 받은 은혜를 보답하지 아니하므로
> 진노가 그와 유다와 예루살렘에 내리게 되었더니" - 대하 32:25

당시 신흥 강대국이었던 바벨론의 대사들이 찾아와 히스기야를 알현하고 병의 쾌유를 축하하는데, 히스기야가 우쭐해져서 갑자기 자기 업적과 부를 자랑하고 싶어졌지 뭐예요? 그래서 나라의 보물창고를 열어서 보여줬어요. 이 모든 게 자기가 이룬 게 아니라 하나님의 은혜였음을 잊었던 거죠. 이사야 선지자가 거만해진 히스기야를 꾸짖으며 재앙을 경고하지만, 히스기야는 회개하기는커녕 '하나님께서 내 살아생전에 재앙을 내리지 않고 참아주신다니 다행'이라면서 안도의 숨을 내쉬는 등 분별력을 잃은 모습을 보이죠. 결국 히스기야는 왕위에 오른 지 25년 만에 세상을 떠납니다.

7) 제14대 왕 므낫세

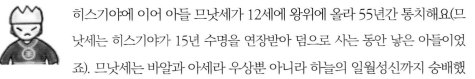

히스기야에 이어 아들 므낫세가 12세에 왕위에 올라 55년간 통치해요(므낫세는 히스기야가 15년 수명을 연장받아 덤으로 사는 동안 낳은 아들이었죠). 므낫세는 바알과 아세라 우상뿐 아니라 하늘의 일월성신까지 숭배했고 인신제사까지 드림으로써 악한 왕의 대명사가 되었어요. 므낫세의 이러한 범죄에 진노하신 하나님께서는 앗수르를 동원해 므낫세를 포로로 끌려가게 하시죠. 겁에 질린 므낫세가 다시 회개하고 겸손해지자 하나님께서 그를 다시 왕위에 앉히셨지만, 므낫세는 여전히 남유다가 망하는 결정적 원인을 제공한 악한 왕으로 평가받고 있답니다.

8) 제16대 왕 요시야

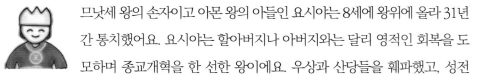

므낫세 왕의 손자이고 아몬 왕의 아들인 요시야는 8세에 왕위에 올라 31년간 통치했어요. 요시야는 할아버지나 아버지와는 달리 영적인 회복을 도모하며 종교개혁을 한 선한 왕이에요. 우상과 산당들을 훼파했고, 성전을 수리한 후 온 백성이 유월절을 대대적으로 지키게 했어요. 한편 성전을 수리하는

도중에 모세가 전해준 율법책이 발견되었는데, 요시야 왕은 이 율법책을 보고 옷을 찢으며 그동안 하나님 말씀을 잊고 지낸 것을 회개하고 여선지자 훌다에게 조언을 구했어요. 이에 훌다는 '남유다의 불순종으로 인해 재앙이 내리겠지만, 겸비한 모습으로 회개한 요시야가 살아 있는 동안에는 재앙을 보류하실 것'이라고 예언했지요. 요시야 말년에 당시 '지는 해'인 앗수르-애굽 연합군이 '뜨는 해'인 바벨론을 공격하러 진군하는데, 그 길목인 므깃도에서 요시야가 애굽 왕 바로 느고를 공격해요. 이처럼 요시야는 하나님의 말씀 대신 자신의 판단을 믿고 전쟁터로 나갔다가 허무하게 죽고 말죠.

> "요시야가 몸을 돌이켜 떠나기를 싫어하고 변장하고 싸우고자 하여
> 하나님의 입에서 나온 느고의 말을 듣지 아니하고
> 므깃도 골짜기에 이르러 싸울 때에" - 대하 35:22

9) 제17대 왕 여호아하스(살룸)

요시야 왕의 넷째 아들로 악한 왕이었죠. 왕위에 오른 지 3개월 만에 애굽 왕 바로 느고에 의해 폐위당한 후, 애굽에 잡혀가 죽임을 당해요.

10) 제18대 왕 여호야김(엘리야김)

요시야 왕의 둘째 아들로 역시 악한 왕이었어요. 애굽의 바로 느고가 동생 여호아하스 왕을 폐위시키고 형인 여호야김을 왕에 앉혔는데, 여호야김은 11년의 통치기간 동안 예레미야가 전한 하나님 말씀 두루마리를 조각조각 찢어 불태우고 예레미야를 죽이려고 하는 등 줄곧 악행을 일삼았어요. 또한 바벨론에 3년간 조공을 바치다가 배신해 '바벨론 1차 포로'로 느부갓네살 왕에게 잡혀가죠.

11) 제19대 왕 여호야긴(여고냐, 고니야)

여호야김의 맏아들로 역시 악한 왕이었죠. '바벨론 2차 포로'로 잡혀가요. 하지만 바벨론 포로 생활 37년 만에 바벨론의 에윌므로닥 왕의 배려로 옥에서 나와 여생을 편하게 보냈죠.

12) 마지막 왕 시드기야(맛다냐)

요시야 왕의 셋째 아들이고 여호야긴의 삼촌이에요. 시드기야는 여호야긴 왕이 바벨론 포로로 잡혀가면서 왕위에 오른 바벨론의 꼭두각시 왕이었어요. 역시 악한 왕이었죠. 훗날 시드기야는 '바벨론 3차 포로'로 잡혀가 재판을 받았어요. 이때 그의 목전에서 아들들이 죽임을 당하고, 본인은 눈이 뽑힌 채 죽는 날까지 바벨론의 옥에 갇혀 살았어요.

구약 선지서 총정리

구약에는 총 몇 권의 선지서가 있지요? 17 - 5 - 17 기억나세요? 역사서 17권, 시가서 5권, 선지서 17권으로 구약은 총 39권으로 구성돼 있다고 했죠? 지금부터 간단히나마 구약의 선지서들에 대해 공부할게요. 선지서가 복잡한 이유는 선지자가 북왕국 출신인지 남왕국 출신인지, 또 어느 시대에 활동을 했는지, 그리고 어느 나라를 향해 예언을 했는지 등이 다 다르기 때문이에요. 게다가 앞에서 배운 대로 성경의 선지서들은 역사적 순서에 따라 편집되어 있는 게 아니어서 더 헷갈리죠. 지금부터 이런 내용들을 차근차근 살펴봅시다.

(1) 누구를 향한 외침일까?

구약 선지서 17권 중엔 요나서가 있어요. 요나의 영어 철자가 JONAH인데, 이걸 잘 기억해두면 선지서의 대상을 쉽게 구분할 수 있어요. 다음 그림을 보면 'J, O, N, A, H'로 시작하는 선지서들이 있지요? 바로 요나, 오바댜, 나훔, 아모스, 호세아인데, 이 5권을 제외한 나머지 12권의 선지서는 모두 남유다를 향한 예언이에요(물론 모든 선지서가 반드시 한 나라만을 향한 예언은 아니기 때문에 딱 잘라 말할 수는 없지만, 대표적인 대상이 그렇다는 것이죠).

구약 선지서의 대상(JONAH 이외에는 다 남유다!)

- J : Jonah(요나) – 앗수르(니느웨)
- O : Obadiah(오바댜) – 에돔
- N : Nahum(나훔) – 앗수르(니느웨)
- A : Amos(아모스) – 북이스라엘
- H : Hosea(호세아) – 북이스라엘

① J(요나)는 '니느웨로 가라'는 하나님의 명령에 불순종했다가 물고기 뱃속에 들어갔던 거 다 아시죠? 그래서 요나서의 대상은 니느웨예요(니느웨는 앗수르의 수도).

② O(오바댜)는 'ㅇ'으로 시작하지요? 그래서 이스라엘 주변국들 중에 역시 'ㅇ'으로 시작하는 에돔을 향한 예언서라고 외워 두세요.

③ N(나훔)은 'ㄴ'으로 시작하죠? 그래서 역시 'ㄴ'으로 시작하는 니느웨를 향한 예언서(니느웨를 향한 예언서는 이렇게 요나와 나훔 2권이죠)라고 기억하세요.

④ A(아모스)와 H(호세아)는 북이스라엘을 향한 예언서예요.

자, 벌써 다 외웠죠? J, O, N, A, H만 빼고 다 남유다를 향한 예언서라는 사실! 잊지 마세요!

(2) 어느 시대에 활동했을까?

앞에서 북이스라엘 왕조실록을 배웠는데, 북이스라엘 역사에서 가장 부국강병을 이루었던 시기가 어느 왕 때라고 했지요? 바로 여로보암 2세 때였죠? J, O, N, A, H 중 O, N만 빼고 J, A, H, 즉 '요나, 아모스, 호세아'가 다 북

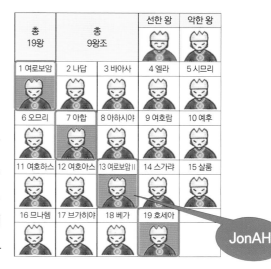

			선한 왕	악한 왕
총 19왕	총 9왕조			
1 여로보암	2 나답	3 바아사	4 엘라	5 시므리
6 오므리	7 아합	8 아하시야	9 여호람	10 예후
11 여호하스	12 여호아스	13 여로보암II	14 스가랴	15 살룸
16 므나헴	17 브가히야	18 베가	19 호세아	

JonAH

이스라엘의 여로보암 2세 때 활동했다는 것을 기억해 두세요.

그다음 남유다 제5대 왕 여호람 때 요엘과 오바댜가, 제10대 왕 웃시야 때부터 제13대 왕 히스기야 때까지 이사야와 미가가, 남유다 말기 5명의 왕 때(요시야부터 시드기야까지) 나훔, 스바냐, 예레미야, 하박국이 활동하죠.

여기까지는 좀 복잡하지만, 나머지 5권은 비교적 쉬워요. 앞에서 우리가 포로시대와 포로귀환시대를 배웠는데, 바벨론 1차 포로로 끌려간

다윗	솔로몬	총 20왕	선한 왕	악한 왕
1 르호보암	2 아비야	3 아사	4 여호사밧	5 여호람
6 아하시야	7 아달랴	8 요아스	9 아마샤	10 웃시야
11 요담	12 아하스	13 히스기야	14 므낫세	15 아몬
16 요시야	17 여호아하스	18 여호야김	19 여호야긴	20 시드기야

요엘 오바댜

이사야 미가

나훔 스바냐 예레미야 하박국

다니엘 에스겔 학개 스가랴 말라기

인물이 다니엘, 바벨론 2차 포로로 끌려간 인물이 에스겔이었죠(성경의 편집 순서와 반대). 그래서 다니엘과 에스겔은 포로시대의 선지서들이에요. 그리고 구약성경의 맨 마지막 3권인 학개, 스가랴, 말라기는 포로귀환시대의 선지서들이죠.

포로시대부터 침묵시대까지의 국제 정세

앞에서 성경의 15시대 중 침묵시대, 즉 신구약 중간기가 있다고 했지요? 기간은? 400년! 이때의 국제 정세를 알아야 그다음에 이어지는 신약을 이해하기가 쉽습니다.

앞에서 배웠던 '느부갓네살 왕의 꿈에 나타난 신상' 기억하세요? 또 다니엘서 7장에서 다니엘이 환상 중에 보았던 '네 짐승'도 있었죠? 이 두 가지 모두 앞으로 펼쳐질 세계사의 요약판을 하나님께서 보여주신 거라고 했죠.

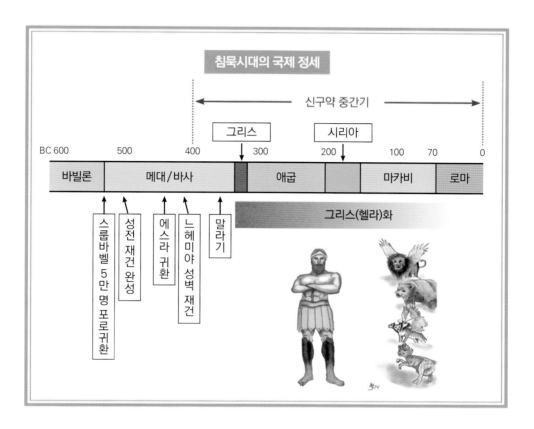

그럼 여기에서 국제 사회의 패권을 잡았던 나라들을 순서대로 한번 외워 볼까요?

바벨론 – 페르시아 – 그리스 – 로마

1) **바벨론**이 BC 600년경(정확히 BC 586년) 남유다를 멸망시키죠.

2) 그다음에 **메대 – 바사(페르시아)** 시대가 열립니다. 바사 왕 고레스가 바벨론 포로로 와 있던 유대인들을 고국으로 귀환시킨 후 ① 스룹바벨의 성전 재건 ② 에스라의 영적 부흥 운동 ③ 느헤미야의 성벽 재건 등 3대 사건이 일어나죠.

3) 그다음, **BC 300년경에 그리스**가 국제 사회의 패권을 잡지만, 그리스 제국의 역사는 상대적으로 아주 짧아요. 그리스의 그 유명한 정복왕 알렉산더가 어마어마한 속도로 온 세계를 정복해 나갔어요. 알렉산더 대왕은 서쪽으로는 아프리카의 이집트, 동쪽으로는 아시아의 인도까지 방대한 영토를 정복했지만 젊은 나이에 죽고 말죠.

4) 그다음, **애굽과 시리아**가 잠깐 득세를 해요.

5) 그다음, **유다 마카비**가 팔레스타인 지역에서 정권을 차지해요(그리스 셀류쿠스 왕조의
안티오쿠스 4세가 성전을 오염시켰는데, 유다 마카비 독립군이 성전을 3년 만에 탈환하면
서 말이에요).

6) 하지만 **BC 70년경 로마**가 팔레스타인을 정복해요.

침묵시대

구약 성경의 맨 마지막 책인 말라기! 말라기 선지자의 예언을 끝으로 하나님께서는 400년
간 줄곧 침묵하십니다. 이 400년의 기간을 침묵시대 또는 신구약 중간기라고 해요. 이 기
간 동안 중요한 변화가 생기는데, 그게 바로 그리스(헬라)화 현상이죠. 사실 그리스 제국의
역사는 다른 제국들에 비해 아주 짧지만 그리스가 인류 문화에 끼친 영향력은 어마어마하
답니다.

침묵시대(신구약 중간기) 국제 사회 패권의 흐름
페르시아 – 그리스 – (애굽 – 시리아 – 마카비) – 로마

그리스(헬라) 문명

헬라 문명은 어떻게 그렇게 인류의 정신문화에 지대한 영향을 끼칠 수 있었을까요?

(1) 헬라 철학

인류 역사에서 내로라하는 유명한 철학자들의 대
다수가 그리스 출신인 거 아시죠? 세계에서 가장
유명한 철학자, 소크라테스! 그의 제자 플라톤! 그
의 제자 아리스토텔레스! 그의 제자 알렉산더 대
왕(알렉산더에게 철학을 가르친 왕실 가정교사가 바
로 아리스토텔레스였지요)! 또 알렉산더 대왕이 찾

그림 : 〈소크라테스의 죽음〉, 자크 루이 다비드(1787)

아갔던 거리의 철학자 디오게네스! 알렉산더 대왕이 디
오게네스에게 "당신이 갖고 싶은 걸 뭐든 말해 보라!"고
하자 디오게네스가 "조금만 비켜 주십시오. 당신 때문
에 햇빛이 가려지는군요."라고 했다지요?

이처럼 그리스는 철학이 매우 발달했는데, 철학이라는
학문이 형이상학 중에서도 상위권이라는 사실을 생각하면 그리스가 인류의 정신문화
에 끼친 영향이 얼마나 대단한가를 알 듯합니다.

(2) 헬라 정치 : 민주주의

기원전 5세기 무렵 그리스의 도시국가 아테네를
시작으로 그리스 전역에 세계 최초로 민주주의가
도입됐죠. 물론 참정권은 성인 남성에게만 주어
졌지만, 힘이 지배하던 그 고대사회에서 스스로
민주주의를 실행했다는 사실은 정말 놀라운 일이
죠. 그리스의 민주주의는 오늘날 현대 국가들이
시행하는 민주주의 제도의 모본이 되었으니, 그

그림 : 〈페리클레스의 장례 연설〉, 필리프 폰 폴츠(1852)

리스의 정치제도 역시 인류 사회에 끼친 영향이 정말 대단하다는 것을 알 수 있지요.

(3) 헬라 건축

그런가 하면 파르테논 신전, 아테나 니케 신전, 에렉테이온 신전 등 고대 그리스의 건
축 양식은 '인류 문화의 불가사의'로 평가될 만큼 뛰어
났습니다. 특히 파르테논 신전은 세계문화유산 1호 건
축물로 지정돼 있지요. 기둥의 중심부로 갈수록 약간
굵어지는 건축 양식, 위쪽으로 포물선 모양으로 약간
휘어져서 빗물이 밖으로 흐르도록 한 설계, 건축물의
비율 대부분이 황금비율에 가까운 것 등으로 유명하죠.

고대 그리스의 건축 양식은 후대 서양 건축물에 지대한 영향을 끼쳤답니다.

(4) 헬라 문학, 예술, 스포츠

호메로스의 대서사시인 『일리아드』와 『오디세이』, 해마다 원형 노천극장에서 상연된 고대 그리스의 연극(희극과 비극)과 가면 무도회, 밀로의 비너스, 올림피아에서 4년에 한 번 열렸다는 고대 올림픽 경기 등은 당시 많은 사람들이 동경하는 화려하고도 세련된 고대 그리스의 문화였다고 합니다.

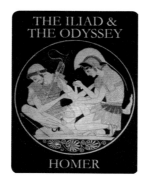

 | 현대인의 일상 속에 등장하는 그리스(로마) 신화의 인물들

비너스 속옷을 입은 여자와 오디세이 로션을 바른 남자가 나이키 운동화를 신은 가벼운 차림으로 올림픽대로를 타고 드라이브를 즐기면서 라디오에서 나오는 유럽 음악을 들으며 큐피드의 화살에 맞은 듯 사랑에 빠질 수도 있는 일이다. – 에이미 크루즈의 『이야기 세계의 신화』 중에서

(5) 헬라어와 헬라식 이름

그런가 하면 당시의 국제 공용어는 헬라어였어요. 오늘날의 영어 같은 거죠. 그러니까 헬라어를 잘 하지 못하면 요즘 영어 못 해서 무시받는 느낌? 이름도 헬라식으로 지어야 뭔가 세련돼 보였지요. 헬라어가 국제 공용어였던 만큼 구약 성경 역시 헬라어로 번역할 필요를 느꼈고, 결국 70인역(Septuagint) 성경도 나오게 되었답니다. BC 300년경 이집트의 프톨레미오스 2세, 필라델포스의 명으로 이스라엘의 12지파에서 각각 6명씩 파견된 72명의 유대인 번역자들이 이집트의 알렉산드리아에 모여 모세오경을 번역한 것이 훗날 '70인역 성경'이라 불리게 되었다고 하죠.

(6) 헬라 종교

앞에서 고대 그리스에 유명한 건축물들이 많았다고 했는데, 사실 그 대부분이 신전이었어요. 그리스는 다신교를 숭배했고(그리스 신화에도 수많은 신이 등장하죠), 신전에서 우상숭배와 제사의식이 성행했는데, 신들의 종류도 많지, 그에 따른 신화도 풍부하지, 신들이 눈에 보이는 화려한 모습도 있지…. 그러다 보니 여기에 혹하기가 쉬웠겠죠.

서구 문화의 두 정신 축–헤브라이즘과 헬레니즘

오늘날 서양 문명의 저변에는 두 가지 사상이 흐르고 있어요. 그중 헬레니즘은 합리적 인본주의 사상으로 서양인들에게 개인의 자유와 가치를 일깨워 준 반면, 헤브라이즘은 유대교 및 기독교 사상으로 하나님에 대한 신앙을 심어 줬지요. 이 두 사상은 출발점과 근거가 전혀 다르지만 때로는 대치했다가 때로는 융합되는 등 서로 끊임없이 영향을 주고받으면서 서구 정신문화의 근간이 되었어요. 칸트는 "과학과 기독교 신앙은 서양 문화의 불가결한 요소로서 과학은 진리를 추구하고 기독교 신앙은 선을 추구하는 바, 양자는 어느 하나도 없어서는 안 된다."라고 했지요. 이처럼 헬레니즘(과학, 이성)과 헤브라이즘(기독교, 영성)은

정반합(正反合, 헤겔의 변증법)의 과정을 거쳐 서양 근대 문명이라는 거대한 솥에 함께 녹아들어 융합을 이루었답니다.

 │ 서구 문화의 두 정신축 – 헤브라이즘과 헬레니즘

- 헤브라이즘(Hebraism) : 유대교·기독교의 사상, 하나님 중심의 신본주의
- 헬레니즘(Hellenism) : 그리스·로마의 사상, 인간 중심의 인본주의

 │ 르네상스 – 헬레니즘에 대한 오랜 동경의 부활

고대 그리스의 문화는 정말이지 '보암직도 하고 먹음직도 한', 당시에 최고로 세련되고 화려한 동경의 대상이었어요. 하지만 신들까지도 다 '인간화'시킬 만큼 철저히 인본주의 문화였죠. 헬라 문화는 당시 사회에서 파격적인 개념이었던 개방성과 합리성 등을 갖추어 배울 점도, 우수한 점도 많은 게 사실이었지만, 그 안에는 하나님이 안 계셨어요.

한편, 중세시대의 유럽 사회는 로마 가톨릭이 막강한 권력을 가지고 영향력을 행사했기 때문에 거기에서 인간의 자유롭고 합리적이며 창조적인 사고방식은 기대할 수 없었어요. 로마 가톨릭은 오로지 '하나님께 복종하며, 교회에 봉사하라'는 교리를 사람들에게 강요할 뿐이었으니까요. 사실 중세 기독교는 언뜻 보기에 신본주의의 극치인 것 같지만, 실상은 하나님의 이름을 팔아 인간의 탐욕을 채운 철저한 인본주의였어요. 어떻게 보면 헬라 문화보다 더 사악한 인본주의였던 거예요. 이와 같이 '맹목적이고 왜곡된 신본주의'에 질린 사람들이 고대 그리스의 인간 중심의 정신 – 인본주의 정신 – 을 되살리고자 일으킨 운동이 바로 르네상스였어요.

이처럼 14–16세기에 유럽에서 일어난 문예부흥 운동인 르네상스는 당시 유럽 전역에 엄청난 센세이션을 일으킨 신선한 자극이었는데, 이 르네상스의 모토가 바로 '고대 그리스의 문학, 사상, 예술을 재인식하고 재수용하자.'는 것이었답니다. 르네상스는 오랜 세월이 지났음에도 불구하고 '서양인들이 여전히 헬라 문화를 얼마나 숭상하고 동경했는지'를 단면적으로 보여준 사회현상이라고 할 수 있습니다.

유대인 신앙의 걸림돌

이스라엘 백성들이 출애굽한 후 하나님께서는 곧바로 가나안 땅으로 인도하지 않으시고 40년간 광야에서 훈련을 시키셨죠. 왜 그러셨을까요? 애굽에서 노예의식에 찔어 살던 이스라엘 백성들이 갑자기 자유인이 되었다는 것을 머리로는 이해하는데 마음과 영혼으로는 수용하지 못해 여전히 노예근성을 갖고 있었기 때문이죠. 그 화려하고 찬란했던 애굽 문명 아래서 무려 430년간이나 노예로 살았으니 얼마나 기가 죽고 눌려 있었겠어요? 그러면서 영적으로 눈에 보이지 않는 하나님보다 눈에 보이는 애굽의 우상들이 더 가까이 느껴졌겠죠. 또한 주인이 시키는 대로만 하던 타율적인 태도, 주인의 학대에 시달려 벌벌 떠는 불안과 공포, 불신, 열등감과 소외감, 굶주림과 헐벗음 그리고 자기연민에 시달리면서 생긴 물질에 대한 집착, 거지 근성 등은 쉽게 사라지지 않았죠.

이렇게 노예가 자녀가 되는 신분의 급상승이 이루어졌음에도 불구하고, 그들은 새로운 신분에 걸맞은 은혜들을 누리지 못한 채 아버지가 무조건적으로 사랑해 준다는 사실을 마음으로 받아들이지 못했던 거예요. "세상에 공짜가 어딨어? 하루 종일 뼈빠지게 일해도 빵 한 조각 얻어먹기 힘든 게 인생인데…"라는 노예의식 때문에 "너희 아버지가 다 책임져 주시니 아버지를 신뢰하고 맘 편히 살라"고 그토록 자주 얘기해 주고, 체험시켜 주고, 실물교육까지 시켜주어도 소용이 없었어요. 조금만 위기가 찾아와도 금방 불안해하면서 "차라리 애굽에서의 노예생활이 나았지. 그땐 최소한 생계유지는 할 수 있었잖아? 멀쩡히 잘 살던 우리를 왜 굳이 끌고 나와서 이 고생을 시키는 거야? 그 시절로 돌아가고 싶다!" 라며 원망과 불평을 일삼았지요.

하나님께서는 전 인류를 교육시키시기 위해 이스라엘 백성을 샘플로 뽑으셔서 노예신분에서 해방시켜 주시고 처음부터 다시 시작하시겠다는 야심찬 계획을 갖고 계셨는데, 그들의 노예근성을 뿌리뽑는 데 무려 40년이 걸렸던 거예요. 하나님이 이스라엘 백성의 광야 훈련에 이토록 공을 들이신 것은 그들이 곧 들어가 살게 될 가나안 땅도 우상숭배와 세속적 가치관이 극도로 심했기 때문이었죠. 그래서 가나안의 압도적인 선진 문화에 이스라엘 백성들이 먹혀 버릴까 봐 '하나님의 무조건적 사랑을 절대 신뢰하게 하는 훈련'을 노심초사, 불철주야 시키셨던 거죠(신 8장). 그래도 안심이 안 되셨던 하나님께서는 우상숭배를 아예 근절시키기 위해 '가나안 땅에 들어가면 원주민들을 다 죽이라!'고 말씀하시지만, 이 명령의 준수 역시 흐지부지되어 그들은 결국 그곳 원주민들의 우상숭배를 그대로 따라 하게 됩니다. 이게 바로 사사시대와 왕국시대 이야기의 요점정리입니다. 그 결과 그들은 이 방민족에게 패망하고 포로민 신세가 되어 하나님의 빡센(!) 훈련을 다시 받게 되죠.

이국 땅에서 70년간의 훈련을 마치고 고국으로 돌아온 이스라엘 백성은 처음엔 좀 정신을 차리는가 싶더니, 어느새 또 눈에 보이는 세상(헬라) 문화와 이방 우상들에게 마음을 빼앗기고 말았습니다(아, 이 고질병, 이 끊임없는 악순환! ㅠㅠ).

이게 바로 신구약 중간기 400년 동안 일어난 일입니다. 당시 서구 사회를 지배했던 헬라 문화, 그 화려하고 세련된 세상 문화에 압도당해 어느새 하나님을 잊은 채 자녀의 신분을 버리고 그새 또 노예 신분으로 돌아간 거죠.

그리스도인과 세상의 관계

출애굽-광야생활-가나안 입성-사사시대-왕
국시대-포로시대-포로귀환시대-침묵시대.
이러한 구약의 기나긴 스토리는 타락한 본성을
가진 우리 인간들이 구원받고 하나님의 자녀가
되어가는 과정을 상징적으로 보여주는 하나님
의 시청각 교육자료입니다. 이미 구원을 받아
'자녀의 신분'을 갖게 되었지만 아버지의 사랑
을 못 믿고 수시로 '노예 마인드'로 돌아간 이스

◄그리스도인이
세상 안에 살지만
세상에 속하지 않을 때

◄그리스도인이
세상 안에 살면서
세상에 속할 때

라엘 백성들! 그것은 이 세상의 화려하고 세련된 문화 앞에 압도당해 '나는 메뚜기다'라는
노예의식으로 살아가는 오늘날 그리스도인의 모습이 아닐까요? 그리스도인은 세상 안에
살지만 세상에 속해서는 안 되죠(in the world, but not of the world).

> "너희가 세상에 속하였으면 세상이 자기의 것을 사랑할 터이나
> 너희는 세상에 속한 자가 아니요 도리어 세상에서 나의 택함을 입은 자인 고로
> 세상이 너희를 미워하느니라" - 요 15:19

'하나님의 자녀'라는 의식을 갖고 '하나님 아버지의 사랑을 절대 신뢰'하는 당당함으로 살
아야 나도 살고 다른 사람들도 구조할 수 있습니다. 우리가 세상에 속해 버리는 순간, 나도
이웃도 다 같이 침몰하고 말 테니까요. 사도 바울도 이렇게 말했죠.

> "너희는 이 세대를 본받지 말고 오직 마음을 새롭게 함으로 변화를 받아
> 하나님의 선하시고 기뻐하시고 온전하신 뜻이 무엇인지 분별하도록 하라" - 롬 12:2

이 세상은 마치 세차게 흐르는 급류와도 같습니다. 그 속에 두 발을 딛고 흔들림 없이 서
있으려면 정신을 똑바로 차려야 합니다. 모든 에너지를 집중해야 합니다. 그러지 않으면
어느새 세상의 급류에 휩쓸리게 될 테니까요. 하지만 걱정할 필요는 없습니다. 왜냐하면
우리가 깨어 있기만 하다면, 그래서 우리 곁에서 든든한 버팀목이 되어 주시는 하나님의
손을 놓지만 않는다면 얼마든지 가능한 일이니까요!

유다의독립

BC 170년, 그리스 셀류쿠스 왕조의 안티오쿠스 4세는 유대인들을 극심하게 핍박했어요. 세금 폭탄, 제사 금지, 성전 내 제우스 신상 설치, 성전 제단에서의 돼지 제물(유대인들이 가장 부정하게 여기는) 제사 등등…. 고의로 성전을 모독하는 행동만 골라서 했죠.

이렇게 성전이 오염되자 유다 마카비라는 유대인이 독립군을 조직해서 싸우다가 마침내 BC 164년에 예루살렘 성전을 탈환해요. 그런데 성전에 들어가 보니 너무 엉망이었지 뭐예요? 그래서 성전을 다시 보수하고 정결케 했죠(유대인들은 이날을 기념하여 '수전절'로 지킨답니다). 그 후 100여 년간 팔레스타인에서는 마카비 왕조가 계속 유지되었어요.

로마의팔레스타인정복

사진 : 폼페이에 있는 로마의 도로, 위키백과

그러다가 로마제국의 세력이 점차 강해지면서 마침내 BC 63년에 로마의 폼페이 장군이 예루살렘을 침공, 성전의 지성소까지 침입해 제사장들을 충격에 빠뜨렸습니다. 이로서 유대는 로마의 보호령이 되었고, 주권은 다시 빼앗겼죠. 그리고 BC 40년에 로마 원로원에서는 헤롯을 유대인의 왕으로 임명합니다. 헤롯은 에돔 사람으로서 유대인들에게 별 인기가 없었기 때문에 민심을 얻기 위해 BC 19년에 대대적인 성전 증축 공사를 시작하죠(성전은 AD 64년에야 완공되는데, 불과 6년 후인 AD 70년에 로마의 디도 장군에 의해 철저히 파괴됩니다).

"모든 길은 로마로 통한다."는 말이 있듯이 로마인들은 로마의 통치령인 온 유럽에 도로를 건설했습니다. 로마의 도로들이 어찌나 견고했던지 2천 년이 지난 지금까지도 이용되고 있다고 하네요.

앞서 그리스가 당시 국제 공용어로 헬라어를 보급했다고 했지요? 그래서 구약을 헬라어로 번역한 70인역 성경도 이때 완성되었다고 했고요?

그런데 로마는 이렇게 도로를 건설함으로써 훗날 복음이 전파될 인프라를 갖추어 놓습니다. 침묵시대 400년간 하나님은 놀고 계신 게 아니었어요. 예수님을 보내시기에 앞서 당시의 두 강대국을 동원해 복음 전파를 위한 중요한 준비를 마치셨던 거예요!

침묵시대 400년간 훗날의 복음 전파를 위한 준비를 마치신 하나님

- 그리스를 통해 : 헬라어 보급(헬라어로 성경 번역 – 70인역 성경)
- 로마를 통해 : 도로 건설

" 말씀이 육신이 되어 우리 가운데 거하시매 우리가 그 영광을 보니
아버지의 독생자의 영광이요 은혜와 진리가 충만하더라 "

- 요 1:14

3 신약

성경의 맥과 핵

예수님 시대 성경의 인물들

신약 성경을 읽기 전에, 먼저 그 당시의 사회적 배경과 문화에 대해 알면 성경이 훨씬 더 이해가 잘되겠죠? 그래서 예수님 시대 성경의 인물들에 대해 먼저 공부하겠습니다.

(1) 로마 황제 (Roman Emperor)

예수님 시대에 팔레스타인은 로마제국의 식민지였어요. 로마 황제는 전체 로마제국에서 가장 높은 자리에 있던 로마의 수장이었죠. 로마 황제는 가이사(Caesar, 카이사르, 시저)라고도 해요. 그래서 성경에 가이사가 여러 명 나오는 거예요. 애굽의 바로(파라오)와 블레셋의 아비멜렉('나의 아버지는 왕'이란 뜻, 즉 '나는 태생이 왕'이란 뜻)이 여러 명 나오는 것처럼요.

로마는 BC 510년경 왕정에서 공화정으로 전환해 민주주의를 꽤 앞서 시행했어요. 그러다 BC 50년경 3두(三頭)정치 체제를 갖추는데, 그 주인공들이 율리우스 카이사르, 크라수스, 폼페이우스였지요. 그런데 그중 율리우스 카이사르가 점차 세력을 키워가다가 결국 자신을 종신 독재관으로 선언하는 데까지 이르렀어요. 그러자 로마 공화정에 대해 신념과 자부심을 갖고 있던 원로원 의원들이 율리우스 카이사르를 암살하지요. 이때 주동 인물이 카이사르가 평소 신임했던 마르쿠스 브루투스였기에 카이사르는 죽어가면서 "브루투스, 너마저…."라고 했다죠?

카이사르가 죽은 후 카이사르의 양자였던 옥타비아누스가 마르쿠스 안토니우스, 레피두스와 함께 제2차 3두정치 시대를 엽니다. 그러다가 레피두스는 유배되고, 마르쿠스 안토니우스는 악티움 해전에서 패전한 후 자결함으로써 생을 마감하죠(마르쿠스 안토니우스가 클레오파트라의 연인이었던 건 잘 아시죠? 안토니우스–클레오파트라 연합군이 옥타비아누스 군대와 벌인 전쟁이 악티움 해전이랍니다).

이렇게 해서 3명의 집정관 중 홀로 남은 옥타비아누스는 점차 권력을 장악하여 결국 제1대 황제가 됩니다. 이때 옥타비아누스는 율리우스 카이사르의 이름을 따서 '카이사르'라는 이름을 덤으로 갖게 되고, 그 이후 로마의 모든 황제들이 카이사르라는 이름을 가짐으로써 본래는 인명(고유명사)이었던 카이사르가 '황제'라는 뜻의 일반명사로 굳어지게 되죠. 옥타비아누스의 다른 이름은 아우구스투스예요(그래서 자기가 태어난 8월을 자기 이름을 따서 August라고 명명했지요).

1) 예수님이 태어나실 때 바로 이 아우구스투스가 통치하고 있었어요. 로마제국의 제1대 황제, 카이사르 아우구스투스를 한국어 성경에서는 '가이사 아구스도'라고 했고, 그가 바로 '천하로 다 호적하라는 영을 내린' 황제입니다(눅 2:1).

2) 옥타비아누스가 죽은 후, 그의 양자였던 티베리우스가 제2대 황제로 재위에 오르죠. 한국어 성경에는 티베리우스를 '디베료 가이사'라고 했어요(눅 3:1). 티베리우스는 예수님이 십자가에서 돌아가실 때 로마 황제였던 인물입니다.

예수님 시대 로마의 두 황제		
	제 1 대	제 2 대
로마 이름	Augustus(눅 2:1)	Tiberius(눅 3:1)
한국어 이름	아구스도	디베료
통치 기간	27 BC ~ 14 AD	14 ~ 37 AD
통치 기간 동안	예수님 탄생	예수님 수난
현존하는 조각상을 바탕으로 그린 그림		

알쏭달쏭 용어 정리

- 가이사(Caesar) : 카이사르, 시저의 다른 발음, 로마 황제의 칭호(예 : 가이사 아구스도, 디베료 가이사)
- 공화정(共和政, Republic)과 왕정(王政, Monarchy)의 차이 : 주권이 국민에게 있는 정치 체제가 공화정(예 : 대한민국은 민주 공화국이다!), 왕이 통치하면 왕정
- 제국(Empire)과 왕국(Kingdom)의 차이 : 식민지를 가지고 여러 나라를 통치하면 제국, 왕의 통치권이 한 나라에 국한되어 있으면 왕국(예 : 19세기 제국주의 시대)
- 황제(Emperor)와 왕(King)의 차이 : 제국의 최고 통수권자는 황제, 왕국의 최고 통수권자는 왕

(2) 로마 총독 (Roman Governor)

로마제국이 각 식민지에 파견한 최고 행정관으로 자기 관할 구역에서의 치안유지와 세금징수의 책임을 맡았죠. 성경에 나오는 로마 총독 중 가장 유명한 사람은 ① 빌라도죠(모든 그리스도인들이 사도신경을 외울 때마다 그 이름이 나오니까요). 그런가 하면

바울의 제1차 선교여행 때 구브로 섬의 총독으로 있던 ② 서기오 바울이 회심을 했고(행 13:7), 또 바울의 제2차 선교여행 때 아가야의 고린도 지역 총독으로 있던 ③ 갈리오에게 유대인들이 바울을 고소했다는 기록도 성경에 나옵니다(행 18:12). ④ 벨릭스 총독은 수감되어 있던 사도 바울에게 뇌물을 기대하고 계속 붙잡아 두었고(행 24:24-26) ⑤ 베스도는 벨릭스의 후임으로 와서 사도 바울을 심문했던 유대 총독이었죠(행 24:27).

(3) 로마 백부장 (Roman Centurion)

백부장은 로마 군대의 사병 100명을 통솔하는 직업군인 장교였어요. 성경에 기록된 백부장 중에 가장 유명한 사람은 아마도 ① 자기 종을 고쳐 달라고 예수님께 간청했던 가버나움 지역의 백부장일 거예요(마 8:5-13). 그는 유대인들의 회당도 지어줄 만큼 신앙심이 돈독했던 사람이죠(눅 7:5). 또한 ② 예수님이 운명하실 때 옆에서 지켜봤던 백부장은 '예수님이 진정 하나님의 아들이었다'고 고백했지요(마 27:54). 그런가 하면 ③ 이방인으로서 최초로 예수님을 믿고 성령 세례와 물 세례를 받았던 백부장 고넬료(행 10:17-48)와 ④ 바울을 로마로 호송하던 백부장 율리오(행 27:1) 등이 성경에 기록되어 있어요.

한편, 백부장이 지휘하는 '100인 부대' 6개로 이루어진 '보병대'의 지휘관이 '천부장'이었어요. 그러니까 천부장 휘하에는 1,000명이 아니라 600명의 사병이 있었던 거죠. 글라우디오 루시아는 성전 바깥 뜰의 치안유지를 담당한 천부장으로 바울을 심문했지요(행 21:26-23:11).

(4) 로마 사병 (Roman Soldiers)

로마제국이 각 식민지에 파견한 군인들이에요. 로마 사병들은 전쟁에 참전했을 뿐만 아니라 폭동 위험 지역(특히 예루살렘은 요주의 지역이었죠)의 치안유지, 죄수의 호송 및 형 집행 등의 책임을 맡았어요. 그래서 예수님을 희롱하고 채찍질하고 십자가에 못 박았던 사람들도 다 로마 사병들이었답니다(마 27:27-31, 행 21:32).

만일 '5리를 가자'고 강요하면?

예수님 당시 팔레스타인 땅에 주둔하고 있던 로마 사병들은 무거운 배낭과 무기류를 지고 행군을 자주 했어요. 그런데 군법에 따라 민간인에게 대신 짐을 지고 가게 할 수 있었지요. 이럴 경우 법정 최대거리는 1마일(1.6km)이었어요. 한국어 성경에는 이걸 '5리'라고 번역했지요. 유대인들은 자기 민족의 '거룩한 땅'에 이방인들인 로마 군인들이 들어와 주둔하는 것부터 심기가 편치 않았는데, 하물며 로마의 일개 사병이 자기들을 짐꾼으로 부려 먹어도 된다고 군법에 명시되어 있으니…. 로마 사병이 "어이, 거기! 이리 와서 내 짐 좀 들고 가!"라고 하면 얼마나 기분이 나빴겠어요? 그런데 예수님께서는 산상수훈에서 놀라운 말씀을 하십니다. "누가 네게 5리를 가자고 강요하면 10리를 가줘라!(왕십리 정신^^)" 그 웬수 같은 로마 사병들의 치욕적인 요구에 대해 사랑의 마음을 가지고 2배로 해주라는 것이었죠. 이 말씀을 들은 제자들은 큰 충격을 받았을 거예요. 이처럼 국적과 사상과 이념과 계층을 초월한 사랑, 심지어 '원수까지 사랑하라'는 게 예수님께서 몸소 본을 보이시며 가르쳐 주신 사랑이었답니다.

복습! 로마군대의 지휘체계 : 황제 – 총독 – 천부장 – 백부장 – 사병

(5) 헤롯 왕 (Herod)

로마제국 중 팔레스타인 지역을 통치하던 헤롯 왕조의 몇몇 왕들의 이름(사실은 성)이 다 헤롯입니다(이씨 조선 왕들의 성이 다 이씨인 것처럼요).

1) 헤롯 대왕(King Herod the Great) : 예수님이 태어나시던 때에는 헤롯 대왕이 재위했는데, 그는 에돔 족속(에서의 후손이란 거 앞에서 배웠죠?)이었기 때문에 사실 유대인의 왕이 될 자격도, 정통성도 없었어요. 백성들에게 환영받지 못한 헤롯 대왕은 유대인들의 환심을 사기 위해 예루살렘 성전을 아주 화려하게 중건하죠. 또 동방박사들과의 접견을 통해 '유대인의 왕이 태어났다'는 소식을 듣고는 실각에

대한 불안 때문에 베들레헴 지역의 두 살 아래 남자아이들을 다 죽이는 끔찍한 짓을 저지릅니다(헤롯 대왕이 BC 4년에 죽었기 때문에 예수님이 적어도 BC 4년 이전에 태어나셨을 것으로 추정하죠). 헤롯은 죽으면서 세 아들에게 팔레스타인 영토를 분할 통치하도록 나눠 주었는데, 그들의 이름은 헤롯 아켈라오, 헤롯 안디바, 헤롯 빌립이었어요. 이 세 명의 헤롯왕을 분봉왕(分封王)이라고 해요.

원래대로라면 예수님 당시 누가 왕이어야 했나?

헤롯 대왕의 아버지 안티파트로스는 로마 황실과의 친분을 무기로 유대에서 큰 권력을 갖게 되었어요. 하지만 그는 왕이 되기 전에 독살당하고 말았죠. 그래서 그의 아들 '대헤롯(헤롯 대왕)'이 헤롯 가문에서 제1대 유대 왕으로 등극하죠. 헤롯 가문은 본래 에돔 족속으로 유대인의 왕이 될 자격이 없었어요. 유대인의 왕은 다윗 왕가의 후손이어야 했거든요.

그럼 원래대로라면, 예수님이 탄생하실 무렵 누가 왕이어야 했을까요? 그 답이 마태복음 1장, 예수님의 족보에 나와 있어요. 다윗 왕가의 후손 명단이 열거되다가 최종적으로 예수님의 아버지(생부가 아닌 호적상의 아버지이긴 하지만) 요셉까지 내려가요. 이 말은, 원래대로라면 요셉이 당시 유대인의 왕이었어야 한다는 거죠. 하지만 BC 586년에 남유다가 바벨론에 멸망하면서 유대에는 더 이상 왕이 존재하지 않게 되었고, 그래서 다윗 왕가의 장손인 요셉은 평범한 목수로 전락하고 말았던 거예요.

2) **헤롯 아켈라오** : 매우 잔인한 폭정을 했을 뿐만 아니라 사치가 극에 달해 결국 로마 황실에 의해 폐위당했어요.

3) **헤롯 안디바** : 자기 형 빌립(헤롯 빌립과 동명이인, 안디바의 이복형제)의 아내인 헤로디아를 아내로 삼았다가 세례 요한의 책망을 듣고 결국 요한을 참수시킨 바로 그 인물이에요. 성경에 나오는 '분봉왕 헤롯'(마 14:1)은 헤롯 안디바를 가리키죠.

4) 헤롯 빌립 : 헤롯 왕가에서 그나마 선한 왕으로 평가받는 왕이에요(헤로디아의 전 남편과 이름이 같으니 헷갈림 주의!).

5) 헤롯 아그립바 1세 : 헤롯 대왕의 아들인 아리스토 불루스의 아들이에요. 숙부인 헤롯 빌립에게서 왕권을 물려받아 이두래 지방을 다스렸지만, 곧 헤롯 안디바를 몰아내고 팔레스타인 전역을 혼자 다스렸어요. 예수님의 제자인 야고보를 죽이고 베드로를 수감하는 등(행 12:2-5) 교회를 핍박하던 그는 결국 벌레에 먹혀 죽고 맙니다(행 12:21-23).

6) 헤롯 아그립바 2세 : 헤롯 아그립바 1세의 아들이에요. 베스도가 유대 총독으로 부임했을 때, 여동생이자 아내인 버니게와 함께 문안 인사를 드리러 갔다가 바울을 만나죠(행 25:13). AD 70년 예루살렘이 파괴되었을 때 그가 왕위에서 물러나면서 파란만장했던 헤롯 왕조의 역사도 막을 내리게 됩니다.

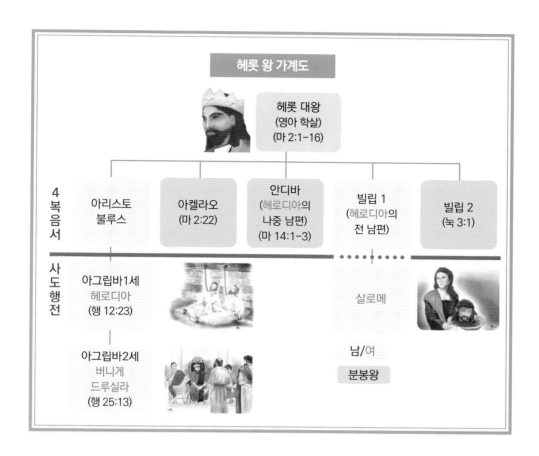

헤롯 왕 가계도

헤롯 대왕
(영아 학살)
(마 2:1-16)

4복음서

아리스토불루스 · 아켈라오 (마 2:22) · 안디바 (헤로디아의 나중 남편) (마 14:1-3) · 빌립 1 (헤로디아의 전 남편) · 빌립 2 (눅 3:1)

사도행전

아그립바1세 헤로디아 (행 12:23)

아그립바2세 버니게 드루실라 (행 25:13)

살로메

남/여

분봉왕

(6) 세리 (Tax Collectors)

백성들에게서 세금을 징수해서 로마 황실에 바치는 사람이에요.

여기서 잠깐 퀴즈! 세리는 로마인일까요, 유대인일까요? 세리는 유대인이었어요. 동족 유대인들로부터 세금을 착취하는 로마제국의 앞잡이요 매국노였지요(우리나라 일제강점기 때의 친일파처럼). 세리는 당시 가장 탐욕적인 인간들로 취급되어 동족의 미움을 받았어요(예수님 시대에 '세리와 창녀'는 죄인의 대명사였죠).

성경에 나오는 유명한 세리 두 명 아시죠? ① 가버나움 세관에 앉아 있다가 예수님의 부르심을 받고 즉시 예수님의 제자가 되어 그 위대한 '마태복음'을 기록한 마태! ② 예수님이 행차하신다는 소문을 듣고 앞에 나가 보고 싶었지만, 키가 작아 볼 수 없어 플

라타너스나무 위로 올라간 삭개오(대개는 키 작은 사람들에게 앞자리를 양보해주는 게 인지상정이거늘…. 삭개오는 왕따였기 때문에 사람들이 안 봐줬던 것 같아요.)는 여리고의 세리장이었죠. 그런데 이 두 사람의 공통점이 있어요. ① 예수님이 부르셨을 때 바로 예수님을 따랐다는 것, ② 예수님을 자기 집으로 초청해서 동료 세리들을 불러모아 부흥성회를 가졌다는 것이죠. 왜 그랬을까요? 세리로 돈은 많이 벌었지만, '돈이 결코 행복을 주지 않는다'는 사실을 뼈저리게 느끼며 살았기 때문이 아닐까요? 늘 사람들의 손가락질을 받으며 자괴감과 외로움에 시달리던 그들, 심지어 자녀들조차 아버지를 부끄러워하던 그들을 인격적으로 대우해 주시며, 이름을 불러주시고, 집에까지 동행하셔서 같이 식사를 해주신 예수님이 얼마나 고마웠을까요? 자기가 죄인인 걸 아는 사람일수록 예수님의 은혜를 더욱더 감격으로 받아들일 수밖에 없으니까요.

"죄가 더한 곳에 은혜가 넘쳤나니" - 롬 5:20

(7) 열심당원 (Zealots)

열심당은 '다윗 왕의 후손만이 이스라엘을 다스릴 수 있다'는 신념을 가지고 로마제국에 대항하여 독립운동을 벌인 유대인 정치조직으로 무력 사용도 서슴지 않았어요. 열심당원을 영어로 'Zealots'이라고 하는데, 우리 한국어 성경에서는 이것을 음역해서 '셀롯인'이라고 기록했어요. 예수님의 제자 중엔 시몬이 열심당원이었지요(눅 6:15). 열심당원 시몬과 매국노 세리 마태는 절대 함께할 수 없는 원수지간이었지만, 하나님 나라에서는 그 어떤 사상도 이념도 초월하는 사랑이 있기에 그들은 예수님의 제자로 하나가 될 수 있었답니다.

(8) 바리새인 (Pharisees)

예수님 당시 종교 지도자들의 양대 산맥은? 바로 바리새파와 사두개파랍니다(세례 요한이 속했던 에세네파까지 치면 3대 산맥!). 그중 바리새인들은 모세의 율법을 엄격히 지키던 극보수 종파였죠. 이들은 돈이나 명예, 지위를 멀리하는 것처럼 금욕적으로 보였기에 백성들의 존경을 받았지요. 하지만 예수님께서는 이들에게 7번이나 "화 있을진저!"라고 퍼부으십니다(마 23:13-39). 바리새인들이 겉과 속이 완전히 다른 '위선자(hypocrite)'였기 때문이지요. 위선(僞善)은 '거짓 위, 착할 선' 자를 써서 한마디로 '착한 척'한다는 뜻이죠. 예수님은 착한 척하는 걸 왜 그리도 못마땅하게 여기실까요? 착한 척하는 사람들, 즉 위선자들은 남도 속이지만 '난 착한 사람이야.'라며 자기 자신도 속이기 때문에 자신이 죄인이란 사실을 모르죠. 인간이 하나님께 나아갈 수 있는 유일한 조건이 뭔지 아세요? 바로 '죄인'이라는 조건이에요. '의인 자부심'에 쩔어 사는 위선자들한테는 군이 하나님이 필요없는 거죠. 예수님께서는 그 점을 안타까워하셨던 거예요. 하늘 보좌를 버리고 죄인들을 구하러 오셨건만, '자기의(自己義)'로 예수님을 거부하는 바리새인들이 너무 안타까우셨기에 바리새인들과 그렇게 많이 부딪치셨던 거죠.

> "건강한 자에게는 의원이 쓸 데 없고 병든 자에게라야 쓸 데 있느니라
> 내가 의인을 부르러 온 것이 아니요 죄인을 부르러 왔노라" – 막 2:17

성경에 나오는 가장 유명한 바리새인은? 사도 바울이죠(빌 3:4-6). 바울이 예수님을 만나 변화되기 전 '자기의'로 그리스도인들을 핍박하는 데 목숨을 걸었잖아요? '자기의'는 이렇게 우릴 '맹목적인 종교인'으로 치닫게 만드는 아주 위험한 독소랍니다.

팔레스타인 헤럴드 단독취재! 세리에게 밀린 바리새인

예수님께서는 '자신의 도덕적 자부심에 젖어 일반인들을 경멸하는' 사람들에게 다음과 같은 이야기를 들려주셨어요. "두 사람이 기도하러 성전에 올라갔소. 그중 한 사람은 바리새인이었고, 한 사람은 세리였소. 바리새인은 폼을 잡고 서서 이렇게 기도했소. '오, 하나님, 제가 다른 사람들-도둑놈들, 사기꾼들, 간음하는 자들, 아니면 이 말도 안 되는 세리 같은 자들과 같지 않은 것을 감사드립니다! 저는 1주일에 두 번씩 금식하고, 제 십일조를 온전히 바치고 있습죠.'

한편 세리는 어두운 곳에 찌그러져서 손으로 얼굴을 감싸고, 감히 위를 쳐다보지도 못한 채 이렇게 기도했다오. '하나님, 자비를 베풀어 주세요. 이 죄인을 용서해 주세요.'"

그리고 예수님께서 이렇게 덧붙이셨어요. "같이 기도한 사람 말고, 바로 이 세리가 하나님과의 관계를 제대로 회복하고 돌아갔다오. 목에 힘주고 다니는 사람은 결국 체면이 깎이게 되겠지만, 자기 자신을 있는 그대로 인정하는 사람은 현재 모습보다 더 나아지게 될 거요."

- 눅 18:9-14(유진 피터슨의 『메시지』, 허계영 개인번역)

팔레스타인 일간 스포츠, 이상한 나라의 레이스

저는 지금 '이상한 나라의 레이스' 현장에 나와 있습니다! 선수들이 열심히 달려 결승점에 들어갔더니, 심판이 1등부터 꼴찌까지 줄을 세우네요. 그러더니 갑자기 큰 소리로 외칩니다. "일동 뒤로 돌아!" 그러고는 꼴찌부터 차례대로 상을 줍니다. 금메달, 은메달, 동메달…. 맨 뒤에 서 있던 1등 선수가 화가 나서 항의합니다. 하지만 심판은 단호하게 말합니다. "나중 된 자가 먼저 되고 먼저 된 자가 나중 되리라!"

이게 어찌된 일일까요? 이 '이상한 나라의 레이스' 경기 규칙을 이해하기 위해서 예수님의 이야기 한 편을 먼저 들어 볼까 합니다.

"하나님 왕국은 일꾼들을 고용하기 위해 아침 일찍 나간 포도농장 사장과도 같단다. 일꾼들은 하루 임금을 10만 원으로 합의하고, 일하러 갔어(최저임금보다 좀 더 쳐준 거지^^). 아침 9시쯤 되었을 때, 포도농장 사장이 다시 마을 광장에 나가 거기서 여전히 서성대고 있는 사람들을 보고는, 자기 포도농장에 가서 일하면 정당한 임금을 주겠다고 했어. 그래서 그 사람들도 일하러 갔어. 사장은 정오에도, 오후 3시에도 똑같이 했어. 그런데 오후 5시에 마을 광장에 다시 가보니 여전히 거기에서 서성대는 사람들이 있지 않겠어? 그래서 '자네들은 왜 하루 종일 아무것도 안 하고 여기에 서 있는 건가?'라고 물었어.

그리고 사장은 그 사람들에게도 자기네 포도농장에 가서 일하라고 했어.

하루 일을 다 마쳤을 때, 포도농장 사장이 경리부장에게 지시했어. '일꾼들에게 임금을 지불하게. 나중에 고용된 사람부터 시작해서 맨 먼저 온 사람 순으로 말야.'

그래서 오후 5시에 취직된 사람들이 먼저 나왔지. 그들은 10만 원을 받았어. 아침 일찍 취직된 사람들이 그걸 보고, 자기들은 훨씬 더 많이 받을 거라고 기대하고 있었지. 하지만 그 사람들 역시 똑같이 10만 원을 받았던 거야. 10만 원을 받아 든 그들 중 하나가 화가 나서 사장에게 항의조로 따졌어. '맨 나중에 온 사람들은 1시간밖에 일하지 않았는데, 우리랑 똑같은 임금을 주시다니요? 우린 하루 종일 땡볕 아래서 노예처럼 일했다고요!'

모두를 대표해서 항의하는 그 사람에게 사장이 말했어. '이보게, 친구. 이게 불공정한 건 아니지. 우리 서로 하루 임금을 10만 원으로 합의하지 않았나? 그렇지? 그러니 자네는 10만 원을 받아 가면 되는 거네. 맨 마지막에 온 사람에게도 자네랑 똑같이 10만 원을 주기로 내가 정한 거야. 내가 내 돈, 내 맘대로 쓰겠다는 데 이의 있나? 내가 내 돈으로 베푸는 걸 가지고 자네가 왜 아까워하는가?' 여기에 또 한 번 위대한 반전이 있단다. 수많은 1등들이 꼴찌가 되고, 꼴찌들이 1등이 된다는 사실 말야."

– 마 20:1-16(유진 피터슨의 『메시지』, 허계영 개인번역)

정말 어이없고 황당한 이야기지요? 하지만 우린 여기에서 다음과 같은 '천국의 규칙'을 배울 수 있답니다.

(1) 일찍 믿었건 늦게 믿었건 모두 다 똑같이 구원받는다.

어떤 사람은 모태신앙인으로 평생 열심히 신앙생활을 합니다. 반면 어떤 사람은 임종 직전 예수님을 영접하죠. 그런데 둘 다 똑같이 구원받고 천국에 간다? 이건 좀 불공평한 거 아닌가요? 일생을 주님께 헌신하고 충성한 사람들이 억울하다고 항의할 법하지 않나요?

위의 포도농장 일꾼들 이야기에서 아침부터 마을 광장에 나가 서성대며 누군가가 자기를 일꾼으로 고용해 주기를 바라는 사람의 심정을 한번 헤아려 봅시다. 아침 9시, 12시, 오후 3시에 농장 주인이 나와 사람들을 뽑아갑니다. 그런데 거기에 뽑히지 못한 사람은 너무나 애가 탑니다. 어느새 하루가 다 가고 있는데 오늘 밥벌이를 못 했습니다. 이렇게 빈손으로 집에 돌아가면 배고픈 자식들이 얼마나 실망할까? 마음이 너무 무겁습니다. '오늘 하루 공쳤다'는 생각에 풀이 죽어 터벅터벅 집으로 돌아가는데, 누군가가 등뒤에서 소리칩니다. "어이, 여보게! 우리 농장에 와서 일하지 않겠나?"

세상에, 믿을 수가 없네요. 일할 시간이 한 시간밖에 남지 않았지만, 한 시간 임금이라도 벌어 가면 그나마 식구들 입에 풀칠은 할 수 있을 것 같아 신이 나서 뛰어갑니다. 그리고 자기를 고용해 준 농장 주인이 너무도 고마워 다른 사람 열 몫의 일을 합니다.

일찍 믿어서 오랫동안 신앙생활을 한 게 억울한가요? 남들은 주님을 알지 못해 일생토록 헛된 것만 쫓아다니면서 허탈함과 비굴함과 외로움과 불안감에 시달릴 때, 나는 주님이 주시는 평안과 사랑과 은혜와 축복을 엄청나게 받아 누렸는데도요? 아침 9시에 고용되어 하루 종일 일한 사람은 비록 몸은 피곤할지 몰라도 마음만큼은 얼마나 행복했겠습니까? 그러니 하루라도 더 일찍 주님을 알게 된 걸 감사해야겠지요?

(2) 1등에겐 예수님이 필요없다!

교회에서 가장 신앙 좋은 사람부터 순서대로 줄을 세운다면? 1등 목사님, 2등 장로님, 3등 권사님, 4등 집사님… 그러다가 맨 꼴찌는 초신자. 이게 일반적인 생각이죠? 하지만 예수님의 판정 기준은 우리와 전혀 다르답니다. '난 신앙생활을 정말 잘 하고 있어.'라고 생각하는 사람은 하나님 앞에 나가 무슨 기도를 할까요? "하나님, 제가 ＊＊처럼 죄짓지 않게 해주셔서 감사합니다. 저는 십일조도 잘 하고, 교회 봉사도 많이 하고, 성경도 많이 읽고, 가난한 사람들도 많이 도와주죠."라는 기도를 하겠죠? 이 기도, 어디서 많이 들어 보지 않았나요? 네, '바리새인과 세리의 기도' 이야기에 나오는 바리새인의 기도죠. 하지만 예수님을 갓 알게 된 초신자는 어떤 기도를 할까요? "하나님, 전 하나님을 모른 채로 수많은 죄를 지으며 살아왔어요. 하나님, 죄송해요. 저 같은 죄인도 구원받을 수 있을까요?" 이 중에서 하나님은 누구의 기도를 들으시고, 누굴 더 의롭다고 하실까요?(정답은 눅 18:9-14에!) 그러니 꼭 기억하세요. 내가 상위권이라고 생각하는 순간, 나의 영성은 나락으로 떨어진다는 사실을요!

"너희가 (하나님 왕국에 들어가는) 암호 - 예를 들면 '주여, 주여' 같은 것 - 를 정확히 알고 있다 해도, 나 있는 데로 따라 들어올 수는 없을 거야. (하나님 왕국에 들어가기 위해) 진짜 필요한 것은 온전한 순종 - 내 아버지께서 원하시는 걸 행하는 것 - 이거든. 최후의 심판 때 수많은 사람들이 으스대며 내게 다가와서는 이렇게 말할 게 벌써 내 눈에 선하구나. "주님, 우리가 '메시지'를 전했어요. 우린 마귀를 때려눕혔어요. 우리가 벌였던 '하나님 프로젝트'가 인터넷 검색어 1위에 올랐어요." 그때 내가 뭐라고 할지 짐작이 가니? "기회는 물 건너갔구나. 너희는 온통 너희 자신이 득세하는 데에만 혈안이 되어 날 이용했잖니? 그런 일로는 날 전혀 감동시킬 수가 없단다. 썩 물러가지 못할까?"

- 마 7:21-23 (유진 피터슨의 『메시지』, 허계영 개인번역)

"하나님께서 구하시는 제사는 상한 심령이라
하나님이여 상하고 통회하는 마음을 주께서 멸시하지 아니하시리이다" - 시 51:17

(9) 사두개인 (Sadducees)

사두개파는 바리새파와 달리 세속적 가치관을 따르던 종파였어요. 그들은 부활이나 천사 그리고 영을 믿지 않았죠. 세속적인 가치, 즉 돈, 명예, 권력 등을 대놓고 탐했기 때문에 종

교적, 사회적, 경제적 상류층에 속했지만 백성들의 지지는 못 받았어요. 예수님 당시 제사장(종교적 상류층)들도 다 사두개인이었죠. 사두개인은 원래 사독 제사장의 후예들이에요(발음도 비슷하지요? - 왕상 2:35). 이들은 권력유지를 위해 로마와 결탁했고 성전을 중심으로 막대한 부를 축적했어요. 그래서 성전을 정화하신 예수님에 대해 적개심을 품고 있다가 결국 예수님의 처형을 주도하게 되죠.

'아브라함의 하나님, 이삭의 하나님, 야곱의 하나님'이 왜 부활의 증거가 될까?

그리고 죽은 자들에 대해서 말인데, 죽은 자들이 부활하는지 아닌지 성경을 읽어보지 못했소? 하나님께서 떨기나무 가운데에서 모세에게 말씀하신 구절에, '나는 아브라함의 하나님, 이삭의 하나님, 야곱의 하나님이다'(am) - '이었다'가 아님 (not was)! - 라고 하신 걸 못 읽어 봤냐 말이오(영어문법 공부 좀 하시오! 『성문기본영어』도 못 뗀 것 같구먼^^). 살아 계신 하나님은 살아 있는 사람들의 하나님이지 죽은 사람들의 하나님이 아니란 말이오. 당신들은 정말 기본도 모르는구려('성경 기초입문' 과목 낙제! 필히 재수강할 것!^^)."

- 막 12:24-27 (유진 피터슨의 『메시지』, 허계영 개인번역)

부활이 없다고 믿는 사두개인들과의 논쟁에서 예수님께서는 '나는 아브라함의 하나님, 이삭의 하나님, 야곱의 하나님이다.'라는 성경 말씀을 인용하시면서 마치 이게 부활의 증거인 양 말씀하시죠. 왜 그러셨을까요? 이것을 한국어 성경으로 보면 이해하기가 좀 어렵지만, 영어 성경으로 보면 '…의 하나님이다(am)'라고 하셨지 '…의 하나님이었다(was)'라고 하시지 않은 걸 알 수 있어요. 즉, be 동사의 과거형 시제가 아니라 현재형 시제를 쓰고 계시다는 거죠.

우리도 이미 죽은 사람을 가리켜 "그분 내 은사님이야."라고 하지 않고, "그분 내 은사님이셨어." 라고 과거형으로 얘기하잖아요? 현재형 동사를 쓴다는 것은 '그 사람이 현재 살아 있다'는 뜻이죠. 즉, 위의 말씀은 '아브라함과 이삭과 야곱이 지금 살아 있다'는 뜻인 거예요. 그리고 이미 죽은 그들이 살아 있다는 것은, 그들이 부활했다는 뜻이겠죠? 어때요? 예수님의 이러한 논리적 설명, 그 지혜가 너무 놀랍지 않나요?

(10) 서기관 (율법사, Teachers of the Law, Scribes)

서기관은 구약 성경에 정통한 율법학자로서 오늘날의 신학대학 교수와 같은 사람들입니다. 바리새파의 수장들로서 백성들의 존경을 받았지요. 원래는 율법을 필사하는 게 주업무였지만, 점차 율법을 연구하고 가르치기도 했어요. 또한 일반 백성들이 율법을 실생활에 어떻게 적용해야 할지 시행세칙을 만들어 백성들을 종교적으로 통제하기도 했죠. 구약학 박사들인 그들은 구약에 예언된 '오실 메시아(그리스도)'를 그토록 기다렸지만, 결국 메시아 예수님을 못 알아보고 십자가에 처형하고 말지요. 정말 아이러니지요? 서기관들이 어떻게 이렇게 말도 안 되는 어이없는 실수를 했을까요? 이것은 예수님께서 말씀하신 것처럼 서기관들이 진정한 믿음엔 관심이 없고 법조항에 문자적으로 얽매어 스스로 의로워지려는 위선자들이었기 때문이랍니다.

"화 있을진저 너희 외식하는 서기관들과 바리새인들이여" - 마 23:13-39

(11) 제사장 (Priests)

성전에서 제사를 드리던 유대인 종교 지도자들이죠. 제사장들 중 최고 지도자는 대제사장이었어요. 제사장은 원래 '사랑으로 백성들을 마음에 품고, 백성들을 대신해

서 하나님 앞에 겸손히 나아가야 할 사람'임에도 불구하고, 예수님 시대의 제사장들은 사리사욕에 눈이 멀어 돈과 권력을 차지했지요. 상인들에게 성전 안에서 제물을 파는 사업허가를 내주는 대신 많은 뇌물을 받아 부를 축적한 것도 다 제사장들이었어요. 제사장은 원래 아론의 후예들이었고, 그중 장손은 대제사장직을 물려받았는데, 이것은 종신직이었어요. 그 말은 '한 시대에

대제사장은 한 명이어야 한다'는 뜻이죠. 그런데 예수님 시대에는 대제사장이 두 명이었어요. 안나스와 가야바로, 장인과 사위예요. 어떻게 된 거냐고요? 원래는 안나스가 대제사장이었지만 빌라도의 전임 총독이었던 그라투스에 의해 해임되고, 사위인 가야바가 대제사장에 임명되었기 때문이에요. 이렇게 명목상의 대제사장은 가야바였지만, 가야바는 혈통상 대제사장의 정통성이 없었기 때문에 백성들은 여전히 안나스를 대제사장으로 인정하고 따랐지요. 그래서 예수님께서 재판을 받으실 때에도 먼저 안나스에게 끌려가셨다가 가야바에게도 끌려가셨던 거랍니다(요 18:24).

(12) 레위인 (Levites)

레위 지파의 남자들 중에 제사장들을 뺀 나머지 사람들은 다 레위인이에요. 성전에서 찬양, 연주, 경비, 성물 운반 등 제사장의 보조 역할을 했지요. 또한 백성에게 율법을 교육하는 책임도 맡았다고 해요.

(13) 산헤드린 (공회, Sanhedrin)

히브리어로 '산헤드린'이란 말은 '의회, 공회'라는 뜻이에요. 유대인 최고 재판기관이자 의결기관으로(오늘날의 대법원＋국회) 의장은 대제사장이었어요. 당시 산헤드린은 사형언도를 내릴 수는 있었지만 사형집행권은 없었어요. 그래서 예수님도 산헤드린에서 재판을 받으셨지만 결국 총독 빌라도가 사형집행령을 내렸던 거예요. 산헤드린은 의장(대제사장) 1명과 제사장 24명, 평민 대표-장로 24명, 서기관 22명- 등 총 70명의 의원(＝관원＝공회원)으로 구성되었어요. 그중 대제사장과 제사장들은 다 사두개인이었고, 서기관들은 다 바리새인들이었죠(앞에서 배운 것 기억나시죠?).

성경에 기록된 공회원으로는 ① 밤중에 예수님을 찾아왔던 니고데모(요 3:1-2)와 ② 예수님께 무덤을 제공했던 아리마대 사람 요셉이 있어요(요 19:38-39). 산헤드린에서 예수님에게 사형언도를 내렸음에도 불구하고 공회원인 이들이 예수님의 시신을 수습한 걸 보면, 공회원이라는 지위에 연연하지 않는 진정한 믿음을 가졌던 것 같아요. 훗날 베드로와 요한(행 4:5-22), 사도 바울(행 22:30-23:10)도 예수님처럼 산헤드린에서 재판을 받는 영광(?)을 누리죠.

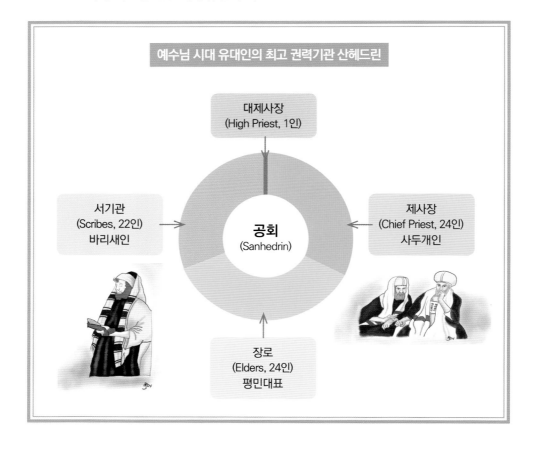

(14) 사마리아인 (Samaritan)

북이스라엘이 앗수르에게 멸망당했을 때 앗수르는 피정복민들의 민족의식을 말살하기 위해 혼혈정책을 썼어요. 즉, 북이스라엘 사람들을 타지역으로 강제 이주시키고, 타지역 식민지 백성들을 북이스라엘로 이주시켜 서로 혼인하게 했던 거죠. 그 결과 북이스라엘의 수도였던 사마리아에 순수혈통을 지닌 이스라엘 사람은 거의 없었고, 혼혈민족인 사마리아인들이 생겨나게 된 거예요. 반면, 남유다 사람들은 바벨론 포로 시절에도 순수혈통을 유지했기 때문에 혼혈민족인 사마리아인들을 동족으로 인정하기는커녕 '개'라고 부를 정도로 멸시하고 천대했어요(요 4:1-42). 그 결과 유대인과 사마리아인은 서로 원수처럼 지내게 돼요.

게다가 바벨론 포로 생활을 마치고 귀환한 유대인들이 예루살렘 성전을 재건할 때 사마리아인들도 참여를 원했지만 유대인들은 이를 거절했고, 이에 분개한 사마리아인들은 성전 재건을 방해함으로써(스 4:6-24) 유대인들과 사마리아인들 사이의 골은 더 깊어졌죠. 이러한 관계가 예수님 시대까지 이어져, 유대인들이 북쪽 갈릴리 지역에서 남쪽 유대 지역으로 갈 때 사마리아 땅을 지나지 않으려고 요단강을 두 번씩이나 건너 두 배 이상 먼 길로 돌아가곤 했어요.

이렇게 당시 유대인들은 사마리아인들과 접촉하거나 대화하는 게 금기였어요(눅 9:51-55). 이러한 상황에서 예수님이 '선한 사마리아인' 이야기(눅 10:29-37)를 들려주신 것과 일부러 사마리아 지역을 통과해 가시다가 우물가의 여인을 만나주셨던 것은 다분히 의도적이셨다는 것을 알 수 있죠(요 4:1-26).

4복음서의 비교

	마태복음	마가복음	누가복음	요한복음
저자의 국적	유대인	유대인	이방인	유대인
독자	유대인	로마인	헬라인	온 세계인
예수님 묘사	왕	종	인자	하나님
천국 묘사	천국	하나님 나라	하나님 나라	영생
동물 비유 (겔 1:4-7·10, 계 4:7)	사자 (창 49:9)	송아지	사람	독수리
기록 순서	3	1	2	4
주요 단어 (헬라어)	낳다 (gennao)	즉시 (euthus)	찾다 (hurisko)	믿다 (pisteuo)
특징 (헬라어)	왕의 선포 (Didache)	종의 섬김 (Diakonia)	인자의 위로 (Paraklesis)	하나님의 보혜사 (Parakletos)

하나님께서는 왜 우리에게 복음서를 네 개나 주셨을까요(서로 중복되는 내용도 많은데)? 복음서는 예수님의 생애와 말씀과 가르침 그리고 사역을 자세히 기술한 '성경의 최고 핵심부'라고 볼 수 있지요(성경의 핵=예수 그리스도). 이렇게 중요한 비중을 차지하는 만큼 네 개의 복음서를 통해 우리가 예수 그리스도를 '전방위적으로' 관찰하고 배울 수 있는 것이죠. 즉, 4복음서는 앞에서, 옆에서, 뒤에서 그리고 위에서 다각도로 봄으로써 예수님의 모습을 더 정확하게 파악할 수 있게 해주신 하나님의 배려랍니다.

4복음서 중 가장 먼저 쓰인 책은? 마가복음이랍니다! 그래서 마가복음이 나머지 복음서들의 원조 참고서가 되었지요(마가복음 내용의 92%가 마태복음에도 공통적으로 기록되어 있어요). 그렇다면, 예수님의 제자도 아니었던 마가가 어떻게 가장 먼저 예수님의 행적을 담은 복음서를 기록할 수 있었을까요? 마가는 사실 베드로의 수행 비서였어요(벧전 5:14). 그래서 마가가 예수님의 수제자였던 베드로의 이야기를 듣고 마가복음을 기록했을 것으로 추정하죠. 따라서 사실 마가복음은 베드로복음이나 마찬가지랍니다.

4복음서가 스케치한 예수님의 모습

또 재미있는 것은, 4복음서가 예수님을 에스겔서(겔 1:10)나 요한계시록(계 4:6-8)에 나오는 네 생물의 모습으로 각각 그렸다는 사실이에요. ① 마태복음은 '왕으로 오신 예수님'을 동물의 왕인 사자로 ② 마가복음은 '종으로 오신 예수님'을 종처럼 평생 주인을 위해 섬기는 송아지로 ③ 누가복음은 '인자(人子)로 오신 예수님'을 사람으로 ④ 요한복음은 '하나님이신 예수님'을 독수리로 스케치했답니다. 특별히 마태·마가·누가복음은 공통된 내용이 많아서 공관(共觀, 같은 관점의)복음이라고 해요.

(1) 마태복음

마태복음은 '구약 성경을 잘 아는 유대인들'을 대상으로 썼기 때문에 '예수님이 바로 우리가 기다리던 메시아다'라는 사실을 깨닫도록, 구약 성경의 '메시아 예언'을 많이 인용하면서 그게 어떻게 성취되었는지를 하나하나 증명해 나가죠. 또 마태복음 1장엔 예수님의 족보(=왕의 족보)가 나와 있어요. 일반 평민이나 노비와는 달리 왕들은 족보가 굉장히 중요하죠. 실제로 구약에 다윗 왕의 후손(=왕의 혈통)으로 오실 메시아가 예언되어 있는데(사 9:7), 이 족보를 통해서 예수님이 바로 그분임을 강조하죠. 또 마태의 직업이 세리였던 만큼 평소에 장부정리를 꼼꼼히 하던 직업병(?)이 반영되어 마태복음은 주제별로 정리가 잘된, 가장 체계적인 복음서랍니다.

(2) 마가복음

마가복음은 '종으로 오신 예수님'을 그리고 있는 만큼 예수님의 말씀이나 가르침보다는 행동에 더 많은 지면을 할애하고 있답니다(종이 말없이 일만 하듯). "인자가 온 것은 섬김을 받으려 함이 아니라 도리어 섬기려 하고 자기 목숨을 많은 사람의 대속물로 주려 함이니라"(막 10:45)는 말씀을 통해 예수님께서 종으로 섬기려 오신 모습을 강조합니다.

(3) 누가복음

누가복음은 특별히 예수님의 인성을 많이 강조하죠. 또한 저자인 누가 자신이 이방인(헬라인)이었던 데다 독자도 이방인들이었기 때문에 이방인과 사회 약자층의 이야기도 많이 다루고 있답니다. 왕의 복음인 마태복음에서는 큰 인물들(고위층, 남자, 유대인 등)을 많이 다루고 있는 반면, 누가복음은 당시 별로 주목받지 못하던 소외계층(평민들, 여자, 이방인 등)을 많이 다루지요. 예를 들어 마태복음은 예수님의 탄생 시 국빈급 인사인 동방 박사들이 경배하러 온 사건을 실었지만, 누가복음에는 한밤중에 아무도 봐주지 않는 곳에서 3D 업종(양치는 일)을 묵묵히 감당하던 목자들이 아기 예수님을 경배한 이야기가 실려 있어요. 특별히 아기 예수 탄생을 축하하며 경배하는 천사들의 합창(갈라쇼^^)을 단지 이 몇 명의 목자들에게 보여준 장면도 누가복음에만 기록되어 있죠.

만약 누가복음이 없었더라면 우리는 마리아와 엘리사벳, 시므온과 안나, 예수님의 어린 시절, 향유옥합을 깨뜨린 여인, 나인성 과부, 선한 사마리아인, 마르다와 마리아, 거지 나사로, 바리새인과 세리의 기도, 삭개오 등 작은 인물들의 아름다운 이야기를 결코 알 수 없었을 거예요. 특히 누가복음 15장에는 3가지 '잃어버린 것을 찾는 이야기'가 나오는데, 누가는 처음엔 잃은 양(1/100), 다음엔 잃어버린 드라크마(1/10), 마지막엔 돌아온 탕자(1/2) 이야기를 순서대로 배치해 '잃어버린 영혼'에 대한 하나님의 안타까움을 점진적으로 더 강렬하게 표현하지요. 또한 누가의 직업이 의사였던 만큼 누가복음에는 병자들의 증상이나 치료 과정이 훨씬 더 정교하게 표현되어 있답니다(누가의 직업병!^^).

(4) 요한복음

요한복음은 다른 복음서와 공통되는 부분이 8%에 불과할 정도로 나머지 세 복음서에서는 찾아볼 수 없는 독특한 내용들이 많이 있어요. 예를 들어 요한복음은 "태초에 말씀이 계시니라 이 말씀이 하나님과 함께 계셨으니 이 말씀은 곧 하나님이시니라"(요 1:1)라는 장엄한 선포로 시작되는데, 이것은 예수님이 곧 하나님이라는 직접적인 선포라고 볼 수 있죠. 요한복음에는 특별히 7개의 '에고 에이미(I am)' 선언이 나오는데, 이 역시 '예수님=하나님'이라는 또 다른 선포로서 다음과 같은 내용들이죠 ① 나는 생명의 떡이다(요 6:35) ② 나는 세상의 빛이다(요 8:12) ③ 나는 문이다(요 10:7/10:9) ④ 나는 선한 목자다(요 10:11) ⑤ 나는 부활이요 생명이다(요 11:25) ⑥ 나는 길이요 진리요 생명이다(요 14:6) ⑦ 나는 참 포도나무다(요 15:1/15:5). 이렇게 요한복음은 마치 새가 공중에서 내려다보듯이(이걸 '조감도(鳥瞰圖)'라고 하죠.) 하늘나라의 관점에서 '하나님이신 예수님'을 스케치했답니다.

왜 예수님만이 메시아이신가?

- **오랫동안 일관되게 예언됨** : 구약 성경에는 메시아에 대한 예언이 300개 이상 나옵니다. 그런데 예수님이 그 예언을 다 이루셨습니다! 타종교의 성인(聖人)들 중 이렇게 일관되게 예언되고, 이렇게 완벽하게 예언을 이룬 사람은 단 한 명도 없지요.

- **수많은 기사와 이적을 행하심** : 인류 역사에서 예수님처럼 많은 기적을 행하신 분은 없습니다. 예수님이 행하셨던 기적들이야말로 예수님이 곧 창조주 하나님이시라는 확실한 증거지요.

- **인류의 죄 문제를 대신 해결해 주심** : 예수님은 그렇게 많은 능력을 갖고 계셨음에도 불구하고 구약에 예언된 대로 스스로 십자가를 지심으로써 인류의 죄 문제를 대신 해결해 주셨습니다. 지금껏 그 어떤 성인(聖人)도 이런 희생을 치른 사람은 없습니다.

- **부활, 승천하심** : 타종교의 성인(聖人)들은 여느 인간과 마찬가지로 다 죽었습니다. 그렇지만 예수님은 돌아가신 후 다시 살아나셨고, 또 많은 사람이 보는 가운데 승천하셨지요. '부활'은 타 종교에서는 찾아볼 수 없는 기독교만의 독특한 개념이랍니다.

예수님의 족보

많은 사람들이 성경을 읽겠다는 야심찬 결심으로 마태복음 1장을 펼치지만, 곧 몹시 당혹스러워하죠. 발음하기도 어려운 이름들과 '낳고 낳고'란 말이 수없이 반복되어 너무 지루하기 때문이지요. 이 사실을 모를 리 없는 마태가 굳이 예수님의 족보로 마태복음을 시작한 이유가 뭘까요? 그것은 '왕이신 예수님'을 강조하기 위해서였답니다!

그런데 이 예수님의 족보에 대해 조금만 체계를 잡고 읽으면 그다지 어렵지 않답니다. 예수님의 족보에는 네 개의 중요한 단어가 나오는데, 그게 바로 '아브라함 – 다윗 – 바벨론 포로 – 그리스도'이고, 이 단어들 사이에 각각 14대의 인물이 나옵니다. 그리고 이 네 단어(인물)는 다음 표와 같이 하나님 왕국의 다른 면들을 보여주죠.

예수님의 족보(마 1:1-17)

아브라함	다윗	바벨론 포로	그리스도
2000 BC	1000 BC	600 BC	0년
약속된 왕국	예표적 왕국	징벌받은 왕국	완벽한 왕국
Promised Kingdom	Provisional Kingdom	Punished Kingdom	Perfect Kingdom

예수님의 족보에서 빠진 왕들

예수님의 족보에는 모두 15명의 왕 이름이 나옵니다. 그런데 사실 이것은 7명의 이름이 빠져 있는 거랍니다. ⑥ 아하시야 ⑦ 아달랴 ⑧ 요아스 ⑨ 아마샤 ⑰ 여호아하스 ⑱ 여호야김 ⑳ 시드기야가 빠진 사람들이에요.

그중 ⑥ 아하시야 ⑧ 요아스 ⑨ 아마샤 이 세 사람은 ⑦ 아달랴의 '아들–손자–증손자'지요. 아달랴는 본래 북이스라엘의 아합과 이세벨 부부의 딸이었는데, 남유다의 여호람 왕과 정략결혼을 하면서 남유다에 우상을 들여와 온 백성을 우상숭배의 죄에 빠뜨린 장본인이었죠. 그래서 마태가 일부러 아달랴의 3대손까지 예수님의 족보에서 제외시킨 것 같습니다(실제로 고대 근동에서 족보를 기록할 때는 중간중간에 별로 중요치 않은 이름들은 빼는 관습이 있었다고 해요).

그리고 남유다 말기의 왕들 중 ⑯ 요시야의 세 아들인 ⑰ 여호아하스 ⑱ 여호야김 ⑳ 시드기야를 빼고 요시야의 손자인 ⑲ 여호야긴으로 바로 이어집니다. 누락된 이 세 명 역시 남유다 말기에 끝까지 하나님께 불순종하며 고집을 피운 왕들이라서 마태가 일부러 뺀 게 아닌가 추측한답니다.

예수님의 족보에서 빠진 왕들

다윗	솔로몬	총 20왕	선한 왕	악한 왕
1 르호보암	2 아비야	3 아사	4 여호사밧	5 여호람
6 아하시야	7 아달랴	8 요아스	9 아마샤	10 웃시야
11 요담	12 아하스	13 히스기야	14 므낫세	15 아몬
16 요시야	17 여호아하스	18 여호야김	19 여호야긴	20 시드기야

예수님의 족보엔 몇 사람이?

예수님의 족보는 14대씩 3그룹으로 정리돼 있지요. 그럼 14×3＝42로 모두 42명이어야 할 것 같은데, 사실은 41명이랍니다. 왜 그럴까요? 그것은 다윗이 두 번 중복되어 나오기 때문이에요. 아래 표를 보시면 쉽게 아실 수 있을 거예요.

14 × 3 - 1 = 41

아브라함부터 그리스도까지 총 41명

파란 선 안의 인물들은 왕 →

	아브라함 ~ 다윗	다윗 ~ 바벨론	바벨론 ~ 그리스도
1	아브라함	다윗	여고냐
2	이삭	솔로몬	스알디엘
3	야곱	르호보암	스룹바벨
4	유다	아비야	아비훗
5	베레스	아사	엘리아김
6	헤스론	여호사밧	아소르
7	람	요람	사독
8	아미나답	웃시야	아킴
9	나손	요담	엘리웃
10	살몬	아하스	엘르아살
11	보아스	히스기야	맛단
12	오벳	므낫세	야곱
13	이새	아못	요셉
14	다윗	요시야	예수 그리스도

왜 굳이 14대일까?

그렇다면 마태는 왜 굳이 14대씩 3그룹으로 족보를 정리했을까요(중간에 이름을 빼기도 하고 중복해서 하나 더 넣기도 해가면서 말이에요)? 그 이유는 유대인들에게 14라는 숫자가 매우 중요하기 때문이에요. 히브리 알파벳은 한 글자 한 글자가 다 고유한 숫자를 가지고 있는데(a=1, b=2, c=3··· 이런 식으로요), 다윗(David)이라는 이름의 자음인 DVD의 숫자 3개를 합하면 14가 되지요. 그래서 유대인들은 14가 다윗 왕의 숫자라는 사실을 누구나 안다고 해요. 마태는 이렇게 족보를 14대씩 3그룹으로 정리함으로써 '예수님=구약성경에 누누이 예언된 다윗의 자손=메시아'(렘 23:5, 렘 30:9, 사 9:7)란 사실을 암시하고 있는 것이죠.

다윗 왕 이름의 숫자적 표현

David

| dalet 4 | + | vav 6 | + | dalet 4 | = 14 |

14 = 7 × 2
7 : 완전수

보석줍기 | 마태복음과 누가복음의 족보는 왜 다를까?

마태와 누가는 둘 다 '요셉(예수님의 법적인 아버지)의 족보'를 기록하고 있지만, 족보의 이름들은 완전히 다릅니다. 왜 그럴까요? 둘 중 하나는 잘못된 걸까요? 신약 성경을 기록한 헬라어에는 '사위'에 해당하는 단어가 없다고 합니다. 그래서 성경학자들은 '사위'를 '아들'로 기록했을 것이라고 추정합니다. 즉, 마태는 예수님의 아버지 요셉을 '야곱의 아들'이라고 기록했고, 누가는 요셉을 '헬리의 아들'이라고 기록했는데, 누가복음에 나오는 '헬리의 아들'은 사실상 '헬리의 사위'라는 뜻인 거죠. 즉, 마태는 예수님의 아버지 요셉의 족보를, 누가는 예수님의 어머니 마리아의 족보를 기록한 것으로 본답니다.

예수그리스도 – 이름의의미

저는 어렸을 때, '예수 그리스도'라 하면, '예수'가 이름이고 '그리스도'가 성(姓)인 줄 알았어요(조지 워싱턴처럼요^^). '예수'가 인명(고유명사)인 건 맞지만 '그리스도'는 직분(일반명사)이라는 걸 나중에서야 알게 됐죠.

'예수'는 당시 유대인들 사이에 흔한 이름이었는데, 그 뜻은 '구원자'예요. 천사가 요셉의 꿈에 나타나 "아들을 낳으리니 이름을 예수라 하라 이는 그가 자기 백성을 저희 죄에서 구원할 자이심이라"(마 1:21)라고 했던 것도 이런 이유에서였죠.

반면 '그리스도'는 헬라어로 '기름 부음을 받은 자'라는 의미가 있는데, 그리스도를 히브리어로는 '메시아'라고 하지요. 구약시대 때 기름 부음을 받는 사람은 세 부류가 있었어요. ① 선지자 ② 왕 ③ 제사장이죠. 그런데 예수님이야말로 ① 하나님 왕국을 보여주신 선지자 ② 우리의 진정한 왕 ③ 우리 죄를 대신해서 자기 자신을 제물로 드리신 제사장이시죠. 그래서 유대인들은 '메시아'를 자기들을 로마의 식민통치로부터 구원해 줄 진정한 통치자로 여기고 기다렸던 거예요.

호칭	예수	그리스도	메시아
어느 언어?	히브리어	헬라어	히브리어
원어로?	יֵשׁוּעַ	Χριστος	מָשִׁיחַ
영어로?	Jesus	Christ	Messiah
이름의 의미?	구세주 (마 1:21)	기름 부음을 받은 자 (눅 2:11)	기름 부음을 받은 자 (눅 2:11)

기름 부음을 받은 자 = 선지자 + 왕 + 제사장 = 메시아 = 그리스도

예수의 동명이인들

앞에서 '예수'가 사람 이름이라고 했죠? 그래서 성경에는 '예수'라는 이름을 가진 사람들이 종종 나온답니다. 구약 성경의 '여호수아'나 '호세아' 또는 '예수아'란 이름 역시 '예수'와 같은 이름으로서 발음만 살짝 변형된 거랍니다. 신약 성경에는 '유스도라 하는 예수'가 골로새서에 나오죠.

예수(Jesus)의 동명이인들

1. 여호수아 Joshua (수 1:1)
2. 호세아 Hosea (호 1:1)
3. 예수아 Joshua (스 2:2)
4. 유스도라 하는 예수 Jesus who is called Justus (골 4:11)

예수님 시대의 팔레스타인 지리

구약시대 때 '가나안'이라고 불린 땅이 신약시대에는 '팔레스타인'이라고 불렸다고 했죠? 그럼 예수님 시대에 팔레스타인 땅은 어떤 행정구역으로 나뉘었는지 그리고 거기에 어떤 도시와 마을이 있었는지 한번 공부해 볼까요? 당시 팔레스타인은 6개의 행정구역(우리나라의 '도' 개념)으로 나뉘어 있었어요.

(1) 물부터 정리!

앞에서 성경 지도를 볼 때 바다, 호수, 강
등 물을 먼저 찾으면 쉽다고 했죠? 옆의 지
도에서 먼저 ① 지중해부터 찾아볼까요?
그다음 호수 두 개, ② 위쪽의 갈릴리 ③ 아
래쪽의 사해(염해)를 찾아보세요. 그리고
그 사이를 흐르는 강이 ④ 요단강!
이렇게 해서 물이 다 정리됐네요.

(2) 6개의 행정구역

헤롯 대왕이 죽으면서 팔레스타인 땅을 세
아들에게 나눠 주어 분할 통치하게 했어요.
이 세 명의 왕을 '분봉왕(分封王, tetrarch)'
이라고 부르죠.

팔레스타인 6개 지역 중에 3개가 요단강 서쪽에(세 지역의 경계선을 현재로서는 알 수
없기 때문에 대략적인 구분을 해 봤어요), 그리고 다른 3개가 동쪽에 있어요. 서쪽에는
① 갈릴리 ② 사마리아 ③ 유대가 있고, 동쪽에는 ④ 이두래 ⑤ 데가볼리 ⑥ 베레아가
있죠.

(3) 중요한 4개 도시

갈릴리 지역의 ① 가버나움 ② 나사렛과, 유대지역의 ③ 예루살렘 ④ 베들레헴, 이렇게
4개 도시는 꼭 알아둬야 합니다(갑자기 어려운 이름들이 너무 많이 나와서 헷갈리시죠?
걱정 마세요. 쉽게 외우는 방법이 있답니다). 우선 북쪽부터 남쪽의 순서대로 4개 도시
이름의 앞 글자만 따면 '가-나-예-베'가 되죠? 그리고 서쪽의 3개 지역 앞 글자만 따
면 '갈-사-유', 동쪽의 3개 지역 앞 글자만 따면 '이-데-베'가 되고요?

팔레스타인의 6개 지역, 4개 도시 이름 쉽게 외우기! (경상도 사투리가 필살기!)

A : 니, 가나? (가버나움 – 나사렛)

B : 나? 어디 가냔 말이가?

A : 예배! (예루살렘 – 베들레헴)

B : 내가 예배를 왜 가는데?

A : 갈 사유 있대매! (갈릴리 – 사마리아 – 유대 – 이두래 – 데가볼리 – 베레아)

4개 도시가 왜 중요할까?

- **예루살렘 : 수도**(성전이 있던 곳. 예수님이 수난 받으시고 부활, 승천하신 곳)
- **베들레헴 : 출생**(예수님의 부모가 조상 다윗의 본적지인 베들레헴으로 호적하러 갔을 때 예수님이 탄생하심. '베들레헴'은 '떡집'이란 뜻으로 '생명의 떡'이신 예수님을 상징)
- **나사렛 : 성장**(예수님의 부모가 원래 살던 곳. 예수님의 목수 공방이 있던 곳. 그래서 사람들이 '나사렛 사람 예수'라고 불렀음)
- **가버나움 : 사역**(예수님이 원래 사시던 나사렛은 아주 작은 산골 마을이었기 때문에 공생애 2년 차 때 효과적인 사역 전략의 일환으로 번화한 대도시인 가버나움으로 거주지를 옮기심)

갈릴리 호수의 다른 이름들

갈릴리 호수는 여러 다른 이름을 가지고 있어요. 이 이름들을 잘 정리해 두면 성경 읽을 때 혼돈을 피할 수 있습니다. 갈릴리는 원래 호수지만, 당시 사람들에겐 바다처럼 크게 보였기 때문에 ① 갈릴리 바다라고도 불렸죠. 또 갈릴리 호수의 남서쪽에 '디베랴'라는 도시가 있는데, 로마의 제2대 황제 티베리우스(디베료)에게 헌정된 도시라서 황제 이름을 따 이렇게 불렀다고 해요. 갈릴리 호수가 내려다보이는 아주 전망 좋은 호반의 도시, 디베랴! 이 도시 이름을 따서 갈릴리 호수를 ② 디베랴 호수라고도 불렀답니다(요 6:1). 그런가 하면 갈릴리 호수 서쪽에 '게네사렛'이라는 도시가 있지요? 이 '게네사렛'은 '긴네렛(수 11:2)'과 같은 말인데, 원래는 수금(손 하프)이라는 악기 이름이에요. 그런데 갈릴리가 이 악기 모양과 비슷하다고 해서 호숫가 도시와 호수에 ③ 게네사렛 호수 ④ 긴네렛 호수라는 이름이 붙었지요. 이런 이유로 갈릴리 호수는 이렇게 여러가지 이름을 갖게 되었답니다.

갈릴리 호수의 다른 이름들

• 갈릴리 바다
• 디베랴 호수
• 게네사렛 호수
• 긴네렛 호수

세 분봉왕의 통치 지역

앞에서 공부한 팔레스타인의 6개 지역, 기억하세요?

갈-사-유-이-데-베

세 명의 분봉왕(分封王) 중 누가 어느 지역을 통치했는지 한번 살펴봅시다(색깔로 기억하시면 기억이 오래 갈 거예요). 분봉왕들의 통치 지역을 알면 성경이 훨씬 더 쉽게 읽혀진답니다.

(1) 세례 요한이 체포된 곳

예를 들어, 헤롯 안디바가 자기 형의 아내인 헤로디아와 결혼한 것에 대해 세례 요한이 비판하자 헤롯 안디바는 세례 요한을 옥에 가두었다가 결국 처형하죠. 세례 요한이 세례를 준 곳은 사해 바로 위 요단강 양쪽, 동편과 서편이었어요. 즉, 베레아와 유대 지역이었죠. 그런데 동편 베레아는 헤롯 안디바가, 서편 유대는 헤롯 아켈라오가 다스렸잖아요? 그래서 헤롯 안디바는 세례 요한이 자기 관할 구역인 요단강 동편 베레아에서 세례를 줄 때 체포했던 거예요.

(2) 예수님 재판에 왜 헤롯 안디바가 나섰을까?

예수님이 십자가에서 처형당하시던 날 새벽에 예수님이 여기저기로 끌려다니시죠? 그 동선에 헤롯 안디바의 거처도 있는데 안디바는 왜 자기 관할 구역도 아닌 유대에 와 있었으며, 왜 예수님의 재판 과정에 참여했던 걸까요? 예수님이 처형당하시던 유월절은 유대인의 가장 큰 절기이기 때문에 많은 유대인이 성전이 있는 예루살렘으로 몰려들었어요. 로마제국의 식민지 백성이었던 유대인들이 이렇게 한곳에 집결했을 때 행여 폭동이 일어날까 봐 로마 정부와 헤롯 왕가는 초긴장 상태였고, 그래서 안디바도 예루살렘에 가 있었던 거예요. 그런데 유대 지역의 총독이었던 빌라도가 재판을 하다가 예수님이 나사렛 사람이란 사실을 알게 되어(나사렛은 어느 지역? 갈릴리!) 갈릴리 지역의 분봉왕인 헤롯 안디바에게 보냈던 거죠(빌라도는 예수님이 무죄라는 사실을 알고 있었기 때문에 어떻게든 그 재판을 회피하고 싶어서 안디바에게 슬쩍 떠넘겼던 거지요. 하지만 안디바도 다시 빌라도에게 떠넘겨, 결국 빌라도가 예수님께 사형 언도를 내리는 악역을 맡게 됐답니다. 그래서 모든 그리스도인들이 사도신경을 외울 때마다 빌라도가 등장하는 거고요^^).

이렇게 분봉왕들의 통치 지역을 알고 나니, 성경이 훨씬 더 입체적으로 다가오지요?

예수님의 공생애

예수님의 공생애 기간은 준비기, 인기기, 핍박기, 수난기로 나눌 수 있어요. 그런데 성경에는 언제부터 언제까지가 준비기인지, 핍박기인지 명확히 표현되어 있지 않아요. 그래서 이 기간들을 구분하는 잣대가 필요한데, 그 잣대는 두 개예요.

첫 번째 잣대는 유월절이에요. 예수님은 '유월절 어린양'으로 오셨기 때문에 예수님의 생애와 유월절은 이렇게 불가분의 관계랍니다.

두 번째 잣대는 세례 요한의 생애예요. 세례 요한이 예수님보다 1년씩 앞서 나가요(출생 시에는 세례 요한이 예수님보다 6개월 앞섰지만요. 과연 그는 예수님의 길을 예비하러 온 사람이었죠!). 즉, 예수님의 준비기 때 세례 요한은 이미 인기기에 들어서 있었고, 예수님의 인기기에는 핍박기로 들어서 투옥을 당하지요. 그러다가 예수님이 핍박기로 들어서실 때 세례 요한은 한 걸음 앞서 수난기로 들어서 순교합니다.

	준비기	인기기	핍박기	수난기
예수님				
	인기기	핍박기	수난기	
세례요한				

| 예수님의 공생애 기간 주요 활동 지역

- 준비기 : 갈릴리의 나사렛
- 인기기 : 갈릴리의 가버나움
- 핍박기 : 유대의 예루살렘
- 수난기 : 유대의 예루살렘

예수님의 3대 사역

"예수께서 모든 성과 촌에 두루 다니사 그들의 회당에서 **가르치시며**
천국 복음을 **전파하시며** 모든 병과 모든 약한 것을 **고치시니라**" – 마 9:35

Teaching(교육)	Preaching(복음 전파)	Healing(치유)

성전과 회당의 차이

- 성전 : 이스라엘 전국에 딱 한 곳. 수도 예루살렘에 있었던 제사 드리는 장소
- 회당 : 이스라엘 각 지역마다 있었던 유대인들의 집회 장소. 안식일에는 회당에서 랍비의 설교를 듣고 평소에는 다음 세대를 교육함(즉, 오늘날의 교회 또는 학교)

포로된 자에게 자유를!

예수님께서는 어느 안식일에 고향인 나사렛의 회당에서 다음의 성경 본문을 가지고 설교하셨죠.

"주의 성령이 내게 임하셨으니 이는 가난한 자에게 복음을 전하게 하시려고
내게 기름을 부으시고 나를 보내사 포로된 자에게 자유를
눈먼 자에게 다시 보게 함을 전파하며 눌린 자를 자유케 하고
주의 은혜의 해를 전파하게 하려 하심이라 하였더라" – 눅 4:18-19

이는 구약의 이사야서에 나오는 말씀(사 61:1-2)으로, 예수님께서 이 땅에 오신 사명을 대변해주는 말씀입니다. 감옥에 있는 사람, 눈먼 사람, 억눌린 사람은 다 출애굽 이전의 죄와 사망의 노예로서 흑암 중에 있는 우리 인간들을 상징하죠. 예수님께서 오셔서 이렇게 사탄의 종으로 살아가던 우리를 위해 대신 몸값을 지불하시고(대속, 代贖) 우리를 해방시켜 주셨습니다.

예수님께서는 또 수많은 병자를 고치셨는데, 그 주류가 소경, 귀머거리, 앉은뱅이, 중풍병자, 나병환자 등이었죠. 물론 예수님께서 인간의 육신의 문제들을 해결해 주신 것도 사실이지만, 그것은 더 근원적인 문제, 즉 우리 영혼의 문제(볼 수도 들을 수도 걸을 수도 없고, 죄로 오염된 상태)를 해결해 주셨음을 상징합니다. 죽은 사람을 살리신 것 역시 하나님을 떠나 죽었던 우리 영혼을 다시 살려 주셨음을 상징하죠. 또 물로 포도주를 만드신 것은 우리 영혼의 기쁨을 회복시켜 주신 것을, 오병이어의 기적을 일으키신 것은 굶주린 우리 영혼을 만족케 해주신 것을 상징하지요.

이처럼 예수님의 3대 사역 즉, 가르치심(Teaching), 전파하심(Preaching), 치유하심(Healing)은 모두 일관된 주제를 가지고 있답니다. 우리의 육신은 이 땅에서 잠깐 있다가 언젠가 사라질 것이지만 우리의 영혼은 하나님 나라에서 영원히 살게 될 것이기 때문에 예수님의 최종 관심사는 우리의 육신이 아닌 영혼이셨던 겁니다.

> "몸을 죽여도 영혼은 죽일 수 없는 사람을 두려워하지 말라.
> 영혼과 몸을 모두 지옥에서 파멸시킬 수 있는
> 그분을 두려워하여라." - 마 10:28

예수님의 공생애 사역

요한은 "예수의 행하신 일이 이 외에도 많으니 만일 낱낱이 기록된다면 이 세상이라도 이 기록된 책을 두기에 부족할 줄 아노라"(요 21:25)라고 했지요. 저 역시 4복음서에 나와 있는 예수님의 공생애 사역을 일일이 다 열거한다면 '이 책이 100권짜리 전집이 되지 않을까' 싶네요. 그래서 여기에선 주요 사건들만 다루어 보겠습니다.

공생애 1년차-준비기

(1) 예수님의 세례 (마 3:13-17) 요단강(베레아 지역)

예수님의 준비기=세례 요한의 인기기! 그래서 '세례 요한의 전도' 장면부터 예수님의 공생애가 시작된답니다. 이때 예수님께서 세례 요한에게 세례를 받으셨는데, 그 장소는 요단강 동편 베레아 지역이었을 것으로 추정됩니다. 원래 세례 요한은 '죄인들'을 회개시키기 위해 세례를 베풀었죠. 그런데 '아무 죄도 없으신' 예수님께서 회개의 세례를 받으신 이유는 우리 죄인들과 똑같아지시겠다는 예수님의 결단으로 해석할 수 있습니다. 즉, 우리 죄인

들의 죄를 대신해서 징벌을 받으시기 위해 오셨기 때문에 죄인들이 받는 세례도 똑같이 받으셨던 거죠(요 1:29-31).

또 한 가지 주목할 것은, 예수님께서 세례 받으실 때 삼위일체가 다 함께 하셨다는 거예요. ① 세례 받으시는 예수님이 계셨고 ② 하늘에서 하나님의 음성이 들렸고 ③ 성령이 비둘기같이 내려오셨죠. 이때 하나님께서는 예수님께 "이는 내 사랑하는 아들이요, 내 기뻐하는 자라"라고 사랑 고백을 하셨지요.

(2) 예수님의 시험 (마 4:1-11) 유대(광야, 성전, 고산)

1) 마귀가 낸 3가지 시험 문제

그후 성령께서 예수님을 광야로 인도하셨어요. 예수님께서는 시험을 치르기 위해 그곳에 가신 거예요. 마귀는 예수님께 낼 시험 문제를 다 출력해 놓고 기다리고 있었어요. 예수님께서는 40일을 밤낮으로 금식하면서 시험 준비를 하셨어요(열공!^^). 금식 후 예수님께서는 물론 극도로 배고프신 상태

였고, 마귀는 이때를 놓치지 않고 첫 번째 시험문제를 냈어요. "당신이 하나님의 아들이라면서요? 그럼 이 돌들을 빵으로 바꿀 수 있는 말(주문, 呪文)이 뭔지 알겠군요. 그 말을 한번 해 보세요!"

예수님께서는 신명기 말씀을 인용해 대답하셨어요. "사람이 살아가는 데 빵보다 더 중요한 게 있다. 그것은 바로 하나님의 입에서 끊임없이 흘러나오는 말씀의 물줄기다."

마귀는 (뻘쭘해진 채^^) 두 번째 시험문제를 내기 위해 예수님을 거룩한 성으로 데리고 갔어요. 마귀는 성전 꼭대기에 앉아서 말했어요. "당신이 하나님의 아들이라면서요? 그럼 뛰어내려 보세요." 마귀는 시편 91편 말씀을 인용해서 예수님을 꼬드겼어요. "주님께서 천사들로 하여금 널 보살피게 하셨다. 천사들이 널 받아서 네 발가락 하나도 돌에 스치지 않도록 보호할 것이다."

예수님께서는 또 다른 신명기 말씀을 인용해서 응수하셨어요. "네 주 하나님을 감히 시험하지 말라."

마귀는 세 번째 시험문제를 내기 위해 꽤 큰 산의 정상으로 예수님을 이끌고 갔어요. 마귀는 과장된 몸짓으로 화려한 세상 왕국들을 가리키며 말했죠. "저 모든 게 다 당신 거요. 그저 무릎 꿇고 날 경배하기만 하면 저 모든 게 다 당신 것이 될 수 있단 말이오."

예수님께서는 단호하게 거절하셨어요. "사탄아, 물러가라!" 그리고 세 번째로 신명기 말씀을 인용하며 호통을 치셨어요. "네 주 하나님을 경배해라. 오로지 그분께만 경배를 드려라. 하나님을 섬길 때 절대 두 마음을 품어서는 안 된다."

예수님께서는 이렇게 시험을 무사히 마치셨어요(A+로 거뜬히 통과!^^). 마귀는 떠나갔고, 천사가 그 자리를 대신했어요! 천사들이 와서 예수님을 섬긴 거죠.

– 마 4:1-11(유진 피터슨의 『메시지』, 허계영 개인번역)

2) 마귀의 시험을 거뜬히 이길 수 있는 비결은?

예수님은 100% 하나님이기도 하셨지만, 100% 인간이기도 하셨어요. 그런 예수님께서 어떻게 마귀의 시험을 거뜬히 이겨내실 수 있었을까요? 그 힌트를 예수님의 세례 장면에서 찾을 수 있답니다. 그것은 "이는 내 사랑하는 아들이요, 내 기뻐하는 자라"라는 하나님의 사랑 고백이었죠!

우리는 중요한 인물의 사랑을 받으면 자존감이 확 올라가고 절로 힘이 나죠. 세상에 남부러울 게 없어요. 하물며 온 우주의 창조주이신 하나님께 사랑받는다는 확신이 있다면? 마음 가득 만족감이 너무 커서 다른 데 마음이 가지 않죠. 예수님께서도 '나는 하나님께 사랑받는 하나님의 아들이다.'라는 뚜렷한 정체성을 갖고 계셨기 때문에 그럴싸해 보이는 세상 것들(물질, 명예, 권력)에는 아랑곳하지 않으셨던 겁니다. 우리가 세상을 살면서 마귀의 시험을 거뜬히 이길 수 있는 비결이 바로 이거예요.

왕이 수많은 절세미인 후궁들은 거들떠보지도 않고 별 볼일 없는 한낱 무수리에게 사랑을 쏟아부어 줄 때, 그 무수리의 마음은 어떨까요? 정말 세상 부러울 게 없겠죠. 사소한 데 욕심 부릴 필요가 없을 거예요. 이게 바로 아가서의 이야기예요. 당시 이스라엘 여인들의 최고 우상이었던 솔로몬 왕이 볼품없는 술람미 여인에게 찾아와 청혼을 합니다. 이러한 행운을 차지한 술람미 여인이 부럽다구요? 그게 바로 우리인 걸요? 온 우주의 창조주이신 예수님께서 존재감조차 없는 우리를 찾아오셔서 사랑한다고 고백하시고 청혼해 주시죠. '예수님께 사랑받는 신부'라는 정체성을 분명히 갖고 있다면, 세상의 사소한 것들에 유혹당하지 않고 마귀의 유혹을 거뜬히 이길 수 있게 된답니다!

3) 마귀의 변함없는 레퍼토리

에덴동산의 선악과 사건, 그 최초의 범죄 현장에서부터 마귀는 끊임없이 사람들을 유혹해왔죠. 그 유혹의 목적은 딱 한 가지! 어떡하든 인간이 하나님을 떠나게 만드는 거였어요. 그런데 마귀의 레퍼토리는 사실 겉모습만 슬쩍슬쩍 바뀌었지 그 내용은 언제나 똑같았답니다. 마귀가 우리를 시험하는 3가지는 한마디로 재물, 명예, 권력으로 요약할 수 있어요.

마귀의 3대 시험

	재물(money)	명예(fame)	권력(power)
창 3:6	먹음직	보암직	지혜롭게 할 만큼 탐스러움
창 12:1	본토	친척	아비 집
마 4:1-11	돌이 떡이 되게 함	성전 꼭대기에서 뛰어내림	마귀 경배로 천하 만국과 영광 얻음
요일 2:15-16	육신의 정욕	안목의 정욕	이생의 자랑

① **재물(money)** : 예수님께서는 "너희를 위하여 보물을 땅에 쌓아 두지 말라 거기는 좀과 동록이 해하며 도적이 구멍을 뚫고 도적질하느니라"(마 6:19)라고 하셨죠. 주기도문에서도 '우리에게 일용할 양식(daily bread)을 주옵시고'라고 가르쳐 주셨는데, 그것은 하루 먹을 것만 구하라는 뜻이에요. 그럼에도 불구하고 우린 끊임없이 재물을 이 땅에 쌓아 두죠. 왜 그럴까요? 그건 매일매일 공급하시는 하나님을 못 믿기 때문이에요. 마귀가 바로 이 점을 노린 거예요. '하나님을 의지하지 말고, 세상(마귀)을 의지하라'고 달콤한 목소리로 우릴 유혹하죠. 하지만 온 우주의 주인이시고 최고 부자이신 하나님만이 우리의 진정한 공급자시라는 사실을 굳게 믿는다면 헛된 재물에 마음을 빼앗겨 돈의 노예가 될 일은 없겠죠?

② **명예(fame)** : 사람에게 사랑받고 인정받고자 하는 마음! 사람에게 사랑받고 싶어 하는 게 무슨 죄냐고요? 우린 물론 서로 사랑하고 사랑받아야 합니다. 예수님께 서도 그렇게 명령하셨고요(요 13:34). 하지만 마귀의 속삭임은 예수님이 말씀하신 사랑과 전혀 다른 것이죠. 마귀의 속임수는 사람을 의지하고 사람에게 집착하게 만드는데, 그건 이기적이고 계산적인 사랑이죠. 그런 사랑은 결국 상처만 주고받게 돼 있어요. 이 세상에서 부모의 사랑이 가장 조건 없는 순수한 사랑이라고 알려져 있지만 그조차 불완전한 사랑이죠. 부모 역시 자녀에게 쏟아부은 사랑을 언젠가 돌려받기 원하기에 그 사랑이 돌아오지 않을 때, '내가 널 어떻게 키웠는데…'라며 서운함을 드러내지요.

인간의 사랑은 이처럼 이기적이에요. 부모에게, 자녀에게, 배우자에게, 연인에게, 친구에게, 동료에게 지나치게 집착하는 것은 절대로 건강한 사랑이 아니에요. 우리는 사람들의 사랑과 인정에 목말라 그걸 끊임없이 추구하지만, 그건 결코 우릴 만족시키지 못해요(그토록 많은 팬들의 사랑을 받는 연예인들이 자살하는 이유도 다 그런 거죠). 현대인들이 그토록 쉽게 성(性)중독에 빠지는 것도 다 말초적인 사랑으로 외로움을 덜어보고자 하는 마음 때문이에요. 예수님이 "내가 온 것은 사람이 그 아비와, 딸이 어미와, 며느리가 시어미와 불화하게 하려 함이니"(마 10:35)라고 하신 것도 이런 맥락에서 하신 말씀이었죠. 하나님께서 갈대아 우르에서 아브라함을 부르실 때 "본토, 친척, 아비 집을 떠나라"(창 12:1)고 하신 것도 '하나님보다 더 의지하는 사람들을 떠나 하나님만 의지하라'는 말씀이셨어요. 인간 내면의 근원적 외로움은 궁극적으로 하나님만이 해결해 주실 수 있으니까요.

③ **권력(power)** : 권력은 지혜와 깊은 관련이 있어요. 인간은 자기보다 지혜로운 사람을 숭배하는 성향이 있거든요. 그래서 지혜를 가지면 권력을 장악할 수 있어요. 선악과도 '지혜롭게 할 만큼 탐스럽게' 보였기 때문에 인간이 유혹을 받았던 거예요.

권력에 대한 욕심은 대권에 도전하는 정치인들에게만 있는 걸까요? 우리 인간들은 크든 작든 끊임없이 힘을 갖길 원합니다. 가장 가까운 부부 사이에도 자기 뜻을 굽히지 않고 '파워 게임'을 하는 것이 다 권력을 장악하고자 하는 욕구 때문이죠. 이처럼 권력욕은 많은 인간관계에서 갈등을 일으키는 주역이기도 하지만, 권력이 무엇보다 위험한 이유는 그것이 '나 스스로 하나님이 되려는 마음'이기 때문이에요. 하나님을 내 마음의 왕으로 모셔 하나님께 순종하며 살길 거부한 채, 내가 내 인생의 왕이 되어 좌지우지하려는 게 마귀가 우리에게 주는 가장 크고 무서운 유혹이죠.

제가 질문 하나 할까요? "당신은 하나님과 사탄 중에 누굴 섬기겠습니까?" 그리스도인이라면 당연히 하나님이라고 대답하겠죠. 그럼 이번엔 질문을 바꿔 보죠. "당신은 하나님과 당신 자신 중에 누굴 섬기겠습니까?" 여기엔 쉽게 대답하기 어렵죠? 그런데 첫 번째 질문이나 두 번째 질문이나 사실은 같은 질문이란 거, 아세요? '하나님 대신 자기 자신을 섬기는 것=사탄을 섬기는 것'이니까요. 그럼 우린 왜 하나님께 쉽게 통치권을 내드리지 못하는 걸까요? 그것은 우리가 세상에서 폭군들만 보아왔기 때문이에요. 날 진정으로 사랑하고, 날 위해 희생하며, 나의 모든 필요를 공급해 주고, 내가 어려움을 당할 때 발 벗고 나서서 도와주는 그런 '사랑의 왕'을 한 번도 보지 못했기 때문에 하나님도 으레 폭군일 것으로 오해하고 못 미더워 하나님께 통치권을 맡기지 못하는 거죠. 사랑도 받아 본 사람이 받아 누릴 수 있으니까요. 자, 오늘부터 하나님의 사랑의 통치를 맘껏 받아 누려 보세요! 그럼 점점 더 놀라운 천국을 경험하게 될 거예요.

(3) 첫 제자들 (요 1:35-51) 베레아

예수님의 첫 제자들은 몇 명이었을까요? 요한복음을 보면 일단 세례 요한의 제자였던 두 명 ① 요한과 ② 안드레가 예수님을 따랐죠. 안드레는 예수님을 만난 후 자기 형 ③ 시몬 베드로를 예수님께 소개하죠. 그런가 하면 예수님께서 직접 부르신 제자가 있었는데 바로 ④ 빌립이에요. 빌립 역시 예수

님을 만난 후 친구 ⑤ 나다나엘(=바돌로매)을 데리고 와요. 이렇게 예수님의 첫제자는 5명이었답니다.

(4) 가나 혼인잔치 (요 2:1-12) 갈릴리, 가나

예수님께서 첫 제자들을 데리고 가나의 혼인잔치에 가셨어요. 여기에서 물로 포도주를 만드시는 첫 기적을 행하시죠. 예수님께서는 첫 기적을 왜 굳이 혼인잔치에서 행하셨을까요? 그것은 아마도 하나님 왕국이 혼인잔치와 공통점이 많기 때문일 거예요. ① 혼인잔치에는 기쁨이 넘치고 ② 예수 그리스도 는 신랑, 교회는 그의 신부(요 3:29, 계 19:7, 엡 5:27-32)라는 면에서 말이에요. 이것은 하나님께서 우리

와 그 정도로 친밀하게 되기를 원하신다는 뜻이죠. 부부 관계는 세상 그 어떤 관계보다 더 친밀한 관계니까요.

> "이러므로 남자가 부모를 떠나 그 아내와 연합하여 둘이 한 몸을 이룰지로다
> 아담과 그 아내 두 사람이 벌거벗었으나 부끄러워 아니하니라" - 창 2:24-25

| 왜 떡은 안 되고 포도주는 되나?

예수님께서 광야에서 시험 받으실 때 '돌로 떡 만들기'를 거부하셨죠. 하지만 가나 혼인잔치에서 '물로 포도주 만들기'는 실행하셨어요. 왜 떡은 안 되고, 포도주는 되는 걸까요?

먼저, 광야의 상황부터 생각해 봅시다.

① 광야에서 40일 금식하신 예수님은 배가 몹시 고프셨어요.

② 그리고 광야에는 마귀와 예수님 둘밖에 없었죠.

③ 또한 예수님은 돌로 떡을 만들 수 있는 능력도 있으셨어요.

자, 그럼 질문! 예수님이 돌로 떡을 만드시는 게 죄인가요? 물론 죄가 아니죠. 근데 성경은 이걸 왜 시험이라고 했으며, 예수님은 왜 굳이 거부하셨을까요? 이에 대해 우린 두 가지로 생각해 볼 수 있어요.

첫째, '누가 시켰느냐?'가 중요합니다. 마귀는 당장 우리 눈에 화려해 보이고 멋져 보이는 걸로 우리릴 유혹하죠. 하지만 마귀가 계속 우리에게 그런 좋은 것들을 공급해줄까요? 사실 그건 미끼에 불과하죠. 있어 보이는 거라고 덥석 물었다가는 낚싯바늘에 낚여 마귀 밥이 되고 마는 거예요. 이게 바로 용하다는 점쟁이나 무당들의 수법이죠. 처음에 한두 가지 점괘를 맞혀 사람을 현혹시킨 후, 거액의 부적을 쓰라는 둥 굿을 하라는 둥… 하면서 말예요. 하지만 사랑의 하나님은 다르십니다. 하나님은 우릴 현혹해서 낚으시려 하지 않고, 우리의 필요를 항상 신실하게 채워 주시죠. 그래서 마귀가 시키는 일은 거부하고, 하나님께서 시키시는 일은 순종해야 하는 거랍니다.

둘째, '왜 하느냐?'가 중요합니다. 광야에서 돌로 빵을 만드시는 것은 예수님의 개인적 욕구를 채우기 위함이죠. 하지만 혼인잔치에서 물로 포도주를 만드신 것은 사람들에게 기쁨을 주고 천국을 미리 체험해 볼 수 있게 하기 위함이었죠. 예수님 자신은 언제나 철저히 가난해지셨고, 조롱당하셨고, 고통당하셨어요. 하지만 인간들의 어려움이나 고통을 보시면 불쌍한 마음을 감당치 못하셔서 그 고통을 없애 주시기 위해 종종 기적을 베푸셨던 거예요.

(5) 1차 성전 정화 (요 2:13-22) 유대, 예루살렘

유월절 즈음에(예수님의 공생애 중 첫 유월절! '유월절＝예수님의 공생애를 구분하는 잣대!' 기억나시죠? 이 사건부터 본격적인 공생애 1년 차-준비기가 시작되는 겁니다) 예수님께서 제자들과 함께 예루살렘 성전에 가세요. 그런데 그곳에서 장사판이 벌어진 거예요. 지방에 사는 사람들이 제사를 드리러 예루살렘에 올 때 제물을 아무 흠 없이 잘

보존해 가지고 오기란 여간 어려운 게 아니었겠죠. 그래서 백성들의 편의를 위해 성전에서 흠 없는 제물을 판매하기 시작한 것이 나중에는 '성전에서 파는 제물이 아니면 안 된다'는 식으로 규정이 바뀌면서, '제물 판매'가 대제사장들의 전매특허사업으로 변질돼 버렸던 거예요. 그래서 예수님께서 분노하신 거고요. 특별히 비둘기 파는 사람들 이야기도 나오는데, 앞에서 배운 것처럼 비둘기는 가장 가난한 사람들이 드리는 제

물이었잖아요? 그런데 이런 빈민들에게까지 폭리를 취해가며 제물을 판매하는 것에 예수님께서 더 분개하셨다고 할 수 있겠죠.

 ## 예수님은 감정 기복이 심하셨나?

우리는 예수님께서 성전의 장사치들에게 분노하시는 모습이나 '화 있을진저'라면서 바리새인들과 서기관들을 저주하시는 모습에 적잖이 당황합니다. 왜냐하면 사랑이 많으신 예수님의 평소 모습과는 너무 어울리지 않기 때문이죠. 그토록 온유하신 예수님께서 왜 가끔씩 이렇게 폭발하신 걸까요? 예수님은 감정 기복이 심하셨던 걸까요?

성전은 본래 하나님께서 임재하시는 아주 거룩한 곳입니다. 그래서 하나님 눈에는 성전과 종교지도자들이 최후의 보루인 거죠. 일반 백성들이야 좀 타락할 수도 있겠지만, 가장 거룩해야 할 대제사장들과 종교 지도자들의 극심한 부패와 위선을 보시면서 예수님은 유대인들의 최후의 소망마저 꺼져가고 있음을 느끼셨던 거예요. 그런데 이 상황에서 부드럽게 얘기한다면 그들이 과연 정신을 차릴까요? 탐욕에 눈이 어두워 자기의 마지막 숨이 넘어가고 있는 것도 모르는 그들에게 온유하게 얘기하실 수 있겠냐고요? "정신 차려, 이 최후의 방어선마저 무너지면 끝장이야!"라고 소리치셔야 했겠죠. 예수님의 분노에서 우린 우리를 향한 하나님의 사랑의 외침, 그 다급함과 애타는 마음을 읽어야 해요. 하나님께서는 구약 성경에서도 수많은 선지자들을 통해 비슷한 어조로 때로는 격노해서, 때로는 흥분해서 소리치셨어요. "제발 정신 좀 차려, 이대로 가다가는 죽어!"라고 말이에요. 나중에 예수님께서는 십자가를 지시기 직전 우시면서까지 호소하셨죠.

> "예루살렘아 예루살렘아 선지자들을 죽이고 네게 파송된 자들을
> 돌로 치는 자여 암탉이 그 새끼를 날개 아래 모음 같이
> 내가 네 자녀를 모으려 한 일이 몇 번이냐 그러나 너희가 원치 아니하였도다
> 보라 너희 집이 황폐하여 버린 바 되리라" - 마 23:37-38

하지만 끝내 그들은 예수님의 호통과 책망과 읍소에도 정신을 못 차리고 무감각하게 지내다가 결국 성전도 파괴되고, 나라도 잃고, 온 세계로 뿔뿔이 흩어져 사는 신세가 되고 말았답니다.

(6) 니고데모 (요 3:1-15) 유대, 예루살렘

그 무렵 니고데모가 한밤중에 예수님을 찾아옵니다. 니고데모는 유대인의 관원(산헤드린 공회의 의원, 오늘날의 대법관 또는 국회의원)이었고, 이스라엘의 선생(신학 엘리트 코스를 이수한 랍비, 오늘날의 신학대학 교수)이었어요. 니고데모는 예수님께서 행하

시는 표적들을 보고 예수님이 '하나님께로부터 오신 분'이라고 생각했지요. 그런데 예수님께서 니고데모에게 "사람이 거듭나지 아니하면 하나님 나라를 볼 수 없다."고 말씀하세요. 하지만 니고데모는 이 말씀을 이해하지 못했죠. 신학교 교수님에, 대법관에, 국회의원 직함까지 가진 경력이 화려한 니고데모가 거듭남의 비밀을 전혀 알아듣지 못했던 거예요. 그러자 예수님께서 '모세 시대에 광야에서 불평하다가 불뱀에 물려 죽어가던 이스라엘 백성

들이 장대 위에 매단 구리뱀을 보고 살았던 것처럼(민 21:9) 십자가에 달리실 예수님을 바라보면 영생을 얻을 것'이라는 말씀으로 친절하게 설명해 주세요. 그날 밤 니고데모가 거듭남의 비밀을 깨달았는지는 알 수 없지만, 나중에 예수님께서 십자가에서 돌아가셨을 때 위험을 무릅쓰고 담대하게 예수님의 매장을 도왔던 걸로(요 19:39) 봐서, 결국엔 예수님을 믿고 영생을 얻었으리라 생각되네요.

(7) 사마리아 여인 (요 4:5-42) 사마리아, 수가

잠깐, 성경 지리 복습! 요단강 서편의 3개 지역은? 갈-사-유였죠! 그럼 예수님께서

유대, 예루살렘에서 고향인 갈릴리로 가시려면? 중간에 사마리아가 끼어 있죠! 원래는 유대인들이 사마리아인들을 상대하지 않으려고 요단 동편으로 우회해 다녔지만(사마리아를 통과해서 직통으로 가면 3일 길이지만 우회로로 가면 6일 길이었는데도) 예수님은 일부러 사마리아 지역을 통과해 가셨어요. 사마리아 지역, 수가의 한 우물가에서 한낮에 남들의 눈을 피해 물을 길으러 나온 여인에게 예수님은 '물 좀

달라'고 부탁하셨죠. 그러자 여인이 깜짝 놀라죠. 왜냐하면 당시 유대인이 사마리아인에게, 그것도 남자가 여자에게 말을 거는 경우는 거의 없었거든요. 그런데 예수님이 자기의 과거를 낱낱이 아신다는 걸 알고 여인은 더 깜짝 놀랍니다. 그러다가 "내가 그대에게 영원히 목마르지 않는 생수를 주겠소."라는 말씀에 귀가 솔깃합니다. 여인은 남들 눈을 피해가며 물을 길으러 다니는 게 지겨웠기에 그 말씀에 솔깃했겠지만, 예수님이 말씀하신 것은 '영생'이란 선물이었죠. 또한 '예배 장소'에 대해 질문하는 여인에게 예수님께서는 '장소가 중요한 게 아니다. 신령과 진정으로 예배하는 게 더 중요하다'며 예배의 본질을 말씀해 주셨죠. 그리고 본인이 메시아이심을 밝히십니다. 그러자 이 여인이 바로 전도를 해서 많은 사람을 데려왔어요. 그리고 사마리아 사람들의 요청으로 예수님께서 그곳에 이틀간 더 묵으시면서 많은 가르침을 주셨어요.

(8) 왕의 신하의 아들 (요 4:46-54) 갈릴리, 가나/가버나움

예수님께서 드디어 갈릴리 지역으로 돌아오셨어요. 전에 물로 포도주를 만드셨던 가나에 도착하시자 왕의 신하가 '자기 아들이 가버나움에서 병들어 죽어가는데 오셔서 고쳐달라'고 간청합니다. 여기에서 잠깐 퀴즈! 이 사람은 어느 왕의 신하였을까요? 앞에서 분봉왕들의 통치지역을 공부했지요? 갈릴리와 사마리아는 헤롯 안디바가 통치했으니, 갈릴리에 살던 이 사람은 당연히 헤롯 안디바의 신하였겠지요. 그런데 이 지체 높으신 양반이 그 먼 거리(30km 이상)를 달려와 자존심도 다 버리고 한낱 목수인 예수님께 간청합니다. 예수님께서는 그의 믿음을 보시고, 환자가 있는 곳까지 가지도 않으시고 원거리에서 치유해 주십니다.

(9) 나사렛의 배척 (눅 4:16-30) 갈릴리, 나사렛

예수님은 어린 시절 자라나신 고향(사실은 제2의 고향) 나사렛으로 가셨어요. 안식일에 늘 그러셨듯이 예수님은 회당으로 가셨죠. 성경을 낭독하시려고 서시자 사람들이 이사야 선지자의 성경 두루마리를 건네 드렸어요. 성경 두루마리를 펼쳐서, 예수님은 다음과 같이 기록된 말씀을 찾으셨어요.

하나님의 영이 내게 임하셨다
하나님께서 가난한 사람들에게 희소식인 '메시지'를
전하라고 날 선택하셨다.
감옥에 갇힌 사람들에게 석방 소식을 알리고
눈먼 사람들에게 시력을 되찾아 주라고 날 보내셨다.
무거운 짐을 진 사람들, 학대받는 사람들을 해방시키라고,
"지금은 하나님께서 활동하시는 해이다!"라고 선포하라고
날 보내셨다.

예수님께서는 성경 두루마리를 말아서 예배 도움이에게 도로 건네주시고는 자리에 앉으셨어요. 회당 안의 모든 눈이 일제히 예수님께 향했어요. 예수님께서는 이렇게 말씀을 시작하셨어요.

"여러분은 지금 막 이 성경 말씀이 실현되었음을 들었소. 바로 이 자리에서 실현됐단 말이오."

그곳에 있던 사람들은 예수님께서 그렇게 훌륭하게 말씀을 잘 하시는 걸 직접 보고 듣고는 깜짝 놀랐어요. 하지만 그것도 잠깐… 곧 이렇게 말했지요. "이 사람은 어릴 때부터 우리가 내내 알아왔던 요셉의 아들이잖아?"

예수님께서 말씀하셨어요. "여러분은 '의사 양반, 당신 병이나 먼저 고치시오'라는 속담을 인용해서 '당신이 가버나움에서 행한 걸 고향인 이곳에서도 행해 보시

오.'라고 하고 싶겠지…. 하지만 내가 해줄 말은 이것이오. '어느 선지자도 자기 고향에서는 환영받는 법이 없다'는 말 말이오. 엘리야 시대 때, 3년 반 동안 가뭄이 계속되어 온 나라가 기아에 허덕일 때, 이스라엘에 수많은 과부가 있었지만 엘리야가 찾아간 과부는 시돈 지역의 사렙다 마을에 살던 과부 한 사람뿐이지 않았소? 또 선지자 엘리사 시대 때 이스라엘에도 수많은 나병 환자가 있었지만, 깨끗이 치유받은 사람은 시리아의 나아만 한 사람뿐이지 않았소?"

그 말씀을 듣고 회당에 있던 모든 사람들이 분에 겨워 어쩔 줄을 몰랐어요.

사람들은 마을에서 예수님을 끌고 나와 마을 어귀에 있는 산으로 데려가 절벽에서 떨어뜨려 죽이려 했어요. 하지만 예수님께서는 사람들 틈을 빠져나와 갈 길을 가셨어요.

– 눅 4:16–30(유진 피터슨의 『메시지』, 허계영 개인번역)

(10) 가버나움으로 이사, 네 제자를 부르심 (마 4:13-22) 갈릴리, 가버나움

"예수께서 요한의 잡힘을 들으시고 갈릴리로 물러가셨다가 나사렛을 떠나… 가버나움에 가서 사시니"(마 4:12-13)라는 말씀에서 우리는 중요한 키워드를 찾을 수 있어요. 첫째는 '요한의 잡힘'으로 세례 요한이 핍박기에 들어섰음을 알 수 있죠. '요한의 핍박기=예수님의 인기기'니까, 예수님께서 공생애 1년 차를 마치고 2년 차로 들어서시는 단계임을 알 수 있죠. 또 하나의 키워드는 '가버나움'으로, 인구가 많고 번화했던 대도시인 가버나움으로 이사하셔서 본격적인 사역 준비를 하고 계심을 알 수 있죠.

그런데 이때 갈릴리 해변에서 베드로, 안드레, 야고보, 요한, 이 네 제자를 다시 부르십니다. 앞에서 첫 제자 5명에 베드로와 안드레, 요한이 포함돼 있었는데, 왜 갑자기 그들을 다시 부르시는 걸까요? 학자들은 이것을 예수님의 공생애 1년 차(준비기) 때에는 첫 제자들이 파트타임으로 사역했지만, 2년 차(인기기)부터 본격적으로 풀타임으로 사역했을 것이라고 추정한답니다!.

공생애2년차-인기기

(1) 베데스다 병자 (요 5:1-9) 유대, 예루살렘

곧 또 다른 명절이 돌아와 예수님께서는 다시 예루살렘으로 가셨어요. 예루살렘의 양문(羊門) 근처에 히브리어로 '베데스다'라고 불리는 연못이 있었는데, 연못가에는 5개의 방이 있었어요. 그 방에는 수백 명의 병자들-장님, 절뚝발이, 마비 환자 등-이 있었죠. 그 가운데 38년간 장애를 안고 살아온 사람이 있었어요. 예수님께서 그 사람이 연못가에 누워 있는 걸 보시고는 그 사람이 얼마나 오래 그곳에 있었는지 아시고 말씀하셨어요. "그대는 병에서 치유받고 싶소?"

그 아픈 사람이 말했어요. "선생님, 제게는 물이 요동쳐도 저를 물에 넣어 줄 사람이 없어요. 제가 거기 가도 어느새 다른 사람이 벌써 물속에 들어가 있거든요."

예수님께서 말씀하셨어요. "일어나 들것을 갖고 걸어가시오."

그 즉시 그 사람이 치유되어 자기 들것을 가지고 걸어갔어요.

– 요 5:1-9(유진 피터슨의 『메시지』, 허계영 개인번역)

짓궂은 예수님? 환자에게 왜 굳이 "네가 낫고자 하느냐?"란 질문을…

평균 수명이 그리 길지 않았던 예수님 당시에 38년이라는 긴 세월(거의 전 생애) 동안 병으로 누워 있던 환자를 보시고, 예수님께서는 다짜고짜 "네가 낫고자 하느냐?"라고 물으십니다. 아니, 놀리는 것도 아니고, 예수님은 짓궂게 왜 굳이 이런 질문을 하셨을까요? 당연한 걸 왜 물어보시냐고요? 그런데 신기한 것은 이 병자가 피해의식에 쩔어 엉뚱한 대답을 한다는 거죠. "선생님, 제게는 물이 요동쳐도 저를 물에 넣어 줄 사람이 없어요. 제가 거기 가도 어느새 다른 사람이 벌써 물속에 들어가 있거든요."라면서 대답을 회피합니다. 왜 그랬을까요?

인간에게 고통이 길어지면 대개 두 가지 현상이 나타나는데 첫째는 소망을 잃는 것이고, 둘째는 그 고통에 익숙하게 되는 거지요. 초반에는 '내일이면 낫겠지'라고 소망하지만, 그 소망이 계속 좌절될 때마다 아픔이 되어, 이 아픔을 피하기 위해 스스로 소망을 놓아 버립니다. 그래서 예수님께서는 그 절망 상태를 먼저 치유해 주신 거예요. "네가 낫고자 하느냐?"라는 질문으로 귀가 솔깃할 소망을 던져 주시는 거죠. 또한 인간은 익숙한 걸 좋아하고 변화를 싫어하는 경향이 있어요. 설사 그게 고통이라 하더라도 장기간 그 고통에 익숙해진 사람은 거기에 안주하려 해요. 아니, 고통이 얼마나 지긋지긋한데, 무슨 말도 안 되는 얘기냐고요? 하지만 생각해 보면, 우리가 몸이 아플 때 그 나름대로 좋은 점도 있잖아요? 예를 들어 일을 안 해도 되는 것, 사람들이 날 불쌍히 여기고 관심 가져 주면서 적선해 주는 것 등을 어느새 즐기고 있는 거예요. 익숙해진거죠. 어렸을 때 아프면 학교에 안 가도 되고, 엄마가 하루 종일 내 곁에서 맛있는 것도 많이 해주시고, 평소에 못 먹던 황도 통조림도 먹을 수 있어서 한편 좋았는데, 병이 나아 막상 일상으로 복귀하려니 '며칠 더 아프면 좋겠다'는 생각이 드는 거 있잖아요. 인간에겐 이런 심리가 있다는 거죠.

이게 병적으로 심해지는 경우도 있어요. 예를 들면, 어렸을 때 아버지한테 학대받은 사람이 나중에 자기를 학대하는 남편을 고르는 경향이 있다고 하죠? 심지어 학대하지 않는 남편을 만나면 남편을 교묘하게 조종해서 결국은 남편이 자기를 학대하게 만든다고 합니다. 도대체 왜 그토록 끔찍한 학대를 이렇게 자원해서 받으려는 걸까요? 물론 이러한 일들이 무의식적으로 일어나기 때문에 우린 인식하지 못하지만, 익숙한 것이 주는 편안함, 안락함 같은 걸 추구하기 때문이라고 심리학자들은 말합니다.

바로 이런 병적인 심리를 예수님께서 꿰뚫어보시고 먼저 병든 마음부터 치유해 주신 거예요. 그래서 "네가 낫고자 하느냐?"라고 먼저 물어보신 거죠. 예수님은 정말 최고의 심리학자요, 정신과 의사시랍니다!

(2) 나병 환자 (마 8:1-4) 갈릴리

예수님께서는 가버나움으로 이사하신 후 본격적으로 사역을 시작하셨어요. 먼저, 나병 환자를 고치셨는데, 당시 나병은 '저주받은 병'으로 인식되었고, 전염성이 강했기 때문에 사람들에게 가까이 다가갈 수 없었지요. 그런데 예수님께서는 이 나병 환자의 몸을 만지시면서 치유해 주셨던 거예요.

말씀만으로도 얼마든지 나병을 치유하실 수 있었을 텐데, 왜 굳이 그의 몸을 만지셨을까요? 여기엔 두 가지 중요한 의미가 있어요. 첫째는, 나병 환자가 다른 사람과 접촉하면 나병이 다른 사람에게 전염되지만, 예수님께서 나병 환자와 접촉하시면 예수님의 깨끗함이 나병 환자에게 전염(?)된다는 사실이지요. 즉, 예수님의 손길이 닿는 모든 곳에 치유와 회복, 용서와 죄사함이 생겨난다는 걸 의미해요. 둘째는, 예수님께서 나병 환자를 너무나 사랑하시고 불쌍히 여기셨다는 점이지요. '더럽고 부정하고 불결하다'고 가족에게까지 버림받는 나병 환자는 신체적 고통뿐만 아니라 정신적 고통과 외로움, 마음의 상처도 아주 심했을 거예요. 예수님께서는 마치 엄마가 사랑하는 아기를 어루만지듯 사랑과 연민의 마음으로 나병 환자를 직접 어루만져 치유해 주셨답니다.

(3) 백부장의 부하 (마 8:5-13) 갈릴리, 가버나움

팔레스타인 헤럴드, 화제의 인물 탐방!
예수님을 감동시킨 이방인, 그는 누구인가?

예수님께서 가버나움 마을에 들어가시는데, 한 로마 장교가 하얗게 질린 채 다가와서 얘기했어요. "주님, 제 하인이 많이 아파요! 걷지도 못해요. 통증이 너무 심하대요."

예수님께서 말씀하셨어요. "내가 가서 그대 하인을 고쳐 주리다."

"오, 아닙니다." 그 장교가 말했어요. "주님을 번거롭게 해드리고 싶지 않아요. 주님의 명령 한마디면 제 하인은 바로 나을 거예요. 저 역시 명령을 받기도 하고 하기도 하는 사람이거든요. 제가 어느 병사에게 '저리 가!' 하면 가고, 또 다른 병사에게 '이리 와!' 하면 오지요. 제 노예에게 '이거 해!' 하면 그대로 하고요."

예수님께서 깜짝 놀라 말씀하셨어요. "와우~! 그동안 이스라엘에서 이렇게 순전한 믿음을 가진 사람을 만나 본 적이 없었는데…? 이스라엘인들이야말로 하나님과 그분의 일하시는 방식에 대해서 정말 잘 알아야 할 사람들인데도 말야(이 이방인에게 한 수 밀

렸군!^^). 이 사람은 곧 사방에서 몰려들 수많은 이방인들의 선봉에 서 있구나. 수많은 외부인들이 동쪽에서 밀려오고 서쪽에서 쏟아져 들어와 아브라함, 이삭, 야곱과 함께 하나님 왕국의 만찬 자리에 앉게 될 텐데, 그때가 되면 어릴 때부터 '믿음의 환경'에서 성장했지만 정작 '믿음은 없는' 사람들이 바깥 추운 곳으로 쫓겨나서는, 어찌된 영문인지 모른 채 어안이 벙벙해서 은혜에 대해 이방인이 되고 말 거야." 그리고 예수님께서 그 장교를 바라보시며 말씀하셨어요. "이제 가 보게. 자네가 믿은 대로 실현됐으니…" 바로 그 순간, 장교의 하인은 병이 나았어요.

– 마 8:5-13(유진 피터슨의 『메시지』, 허계영 개인번역)

(4) 나인성 과부의 아들 (눅 7:11-17) 갈릴리, 나인

얼마 후, 예수님께서 나인이라는 마을에 들어가셨어요. 제자들과 큰 무리가 예수님을 따라갔어요. 일행이 마을 입구에 다다랐을 때 장례 행렬을 만났어요. 한 여인의 외아들을 매장하러 가는 행렬이었는데, 그 여인은 과부였어요. 예수님께서 여인을 보시고는 마음이 찢어지셨어요. 그리고 여인에게 말씀하셨어요. "울지 마시오." 그리고 다가가셔서 관에 손을 대셨어요. 운구하는 사람들이 멈춰 섰어요. 예수님께서 말씀하셨어요. "젊은이, 내가 말하오. 일어나시오!" 그러자 죽었던 아들이 일어나 앉아 말을 하기 시작했어요. 예수님께서는 살아난 아들을 엄마에게 '선물로' 돌려주셨어요.

이를 지켜본 사람들은 자기들이 거룩한 신비의 장소에 있다는 걸 깨달았어요. 하나님께서 일하고 계시는 거룩한 장소 말이에요. 그리고 조용히 경배했지요. 하지만 곧 환호성을 지르며 이렇게 외쳤어요. "하나님께서 돌아오셨다. 자기 백성의 필요를 돌보고 계신다!" 예수님에 관한 소문이 온 나라에 퍼졌어요.

– 눅 7:11-17(유진 피터슨의 『메시지』, 허계영 개인번역)

(5) 베드로의 장모 (마 8:14-17) 갈릴리, 가버나움

일행은 베드로의 집 앞에 이르렀어요. 예수님께서 집에 들어가셨을 때, 베드로의 장모가 열이 펄펄 끓는 채 앓아누워 있는 것을 보셨어요. 그런데 예수님께서 베드로 장모의 손을 만지시자 열이 바로 내렸어요. 베드로의 장모는 그 즉시 일어나 예수님을 위해 저녁상을 준비했어요. 그날 저녁, 사람들이 귀신 들린 사람들을 수도 없이 예수님께 데리고 왔어요. 예수님께서

는 사람들의 내적 고통을 덜어 주시고 육적 질병을 치유해 주셨어요. 예수님께서 이사야가 했던 저 유명한 설교를 성취하신 거예요.

– 마 8:14-17(유진 피터슨의 『메시지』, 허계영 개인번역)

(6) 풍랑 평정 (마 8:23-27) 갈릴리 호수

그러고 나서 예수님께서는 배를 타셨어요. 제자들도 예수님과 함께 배에 올랐죠. 그런데 일행은 곧 심한 폭풍우에 휩싸였어요. 파도가 배 안까지 몰아쳤어요. 그런데 이게 웬일인가요? 세상에! 예수님께서는 완전히 곯아떨어지셨지 뭐예요! 제자들이 예수님을 깨우면서 애원했어요. "주님, 살려주세요! 이러다 우리 다 빠져 죽겠어요." 예수님께서는 제자들을 꾸짖으셨어요. "너희들 정말 겁쟁이구나. 이렇게 간이 콩알만 해서야…." 그러시고는

일어나셔서 바람에게 조용히 하라고, 바다에게 잠잠하라고 말씀하셨어요. "일동 정숙!" 그러자 바다가 유리판처럼 평평해졌어요.

제자들은 놀라서 눈을 비비며 다시 바다를 바라봤어요. "이게 도대체 무슨 일이야? 바람이랑 바다가 주님의 명령에 무릎을 꿇다니…."

– 마 8:23-27(유진 피터슨의 『메시지』, 허계영 개인번역)

(7) 가다라 광인 (마 8:28-34) 데가볼리, 거라사

일행은 가다라(거라사) 지방에 상륙했어요. 거기에서 마귀의 희생물이 된 미친 사람 두 명을 만났는데, 그들이 무덤가에 있다가 나온 것이었어요. 두 사람은 동네의 '위험인물 1, 2호'였기 때문에 사람들이 그쪽 길로 다니는 걸 다 불안해했어요. 그 미친 사람 둘은 예수님을 보고 비명을 질러댔어요. "당신은 하나님의 아들이잖아요! 도대체 우리한테 무슨 볼일이 있다고 우릴 괴롭히세요? 여기에 벌써 나타나시면 안 돼죠!" 한편, 좀 떨어진 곳에 돼지떼가 땅을 헤집으며 먹이를 찾아 먹고 있었어요. 악한 영들이 예수님께 간청했어요. "이 두 사람에게서 우릴 쫓아내실 작정이시라면 우릴 저 돼지들에게 들어가 살 수 있게 해주세요."

예수님께서 말씀하셨어요. "좋다. 하지만 먼저 이 사람들에게서 나와라!" 그러자 돼지들이 미쳐 날뛰며 벼랑으로 우르르 몰려가서는 바다에 빠져 죽었어요. 돼지를 치던 사람들이 기겁해서 달아났어요. 그들은 마을로 들어가서 사람들에게 그 미친 사람들과 돼지떼에게 무슨 일이 일어났는지 얘기했어요. 사람들이 이 얘길 듣고는 돼지떼가 바다에 빠져 죽은 것에 대해 화를 냈어요. 사람들은 성난 폭도로 변해서 예수님께 '여길 떠나 다시는 돌아오지 말라'고 대들었어요.

– 마 8:23-27(유진 피터슨의 『메시지』, 허계영 개인번역)

(8) 중풍병자 (마 9:1-8) 갈릴리, 가버나움

예수님과 제자들은 배를 타고 예수님 고향으로 다시 건너갔어요. 일행이 배에서 내리자마자 몇 사람이 전신마비 환자를 들것에 싣고 와서는 예수님 일행 앞에 내려놓았어요. 예수님께서는 그들의 담대한 믿음에 감동되셔서 그 마비 환자에게 말씀하셨어요. "아들아, 힘내라. 내가 네 죄를 용서해 주마." 어떤 종교학자들이 수군댔어요. "뭐야? 이건 하나님을 모독하는 발언이잖아?"

예수님께서는 그 사람들이 무슨 생각을 하는지 다 아시고 이렇게 말씀하셨어요. "뭐요? 그렇게 비난조로 수군거리다니? 그대들은 '내가 네 죄를 용서해 주마'라고 말하는 것과 '일어나 걸어라'라고 말하는 것 중에 어떤 게 더 쉽다고 생각하시오? 좋소. 내가 인자(人子, Son of Man)라는 것과 그 두 가지를 다 할 수 있는 권위가 있다는 것을 입증해 보이리다." 그리고 예수님께서는 그 마비 환자를 바라보시며 말씀하셨어요. "일어나게. 침상을 들고 집으로 가게나." 그러자 그 사람이 그대로 하는 게 아니겠어요? 모여 있던 사람들은 충격에 휩싸였어요. 모두들 적잖이 놀라 하나님께서 예수님께 그들 가운데에서 이렇게 일하실 수 있는 권위를 주신 데 대해 기뻐했어요.

– 마 9:1-8(유진 피터슨의 『메시지』, 허계영 개인번역)

'네 죄를 용서해 주마'와 '일어나 걸어라'라는 말 중에 어떤 말이 더 쉬울까?

천장을 뚫고 중풍병자가 내려올 때, 예수님의 첫 마디는 "내가 네 죄를 용서해 주마"였습니다. 치유를 원하는 환자에게 뜬금없이 왜 이런 말씀을 하셨을까요? 거기에 바리새인들은 '죄 용서의 권한은 하나님께만 있는데 자기가 뭐라고 감히 죄를 용서해 준다 만다 하는 거야?'하면서 예수님에게 '신성모독'의 죄를 뒤집어씌웠죠. 그러자 예수님께서 "'내가 네 죄를 용서해 주마'와 '일어나 걸어라' 중에 어떤 말이 더 쉽겠느냐?"고 질문하십니다. 어떤 말이 더 쉬울까요? '일어나 걸어라'라는 말은 그 자리에서 능력을 입증해 보여야 합니다. 하지만 '네 죄를 용서해 주마'라는 말은 실제로 용서를 받았는지 아닌지 알 길이 없죠. 그래서 더 어려운 말은 '일어나 걸어라'인 것입니다. 물론 예수님에게는 둘 다 똑같이 쉽지만 우리 인간의 눈에 그렇단 거죠. 그런 다음, '일어나 걸어라'라고 하시죠. 그러니까 예수님의 논리는 '둘 중에 더 어려운 것도 했다면 쉬운 건 당연히 할 수 있다'는 거예요(논리왕, 예수님!^^). 즉, '병을 고칠 수 있는 내가 죄 용서야 더 쉽게 할 수 있지 않겠느냐?'라는 의미인 거죠.

그런데 예수님께서는 왜 처음부터 바로 병을 고치지 않으시고 죄를 먼저 용서해 주셨을까요? 심리적 방어기제(Defense Mechanism) 중에 '신체화(Somatization)'라는 게 있습니다. 그것은 우리가 마음이 너무 아플 때 무의식적으로 '차라리 몸이 아파 버리자. 그래서 관심을 몸 아픈 데로 돌리자.'라는 결정을 해 다양한 신체 증상이나 병이 나타나는 걸 말하죠. 아마도 이 중풍병자가 그랬던 것 같습니다. 죄를 지은 후 죄책감이 너무 심해서 감당하기 어려우니까 '신체화'라는 방어기제를 써서 중풍에 걸렸던 거죠. 현대인들에게 많이 나타나는 심인성(스트레스성) 질환들이 다 이런 것이죠. 그런데 예수님은 이 중풍병자를 보시자마자 바로 그의 심리적 문제를 진단하셨던 거예요. 예수님은 정말 놀라운 심리학자이자 정신과 의사시죠! 그래서 병의 '원인 치료'를 해주신답니다. 즉, 죄를 먼저 용서해 주심으로써 환자가 죄에서 해방되게 해주시니 질병은 저절로 나았던 겁니다. 더불어 예수님께 '죄 용서'의 권세가 있다는 것까지 증명하셨던 거예요!

(9) 세리 마태를 부르심 (마 9:9-13) 갈릴리, 가버나움

예수님께서 지나가시다가 한 남자가 세금징수 업무 중인 것을 보셨어요. 그 남자 이름은 마태였어요. 예수님께서 말씀하셨어요. "날 따르게." 마태는 일어나 예수님을 따랐어요.

나중에 예수님께서는 마태의 집에 가셔서 저녁을 드셨어요. 거기엔 예수님과 친한 추종자들(followers)과 마태의 친한 친구들(평판이 별로 좋지 않은 사람들)이 많이 와서 함께했어요. 바리새인들이 예수님께서 늘 이런 부류들과 어울리시는 걸 보고는 비난조로 예수님의 추종자들에게 물었어요. "자네들 스승이 이렇게 행동하니 사람들에게 무슨 본이 되겠나? 사기꾼들이랑 인간 말종들과 이리도 서슴없이 편하게 지내니 말야!"

예수님께서 그 얘길 들으시고 되받아치셨어요. "건강한 사람과 아픈 사람 중에 누가 의사를 필요로 하겠소? 오늘 집에 가서 '나는 자비를 원하지 종교를 원하지 않는다'는 성경 말씀이 무슨 뜻인지 곰곰이 생각해 보시오. 내가 여기 온 것은 소외계층을 초청하기 위해서지 높으신 양반들 비위나 맞추기 위해서가 아니니까."

– 마 9:9-13(유진 피터슨의 『메시지』, 허계영 개인번역)

(10) 회당장 야이로의 딸 (마 9:18-19, 9:23-26) 갈릴리, 가버나움

예수님께서 말씀을 마치셨을 때, 지방 공무원 한 사람이 나타나 공손하게 인사하며 말했어요. "선생님, 방금 전에 제 딸이 죽었어요. 하지만 선생님께서 오셔서 제 딸을 만져 주시면 살아날 거예요." 예수님께서 일어나셔서 그 사람과 함께 가셨어요. 예수님의 제자들도 따라갔죠. … 일행은 그 지방 공무원의 집에 도착했어요. 말 만들기 좋아하는 사람들이 '뭐 이야깃거리 없나?' 하고 찾아와 수군거렸어요. 그 집은 또 장례식에 쓸 육개장을 끓여온 이웃들로 붐볐어요. 그 사이를 뚫고 들어가신 예수님께서 꾸짖듯이 말씀하셨어요. "다 물러가시오. 이 아이는 죽은 게 아니오. 자고 있는 거요." 사람들은 "예수님께서 뭔 소리를 하는 건지…. 본인도 모를 소리를 한다."고 수군댔어요. 하지만 예수님께서는 모인 사람들을 다 내보내시고 안으로 들어가셔서 소녀의 손을 잡아 일으키셨어요. 그런데 이게 웬일인가요? 세상에! 소녀가 살아났지 뭐예요! 이 빅뉴스는 삽시간에 사방팔방으로 퍼져 나갔어요.

– 마 9:18-19, 9:23-26(유진 피터슨의 『메시지』, 허계영 개인번역)

(11) 혈루병 여인 (마 9:20-22) 갈릴리, 가버나움

바로 그때 12년간 혈루병을 앓아온 한 여인이 뒤로 다가와 예수님의 겉옷에 살짝 손을 댔어요. 그 여인은 '주님 옷에 손가락 하나만 얹어도 내 병이 나을 거야'라고 생각했던 거예요. 예수님께서 돌아서서 바로 그 장면을 보셨어요(딱 걸린 거죠!^^). 그리고 그 여인을 안심시켜 주셨어요. "딸아, 용기를 잃지 마라. 네가 믿음의 모험을 했으니 이제 네 병이 나았단다." 그 즉시 여인의 병은 완치됐어요.

– 마 9:20-22(유진 피터슨의 『메시지』, 허계영 개인번역)

(12) 귀신 들린 벙어리 (마 9:32-33) 갈릴리, 가버나움

두 장님이 떠난 후, 이번엔 사람들이 귀신 들려 벙어리가 된 남자 하나를 예수님께 데려왔어요. 예수님께서 그 사람을 괴롭히는 악한 귀신을 내쫓으시자, 그 벙어리는 언제 그랬냐는 듯이 유창하게 줄줄 말하기 시작했어요. 사람들이 일어나 박수를 쳤어요. "이스라엘에 이런 일은 정말 처음이야!"

– 마 9:32-33(유진 피터슨의 『메시지』, 허계영 개인번역)

(13) 12제자 선발 (마 10장) 갈릴리

예수님께서 드디어 12제자를 부르세요. 이처럼 12명의 제자가 선발된 것은 공생애 2년 차였으니까, 제자들이 풀타임으로 헌신해서 예수님과 함께 공동체 생활을 한 기간은 2년이 채 못 되는 거죠.

|12제자 자소서(자기소개서)

1) 베드로 : 원래 이름은 시몬, 후에 예수님께서 베드로(반석)란 이름을 붙여주심. 예수님의 수제자, 안드레의 형제, 직업은 어부

2) 안드레 : 원래 세례 요한의 제자였다가 스승 요한의 소개로 예수님의 제자가 됨. 형 베드로를 예수님께 소개함. 직업은 어부

3) 야고보 : 요한의 형제, 직업은 어부. 별명은 보아너게(천둥의 아들). 최초의 순교자. 아버지는 세베대(어머니는 치맛바람의 원조!^^). 동명이인 제자와의 혼돈을 피하기 위해 '큰 야고보'라고 부름.

4) 요한 : 야고보의 형제. 직업은 어부. 요한복음의 저자. '천둥의 아들'에서 '사랑의 사도'로 변화된 제자. 나이가 가장 어린 제자로 예수님의 품에 기대어 식사를 할 정도로 사랑받던 제자. 예수님의 십자가 처형 당시 끝까지 자리를 지켜 예수님의 모친 마리아를 끝까지 돌봄. 노년에 밧모섬에 유배되어 요한계시록을 씀.

5) 빌립 : 예수님께서 갈릴리에서 직접 부르신 첫 제자. 나다나엘을 예수님께 소개함.

6) 바돌로매 : 다른 이름은 나다나엘. 빌립의 소개로 예수님의 제자가 됨(처음엔 '나사렛에서 무슨 선한 것이 나겠느냐?'라며 예수님을 무시했음^^).

7) 도마 : 쌍둥이(디두모)였음. 부활하신 예수님이 제자들을 방문하셨을 때 자리를 비우고는 나중에 "부활은 무슨? 헛소리 마!"라고 의심함. 하지만 결국 예수님의 못자국을 만져 보고 "나의 주, 나의 하나님!"이라고 고백함.

8) 마태 : 마태복음의 저자. 직업은 세리. 예수님의 제자가 된 후 다른 세리들을 집으로 초청하여 예수님을 만나게 해줌.

9) 야고보 : 알패오의 아들. 동명이인 제자와의 혼돈을 피하기 위해 '작은 야고보'라고 부름.

10) 다대오 : 본명은 유다. 갈릴리 다대오 출신이라 다대오(유다)라고 불리었음.

11) 시몬 : 시몬 베드로와 동명이인. 열심당원(셀롯인)

12) 가룟 유다 : 유대 지역 가룟 출신. 은 30에 예수님을 판 배신자

＊12제자 중 3쌍(6인)의 동명이인 : 시몬, 야고보, 유다

(14) 산상수훈 (마 5-7장) 갈릴리

산상수훈의 대상은 일반 백성들이 아니라 예수님의 제자들이었어요. 예수님께서 제자들을 산으로 부르셔서 주신 말씀이죠. 마태복음 5, 6, 7장에 기록된 주옥같은 말씀들! 그동안의 어떤 서기관이나 랍비들과는 차원이 다른 말씀이었죠. 구약의 율법들을 보다 심도 깊게 재해석해 주시면서 율법의 근본 정신이 사랑임을 강조하셨으니까요.

예수님께서 강의를 마치셨을 때, 청중 가운데서 우레와 같은 박수가 터져나왔어요. 지금껏 이런 강의는 그 어디에서도 들어 본 적이 없기 때문이었죠. 예수님께서는 분명 자신이 말씀하시는 대로 언행일치(言行一致)의 삶을 사셨어요. 다른 종교 선생들과는 전혀 달랐죠. 예수님의 강의는 그동안 들어본 것 중에 과연 최고였어요!

– 마 7:28-29(유진 피터슨의 『메시지』, 허계영 개인번역)

천국의 대헌장(마그나카르타), 산상수훈(마 5-7장) 요점 정리

마태복음에 기록된 산상수훈은 예수님의 가르침의 정수(essence)로서 불신자였던 마하트마 간디도 애송했다지요.

1) 팔복(5:3-5:12) : 가난, 애통, 온유, 의(義), 긍휼, 청결, 화평, 핍박

2) 소금과 빛(5:13-5:16) : 제자의 신분과 사명

3) 율법의 기본 정신은 사랑!(5:21-5:48) : 살인, 간음, 맹세, 동해보복(同害報復)법의 새로운 해석

4) 위선은 금물!(6:1-6:18) : 구제, 기도(주기도문), 용서, 금식의 바른 자세

5) 재물의 노예가 되지 말 것!(6:19-6:34) : 먼저 하나님의 나라와 의를 구하라!

6) 비판의 부메랑 효과(7:1-7:5) : '티눈과 들보'의 비유

7) 기도의 중요성(7:7-7:11) : 구하라(Ask), 찾으라(Seek), 두드리라(Knock) = ASK

8) 황금률(7:12) : 남에게 대접을 받고자 하는 대로 남을 대접하라!

9) 두 선택(7:13-7:27) : 좁은 문/넓은 문, 좋은 나무/나쁜 나무, 모래 위/반석 위에 지은 집

(15) 천국 비유 (마 13장) 갈릴리, 가버나움

"비유가 아니면 말씀하지 아니하시고"(막 3:34)라는 기록처럼 예수님께서는 많은 비유를 들어 하나님 왕국을 설명하셨어요. 예수님께서 비유를 쓰실 수밖에 없었던 이유는 비유가 재미있기도 하지만, 우리 인간의 제한된 두뇌로는 하나님 왕국을 도저히 이해할 수 없기 때문에 우리 생활 가까이에 있는 친근한 것들을 인용해 우리의 이해를 도우셨던 거예요.

① 씨 뿌리는 자	② 알곡과 가라지	③ 겨자씨	④ 누룩
4가지 마음 밭 중 옥토	무늬만 그리스도인 경계	천국의 생명력	천국의 영향력

⑤ 밭에 감추인 보화	⑥ 진주	⑦ 물고기	⑧ 새 것과 옛 것
우연히 발견한 진리	힘써 얻은 진리	무늬만 그리스도인 경계	신구약의 주제, 천국

공생애3년차-핍박기

(1) 세례 요한의 순교 (마 14:1-12) 베레아 / 갈릴리, 디베랴

팔레스타인 헤럴드 속보!

헤롯 안디바의 생일 축하연, 살육현장으로 돌변!

헤롯은 자기 형제, 빌립의 아내였던 헤로디아
가 하도 바가지를 긁어 대는 통에 요한을 체포
해서 사슬로 결박해 감옥에 보내라고 명령을
내렸던 당사자예요. 왜냐하면 요한이 헤롯과
헤롯의 친척 헤로디아의 관계를 '간음'이라고
말해서 헤롯을 자극했거든요. 헤로디아는 증오심에 못 이겨 요한을 죽이고 싶어했죠.
하지만 헤롯은 요한에 대한 경외심이 있었기 때문에 감히 엄두를 못 내고 있었어요.
헤롯은 요한이 거룩한 사람이라고 확신하고 특별히 우대했어요. 요한이 하는 말을 들
을 때마다 헤롯은 죄책감에 시달렸지만, 요한에게서 벗어날 수가 없었어요. 요한에게
는 뭔가 자기를 계속 끌어당기는 특별한 힘이 있었거든요.
하지만 결국 헤롯의 생일 축하연 날이 D-day가 됐답니다. 헤롯은 갈릴리 지역의 모든
고관대작들을 다 초대했어요. 그때 헤로디아의 딸이 연회장에 들어가 하객들을 위해
춤을 췄어요. 헤롯과 모든 하객들이 넋을 잃고 춤추는 모습을 바라봤어요.
왕이 소녀에게 말했어요. "소원을 말해 보아라. 무엇이든 다 들어주마." 헤롯은 흥분해

서 계속 얘기했어요. "맹세컨대 내 왕국의 절반이라도 주겠노라!"

소녀는 자기 엄마에게 가서 물었어요. "엄마, 뭘 달라고 할까요?", "세례 요한의 머리를 달라고 해!" 소녀는 들떠서 왕에게 돌아와 말했어요. "세례 요한의 머리를 쟁반에 담아 주세요. 지금 당장요!"

왕은 술이 확~ 깼어요. 하지만 손님들 앞에서 체면을 잃고 싶지 않아 할 수 없이 항복~! 소녀의 소원을 들어줬어요. 왕은 '요한의 머리를 가져오라'는 명령과 함께 망나니를 감옥에 보냈어요. 망나니가 가서 요한의 목을 쳐 쟁반에 담아 소녀에게 갖다 줬어요. 소녀는 그걸 자기 엄마에게 갖다 줬지요. 요한의 제자들이 이 소식을 듣고 가서 시신을 수습해 묘지에 잘 안장했어요.

– 막 6:17-29(유진 피터슨의 『메시지』, 허계영 개인번역)

(2) 오병이어 (마 14:13-21) 이두래, 벳세다

저녁이 되어갈 때 제자들이 예수님께 다가와 얘기했어요. "여긴 시내에서 떨어진 시골인데, 시간이 점점 늦어지고 있네요. 사람들을 해산 시키셔서 마을로 가 저녁을 먹으라고 하시죠." 예수님께서 말씀하셨어요. "해산시킬 필요 없 어. 너희가 이 사람들에게 저녁을 주렴!"

"여기 있는 거라곤 달랑 '빵 다섯 개랑 물고기 두 마리'뿐인걸요." 제자들이 대답했어요.

예수님께서 말씀하셨어요. "그걸 이리 가져오너라." 그러고는 사람들을 풀밭에 앉히 셨어요. 예수님께서는 '빵 5개와 물고기 2마리'를 들고 하늘을 바라보시며 기도하시 고 축복하신 후, 빵을 떼어 제자들에게 건네주셨어요. 제자들은 모인 사람들에게 음식 을 나눠 줬지요. 모두들 배불리 먹었어요. 남은 음식을 모았더니 12바구니나 됐어요. 그날 함께 저녁을 먹은 사람은 약 5천 명이었답니다.

– 마 14:15-21(유진 피터슨의 『메시지』, 허계영 개인번역)

(3) 물 위를 걸으심 (마 14:22-33) 갈릴리 호수

제자들의 배가 바다(실은 호수)로 한참 나아갔을 때, 역풍이 불어와 파도가 휘몰아쳤어요. 그런데 이게 웬일인가요? 새벽 4시쯤 되었을 때, 예수님께서 제자들을 향해 물 위로 걸어오시는 게 아니겠어요? 제자들은 무서워 반쯤 넋이 나간 채로 말했어요. "유령이다!" 그들은 공포에 질려 소리쳤어요.

예수님께서는 다급히 제자들을 안심시키시면서 말씀하셨어요. "안심해. 나야, 나! 무서워하지 마."

베드로가 갑자기 담대한 어투로 말했어요. "주님, 정말 주님이 맞으시다면 저도 물 위를 걸어서 오라고 말씀해 주세요."

예수님께서 말씀하셨어요. "이리 와라."

베드로는 배에서 뛰어내려 예수님을 향해 물 위로 걸어갔어요. 하지만 발밑에서 출렁이는 파도를 내려다보고 겁을 먹자 물에 빠져들기 시작했어요. 베드로가 외쳤어요. "주님, 살려주세요!"

예수님께서는 즉시 손을 뻗어 베드로의 손을 잡아 주셨어요. 그리고 "어떻게 된 거야? 넌 정말 겁이 많구나."라고 말씀하셨어요.

예수님과 베드로는 배에 올랐고, 바람은 잠잠해졌어요. 배 안에 있던 제자들은 이 모든 걸 보고 예수님을 경배하며 말했어요. "맞죠? 선생님은 과연 하나님의 아들이시군요!"

– 마 14:24-33(유진 피터슨의 『메시지』, 허계영 개인번역)

물 위를 걸었다고? 그 무슨 황당무계한 소리야?

예수님께서는 물 위를 걸으신 것 외에도 수많은 기적을 행하셨는데, 기적이라는 게 원래 '자연계의 법칙을 초월한 현상'이기 때문에 '황당무계한 비과학적 거짓말'이라고 치부해 버리는 사람들이 많지요. 하지만 오히려 과학자들, 특히 천체우주 학자들 중엔 우주를 연구하면서 '하나님이 없이 어떻게 이렇게 광대하고 아름다운 우주가 생길 수 있겠는가?'라며 하나님을 믿는 사람들이 많다고 해요.

사실, 기적이 우리한테나 어렵지 예수님한테는 전혀 어렵지 않답니다. 왜 그럴까요? 이에 대해 김명현 교수(성경과학 선교회)는 이렇게 설명합니다.

어느 날, 나비와 개미가 땅 위에서 함께 놀고 있었어요. 2차원 평면에서 말이죠. 그런데 갑자기 나비가 확 날아올랐어요. 개미의 눈에는 '나비가 한순간에 사라진 거'예요. 즉, 기적이었던 거죠. 그런데 잠시 후 나비가 다시 땅 위에 내려앉았어요. 개미의 눈에는 '사라졌던 나비가 한순간에 다시 나타난 거'예요. 역시 기적이었던 거죠. 사실 개미 눈에 기적인 '나비의 출몰'이 나비에게는 너무 자연스러운 건데 말이에요. 이처럼 나비는 3차원 공간에서 살고 개미는 2차원 평면에 살다 보니 개미는 이러한 '기적'을 이해할 수 없는 거죠.

흔히들 우리가 사는 세계는 4차원이라고 하죠(공간(3차원)+시간=4차원). 이렇게 4차원에 제한된 우리의 머리로 '무한대(∞)차원'의 하나님을 어떻게 이해할 수 있을까요? 무한대차원의 하나님이 물 위를 걸으시는 것, 물로 포도주를 만드시는 것, 죽은 자를 살리시는 것 등이 어려운 일일까요? 나비가 날아오르는 것처럼 전혀 어려운 일이 아니죠. 우리에겐 기적으로 보이는 것들이 하나님께는 너무나 쉽고 자연스러운 일이랍니다.

(4) 장로의 전통 논쟁 (마 15:1-20) 갈릴리, 게네사렛

그 일 후에 바리새인들과 종교학자들이 멀리 예루살렘에서부터 예수님을 찾아와서는 비난조로 얘기했어요. "선생 제자들은 도대체 왜 법규를 우습게 여기는 거요?"

예수님께서 즉시 이렇게 대꾸하셨어요. "그대들은 왜 그대들 법규를 핑계 삼아 하나님의 계명을 우습

게 여기는 거요? 하나님께서 분명히 말씀하셨잖소. '네 아버지와 어머니를 공경해라.' 그리고 '아버지나 어머니께 대드는 자는 죽여라.'라고 말이오. 그런데 그대들은 누구든 원하면 '내가 부모님께 드리기로 맹세한 걸 하나님께 바쳤어요(어머나, 이를 어쩌지? 그만 하나님께 바치고 말았네…!^^)'라고 할 수 있다면서 하나님 계명 지키는 걸 회피하지 않소? 그건 절대로 부모를 공경하는 게 아니지! 그대들은 그대들 규칙을 악용해 하나님 계명을 무효로 만들고 있소. 그건 엄연한 사기(詐欺)요! 이사야의 예언이 그대들에게 적중했구려!"

이 백성이 '옳은 말 대잔치'를 벌이고 있구나. 하지만 그 말엔 진정성이 전혀 담겨 있지 않구나. 그들은 날 경배하는 것처럼 행동하지만, 전혀 진심이 아니구나. 그들은 '자기 과시용' 언어로 가르치는 데 날 이용하고 있구나.

– 마 15:1–9(유진 피터슨의 『메시지』, 허계영 개인번역)

'식사 전 손 씻기' 규정은 구약 성경 어디에 나올까?

바리새인과 서기관들은 수많은 법조항들을 예수님께 들고 나와 '당신은 왜 율법을 어기느냐?'면서 시비를 걸곤 했죠. 그렇다면 예수님은 정말 율법을 어기신 걸까요? 그럼 예수님이 죄를 지으셨단 말인가요?

구약 성경에 나오는 모세의 율법들 중에는 '식사 전에 손을 씻어야 한다'는 법규가 없답니다. 그럼 이 조항은 갑자기 어디서 튀어나온 걸까요? 이스라엘의 율법학자–서기관들은 모세의 율법을 지키는 데 남다른 열심이 있었어요. 그래서 율법을 보다 정확히, 철저히 지키기 위해 실생활에서 응용 가능한 '시행세칙'들을 만들었고, 이것을 '장로의 유전'이라고 불렀죠. '식전 손씻기 규정' 이외에 '안식일에 벼 이삭을 비벼 먹어서는 안 된다'라든가, '안식일에 병을 고치면 안 된다' 등의 조항들도 모세의 율법이 아니라 장로의 유전에 포함된 내용들이랍니다. 결론적으로 예수님은 율법을 어기신 적이 없다는 것이죠. 그런데 예수님께서 왜 그렇게 '고의로, 일부러, 시비에 휘말리려는 의도를 가지고' 장로의 유전을 어기셨을까요?

모든 법에는 '법의 정신(The Spirit of the Law, 그 법을 만든 의도와 목적)'이 있듯이 본래 하나님께서 우리에게 주신 '율법의 정신'은 '사랑'이었어요(가장 큰 계명＝하나님 사랑과 이웃 사랑!). 그런데 이른바 법 전문가라는 서기관들이 율법의 근본 정신인 사랑은 다 잊어버리고 법조항의 문자적인 해석에만 얽매여 백성들을 정죄하고, 통제하고 있었으니 예수님께서 얼마나 안타까우셨겠어요? 그래서 예수님은 산상수훈을 통해 "옛 사람에게 말한 바 … 라는 것을 너희가 들었으나 나는 너희에게 이르노니…"라면서 법해석을 새롭게 다시 해주셨지요. 예를 들면 '살인하지 말라'는 계명은 그 의미가 더 확대되고 심화되어 '미워하지 말라, 미워하기만 해도 살인하는 것과 똑같다'라고 다시 해석해 주신 거예요. 율법을 문자적으로만 해석하지 않으시고 하나님께서 율법을 주신 본래의 의도, 즉 사랑을 강조하셨던 거죠.

(5) 가나안 여인의 딸 (마 15:21-28) 베니게, 두로/시돈

예수님께서 그곳을 떠나 두로와 시돈 지역으로 가셨어요. 일행이 거기에 도착하자마자 가나안 여인 하나가 언덕에서 내려와 사정사정했어요. "다윗의 아들, 주님, 자비를 베풀어 주세요. 악령이 우리 딸을 끔찍하게 괴롭히고 있어요."

하지만 예수님께서는 그 여인을 무시한 채 본 척도 하지 않으셨어요. 제자들이 와서 불평조로 얘기했어요. "저 여인이 계속 귀찮게 구네요. 좀 해결해 주시면 안 돼요? 저 여인 때문에 미쳐 버릴 것 같아요."

예수님께서 제자들의 요청을 거절하시면서 이렇게 말씀하셨어요. "난 이스라엘의 잃은 양 문제를 해결하기만도 벅차구나."

그러자 그 여인이 예수님께 돌아와 무릎을 꿇고 애원했어요. "주님, 제발 도와주세요."

예수님께서 말씀하셨어요. "자식의 입에 들어간 빵을 꺼내서 개에게 던져 주라고? 그건 아니라고 보는데?"

그 여인이 재빨리 말했어요. "주님, 맞습니다. 하지만 거렁뱅이 개도 주인의 식탁에서 떨어지는 부스러기는 얻어먹지 않습니까?"

예수님께서 끝내 항복하고 마셨죠. "오, 여인이여, 그대의 믿음은 뭔가 특별하구려. 그대가 원하는 대로 해주겠소!" 바로 그 순간, 여인의 딸이 치유됐어요.

– 마 15:21-28(유진 피터슨의 『메시지』, 허계영 개인번역)

보석줍기

예수님이 인격모독을? 사람을 개 취급하시다니…

가나안 여인은 이방인이었어요. 그런데도 예수님이 메시아이심을 믿었죠. 어떻게 알 수 있냐고요? 예수님을 '다윗의 아들(=메시아)'이라고 부르고 있으니까요. 이 이방 여인이 예수님을 찾아와 귀신 들린 자기 딸을 고쳐 달라고 간청합니다. 그런데 예수님께서는 세 번이나 딱 잘라 거절하셨어요(단호박 예수님^^). 그것도 '개' 취급으로 인격적인 모멸감까지 줘가면서 말예요. 가난한 자, 눌린 자, 병자, 죄인 들을 더할 수 없이 인격적으로 대해 주셨던 예수님께서 왜 유독 이 여인에게만 이렇게 모질게 대하셨을까요?

사실 그것은 일종의 테스트였어요. 하나님께서 '무관심, 거절, 무시' 등으로 우리 기도를 대하신다면 우린 그냥 포기해야 할까요? 그때 "부스러기라도 좋습니다. 저를 개 취급하셔도 좋습니다."라고 할 만큼 간절함이 있나요? 하나님께서 우리의 간절함을 그토록 원하시는 이유는 거기에 우리의 진심이 있기 때문이에요. 하나님은 그렇게 우리의 마음과 만나고 싶어 하세요. 우릴 멸시하거나 모독하려고 하시는 게 아니라 우리와 찐~한 교제를 원하시는 거랍니다!

(6) 칠병이어 (마 15:32-38) 데가볼리

하지만 예수님께서는 거기에 만족하지 않으시고 제자들을 불러 말씀하셨어요. "이 사람들 때문에 내 마음이 몹시 아프구나. 이들이 3일간 나와 함께 지내면서 이제 먹을 게 다 떨어졌구나. 이렇게 허기진 상태로 보냈다가는 길에서 쓰러질 것 같아 차마 이대로 보내지 못하겠어…."

제자들이 말했어요. "하지만 이 광야 어디에서 요깃거리를 구하겠어요? 땅을 판다고 음식이 나오는 것도 아니고…."

예수님께서 물으셨어요. "너희 빵이 몇 개나 있지?" 제자들이 대답했어요. "7개요. 물고기도 몇 마리 있어요." 그러자 예수님께서는 사람들에게 앉으라고 지시하셨어요. 그러고는 빵 7개와 물고기를 들고 감사를 드리신 후, 그걸 떼어 사람들에게 나눠 주셨어요. 모든 사람들이 다 먹었어요. 그것도 배부르게 실컷 먹었지요(함포고복, 含哺鼓腹!)! 남은 음식을 모아 보니 큰 광주리로 7개나 됐어요. 그날 4천 명이 넘는 사람들이 배불리 식사했어요.

– 마 15:32–38(유진 피터슨의 『메시지』, 허계영 개인번역)

(7) 표적 논쟁 (마 15:39-16:4) 갈릴리, 마가단

바리새인과 사두개인 몇 사람이 예수님을 다시 찾아와서는, 자기들에게 뭔가 표징을 보여 달라고 윽박질렀어요. 그러자 예수님께서 말씀하셨어요. "이런 속담이 있지 않소? '저녁에 하늘이 붉으면 그건 선원들에게 희소식이다. 하지만 아침에 하늘이 붉으면, 그건 위험 신호다.' 그대들은 일기예보는 어렵지 않게 예측하면서 시대의 표징은 왜 읽지 못한단 말이오? 악하고 방탕한 세대가 항상 표징과 기적을 요구하지…. 그대들이 얻을 표징은 요나의 표징밖에 없소." 그러고는 뒤돌아 그들을 떠나가셨어요.

– 마 16:1–4(유진 피터슨의 『메시지』, 허계영 개인번역)

극도로 표적을 아끼신 예수님

다른 데서는 기사와 이적을 많이 행하신 예수님께서 이렇게 집요하게 시비 거는 사람들에게는 왜 굳이 표적을 안 보여 주셨을까요? 그럴싸한 멋진 표적을 좀 보여 주셔서 그들의 코를 납작하게 만드시면 좋았을 텐데 말이에요. 그 이유로 크게 두 가지를 들 수 있어요.

1) 보여주어도 안 믿는다 : 불치병에 걸렸는데 기도를 했더니 정말 하나님께서 고쳐 주셨다면, 처음엔 그 은혜에 감격하고 감사해서 어쩔 줄 몰라하죠. 그런데 차츰 시간이 지나면서 '그게 과연 하나님이 고쳐 주신 거였을까? 우연히 나은 건 아닐까? 오진이었을 수도…?' 등등의 의심이 드는 게 인간의 간사한 마음이지요.

2) 표적은 중독성이 있다 : 한 번의 표적으로 '하나님은 살아계십니다.'라고 완전히 믿게 될까요?

대부분은 그다음에 또다시 문제가 생겼을 때 '한 번만 더 표적을 보여주시면 하나님 살아 계신 거 믿을게요.'라고 하죠(마치 '떡 하나 주면 안 잡아먹지~!' 하는 것처럼 계속해서...^^).

그러다가 표적을 안 보여주시면 '지난번 표적이 과연 진짜였을까?' 의심하고요. 이렇게 계속 표적만 쫓아가면 끝내 하나님을 믿기 어렵죠. 그건 진정한 믿음이 아니거든요.

"보지 못하고 믿는 자들은 복되도다" -요 20:29

그래서 예수님께서는 "요나의 표적밖에는 보여줄 게 없다"고 말씀하십니다. 요나가 3일간 물고기 뱃속에 있다가 살아난 것처럼 예수님도 '돌아가신 지 3일 만에 부활하실 것'이란 예언의 말씀을 해주신 거죠. 그것은 '내가 부활하는 표적을 보거든 메시아임을 알라'는 의미였던 거예요.

(8) 베드로의 신앙고백 (마 16:13-20) 이두래, 가이사랴 빌립보

예수님께서 가이사랴 빌립보 마을에 들어가셨을 때 제자들에게 물으셨어요. "사람들이 인자(人子, Son of Man)를 누구라고 얘기하던?" 제자들이 대답했어요. "어떤 사람들은 세례 요한이라고 하고, 어떤 사람들은 엘리야라고 하고, 어떤 사람들은 예레미야나 다른 선지자들 중 하나라고 하던데요?"

이번엔 예수님께서 제자들의 대답을 듣기 원하셨어요. "너희들은? 너희들은 날 누구라고 하니?"

시몬 베드로가 말했어요. "예수님께서는 그리스도, 메시아, 살아 계신 하나님의 아들이시죠!"

예수님께서 말씀하셨어요. "요나의 아들 시몬아, 네게 하나님의 축복이 있길! 넌 그 답안을 책이나 선생들에게서 얻은 게 아니야. 하늘에 계신 내 아버지 하나님께서 직접 '내가 정말 누구인지' 그 비밀을 네게 알게 해주셨구나. 그럼 이번엔 내가 '네가 정말 누구인지'를 말해 주마. 넌 베드로, 즉 반석이란다. 내가 내 교회를 세울 반석 말이야.

(내가 네 위에 세우는) 교회는 지옥문이라 해도 막힘없이 뚫으면서 엄청난 힘을 갖고 뻗어 나가게 될 거야. 그뿐만이 아니란다. 넌 하나님 왕국의 정식 입국 비자를 갖게 될 거야. 그건 바로 어떤 문이든 열 수 있는 열쇠지. 이제 하늘과 땅, 땅과 하늘 사이에 더 이상 장벽이 없게 될 거야. 땅에서의 "Yes"는 곧 하늘에서의 "Yes"이고, 땅에서의 "No"는 곧 하늘에서의 "No"가 될 거야."

– 마 16:13-19(유진 피터슨의 『메시지』, 허계영 개인번역)

베드로가 받은 우등상 상품 두 가지

"너희들은 날 누구라고 하니?"라는 예수님의 질문에 시몬 베드로가 대답하죠. "예수님께서는 그리스도, 메시아, 살아 계신 하나님의 아들이시죠!" 이 대답은 '문제 출제자의 의도'를 정확히 간파한, 예수의 마음에 쏙 드는 대답이었어요. 그래서 예수님께서는 베드로에게 '우등상 상품' 두 가지를 주셨는데, 하나는 베드로를 예수님의 교회를 세울 '반석'으로 만들어 주신 것이고, 다른 하나는 '천국 열쇠'였죠.

실제로 베드로를 향한 예수님의 예언은 정확히 성취되었어요. 오순절 성령강림 후 베드로의 설교를 통해 '최초의 유대인 교회'가 세워졌을 뿐만 아니라 백부장 고넬료의 집에서 했던 베드로의 설교를 통해 '최초의 이방인 교회'가 세워지기도 했지요.

하지만 성경의 대부분의 예언들은 이중성을 가지고 있답니다. 가까운 시일 내에 이루어질 일을 예언하는 동시에 먼 훗날의 일을 예언하기도 하지요. 그래서 예수님께서 말씀하신 '교회의 반석'은 베드로 자신이라기보다는 베드로가 했던 신앙고백(주는 그리스도시요, 살아 계신 하나님의 아들이십니다.)으로 보는 게 더 타당합니다. 베드로와 동일하게 고백하는 사람들을 우린 '그리스도인'이라고 부르고, 그들의 모임을 '교회'라고 하니까요.

또한 천국 열쇠에 대한 해석도 '베드로를 통해서만 천국에 들어갈 수 있다'는 뜻이 아니라 이 역시 베드로가 했던 신앙고백으로서, 베드로와 동일한 고백을 하는 사람은 천국에 들어갈 수 있다고 보는 것이 더 정확한 해석이랍니다.

(9) 변화산 (마 17:1-8) 이두래, 헐몬산

이 말씀을 마치시고 약 8일쯤 후에 예수님께서는 베드로, 요한, 야고보를 데리고 산에 기도하러 올라가셨어요. 그런데 예수님께서 기도하시는 도중에 얼굴과 옷이 눈이 부실 정도로 희게 변했어요. 그러더니 갑자기 두 사람이 나타나 예수님과 대화를 나누지 않겠어요? 그들은 모세와 엘리야였는데, 그들의 모습이 얼마나 영광스러웠는지 몰라요! 그들은 예수님의 출애굽(Exodus), 즉 예수님께서 조만간 예루살렘에서 이루실 '출애굽의 완성'에 대해 얘기하고 있었어요.

그런데 그 와중에 베드로와 두 제자는 완전히 곯아떨어졌어요(연일 계속되는 야근으로 ^^). 그러다가 문득 깨어나 눈을 비비고 있는데, 영광에 휩싸이신 예수님과 곁에 선 두 사람이 보이지 않겠어요? 모세와 엘리야가 떠난 후 베드로가 말했어요. "주님, 이거야말로 (역사의 획을 긋는^^) 위대한 순간이에요! 제가 이 산 위에 기념관 세 개를 지으면 어떨까요? 하나는 예수님 걸로, 하나는 모세 걸로, 하나는 엘리야 걸로요!" 베드로는 아무 생각 없이 막 떠들어댔어요.

베드로가 이렇게 횡설수설하고 있는데, 빛나는 구름 하나가 그들을 덮었어요. 그들은 그 구름 속에 파묻혀 하나님의 임재를 깊이 느낄 수 있었어요. 그때 구름 속에서 이런 음성이 들려왔어요. "이는 내가 선택한 내 아들이다. 너희는 그의 말을 들어라."

그 음성이 사라지자 어느새 예수님 혼자만 남으신 게 보였어요. 제자들은 아무 말도 못 했어요. 그리고 자기들이 그날 본 것을 아무에게도 말하지 않았답니다.

– 눅 9:28-36(유진 피터슨의 『메시지』, 허계영 개인번역)

보석줍기

기대하시라, 개봉박두!

헐몬산(일명 변화산)에 나타나 예수님과 대화를 나눈 두 사람은 모세와 엘리야였습니다. 그런데 수많은 성경의 인물들 중 왜 하필 모세와 엘리야였을까요? 성경에서 모세와 엘리야는 대표성을 띤 상징적 인물들입니다. ① 모세는 율법의 대표이고 ② 엘리야는 선지자의 대표라고 볼 수 있죠. 이들이 '예수님께서 조만간 예루살렘에서 이루실 '출애굽(Exodus)의 완성'에 대해 얘기하셨다는 사실은 구약에서 '구원'을 상징적으로 보여줬던 '출애굽'을 완성시키실 '유월절 어린양'이 바로 예수님이심을 의미합니다. 즉, 구약의 모든 내용(모세와 엘리야, 즉 율법서와 선지서)이 결국 예수님을 지목하고 있고, 예수님의 위대한 사명(인류의 모든 죄를 대신 짊어지심)을 곧 이루실 거라는 걸 예고한 것이죠. 다시 말해, '인류의 궁극적 출애굽'이란 영화의 예고편을 변화산에서 미리 보여주신 것이었답니다.

"문득 두 사람이 예수와 함께 말하니 이는 모세와 엘리야라 영광 중에 나타나서 장차
예수께서 예루살렘에서 별세(헬라어 원문: Exodus)하실 것을 말씀할쌔" – 눅 9:30-31

(10) 귀신 들린 아이 (마 17:14-20) 이두래, 헐몬산 자락

일행이 산 아래로 내려갔을 때, 많은 사람들이 예수님을 기다리고 있었어요. 가까이 갔더니 한 남자가 군중 속에서 나와서 예수님께 무릎을 꿇고 애원했어요. "주님, 우리 아들에게 자비를 베풀어 주세요. 얘가 발작을 일으키면 정신을 잃어 너무 힘들어지거든요. 종종 불 속에 뛰어들기도 하고, 강물에 뛰어들기도 해요. 제가 주님 제자들에게 제 아들을 데려왔는데, 제자들은 이 아이에게 아무것도 해주지 못했어요."
예수님께서 말씀하셨어요. "오, 이 세대를 어떻게 하면 좋단 말인가? 이 세대가 하나님을 전혀 알지 못하는구나. 삶의 중심을 잃었구나. 내가 몇 번을 더 말해야 할까? 내가 얼마나 더 참아야 할까? 아이를 데려오시게." 예수님께서 아이를 괴롭히는 귀신에게 나가라고 명령하시자 귀신이 나갔어요. 바로 그 순간, 아이는 치유를 받았어요.

– 마 17:14-18(유진 피터슨의 『메시지』, 허계영 개인번역)

(11) 성전세 납부 (마 17:24-27) 갈릴리, 가버나움

일행이 가버나움에 들어갔을 때, 세금징수원들이 베드로에게 와서 물었어요. "자네 선생님은 세금 안 내시는가?" 베드로가 말했어요. "물론 내시죠." 일행이 집 안에 들어가자마자 예수님께서 베드로에게 바로 물으셨어요. "시몬, 넌 어떻게 생각해? 왕이 세금을 징수할 때 누가 세금을 내지? 왕의 자녀들이 내? 아니면 다른 백성들이 내?"

베드로가 대답했어요. "백성들이 내지요." 예수님께서 말씀하셨어요. "그래. 왕의 자녀들은 면세대상자 맞지? 하지만 사람들을 괜히 자극할 필요는 없지…. 호수로 내려가서 낚시를 던져 처음으로 잡히는 물고기를 끌어 올려 봐. 그 물고기 입을 벌리면 동전 하나가 있을 거야. 그걸 그 세금징수원에게 줘. 그 돈이면 우리 두 사람 세금으로 충분할 거야." – 마 17:24-27(유진 피터슨의 『메시지』, 허계영 개인번역)

예수님의 준법정신

성전세를 납부하는 건 이스라엘 모든 백성들의 의무였어요. 이건 로마에 바치는 세금과는 달리 성전을 유지, 보수하는 비용을 충당하기 위해 하나님께서 명령하셨던 세금이에요(출 30:13). 그런데 예수님께서는 성전세에 대해 '면세대상자인 왕자는 왕에게 세금을 낼 필요가 없지만, 사람들을 괜히 자극하지 않기 위해 세금을 내자'고 하십니다.

나중에 성전에서 바리새인들과 논쟁을 하실 때에도 "가이사의 것은 가이사에게, 하나님의 것은 하나님께"(막 12:17)라고 하심으로써 유대인들을 압제하던 로마 황제에게 세금 납부하는 걸 당연히 여기셨지요. 예수님은 분명 당시 사회의 고정관념과 인습, 악습을 과감히 깨신 혁명가이셨지만, 그렇다고 현 체제를 전복시키는 폭력주의자나 무정부주의자는 아니셨습니다. 예수님의 혁명 방법은 세상의 다른 혁명가들과 달랐습니다. 왜냐하면 그것은 '사랑과 희생'의 혁명이었기 때문이지요. 그래서 예수님은 사회질서 유지나 준법정신을 중시하셨습니다. 하지만 궁극적으로는 '폭력이나 무력'을 앞세우는 그 어떤 사회운동보다 예수님의 '사랑과 희생정신'을 통한 '부드러운' 사회변혁운동이 지난 2천 년간 인류 사회에 어마어마한 파급 효과를 일으켰다는 사실은 참으로 아이러니라고 할 수 있겠죠?

> "각 사람은 위에 있는 권세들에게 복종하라 권세는 하나님으로부터 나지 않음이 없나니
> 모든 권세는 다 하나님께서 정하신 바라" – 롬 13:1

(12) 간음한 여인 (요 8:1-11) 유대, 예루살렘

종교학자들과 바리새인들이 간음 행위를 하다가 잡힌 여인 하나를 끌고 왔어요. 그들은 모든 사람이 지켜보는 가운데 그 여인을 세워 놓고 말했어요. "선생님, 이 여인이 간음 행위를 하다가 현장에서 잡혔습니다. 모세의 율법에서는 이런 사람을 돌로 쳐 죽이라고 명령하지요. 선생님은 뭐라고 하시겠습니까?" 그들은 예수님으로 하여금 뭔가 책잡힐 말씀을 하게 해서 함정에 빠뜨리려고 했어요.

예수님께서는 몸을 굽혀 땅에다가 손가락으로 뭔가를 쓰셨어요. 그들은 예수님을 계속 쪼아대며 괴롭혔어요. 예수님께서 일어나 말씀하셨어요. "당신들 중에 죄가 없는 사람부터 먼저 돌을 던지시오." 그러고는 다시 몸을 굽혀 땅에 뭔가를 계속 쓰셨어요.

그 말씀을 듣고 나이 든 사람부터 하나하나 꽁무니를 빼며 달아났지 뭐예요? 결국 그 여인 혼자만 남게 됐죠. 예수님께서 일어나셔서 여인에게 말씀하셨어요. "여인이여, 사람들이 다 어디 갔소? 아무도 그대를 정죄하지 못하는 것 같구려." "네, 주님!"

"나도 그대를 정죄하지 않겠소." 예수님께서 말씀하셨어요. "갈 길을 가시오. 그리고 이제부터는 죄를 짓지 마시오."

– 요 8:3-11(유진 피터슨의 『메시지』, 허계영 개인번역)

(13) 안식일의 맹인 (요 9:1-14) 유대, 예루살렘

예수님께서 길을 따라 내려가시다가 태어날 때부터 맹인이었던 사람을 보셨어요. 예수님의 제자들이 물었어요. "랍비님, 저 맹인은 누구 죄 때문에 태어날 때부터 맹인이 된 건가요? 자기 죄 때문인가요? 아니면 부모 죄 때문인가요?"

예수님께서 말씀하셨어요. "질문이 잘못되었구나. 너희는 지금 누굴 탓할지만 찾고 있는데, 여기엔 그러한 인과관계('죄와 벌'의 인과관계 – 역자 주)가 있는 게 아냐. 대신 하나님께서 무슨 일을 하실지 잘 봐. 우리는 '날 이곳에 보내신 그분'을 위해 열심히 일해야 해. 해가 떠 있을 때 열심히 일해야 한다고. 밤이 되면 더 이상 일할 수 없잖아? 내가 세상에 있는 동안은 빛이 밝게 비칠 거야. 왜냐하면 내가 세상의 빛이니까."

예수님께서 이 말씀을 마치시고, 흙에 침을 뱉어 진흙 반죽을 만드셔서는 맹인의 눈 위에 그 진흙 반죽을 발라 문지르셨어요. 그리고 이렇게 말씀하셨어요. "가서 실로암 연못에서 씻으시오(실로암은 '보냄을 받았다'라는 뜻이에요)." 그런데 이게 웬일인가요? 그 사람이 가서 씻자 정말 볼 수 있게 됐답니다!

– 요 9:1-11(유진 피터슨의 『메시지』, 허계영 개인번역)

(14) 70인 파송 (눅 10:1-20) 유대, 예루살렘

그 후 주님께서 70명을 뽑으셔서 2명씩 짝을 지어 예수님께서 가시고자 하는 모든 마을과 지역에 앞서 보내셨어요. 예수님께서는 그들에게 다음과 같은 임무를 주셨어요.

"엄청난 규모의 추수로구나! 하지만 추수할 일손이 너무 적구나! 그러니 추수할 일손을 보내 달라고 하나님께 무릎 꿇고 구하여라.

자, 이제 떠나라! 하지만 이건 매우 위험한 일임을 명심해.

너희는 마치 늑대들 틈바구니 속에 있는 어린 양들 같구나. 짐은 가볍게! 머리빗과 칫솔만 챙기고! 더 이상의 짐은 필요없어. 빈둥거리지 말고 여행길에 만나는 사람들이랑 한가하게 잡담하지 마. 어느 집에 들어가면 그 가족에게 '평안'의 인사를 하되, 그들이 그 인사를 받아들이면 거기 머물면 돼. 하지만 거절하면, 그 인사를 취소하고 그 집에서 나와. 너무 애쓸 것 없어.

한 집에 머물면서 그 집에서 밥도 얻어먹어. 왜냐하면 일꾼들은 하루 세끼 든든한 식사를 먹을 자격이 있으니까. 마을의 맛집을 찾아 이 집 저 집 떠돌아다니지 마.

어느 마을에 들어가서 환영을 받거든 마을 사람들이 차려 준 밥을 먹고, 아픈 사람들을 치유해 주고, '하나님 왕국이 바로 여러분 현관문에 와 있어요!'라고 말해 줘.

하지만 어느 마을에 들어갔는데 환영하지 않으면 거리로 나가서 이렇게 얘기해. '이 마을에서 우리가 얻은 거라곤 발에 묻은 흙먼지밖에 없구려. 그러니 우린 흙먼지나 다시 반납하고 가겠소. (탁탁 발을 구르며^^) 하나님 왕국이 당신들 현관문 앞에 와있다는 걸 모르겠소?'라고 말야. 심판날엔 너희를 거부한 그 마을보다 소돔이 더 나을 거야."

– 눅 10:1-12(유진 피터슨의 『메시지』, 허계영 개인번역)

(15) 마리아와 마르다 (눅 10:38-42) 유대, 베다니

일행의 여정이 계속되는 중에 예수님께서 어느 마을에 들어가셨어요. 거기에서 마르다라는 이름의 여인이 예수님을 맞아 편안히 모셨어요. 마르다에게는 마리아라는 여동생이 있었어요. 마리아는 주님 앞에 앉아서 예수님께서 하시는 말씀 한마디 한마디를 놓치지 않고 열심히 듣고 있었어요. 하지만 마르다는 부엌일에 쫓겨 정신이 없었죠. 그러다가 마르다가 들어와서 끼어들었어요. "주님은 제 동생이 부엌일을 내게 다 맡기

고 몰라라 하는 게 아무렇지도 않으세요? 마리아에게 저 좀 거들라고 하세요."

주님께서 말씀하셨어요. "마르다, 사랑하는 마르다, 넌 사소한 일에 법석을 떨면서 일에만 빠져 있구나. 정말 중요한 건 딱 한 가지란다. 마리아는 그 중요한 일을 선택했지. 그게 바로 오늘의 '주요리(main course)'라고. 그리고 마리아는 그 '주요리'를 빼앗기지 않을 거야."

– 눅 10:38–42(유진 피터슨의 『메시지』, 허계영 개인번역)

5가지 사랑의 언어(Love Language) 중 하나님의 사랑의 언어는 무엇일까?

사람마다 사랑의 언어가 다 다르다고 하죠. 신체접촉, 인정의 말, 선물, 봉사 그리고 함께하는 시간(Quality Time) 중 여러분의 사랑의 언어는 무엇인가요? 또 하나님의 사랑의 언어는 무엇일까요? 물론 하나님께는 5가지가 다 해당되는 게 사실입니다. 예를 들면 예수님께서 병자들을 고치실 때 말씀만 하셔도 될 걸 굳이 어루만져가며 고치셨던 것(신체접촉), 수많은 성경 말씀으로 우릴 늘 격려해 주시는 것(인정의 말), 우리에게 필요한 것들을 신실하게 공급해 주시는 것(선물) 그리고 우리 대신 그 고통스러운 십자가를 대신 져 주신 것(봉사) 등등…. 우린 성경을 통해 그리고 일상의 체험을 통해 하나님의 다양한 사랑의 언어들을 추측할 수 있습니다.

유대 지역, 베다니라는 동네에 살던 3남매(나사로, 마르다, 미리아)는 예수님과 절친이었어요. 그래서 예수님께서는 예루살렘에 가실 때마다 주로 그 집에서 묵으셨죠. 그러던 어느 날, 예수님의 식사 준비를 하던 마르다가 마리아 때문에 불평을 했어요. 그런데 예수님은 도리어 마리아 편을 드십니다. 가뜩이나 열받은 마르다가 예수님이 마리아만 예뻐하시는 것 같아 더 화가 났을 것 같네요. 이 마리아와 마르다 이야기는 오늘날 우리가 교회에서 봉사할 때 종종 혼란을 주는 말씀이에요. 마치 '말씀 공부가 노동 봉사보다 더 우월하다'라는 교훈처럼 느껴져서 말이에요. 하지만 예수님께서 말씀하신 것은 그게 아니었답니다.

마르다는 지금 예수님께서 자기 집에 와 계심에도 불구하고 (어떻게 이보다 더 예수님과 가까이 있을 수 있겠어요?) 예수님의 임재를 느끼지도, 누리지도 못했어요. '예수님을 위한 사역'을 하느라 예수님은 안중에도 없었던 거죠. 하지만 마리아는 정말 예수님과 한마음이 되어서 예수님의 임재를 충분히 느끼고 누렸습니다.

우린 흔히 하나님의 일을 한다면서 정작 하나님께는 무관심할 때가 많아요. 그런데 하나님께서는 우리가 주님을 위해 '일(사역)하는 것'보다 '주님과 함께하는 시간'을 더 중시하신다는 것을 마리아와 마르다의 일화를 통해 가르쳐 주십니다.

실제로 예수님께서 이 땅에 오신 것도 우리와 함께하고 싶으셨기 때문이랍니다. 오죽하면 예수님의 이름을 '임마누엘(하나님이 우리와 함께 하신다 – 마 1:23)'이라고 하셨겠어요? 우리가 하나님께 드리는 찬양, 헌금, 봉사 등이 다 귀하지만 늘 내 안에 계신 주님을 느끼고, 누리며, 주님과 끊임없이 교제하는 삶을 산다면 그거야말로 하나님을 가장 기쁘시게 해드리는 '하나님의 일'이랍니다.

"예수께서 대답하여 가라사대 하나님의 보내신 자(예수님)를 믿는 것이
하나님의 일이니라 하시니" – 요 6:29

(16) 수전절 (요 10:22-39) 유대, 예루살렘

그때는 예루살렘에서 하누카(수전절 – 역자주) 명절을 쇠는 겨울이었어요. 예수님께서 성전 안 솔로몬 행각을 걷고 계셨는데, 유대인들이 예수님께 바짝 다가와 물었어요. "도대체 언제까지 우릴 헷갈리게 할 거요? 당신이 메시아인지 아닌지, 가타부타 속 시원히 말 좀 해 보시오."

예수님께서 대답하셨어요. "내가 이미 말했는데도 그대들은 믿지 않았소. 내가 행한 모든 일은 다 내 아버지께 위임받은 일이오. 그동안 내가 행한 일들은 사실 말보다 훨씬 더 큰 소리로 말한 거였는데…. 그대들이 날 믿지 못하는 것은 내 양이 아니기 때문이오. 내 양들은 내 음성을 잘 안다오. 난 그들을 알고, 그들은 날 따라오지…. 나는 그들에게 진정한 생명, 영원한 생명을 준다오. 그럼 그들은 파괴자로부터 영원히 보호받게 될 거요. 그들을 내 손에서 앗아갈 자는 아무도 없소. 그들을 내 손에 맡기신 아버지는 그 어떤 파괴자나 도둑보다 훨씬 더 위대하신 분이니까… 아무도 그들을 아버지 손에서 앗아갈 수 없단 말이오. 나와 아버지는 마음도 하나, 생각도 하나요."

– 요 10:22-30(유진 피터슨의 『메시지』, 허계영 개인번역)

(17) 나사로를 살리심 (요 11장) 유대, 베다니

그러자 예수님의 속에서 다시 괴로움이 솟구쳐 올랐어요. 마침내 무덤에 도착하셨어요. 나사로의 무덤은 언덕에 있는 간단한 무덤이었는데, 돌 하나로 막아 놓았어요. 예수님께서 말씀하셨어요. "돌 좀 치워 봐!"

망자의 자매인 마르다가 말했어요. "주님, 지금쯤이면 악취가 진동할 텐데요. 오빠가 죽은 지 벌써 나흘이나 됐다고요!"

예수님께서 마르다의 눈을 들여다보시면서 말씀하셨어요. "네가 믿으면 하나님의 영광을 보게 될 거라고 내가 말했잖아?"

그러고는 다른 사람들에게 말씀하셨어요. "어서 돌을 치우시오."

그러자 사람들이 돌을 치웠어요. 예수님께서는 하늘을 향해 눈을 들고 기도하셨어요. "아버지, 제 얘길 들어주셔서 감사합니다. 저는 아버지께서 항상 제 얘길 들어주신다는 걸 알아요. 다만 제가 지금 이 얘길 하는 것은 여기 서 있는 사람들이 '아버지께서 저를 보내셨다'는 걸 믿게 하려는 거죠."

그러고는 큰 소리로 외치셨어요. "나사로, 나와라!" 그러자 송장 나사로가 머리끝부터 발끝까지 천에 싸인 채 그리고 얼굴도 천에 덮인 채 나왔지 뭐예요?

– 요 11:38~44(유진 피터슨의 『메시지』, 허계영 개인번역)

예수님 이전에도 부활한 사람들이 있었는데 왜 예수님이 '부활의 첫 열매'지?

성경에는 다음과 같이 죽었다 살아난 사람들의 이야기가 여럿 나오죠.
 1) 엘리야가 사르밧 과부의 아들을 살림(왕상 17:17~24)
 2) 엘리사가 수넴 여인의 아들을 살림(왕하 4:17~37)
 3) 무덤에 있는 시체가 엘리사의 뼈에 닿자 살아남(왕하 13:20~21)
 4) 예수님이 회당장 야이로의 딸을 살리심(막 5:21~43)
 5) 예수님이 나인성 과부의 아들을 살리심(눅 7:11~17)

6) 예수님이 마리아와 마르다의 오빠 나사로를 살리심(요 11:1-44)

7) 예수님이 십자가에서 돌아가셨을 때, 무덤에 있던 많은 사람이 살아남(마 27:52-53)

8) 베드로가 욥바의 여제자 다비다를 살림(행 9:36-43)

9) 바울이 졸다가 떨어져 죽은 유두고를 살림(행 20:7-12)

이 가운데 사도행전에 나오는 2건의 사건만 빼고 모두 다 예수님의 부활보다 앞서 일어났죠. 그럼에도 불구하고 왜 예수님을 '부활의 첫 열매(고전 15:20-24)'라고 하는 걸까요?

이 사람들은 죽음에서 부활한 후 잠시 살다가 다시 죽었기 때문에 진정한 부활은 아니었어요. 하지만 예수님은 부활하셔서 승천하시고 영원히 살아 계시죠? 예수님께서 '부활의 첫 열매'가 되셨다는 얘기는 둘째, 셋째 그리고 계속 그다음 열매도 있단 얘기죠. 즉, '우리도 예수님께서 다시 오실 때 예수님처럼 부활하여 영원히 살게 된다'는 사실을 미리 우리에게 본보기로 보여 주신 거랍니다.

(18) 10명의 나병 환자 (눅 17:11-19) 유대, 여리고?

예수님께서 예루살렘을 향해 가시는 길에 일어난 일이에요. 예수님께서 갈릴리에서 사마리아 경계를 넘어가셔서 어느 마을에 들어가셨을 때, 10명의 나병 환자를 만나셨어요. 그들은 멀리서 큰 소리로 외쳤어요. "주 예수님, 저희에게 자비를 베풀어 주세요!"

예수님께서 나병 환자들을 자세히 살펴보시더니 말씀하셨어요. "가서 제사장들에게 그대들 몸을 보여주시오."

그래서 그들이 떠나갔어요. 그런데 가는 도중에 보니 나병이 깨끗이 낫지 않았겠어요? 그중 한 명이 자기가 치유된 걸 보고는 예수님께 돌아와서 하나님을 찬양하며 큰 소리로 감사 인사를 드렸어요. 너무나 감사해서 예수님의 발 앞에 무릎을 꿇었지요. 사마리아 사람이었던 그 사람은 어떻게 감사를 해야 할지 몰랐어요.

예수님께서 말씀하셨어요. "10명이 다 치유받지 않았나? 나머지 9명은 어디 있소?

돌아와서 하나님께 영광을 돌린 사람이 이 외부인(이방인) 외에는 아무도 없단 말인가?" 예수님께서 그 사람에게 말씀하셨어요. "일어나 갈 길을 가시오. 그대의 믿음이 그대를 치유했고, 그대를 구원했다오."

– 눅 17:11–19(유진 피터슨의 『메시지』, 허계영 개인번역)

▎하나님의 생색 내기?

예수님께서 치유해 주신 10명의 나병 환자 중 딱 한 사람만 와서 감사 인사를 하자, 예수님께서는 '나머지 9명은 왜 감사 인사를 하지 않느냐?'고 서운해하시네요.

하나님께서 베풀어 주신 은혜에 대해 우리가 감사하지 않으면 하나님도 삐치실까요?

하나님은 그렇게 생색 내기를 좋아하실까요?

우리는 뭔가 원하는 게 있어서 하나님께 간절히 기도하다가 막상 그걸 얻고 나면, 그것에 도취되어 정작 그걸 주신 하나님은 잊어버릴 때가 많지요. 자녀에게 유산을 미리 나눠 주면 자녀가 부모를 안 찾아오기 때문에 절대 죽기 전엔 미리 유산상속을 하지 않는다는 부모들이 있지요? 좀 치사한 방법 같긴 하지만, '오죽하면 부모가 이렇게까지 해가며 자녀의 사랑을 구걸할까?'라는 생각에 부모의 애틋한 마음이 이해가 되더라고요.

하나님이 가장 신경쓰시는 것, 하나님이 가장 중시하시는 것이 뭔지 아세요? 그건 바로 '우리와의 사랑의 관계'랍니다. 우리가 범죄함으로써 우리와 하나님의 관계가 깨져 버리자 '오죽하면' 자기 아들을 대신 죽이시면서까지 우리와의 관계를 회복하셨겠어요? 자녀가 그토록 원하는 게임기를 사줬더니 게임기를 사준 아버지는 거들떠보지도 않고 하루 종일 게임에만 빠져 있다면 아버지 마음이 얼마나 서운할까요? 이게 바로 이제나저제나 잠 못 이루며 탕자를 기다린 아버지의 마음이었죠. 그러다가 아버지가 준 재산을 모두 탕진하고 돌아온 탕자에게 버선발로 달려나간 아버지의 마음 말이에요! 그러니 하나님께서 주신 선물에 도취되어 하나님을 잊는 일이 없도록 합시다! 그 선물을 주신 하나님을 늘 기억하며 감사하면서 삽시다!

(19) 바디매오 (막 10:46-52) 유대, 여리고

일행은 여리고에서 얼마간 머물렀어요. 예수님께서 여리고를 떠나실 때 제자들 외에도 수많은 행렬이 예수님을 뒤따랐어요. 그런데 디매오의 아들이었던 바디매오라는 장님 거지가 길가에 앉아 있다가, 나사렛 출신의 예수님이 지나가신다는 얘길 들

고 소리치기 시작했어요. "다윗의 자손, 예수님! 제게 자비를, 부디 자비를 베풀어 주세요!" 많은 사람들이 그의 입을 막으려 했지만, 바디매오는 아랑곳하지 않고 더 큰 소리로 외쳤어요. "다윗의 자손, 예수님! 제게 자비를, 부디 자비를 베풀어 주세요!"

예수님께서 발걸음을 멈추고 말씀하셨어요. "저 사람을 이리 데려오게." 사람들이 바디매오를 불렀어요. "자네 오늘 계 탔구먼! 일어서게! 예수님이 자네더러 오라고 하시네."

그러자 바디매오는 자기 외투를 벗어젖히고 한걸음에 예수님께 달려갔어요.

예수님께서 말씀하셨어요. "내가 뭘 해줬으면 좋겠소?"

그 장님이 말했어요. "랍비님, 제가 볼 수 있었으면 좋겠어요."

"그럼 이제 갈 길을 가시게. 그대의 믿음이 그대를 구원하고 그대를 치유했으니까."

바로 그 순간, 바디매오는 시력을 되찾고 예수님이 가시는 길을 따라갔어요.

– 막 10:46–52(유진 피터슨의 『메시지』, 허계영 개인번역)

┃ 바디매오는 왜 예수님을 '다윗의 자손'이라고 불렀을까?

구약 성경에서는 '메시아가 다윗의 자손으로 오실 것'을 예언합니다.

> "그 정사와 평강의 더함이 무궁하며 또 다윗의 위에 앉아서 그 나라를 굳게 세우고
> 지금 이후 영원토록 공평과 정의로 그것을 보존하실 것이라
> 만군의 여호와의 열심이 이를 이루시리라" – 사 9:7

그래서 유대인들에게 '다윗의 아들(자손)'은 곧 '메시아'를 의미했고, 바디매오가 예수님을 '다윗의 자손'이라고 한 것은 그가 '예수님이 메시아이심'을 확신했단 얘기죠. 예수님 당시에 평생 구약 성경만 연구하면서 살아온 최고의 엘리트 종교학자들(서기관들)이나 바리새인들은 두 눈으로 예수님을 직접 보고도 예수님이 메시아라는 걸 깨닫지 못했는데, 일자무식의 거지였던 장님 바디매오는 예수님을 본 적조차 없었지만 예수님이 메시아임을 알았습니다. 정말 아이러니죠? 이렇게 영적인 깨달음은 육적인 조건과는 전혀 상관이 없답니다.

(20) 삭개오 (눅 19:1-10) 유대, 여리고

그 후 예수님께서는 여리고를 통과해 가셨어요. 거기 삭개오라는 사람이 있었는데, 그는 세리들의 우두머리로 아주 부자였어요. 삭개오는 예수님이 너무 보고 싶었어요. 하지만 사람들이 길을 가로막아 키가 작은 삭개오는 예수님을 볼 수가 없었죠. 그래서 앞으로 달려가 플라타너스나무를 타고 올라갔어요. 예수님이 지나가시는 모습을 보려고 말이에요.

예수님께서 나무가 있는 곳에 이르시자 위를 쳐다보시며 말씀하셨어요. "삭개오, 어서 내려오게나. 오늘 내가 그대 집에 손님으로 가겠네." 삭개오는 이런 행운이 꿈인지 생시인지 믿기지 않았지만, 나무에서 잽싸게 내려와 기쁜 마음으로 예수님을 자기 집으로 모시고 갔어요. 이걸 지켜본 사람들이 하나같이 분개하며 투덜댔어요. "예수는 이 사기꾼한테 무슨 볼일이 있다고 저러는 거야?"

삭개오는 당황해서 어쩔 줄 몰라하며 송구한 마음으로 더듬거리며 말했어요. "주, 주, 주님. 제 수입의 절반을 가난한 사람들에게 기부할게요. 그리고 제가 사기 친 게 있다면 4배로 갚을게요."

예수님께서 말씀하셨어요. "오늘이 바로 이 가정의 구원의 날이오! 여기 아브라함의 자손 삭개오가 있소! 인자는 이렇게 잃어버린 사람을 찾아서 회복시키기 위해 왔다오."

– 눅 19:1-10(유진 피터슨의 『메시지』, 허계영 개인번역)

공생애 마지막 1주일

(1) 주일 : 영광의 예루살렘 입성 (마 21:1-11) 유대, 벳바게

일행은 예루살렘 근처, 감람산에 있는 벳바게에 도착했어요. 예수님께서는 제자 두 명에게 심부름을 시키셨어요. "앞마을로 건너가면 어미 당나귀랑 새끼 당나귀가 매여 있는 게 보일 거야. 그 어미 당나귀랑 새끼를 풀어서 이리 데려와. 누가 와서 '지금 뭐 하는 짓이오?'라고 물어보면, '주님께서 필요하시다는데요?'라고 해. 그럼 보내 줄 거야."

이것은 일찍이 선지자가 스케치했던 밑그림에 색칠을 하는 사건이 됐어요.

"시온의 딸에게 말해라. 저기 봐! 너희 왕이 오고 계신다. 위풍당당하게, 만반의 준비를 갖추시고, 당나귀를, 새끼 당나귀를 타고 오신다. 짐을 나르는 새끼 당나귀를 타고 오신다."

두 제자는 예수님께서 하라고 하신 대로 했어요. 두 제자가 어미 당나귀와 새끼 당나귀를 끌고 와서 당나귀 등에 자기 옷을 덮자, 예수님께서 올라타셨어요. 행렬의 거의 모든 사람들이 자기 겉옷을 벗어 길에 깔아 예수님을 '왕의 행차' 수준으로 환영했어요. 또 어떤 사람들은 나뭇가지를 꺾어서 환영의 레드카펫처럼 깔았어요. 수많은 군중이 예수님 앞뒤에서 같이 행진했어요. 그리고 이렇게 외쳤어요.

"다윗의 아들께 호산나!"

"하나님의 이름으로 오시는 분은 복되시다!"

"하늘 꼭대기층에서도 호산나!"

예수님께서 예루살렘에 입성하시자 도시 전체가 떠들썩했어요. 사람들이 당황해서 물었어요. "이게 다 무슨 일이에요? 저분은 또 누구고요?"

행렬을 이룬 군중이 대답했어요. "이분은 갈릴리 나사렛 출신 선지자, 예수님이세요."

– 마 21:1-11 (유진 피터슨의 『메시지』, 허계영 개인번역)

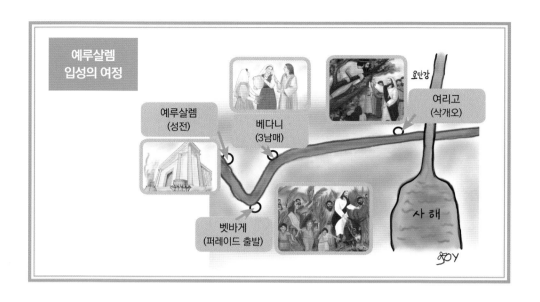

(2) 월요일 : 2차 성전 정화 (눅 19:41-46) 유대, 예루살렘 성전

예수님의 시야에 예루살렘의 전경이 들어오자 예수님이 도시를 바라보시며 우셨어요. "네가 오늘이 무슨 날인지 알기만 했어도, 네게 좋은 것이 뭔지 알기만 했어도…. 하지만 너무 늦었구나. 장래에 네 원수들이 대포를 가지고 올라와 사방에서 너를 욱여쌀 것이다. 원수들이 너와 네 아기들을 길에다가 패대기칠 것이다. 돌 하나도 온전히 남아 있지 않게 될 것이다. 이 모든 것이 다 하나님께서 친히 찾아오셨건만 네가 그분을 알아보지도, 환영하지도 않았기 때문이다."

예수님께서 성전에 들어가셔서 장사진을 치고 뭐든 가리지 않고 팔고 있는 사람들을 다 내쫓기 시작하셨어요. 예수님께서 말씀하셨어요. "성경에 이렇게 기록되어 있소. '내 집은 기도의 집이다. 그런데 너희가 내 집을 종교 장터로 만들어 버렸구나!'"

– 눅 19:41-46(유진 피터슨의 『메시지』, 허계영 개인번역)

(3) 화요일 : 무화과나무 저주 (마 21:18-22) 유대, 베다니

다음날 아침 일찍, 예수님께서 시내로 다시 들어오시는 길이었어요. 배가 고프셨던 예수님께서는 길가에 홀로 서 있는 무화과나무를 보시고 무화과로 요기를 하려고 다가가셨어요. 그런데 나무에 가까이 가셔서 잎사귀밖에 없는 걸 보시고 말씀하셨어요. "앞으로 이 나무에는 무화과가 영영 열리지 못할 것이다!" 그러자 무화과나무가 그 자리에서 시들어 마른 막대기처럼 되었어요. 이걸 지켜본 제자들이 자기들 눈을 의심하며 말했어요. "이거 우리가 제대로 본 거 맞나요? 그토록 잎이 무성했던 나무가 한순간에 마른 막대기로 변한 거 맞냐고요?"

– 마 21:18-20(유진 피터슨의 『메시지』, 허계영 개인 번역)

왜 애꿎은 무화과나무에 저주를?

예수님께서 무화과나무에 열매가 없다고 갑자기 저주를 하셔서 나무가 말라 죽게 하신 건 온유하셨던 예수님의 평소 성품과는 상반된 듯한 인상을 주죠. 하지만 이 사건을 제대로 이해하기 위해서는 전후 맥락을 살펴봐야 합니다. 예수님께서 공생애 초기에 성전에서 장사하는 것을 보고 격분하셨는데, 3년이 지나서도 여전히 똑같았죠. 즉, 종교 지도자들이 사리사욕에 눈이 멀어 '독점 제물 판매'를 끝내 포기하지 못하고 계속하고 있었던 거예요. 이에 너무 마음이 아프셨던 예수님께서는 열매 없는 무화과나무를 통해 '실물교육'을 시켜주신 거죠. 성경에서 이스라엘을 상징하는 나무 세 가지는 포도나무, 감람(올리브)나무, 무화과나무예요. 이렇게 이스라엘을 상징하는 무화과나무에 열매가 없는 모습이 이스라엘의 종교 지도자들과 백성들의 열매 없는 종교생활을 보시는 것 같아 너무 안타까우셨던 거죠(마 21:43). '난 이제 얼마 안 있으면 십자가를 지고 떠나야 하는데, 이 백성이 전혀 깨달음이 없으니 어쩌면 좋단 말인가?'라는 안타까운 마음에 최후의 수단으로 실물교육을 시켜 주신 거예요. 하지만 종교 지도자들은 끝내 회개하지 않았고, 결국 예루살렘 성전이 훼파되고 이스라엘 백성은 나라 없는 난민으로 흩어져 살게 되었답니다.

(4) 화요일 : 권위 논쟁, 재림 징조 (마 21:23-25:46) 유대, 예루살렘 성전

그리고 예수님께서는 성전에 들어가 가르치셨어요.
그때 대제사장들과 백성의 지도자들이 나와서 예수
님께 대들었어요. "선생, (교사)자격증 좀 봅시다. 누
가 선생더러 여기에서 가르쳐도 된다고 허락해 줬
소? 도대체 무슨 권한으로 이러냐 말이오."

예수님께서 대답하셨어요. "내가 질문 하나 하겠소.
그대들이 내 질문에 대답하면 나도 그대들 질문에 대답하리다. 요한의 세례 말인데…,
누가 요한에게 세례의 권한을 줬소? 하늘이오, 사람이오?"

그자들은 곧 자기들이 오히려 한 수 밀렸다는 사실을 깨닫고 서로 수군댔어요. "우리
가 만약 '하늘'이라고 하면 그런데도 왜 요한을 안 믿었냐고 할 테고, '사람'이라고 하
면 요한을 선지자로 떠받드는 백성들이 가만히 안 있을 텐데…" 그러고는 1라운드에
서 바로 자기들의 패배를 인정할 수밖에 없었죠. 결국 "모르겠소."라고 대답했어요.

예수님께서 말씀하셨어요. "그럼 나도 그대들 질문에 대답 안 하겠소."

– 마 21:23-25:46(유진 피터슨의 『메시지』, 허계영 개인번역)

| 결혼식 피로연 이야기

예수님께서는 몇 가지 이야기를 더 들려주셨어요.

"하나님 왕국은 자기 아들을 위해 결혼식 피로연을 베푼 어느 왕과도 같소. 왕은 신하들을
보내 많은 하객들을 초청했소. 그런데 그들은 오려 하지 않았소. 그래서 왕은 또 다른 신하
들을 보내 하객들에게 이렇게 전했소.

'여러분, 진수성찬이 준비됐어요. 왕궁 셰프가 지금 횡성한우 갈비 각을 뜨고 있다고요. 와서
맘껏 드세요!'

하지만 그들은 왕의 전갈을 귓등으로도 안 듣고 가 버렸소. 어떤 사람은 정원의 잡초를 뽑
아야 한다고, 어떤 사람은 가게에 나가 손님을 받아야 한다고 말이오. 별로 할 일 없이 노닥
거리고 있던 나머지 사람들은 글쎄, 왕의 신하들을 때려죽였지 뭐요? 왕은 노발대발해서 군
대를 보내 그 폭력배들을 다 죽이고 그 도시 전체를 쓸어 버렸소.

그리고 신하들에게 명했소.

'경들은 들으라. 과인이 결혼식 피로연을 위해 상다리가 휘어지도록 음식을 풍성히 차렸건만, 하객이 아무도 없구나. 내가 초청한 사람들은 이미 자격박탈이다! 이제 경들은 사람들이 많이 모이는 저잣거리로 나가 누구든 눈에 띄는 대로 잔치에 다 초대하도록 하라!'

그래서 신하들이 거리로 나가, 눈에 보이는 사람은 착한 사람이건 나쁜 사람이건 가리지 않고 모두 불러들였소. 이렇게 결혼식 피로연은 진행됐고, 피로연장은 사람들로 가득 차게 됐소. 그런데 왕이 피로연장에 들어가서 둘러보고는, 복장을 제대로 갖추지 않은 한 사람을 가리키며 그에게 말했소. '이보게, 친구. 자네는 여기가 어디라고 감히 그런 차림으로 왔는가?'

그 사람은 할 말을 잃고 어쩔 줄 몰라 했소. 그러자 왕이 신하들에게 명했소.

'이자를 여기서 썩 끌어내지 못할까? 이자를 결박해서 당장 지옥으로 보내 버려라. 그리고 다시는 여기 얼씬도 못 하게 하라!'

내가 '많은 사람들이 초청받았지만 초청에 응한 사람은 겨우 몇 명뿐이다.'라고 말한 건 바로 이런 뜻이라오."

– 마 22:1-14 (유진 피터슨의 『메시지』, 허계영 개인번역)

옷 좀 잘못 입었기로서니 쫓아낸다고?

왕의 아들의 혼인잔치 비유는 잘 알다시피 하나님 왕국에 먼저 초청받은 유대인들이 그 초청을 거부하자 하나님께서 이방인들을 대신 초청하셔서 구원을 얻게 하셨음을 의미합니다. 그런데 나중에 '묻지마 초청'을 받은 '아무나' 중에 복장을 제대로 갖추지 않았다는 이유로 쫓겨난 사람이 있었죠. 그 '아무나' 중에는 분명 길거리 노숙자도 있었을 텐데, 그들의 형편을 뻔히 아는 왕이 왜 복장 문제로 시비를 걸었을까요? 가만히 있는 사람 불러올 땐 언제고…?

우리가 이 비유를 이해하기 위해서는 고대 중동지방의 문화를 먼저 이해해야 합니다. 당시 왕을 알현할 때 예복을 갖춰 입는 것은 '전 당신을 왕으로 인정하고 존중합니다.'라는 뜻이었다고 해요. 그런데 가끔 미처 예복을 준비하지 못한 방문객을 위해 왕궁에는 '예복 대여실'이 상설되어 있었다네요(이러한 문화가 전승되어 요즘도 서양에는 정장을 하고 가야 하는 고급 레스토랑이 있는데, 그 곳엔 복장 미비자를 위해 정장이 늘 비치되어 있다고 합니다). 어쨌든 이 비유 속 노숙자는 허름한 옷으로 왕궁에 갔을 테고, 신하들이 분명 예복을 빌려줬을 겁니다. 그럼에도 불구하고 그 예복 입기를 굳이 거부했다는 것은 '난 당신을 왕으로 인정하지 않아!'란 뜻이었겠죠? 앞서 하나님 왕국에 초청받았지만 오기를 거부했던 유대인이나, 초청에 응하긴 했지만 하나님을 왕으로 인정하지 않는 이방인이나 천국 밖으로 쫓겨나는 건 똑같다는 거죠. 이것은 우리가 진정 구원받은 그리스도인이라면 '늘 내 마음속 왕좌에 하나님을 모시고 그분의 통치를 받는 것이 중요하다'는 교훈을 주는 비유랍니다.

하나님 왕국의 재테크

"하나님 왕국은 장거리 여행을 떠나는 어떤 사람과도 같단다. 그 사람은 종들을 불러 놓고 각자에게 임무를 맡겼어. 한 종에게는 100억 원을 주고, 또 다른 종에게는 40억 원을 주고, 세번째 종에게는 20억 원을 줬어. 종들의 능력에 맞게 돈을 나눠줬던 거야. 그리고 길을 떠났지. 주인이 떠나자마자 첫 번째 종은 바로 일을 시작해서 주인의 투자금을 2배로 늘렸어. 두 번째 종도 마찬가지로 2배로 늘렸고…. 그런데 20억 원을 받은 종은 땅에 구덩이를 파고 그 돈을 조심스럽게 묻어 뒀지 뭐야?

주인이 장기 여행에서 돌아와 세 종을 불러 정산했어. 100억 원을 받은 종이 주인의 투자금을 2배로 증식시켰다면서 가져왔어. 그러자 주인이 말했어. '정말 수고가 많았네! 이렇게 훌륭하게 일처리를 했으니, 이제부터는 나랑 동업하세!' (우와! 주인과 함께 공동대표가 되다니…!^^)

다음으로, 40억 원을 받은 종도 주인의 투자금을 2배로 증식시켰다면서 가져왔어. 그러자 주인이 말했어. '정말 수고가 많았네! 이렇게 훌륭하게 일처리를 했으니, 이제부터는 나랑 동업하세!' (우와! 주인과 함께 CEO가 되다니…!^^)

그런데 20억 원을 받았던 종이 와서 이렇게 말하는 거야. '대감마님, 마님은 기대수준이 무지 높으시고 함부로 일처리하는 걸 싫어하신다는 거, 쉰네 잘 압니다요. 대감마님은 항상 최선을 요구하시고, 실수를 절대 용납 안 하시죠. 그래서 쉰네는 대감마님을 실망시키기 싫어서 돈을 안전한 곳에 잘 보관해 두었습죠. 여기 1원 한 푼 축내지 않고 잘 보존된 원금을 그대로 가지고 왔습니요.'

주인은 불같이 화를 냈어. '자네는 어찌 그리 한심하게 산단 말인가? 그런 식으로 지나치게 소심하게 사는 건 범죄야, 범죄! 자네 말대로 내가 최선을 요구한다면 어찌 최악의 결과를 들고 나타났단 말인가? 적어도 그 돈을 은행에 예금했더라면, 어느 정도 이자라도 받지 않았겠는가? 여봐라! 게 누구 없느냐? 저자에게서 20억 원을 빼앗아 가장 과감한 투자를 한 종에게 주어라. 그리고 모험심이라고는 손톱만큼도 없이 나태하게 '안전빵'만 추구한 저자를 당장 내치도록 하라! 저자를 어서 캄캄한 곳으로 내쫓지 못할꼬?'"
– 마 25:14–30(유진 피터슨의 『메시지』, 허계영 개인번역)

한 달란트 받은 사람의 뒤틀린 심보
한 달란트 받은 사람이 나중에 받았던 원금만 고스란히 갖고 와서 하는 말이 뭐였나요?
"주여 당신은 굳은 사람이라 심지 않은 데서 거두고 헤치지 않은 데서 모으는 줄을 내가 알았으므로"(마 25:24)라고 합니다. 자기도 모르게 주인을 향해 이러한 '쓴소리'가 나가는 걸 보면, 그가 주인에 대해 뭔가 꼬여 있음을 알 수 있습니다. 아마도 주인이 자기에게 가장 적은 달란트를 주어 상처를 받은 것 같군요.

금 한 달란트(34kg)면 현재 시가로 약 20억 원이라는 어마어마한 돈인데도 그는 그 절대가치를 생각하기보다는 상대가치만 따져가며 비교의식과 피해의식에서 비롯된 불만을 품은 것 같아요. 주인에게 감사하지 않았다는 것도 그의 잘못이었지만, 사실은 그에게 좀 더 근본적인 문제가 있었지요. 성경은 분명히 말합니다. "주인이 그 종들에게 각각 그 재능대로 자기 소유를 맡겼다"(마 25:14-15)고 말이에요. 그런데 이 종은 주인이 나눠준 달란트를 '자기 것'이라고 생각했던 거예요. 그래서 적게 받은 데 대해 화가 났고, 적극적으로 과감한 사업을 하지 않고 나태하게 굴었던 거예요. 어차피 자기 것이 아니라면 많이 받든 적게 받든 화날 일이 뭐가 있겠어요? 많이 받을수록 오히려 책임이 커지기 때문에 더 부담스러울 수도 있을 텐데 말이에요.

하나님께서는 우리에게 각각 다양한 달란트를 주셨어요. 그런데 우린 이걸 내 것으로 생각해서 이에 대해 교만해지기도 하고, 남과 비교하면서 열등감이나 불만을 갖기도 하고, 그러면서 하나님을 원망하기도 하죠. 우린 하나님께서 우리에게 맡기신 달란트(재능, 건강, 시간, 물질, 관계, 환경 등)가 결코 우리 것이 아님을 확실히 깨달아야 해요. 그리고 그 맡기신 걸 가지고 하나님께 영광을 돌려드리고 이웃을 섬기는 데 사용하는 것이 달란트의 정확한 '용법'임을 잊지 맙시다!

(5) 수요일 : 유다가 주를 팔아넘김 (마 26:14-16) 유대, 예루살렘

그때 12제자 중 하나인 가룟 유다가 대제사장들의 음모에 가담했어요. "제가 그분을 나으리들 손에 넘겨드리면 제게 뭘 주실 건가요?" 협상 결과, 낙찰가는 결국 은화 30개로 결정됐어요. 그때부터 유다는 예수님을 넘겨줄 적당한 타이밍을 노리기 시작했어요.

– 마 26:14-16(유진 피터슨의 『메시지』, 허계영 개인번역)

성경의 화폐 단위

성경에는 많은 화폐 단위가 나옵니다. 그런데 이게 워낙 오랜 기간에 걸쳐 다양한 지역에서, 다양한 나라의 화폐로 나오기 때문에 실제 가치를 알기가 쉽지 않지요. 하지만 많은 문헌을 참고해서 현재 우리나라 돈으로 대략적으로 환산해 보면 다음 표와 같습니다.

렙돈	고드란트	호리	앗사리온	게라	데나리온
490원	980원	980원	1,960원	6,272원	31,360원
드라크마	베카	세겔(은)	세겔(금)	므나	달란트(금)
31,360원	62,720원	125,440원	1,881,600원	6,272,000원	2,142,000,000원

성경구절	예문	시가(원,₩)
출 30:13	생명의 속전/1인 : 10게라 = 0.5세겔	6만 원
대상 21:25	오르난 타작마당 : 금 600세겔[1]	11억 원
삼하 24:24	아라우나 타작마당 : 은 50세겔[2]	6백만 원
대상 29:4	다윗의 성전 건축용 금 3천 달란트	6조 원
	다윗의 성전 건축용 은 7천 달란트	2천억 원
마 18:24-28	1만 달란트 빚진 자	20조 원
	100데나리온 빚진 자	300만 원
마 5:26	1호리라도 갚기 전에는	1,000원
마 10:29	참새 2마리 = 1앗사리온	2,000원
막 12:42	과부의 2렙돈	1,000원
눅 15:8	여인의 잃어버린 1드라크마	3만 원
막 14:5	향유옥합	1,000만 원
눅 19:13-25	종에게 준 1므나	600만 원
마 25:14-30	5달란트 받은 종	100억 원
	2달란트 받은 종	40억 원
	1달란트 받은 종	20억 원
마 26:15	예수님 몸값 : 은 30세겔[3]	400만 원
창 37:28	요셉 몸값 : 은 20세겔	250만 원

[1]과 [2]는 같은 내용이나 [1]은 타작마당과 제물로 드릴 짐승 및 연료 등을 포함한 가격으로 추측됨.
[3]은 당시 노예 1명의 몸값(온 우주의 창조주가 고작 노예의 값에 팔리시다니…!)

(6) 목요일 : 최후의 만찬 (마 26:17-30) 유대, 예루살렘, 마가의 다락방

우리 주 예수님은 배신을 당하시던 바로 그날 밤에 빵을 들어 감사 기도를 하신 후 떼

어 주시면서 이렇게 말씀하셨어요.

"이것은 너희를 위해 찢겨진 내 몸이다. 이것을 행하

여 나를 기억해 다오."

그러고는 식사 후에 잔을 들고 똑같이 하셨어요.

"이 잔은 너희와 새로 계약을 맺는 내 피다. 이 잔을

마실 때마다 나를 기억해 다오."

– 고전 11:24-25(유진 피터슨의 『메시지』, 허계영 개인번역)

날 잊지 말아 줘!

최후의 만찬 때 제자들과 마주 앉으신 예수님의 심정은 어땠을까요? 이제 불과 몇 시간 후면 자신이 십자가에 달려 돌아가실 걸 아시는데, 이것이 사랑하는 제자들과 함께하는 마지막 식사라는 걸 아시는데….

죽기 전 자녀들과 마지막 식사를 한다면 어떤 심정일까요? 사랑하는 사람들을 남겨 두고 먼저 세상을 떠날 때, 가장 바라는 게 뭘까요? 비록 몸은 그들 곁을 떠나지만 그들의 마음속에라도 영원히 남고 싶은 심정이 아닐까요?

예수님께서도 그러셨던 것 같아요. 그래서 떡과 포도주를 주시면서 "이것은 내 살과 피야. 앞으로 떡과 포도주를 먹고 마실 때마다 날 기억해 줘! 내가 이렇게 몸 바쳐 너희를 사랑했다는 걸 잊지 말아 줘!"라고 하셨죠.

영양학자들이 즐겨 쓰는 말 중에 "You are what you eat(당신이 먹은 것이 바로 당신이다)."라는 말이 있어요. 우리가 먹는 음식이 우리의 살과 피가 된다는 거죠. 예수님께서는 우릴 너무나 사랑하셨기 때문에 예수님의 살과 피를 상징하는 떡과 포도주를 우리가 먹고 마시는 과정을 통해 우리 안에 깊숙이 들어오셔서, 아예 우리와 한 몸이 될 원하셨던 거예요(요 15:5). 그런데 우린 과연 예수님의 이런 간절한 마음을 기억하면서 성찬에 참여하나요? 형식적으로, 습관적으로 성찬에 참여한다면 예수님의 마음이 얼마나 아프실까요? 예수님의 그 마지막 간절한 마음을 꼭 기억하며 감사한 마음으로 성찬에 참여합시다!

(7) 금요일 : 십자가 수난 (마 26:57-27:56) 유대, 예루살렘/골고다(=갈보리)

충독 휘하의 군인들이 예수님을 총독 관저로 끌고 들어가 부대 전체 앞에서 조롱했어요. 예수님의 옷을 벗긴 후 빨간 토가(toga, 로마식 겉옷 - 역자 주)를 예수님께 입혔어요. 군인들은 또 가시나무를 엮어 만든 왕관을 예수님 머리에 씌웠어요. 그리고 막대기 하나를 예수님 오른손에 쥐어 주면서 '왕의 홀(scepter)'인 양 연출했어요. 그러더니 예수님 앞에 무릎을 꿇고 앉아 조롱했어요. "만세, 유대인의 임금님, 만세!" 그러고는 예수님께 침을 뱉고, 예수님의 머리를 막대기로 내리쳤어요. 그렇게 실컷 조롱하더니 토가를 벗기고 예수님의 옷을 다시 입혔어요. 그리고 예수님께 십자가를 지워 내보냈어요. 군인들은 길가에 서 있던 구레네 출신의 시몬이라는 남자를 보고 예수님의 십자가를 대신 지게 했어요. '해골의 언덕'이라고 불리는 골고다에 도착하자, 군인들은 예수님께 가벼운 진통제(포도주와 몰약의 혼합물)를 줬어요. 하지만 예수님께서는 맛을 보시고 마시지 않으셨어요. 군인들은 예수님을 십자가에 못 박은 후 예수님의 숨이 끊어지길 기다렸어요. 시간도 보낼 겸 군인들은 예수님의 옷을 놓고 주사위를 던져 추첨을 했어요. 예수님의 머리 위에는 예수님을 고발하는 죄목(예수, 유대인의 왕)을 적은 팻말이 걸려 있었어요. 예수님과 함께 두 명의 죄수도 십자가형을 당했는데, 하나는 예수님의 오른쪽에, 다른 하나는 왼쪽에 있었어요. 길 가던 사람들이 머리를 흔들며 조롱조로 애도하듯 말했어요. "성전을 허물고 3일 안에 다시 짓겠다고 우쭐대더니…, 어디 한번 실력 좀 보여주시지! 당신 자신부터 구원해 보시라고! 당신이 정말 하나님의 아들이라면 십자가에서 내려와 보시라고요!"

대제사장들도 종교학자들과 종교 지도자들과 함께 군중 틈에 끼어서 예수님을 놀려 대며 즐거워했죠. "저자가 다른 사람들은 구원하더니 자기 자신은 구원 못하네그려! 이스라엘의 임금님이시라면서요? 그럼 십자가에서 한번 내려와 보시죠. 그럼 우리가 다 믿어 드립죠! 하나님을 그렇게 잘 믿는 '아드님'을 하나님께서 구원해 주시나 어디 한번 보자고요. 저자는 자칭 하나님의 아들 아니었나?" 예수님 옆의 두 죄수조차 예수님을 조롱하는 데 한몫 거들었어요.

낮 12시부터 오후 3시까지 온 세상이 깜깜해졌어요. 오후 중반쯤, 예수님께서 깊은 신음소리를 내시며 크게 외치셨어요. "엘리, 엘리, 라마 사박다니?" 이 말씀은 "나의 하나님, 나의 하나님, 왜 절 버리시나요?"라는 뜻이에요.

옆에서 그 소리를 들은 사람들이 이렇게 말했어요. "저 사람이 엘리야를 부르고 있네." 그들 중 한 사람이 뛰어가 신 포도주에 적신 스펀지를 막대 끝에 매달아 예수님께 올려드려 마시도록 했어요. 다른 사람들이 히히덕거리며 말했어요. "뭐가 급하다고 그리 뛰어다니나? 엘리야가 와서 저자를 구해 주나 어디 천천히 두고 보자고."

예수님께서는 다시 한번 크게 소리지르시더니 숨을 거두셨어요.

바로 그 순간, 성전의 휘장이 위에서 아래로 두 갈래로 찢어졌어요. 그리고 지진이 나서 바위들이 산산이 부서졌어요. 그뿐만이 아니에요. 무덤이 열려 그 안에 잠자고 있던 많은 성도가 살아났어요(예수님께서 부활하신 후 이 살아난 성도들은 무덤에서 나와 거룩한 도성에 들어가서 많은 사람에게 나타났어요).

수비대장과 그 부하들이 지진 등 옆에서 일어나는 일들을 보고는 공포에 질려 말했어요. "이분은 정말 하나님의 아들이셨어!"

– 마 27:7–54(유진 피터슨의 『메시지』, 허계영 개인번역)

예수님의 사형 언도 죄목

예수님께서는 어떤 죄목으로 사형 언도를 받으셨을까요?

1) 산헤드린 공회에서 : "하나님의 아들"

2) 빌라도의 재판에서 : "유대인의 왕"

유대인들을 향해 자신이 '하나님의 아들'이라고 말하는 것은 신성모독죄로서 당연히 사형을 당할 죄목이죠. 또한 로마 정부를 향해 자신이 '유대인의 왕'이라고 말하는 것은 반역죄로서 역시 당연히 사형을 당할 죄목이고요. 그런데 예수님께서는 "네가 하나님의 아들이냐?"라는 유대인들의 질문에도(눅 22:70), 또 "네가 유대인의 왕이냐?"라는 빌라도의 질문에도(눅 23:3) 모두 "그렇다!"고 대답하십니다. 마치 일부러 사형을 당하려고 작정하신 것처럼 말이죠. 물론 이 두 가지 대답이 다 사실이긴 하지만, 예수님께서는 십자가의 죽음을 통해서만 우리 죗값을 대신 치러 주실 수 있었기 때문에 재판 과정에서 전혀 자기 변호를 하지 않고 모든 죄를 묵묵히 뒤집어쓰셨던 겁니다.

(8) 토요일 : 매장 (마 27:57-66) 유대, 예루살렘

오후 늦게 예수님의 제자였던 아리마대 출신의 한 부자가 도착했어요. 그 사람의 이름은 요셉이었어요. 그는 빌라도에게 가서 예수님의 시신을 달라고 요청했고, 빌라도는 그의 요청을 들어줬어요. 요셉이 예수님의 시신을 가져다가 깨끗한 세마포로 싸서 자기 소유의 무덤에 안치했어요. 그 무덤은 최근에 바위를 잘라서 만든 새 무덤이었는데, 큰 돌을 굴려 무덤 입구를 막았어요. 그런 다음 요셉은 떠났어요. 하지만 막달라 마리아와 또 다른 마리아는 남아서 무덤이 잘 보이는 곳에 앉아 있었어요.

– 마 27:57-61(유진 피터슨의 『메시지』, 허계영 개인번역)

(9) 주일 : 부활 (마 28장) 유대, 예루살렘

안식일이 지나고, 새로운 한 주의 시작을 알리는 여명이 밝았어요. 막달라 마리아와 또 다른 마리아가 무덤을 살펴보러 갔어요. 그때 갑자기 발밑의 땅이 흔들리더니, 하나님의 천사가 하늘에서 내려와 그 여인들이 있는 곳에 와 섰어요. 그리고 천사는 돌을 굴린 다음, 그 위에 앉았어요. 천사에게서 빛살이 뻗어 나와 환하게 후광이 비쳤어요. 천사의 옷은 흰눈처럼 빛났어요. 무덤을 지키던 보초병들이 공포에 질려 사색이 됐어요. 너무 무서워 옴짝달싹 못 했죠.

천사가 여인들에게 말했어요. "무서워할 필요 없어요. 두 분이 예수님을 찾고 있다는 거 알아요. 사람들이 십자가에 못 박은 그분 말이에요. 하지만 예수님께서는 여기 계시지 않아요. 전에 말씀하신 것처럼 부활하셨거든요. 이리 와서 예수님의 시신이 있던 곳을 한번 보세요.

빨리 가서 예수님의 제자들에게 전하세요. '예수님께서 죽은 자들 가운데서 부활하셨어요. 예수님께서는 여러분보다 앞서 갈릴리로 가고 계세요. 여러분은 거기에서 예수님을 뵐 수 있을 거예요.'라고. 이게 제가 전하는 메시지랍니다."

두 여인은 기쁨 반, 놀라움 반으로 서둘러 무덤을 떠났어요. 그리고 이 소식을 제자들에게 전하기 위해 달렸어요. 그때 예수님께서 여인들의 앞에 나타나셔서 "좋은 아침~!" 하고 인사하셨어요. 여인들은 무릎을 꿇어 예수님의 발을 부둥켜안고는 예수님을 경배했어요. 그러자 예수님께서 말씀하셨어요. "그대들은 안간힘을 다해 날 붙잡고 있군…. (힘 좀 빼지?^^) 그렇게 무서워할 것 없어. 가서 내 형제들에게 갈릴리로 가라고 전해 주게나. 내가 거기에서 그들을 만날 거라고 말야."

– 마 28:1-10(유진 피터슨의 『메시지』, 허계영 개인번역)

(10) 부활 후 40일째 : 승천 (막 16:19) 유대, 예루살렘, 감람산

주 예수님께서는 그들에게 이 말씀을 하신 후, 하늘로 들려 올라가셨어요. 그리고 하나님 옆, 영광스러운 자리에 앉으셨어요. 제자들은 어디든 가서 복음을 전했어요. 그때마다 주님께서 항상 그들과 함께 일하셨어요. 그렇게 하심으로써 '메시지'가 명백한 진리임을 입증해 주셨죠.

– 막 16:19(유진 피터슨의 『메시지』, 허계영 개인번역)

예수님 처형 당시 예루살렘 약도

1) **안토니아 망대** : 로마 정부는 식민지 백성인 유대인들이 폭동을 일으킬까 봐 늘 긴장했어요. 그래서 여차하면 성전에 곧장 진입하기 위해 성전 바로 옆에 '안토니아 망대'라는 로마군 진영을 배치해 놓았답니다.

2) **마카비 궁전** : 신구약 중간기 때 그리스로부터 성전을 탈환한 유다 마카비가 유대인의 최고 통치권자가 되면서 자기 궁전을 세웠는데, 그것이 바로 마카비 궁전이에요.

3) **헤롯 궁** : 앞에서 배운 것처럼 유대 지역은 원래 헤롯 아켈라오가 통치했지만, 폭정과 사치가 극에 달해 로마 정부로부터 폐위당해 헤롯 궁은 비게 되었습니다.

예루살렘의 지형

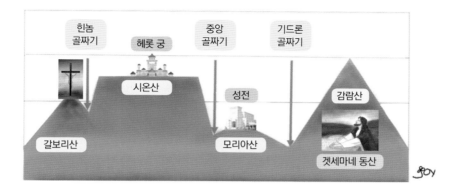

예수님 처형 당시 주요 인물들의 거처

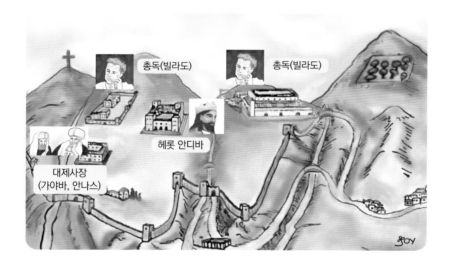

1) **총독 빌라도** : 낮에는 로마군 진영인 안토니아 망대에서 집무하다가 밤에는 비어 있는 헤롯 궁에 가서 지냈어요.

2) **헤롯 안디바** : 갈릴리와 사마리아 지역의 분봉왕이었던 그는 유월절을 맞아 예루살렘에 와 있었고, 마카비 궁전에서 지냈어요.

예수님의 마지막 1주일 동선

① 주일 : 예루살렘 입성(벳바게)

② 월요일 : 2차 성전 정화

③ 베다니 숙소(3남매 집)

④ 화요일 : 종교 지도자들과 논쟁(성전)

⑤ 베다니 숙소(3남매 집)

⑥ 목요일 저녁 : 최후의 만찬(마가의 다락방)

⑦ 목요일 밤 : 철야 기도(겟세마네 동산)

⑧ 금요일 새벽 : 산헤드린 공회 재판(대제사장 관저)

⑨ 금요일 아침 : 빌라도의 심문(헤롯 궁)

⑩ 금요일 아침 : 헤롯 안디바의 심문(마카비 궁전)

⑪ 금요일 아침 : 빌라도의 재판, 사형 언도(헤롯 궁)

⑫ 금요일 아침 9시~오후 3시 : 십자가 수난(골고다)

삼위일체(三位一體, Trinity)

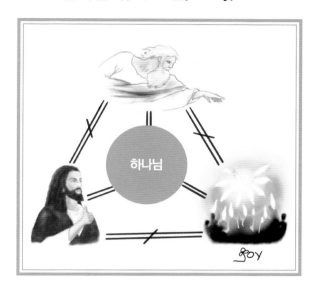

'삼위일체론'은 하나님은 한 분(한 본질 =1substance)이시지만 동시에 세 위격(세 인격=3persons)으로 존재하신다는 의미입니다. 그림과 같이 '성부=하나님, 성자=하나님, 성령=하나님'이시지만, '성부 ≠ 성자 ≠ 성령'이시라는 뜻이죠. 삼위일체론은 우리 인간의 제한된 머리로 이해하기는 어려운 개념이에요. 하지만 하나님께서 굳이 3가지 위격으로 존재하셔야만 하는 필연적인 이유가 있답니다. 일단 ① 온 우주와 우리의 구속 사역의 주관자이신 성부가 계셔야 하고 ② 우리 죄를 대신 담당하시기 위해 육신을 입으신 성자가 계셔야 하며 ③ 육신으로 오셨던 예수님께서 부활, 승천하신 후에는 우리와 함께하실 수 없었기에 영으로 우리에게 오신 성령이 계셔야 했던 거죠. 그러니 생각해 보면 한 분이신 하나님께서 세 가지 위격으로 존재하시는 이유 또한 우리를 구속하시고, 우리와 함께하시기 위한 하나님의 사랑의 표현인 것 같습니다.

성경에 기록된 삼위일체 하나님의 예

- 눅 3:21-22 : 성자의 세례. 성부의 음성. 성령이 비둘기 같이 내려오심.
- 마 28:19 : "아버지와 아들과 성령의 이름으로(in the name of the Father and of the Son and of the Holy Spirit) 세례를 주고…"에서 '이름(name)'이 복수형이 아닌 단수형으로 표기됨.
- 고후 13:13 : 축도문으로 사용되는 "주 예수 그리스도의 은혜와 하나님의 사랑과 성령의 교통하심이 너희 무리와 함께 있을지어다."

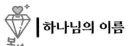

보석줍기 | 하나님의 이름

- 엘로힘(Elohim, 창 1:1) : 전능하신 하나님(복수형)
- 아카드(Achad, 신 6:4) : 세 분이 하나로 합쳐진 하나님(단수형)

삼위일체 하나님의 구원 역사

삼위일체 하나님은 서로 협력하셔서 우리의 구원 역사를 이루셨답니다. 사도 바울은 에베소서에서 당시 로마 문화의 단면들을 비유로 들어 삼위일체 하나님의 구원 역사를 설명합니다.

(1) 성부 하나님 (엡 1:4-5/1:11)

사도 바울 당시 로마에서는 자녀가 없는 귀족들이 종종 입양을 했다고 해요. 부모 없이 비참하게 사는 한 고아 소년이 있다고 해 봅시다. 어느 날 지체 높은 귀족이 소년을 찾아와 "너 오늘부터 내 아들 하자!" 하며 데리고 가지 않겠어요? 소년이 영문도 모른 채 따라가 보니 어마어마하게 좋은 집인 거예요. 하인 수십 명이 나와서 극진히 맞이해 주고, 온갖 장난감이며 책이며 없는 게 없이 다 갖춰진 자기 방이 있고, 자기를 위한 성대한 환영 파티가 열리고….

이 고아 소년의 마음이 어땠을까요? 그동안 보호자 없이 버려진 채 늘 불안하고 외롭고 가난하게 살아온 그에게 아버지가 생겼으니, 얼마나 든든하고 행복했을까요? 이게 바로 창세 전부터 이미 우리를 자녀로 삼으시겠다고 택해 주신 성부 하나님의 구원 역사랍니다.

(2) 성자 하나님 (엡 1:7)

당시 로마 인구의 1/3이 노예였다고 해요. 그래서 노예 시장도 매우 활성화되었죠. 여기 한 노예가 있다고 해 봅시다. 그런데 주인이 자기를 팔려고 노예시장에 내놓았습니다. 가축처럼 경매에 붙여져 사람들이 가격을 불러댈 때 그의 심정이 어땠을까요? '이렇게 내 사랑하는 가족과 헤어지는구나…. 새로 만나게 될 주인이 나쁜 사람이면 어떡하지?' 이런저런 생각에 한없이 비참하고 두려웠겠죠. 결국 어떤 사람이 자기를 샀어요. 그런데 그 사람이 노예 해방증서를 써 주면서 "넌 이제 더 이상 노예가 아니야. 이제 자유인으로 살아!"라고 하지 않겠어요? 나중에 알고 보니 이 사람이 부른 가격은 자기의 몸값이었어요. 자기가 대신 노예가 되어 그에게 자유를 준 거였죠. 이 노예의 마음이 어땠을까요? 너무너무 고맙고 감격 스러웠겠죠? 이게 바로 우리 대신 모든 죗값을 담당하시고 십자가에서 돌아가신 성자 예수님의 구원 역사(구속, 救贖, Redemption)랍니다.

(3) 성령 하나님 (엡 1:13-14)

당시 로마의 귀족들은 편지를 보낼 때 자기 만의 인장을 찍어 아무나 열어볼 수 없게 했 어요(말랑말랑한 액체를 붓고 나서 인장을 찍 은 후 굳히는 거, 영화에서 보셨죠?). 인장이란 '이건 내 거다'라는 표시죠. 하나님께서 택하 시고 예수님께서 목숨 바쳐 죄와 사망으로부터 건져 주신 우리 영혼에, 성령님께서 마 지막으로 확실하게 도장을 찍어 주신 거예요. 그래서 사탄이 우리 영혼에 찍힌 성령님 의 인장을 보고 '아, 이 사람은 성령님 거구나. 건드리면 안 되겠네!'라며 절대 손을 못 대는 거죠. 이게 바로 우리에게 인쳐주시고(Sealing), 우리 기업의 보증이 되신 성령 하 나님의 구원 역사랍니다.

사도행전의 구조 – 주요 인물 중심

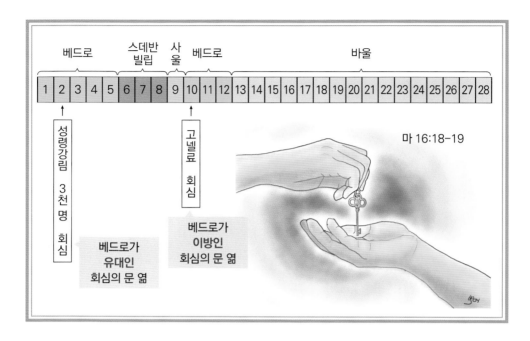

사도행전은 '성령행전'이라는 별명을 가지고 있습니다. 즉, 성령님이 사도행전의 주인공이시죠. 하지만 주요 등장인물을 살펴보자면 ① 1-12장은 베드로가 주인공 ② 13-28장은 바울이 주인공이라고 볼 수 있어요. 물론 6-8장에는 스데반과 빌립의 에피소드가 삽입되어 있지만요.

그런데 여기에서 주의할 점은, 2장에서 유대인에게 그리스도를 전하여 회심의 문을 연 것도 베드로였고, 10장에서 이방인인 백부장 고넬료에게 그리스도를 전하여 회심의 문을 연 것도 베드로였다는 사실입니다! 이것은 전에 예수님께서 베드로의 신앙고백("주는 그리스도(메시아)시요, 살아 계신 하나님의 아들이시니이다" - 마 16:16)을 칭찬하시면서 천국 열쇠를 주시고, 반석인 베드로 위에 교회를 세우시겠다고 하신 말씀의 성취였어요.

│이방인에게 처음 복음을 전한 건 베드로가 아니라 빌립 집사였는데?

사도행전 8장을 보면 빌립이 먼저 사마리아에 가서 전도하는 이야기가 나옵니다. 하지만 이때에
도 베드로와 요한이 가서 기도한 다음에야 사마리아 사람들이 성령을 받았지요. 그리고 사마리아
사람들은 완전한 이방인이라기보다는 유사 문화권 사람들이라고 볼 수 있지요. 빌립은 또 이디오
피아 내시에게도 복음을 전한 후 세례를 주긴 했지만, 베드로가 고넬료 가족과 그 지인들에게 그
리스도를 전할 때 이방인에게 처음으로 성령이 임하셨기 때문에 유대인에게도 이방인에게도 첫
회심의 문을 연 것은 베드로였다고 볼 수 있답니다.

사도행전의 구조 – 전도 대상 중심

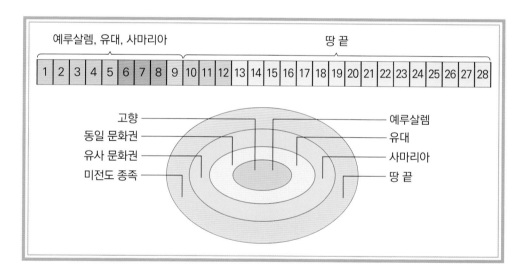

예수님께서 승천하시기 직전 제자들에게 다음과 같은 사명을 주시죠.

> "오직 성령이 너희에게 임하시면 너희가 권능을 받고
> 예루살렘과 온 유대와 사마리아와 땅 끝까지 이르러
> 내 증인이 되리라 하시니라" – 행 1:8

그런데 사도행전이 바로 이러한 구조로 되어 있습니다.

① 1-9장은 예루살렘과 유대 그리고 사마리아에

② 10-28장은 땅 끝에 복음을 전하죠. 여기에서 중요한 선교학적 개념이 나오는데요,

① 예루살렘은 고향, 유대는 동일 문화권, 사마리아는 유사 문화권

② 땅 끝은 타문화권이나 미전도 종족을 의미한답니다.

사도행전 1:8과 8:1

행 1:8에서 받은 사명을 행 8:1에서 본격적으로 수행하다!

- 사도행전 1:8 – "오직 성령이 너희에게 임하시면 너희가 권능을 받고 예루살렘과 온 유대와 사마리아와 땅 끝까지 이르러 내 증인이 되리라 하시니라"
- 사도행전 8:1 – "그 날에 예루살렘에 있는 교회에 큰 핍박이 나서 사도 외에는 다 유대와 사마리아 모든 땅으로 흩어지니라"

인류 언어의 분화와 통일

바벨탑 사건	오순절 성령강림	하늘나라의 예배
창 11:9	행 2:1-11	계 7:9
여호와께서 온 땅의 언어를 혼잡케 하심 인류 언어의 분화	성령강림, 방언 인류 언어 통일(국제적인 기독교 사회)의 예표	각 나라, 족속, 백성, 방언이 다 함께 찬양 인류 언어의 최종적 통일

예수님께서 제자들에게 보내 주겠다고 약속하신 성령님이 오순절 마가의 다락방에서 모여 기도하던 120명의 성도들에게 드디어 강림하셨어요. 이때 그들은 방언으로 말하기 시

작했는데, 이 사건은 창세기 11장에서 바벨탑 사건으로 분화된 인류 언어가 다시 통일되는 것을 예표하는 것이었죠. 즉, 복음이 유대인에게만 제한되어 있는 게 아니라 이방인에게까지 퍼져 나감으로써 국제적인 기독교 사회가 형성될 것을 상징하는 사건이었던 거예요. 그리고 최종적으로는 온 인류가 다 함께 하늘나라 보좌 앞에서 한목소리로 찬양함으로써 인류 언어가 다시 통일될 것을 예표하는 사건이었답니다.

부활, 승천 그리고 성령강림의 기간은 며칠?

• 부활절은 구약 절기 중 초실절! 초실절 후 50일째는 오순절! 즉, 부활절~오순절 : 50일
• 예수님이 부활 후 이 땅에 계신 기간 40일 + 제자들이 성령을 기다린 기간 10일 = 50일
이렇게 부활절 후 50일째 오순절에 성령이 강림하셨답니다.

사도 바울의 선교여행지

사도행전이 참 재미있기도 하지만 읽기가 어려운 이유는 지명이 너무 많이 나오기 때문이죠. 그래서 바울의 선교여행지를 지도로 먼저 익혀 두면 사도행전이 훨씬 더 입체적으로 다가오면서 흥미진진하답니다.

사도 바울의 선교여행지

자, 위의 지도를 한번 보세요! 성경 지도를 볼 때 어디를 가장 먼저 찾으시라고 했죠? 지중해! 그동안은 팔레스타인 앞바다로만 알고 있던 지중해가 원래는 얼마나 큰 바다였는지 아시겠죠? 그다음 바다가 또 있네요. 그리스와 아시아 사이의 에게해! 지중해에 비해서 좀 작지요? ('에게~ 이렇게 작아?'라고 했다 해서 에게해라는…^^) 그리고 아시아 위쪽이 흑해입니다.

그다음 큰 지역들을 먼저 살펴볼게요. 지중해 동쪽에 유대가 있죠? 유대 북쪽엔 수리아(구약의 아람, 지금의 시리아), 수리아의 북동쪽에 있는 갈라디아, 그다음 지도 중앙의 에게해 동쪽에 있는 아시아(지금의 터키), 그리고 에게해 서쪽의 그리스, 지도 맨 왼쪽의 이달랴(지금의 이탈리아)! 다 외우셨죠?

그다음으로 큰 지역들을 살펴보면 갈라디아엔 밤빌리아와 비시디아, 그리고 그리스는 북쪽 마게도냐와 남쪽 아가야로 나뉘어요. 이 지역들은 꼭 기억하셔야 해요.

잠깐, 지금까지 지명들을 공부하면서 뭔가 공통점을 발견하지 못하셨나요?

사도행전 지도에서 큰 지역 이름은 대부분 '아' 자로 끝난다는 사실! 유대(원래 발음은 '유대아'죠), 수리아, 아시아, 이달랴, 밤빌리아, 비시디아, 갈라디아, 마게도냐, 아가야 등 도시보다 더 큰 지역들의 이름은 다 '아' 자로 끝난답니다. (지금도 아메리카, 아시아, 아프리카, 오세아니아, 러시아, 차이나, 코리아, 캄보디아, 리비아, 탄자니아 등 적어도 대륙이나 국가급 이름 중엔 '아' 자로 끝나는 게 많지요?)

그리고 마지막으로 지중해에 있는 3개의 섬! 구브로(사이프러스), 그레데, 멜리데랍니다.

- **사도행전 지도의 세 바다** : 지중해, 에게해, 흑해
- **큰 지역 6개** : 유대, 수리아, 갈라디아, 아시아, 그리스, 이달랴
- **갈라디아** : 밤빌리아, 비시디아
- **그리스** : 마게도냐, 아가야
- **지중해의 3개 섬** : 구브로, 그레데, 멜리데

사도행전의 아시아는 지금의 아시아와 다르다!

사도행전에는 '아시아'라는 지명이 자주 등장합니다. 이것은 지금의 아시아와는 다른 개념이에요. (지금도 그렇지만) 당시 유럽과 아시아의 경계선은 그리스와 터키의 경계선이었어요. 다시 말해 유럽의 동쪽 끝은 그리스, 아시아의 서쪽 끝은 터키란 말이죠. 그래서 사도행전 당시 사람들은 터키를 '아시아'라고 불렀어요. 하지만 나중에 중국, 한국, 일본 등이 포함된 아시아 대륙이 얼마나 큰지 알고는, 원래 '아시아'라고 불렸던 터키 지역을 '아시아의 일부, 작은 아시아'라는 뜻으로 '소아시아'라고 이름을 살짝 바꿨답니다.

한편, 나중에 서양인들이 아시아가 엄청 크다는 사실을 알고는, 구분하기 위해 (자기들 기준으로) 가까운 동쪽, 중간 동쪽 그리고 먼 동쪽으로 구분해서 불렀죠. 이게 근동(Near East), 중동(Middle East) 그리고 극동(Far East)이 된 거죠. (그런데 우리도 우리나라를 극동이라고 하는 경우가 있지요?^^)

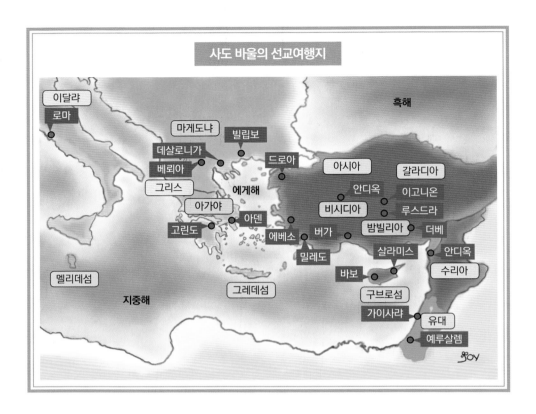

다음으로 각 지역에 있는 중요한 도시들을 공부해 볼게요.

우선 유대에는 예루살렘과 가이사랴가 있지요. 예루살렘은 유대의 수도니까 잘 아실 테고, 가이사랴는 로마제국이 유대 지역의 수도로 정한 곳으로 사도 바울이 갇혀 있던 감옥이 있는 곳이라 중요해요. 그다음, 수리아의 안디옥! 수리아의 수도는 다메섹(다마스커스)이지만, 수리아 안디옥이 중요한 이유는 역시 로마제국이 수리아의 수도로 정한 곳일 뿐만 아니라 이곳에 있던 안디옥 교회에서 바울과 바나바를 선교사로 파송했기 때문이죠.

그다음, 갈라디아의 4개 도시, 안디옥, 이고니온, 루스드라, 더베!(이곳 안디옥을 '수리아 안디옥'과 구분하기 위해 '비시디아 안디옥'이라고 부르죠) 아시아의 드로아(트로이의 목마로 유명한 곳, 바울이 마게도냐 환상, 일명 드로아 환상을 봤던 곳)와 에베소, 이렇게 두 도시를 외워 두세요.

다음에는 유럽으로 넘어가 볼까요? 유럽의 첫 나라가 그리스라고 했죠? 그리스는 북부와 남부로 나뉘는데, 북부는 마게도냐, 남부는 아가야(남부 그리스 사람들이 아기를 많이 낳아 여기저기에서 "아가야~!"란 소리가 들렸다는…^^)라고 했고요? 그중 마게도냐의 3개 도시가 중요한데, 그건 빌립보(성경에 '마게도냐 첫 성 빌립보'라고 나와 있죠? 그래서 아시아에서 마게도냐로 건너가자마자 처음 만나는 도시가 바로 빌립보예요), 데살로니가, 베뢰아(성경에 '베뢰아 사람들은 신사적이어서'라고 나와 있죠. 성경 공부를 열심히 했던 지성인들의 도시 베뢰아!)예요.

그다음 아가야 지방의 중요한 두 도시는 아덴(아테네, 그리스의 수도)과 고린도예요.

그리고 마지막으로 이달랴(이탈리아)의 수도 로마가 있지요.

어느새 사도행전의 중요한 도시들을 다 외웠네요? 복습 한 번 해볼까요?

- **유대** : 예루살렘, 가이사랴
- **수리아** : 안디옥
- **갈라디아** : 비시디아 안디옥, 이고니온, 루스드라, 더베
- **아시아** : 드로아, 에베소
- **마게도냐** : 빌립보, 데살로니가, 베뢰아
- **아가야** : 아덴, 고린도
- **이달랴** : 로마

바울의 1차 선교여행 (행 13:4-14:28) - 이방인의 벽을 넘다!

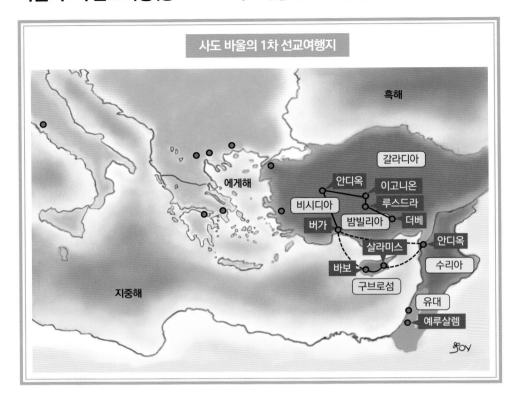

사도 바울의 1차 선교여행지

흑해

갈라디아

안디옥   이고니온
루스드라
비시디아   더베
버가   밤빌리아

에게해

살라미스   안디옥

바보   수리아

구브로섬

지중해   유대
예루살렘

(1) 구브로섬

수리아에 있는 안디옥 교회에서 바울과 바나바를 선교사로 파송했어요. 바나바의 조카인 마가 요한도 데리고 갔죠. 그들은 먼저 바나바의 고향인 구브로섬에 도착했어요. 그곳에서 로마 총독 서기오 바울이 복음을 듣고 회심했지요.

(2) 갈라디아

그다음에 바울 일행은 밤빌리아의 버가로 갔는데, 여기에서 마가 요한은 포기하고 집으로 돌아갔어요. 그 후 바울과 바나바는 갈라디아로 올라가 복음을 전하죠. 이 지역의 4개 도시(비시디아 안디옥, 이고니온, 루스드라, 더베)를

대상으로 선교해요. 바울은 새로운 지역으로 가면 일단 유대인들이 모이는 회당에 가서 복음을 전하곤 했어요. 비시디아 안디옥에서도 회당에서 전도해 많은 유대인이 믿었죠. 하지만 믿지 않는 유대인들은 바울의 메시지에 반박했고, 이에 바울과 바나바는 이방인들을 향해 발걸음을 돌리게 됩니다. 그래서 갈라디아의 세 도시인 이고니온, 루스드라, 더베를 차례로 가게 되는데, 특별히 루스드라에서는 이교도들이 바울과 바나바를 신으로 섬겼지만 유대인들은 바울을 참람하다면서 돌로 쳐 목숨을 위태롭게 했죠(신이 되었다가 이단아가 되었다가… '루스드라 사역은 루스(lose)더라'라고 외우세요!^^). 그다음에는 갔던 길을 되돌아오며 믿은 지 얼마 안 되는 새 신자들의 신앙을 굳건하게 해주고, 교회의 리더십으로 장로들을 세웠어요. 그리고 자기들의 파송 교회인 수리아 안디옥 교회에 돌아와 선교 보고를 할 때 교회는 기쁨으로 가득 찼어요.

뭐든 처음이었던 안디옥 교회

- 첫 이방인 교회 : 이방지역인 수리아 안디옥에 위치
- 첫 '그리스도인'이라는 명칭
- 첫 선교사 파송 : 바울과 바나바
- 바울 선교여행의 베이스 캠프 : 출발점이자 종착점

갈라디아서(바울서신 1호)

바울과 바나바가 1차 선교여행을 마치고 안디옥으로 돌아왔을 때, 예루살렘에서 온 유대주의자들이 '이방인도 할례를 받고 모세의 율법을 지켜야 구원을 얻을 수 있다'고 주장해 안디옥 교회는 논쟁에 휘말리게 됐죠. 이러한 유대주의자들의 영향은 바울과 바나바가 개척한 갈라디아 지방의 교회들에까지 침투해서 신자들의 믿음을 흔들어 놓았어요. 그래서 바울이 이때 갈라디아 교회에 편지를 씁니다. 이게 바로 갈라디아서로 '구원은 할례나 율법이 아닌, 오직 믿음으로 얻는 것'이라는 게 갈라디아서의 주제랍니다.

1차 선교여행 루트 – 갈라디아가 중요!

- 가는 길
  수리아 안디옥 – 구브로섬 – 밤빌리아(버가) – **갈라디아**(비시디아 안디옥 – 이고니온 – 루스드라 – 더베)
- 오는 길
  갈라디아(더베 – 루스드라 – 이고니온 – 비시디아 안디옥) – 밤빌리아(버가) – (구브로섬은 skip!) – 수리아 안디옥
- 갈라디아의 4대 도시 : 비시디아 안디옥, 이고니온, 루스드라, 더베

예루살렘 종교회의(행 15장) – 이방인 선교가 가속화되다!

안디옥 교회는 유대주의자들과의 논쟁을 해결하기 위해 바울과 바나바를 예루살렘 교회에 보냈어요. 그래서 예루살렘 종교회의(교회 총회)가 소집되었죠. 이 회의는 갑론을박 마라톤 회의였어요. 그러다가 ① 베드로가 이방인 고넬료의 회심 사건을 간증하고 ② 바울과 바나바는 1차 선교여행 때 이방인들 가운데 일어난 하나님의 역사를 간증했으며 ③ 예수님의 동생 야고보는 구약 성경을 인용하여 드디어 논쟁을 매듭짓습니다!

이 회의의 결론이 뭐였냐고요? 바로 '이방인 신자들은 구원을 얻기 위해 할례를 받을 필요가 없다'는 것이었죠. 단, '유대인의 음식 규정을 준수하고, 음행을 피하라'는 추가조항만 삽입했죠. 이로써 이방인 선교가 가속화되는 기틀이 마련됩니다.

야고보서(일반서신 1호)

이 무렵 예수님의 친동생이자 예루살렘 교회의 중심인물이었던(행 15장) 야고보는 유대인 그리스도인들에게 편지를 써서 '구원에 이르는 참된 신앙에는 형제애와 절제 그리고 경건생활이 따르기 마련이다.'라고 했는데, 이 편지가 바로 야고보서랍니다.

바울의 2차 선교여행(행 15:36–18:22) – 유럽의 벽을 넘다!

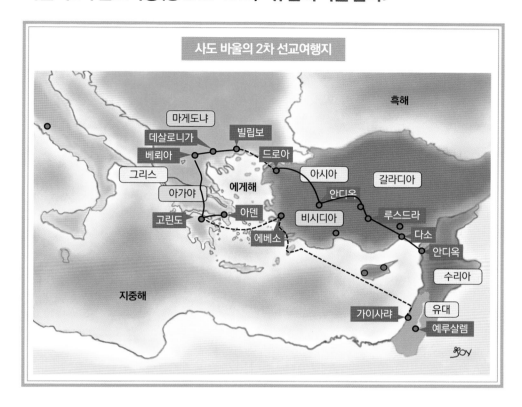

사도 바울의 2차 선교여행지

흑해

마게도냐
데살로니가
빌립보
베뢰아
드로아
아시아
갈라디아
그리스
에게해
아가야
안디옥
아덴
비시디아
루스드라
고린도
다소
에베소
안디옥
가이사랴
수리아
지중해
유대
예루살렘

(1) 아시아 : 갈라디아와 드로아

2차 선교여행의 출발지 역시 수리아 안디옥 교회죠. 그런데 2차 선교여행을 떠나기 전 바울과 바나바가 심하게 다툽니다. 바나바는 자기 조카인 마가 요한을 데리고 가자고 하고, 바울은 1차 때 중도 포기한 자는 데리고 갈 수 없다고 해서 의견 충돌이 일어났던 거죠(바울과 바나바는 1차 선교여행지인 '갈라디아'를 갔다 와서 '갈라졌어요'!^^). 그래서 바나바는 자기 고향인 구브로섬으로 선교여행을 다시 떠나고, 바울은 실라와 함께 2차 선교여행을 떠납니다. 바울은 이때 예루살렘 종교회의의 결정이 담긴 회의록을 들고 가죠. 바울과 실라는 일단 갈라디아의 교회들을 다시 방문해 예루살렘 종교회의의 결의 사항을 전달했어요. 이때 갈라디아의 루스드라에서 디모데를 만나는데, 디모데는 이때부터 바울의 영적인 아들이 되어 바울이 순교하는 순간까지 바울을 신실하게 따릅니다('2차 선교여행 때엔 루스드라에서 디모데를 만났으니, 루스드라가 루스(lose)가 아니더라'라고 외워 두세요!^^). 그리고 바울과 실라, 디모데는 소아시아의 북서쪽, 에게해의 해안 도시인 드로아로 갔어요. 그런데 바울은 그곳에서 어느 헬라인(그리스인)이 "마게도냐로 건너와서 우릴 도와주세요!"라며 손짓하는 환상을 봤어요(그래서 이 환상을 일명 '마게도냐 환상' 또는 '드로아 환상'이라고 해요). 이로써 2차 선교여행은 복음이 '유럽의 벽을 넘는' 계기가 되지요. 역사가 토인비가 "바울을 싣고 간 배는 유럽의 운명을 싣고 간 배였다."고 말할 정도로 유럽은 기독교의 전파와 함께 문명이 급속도로 발전하게 됩니다.

(2) 마게도냐 : 빌립보, 데살로니가, 베뢰아

그래서 바울 일행은 그리스의 북부 마게도냐로 건너가는데, 사도행전의 저자인 누가는 이 대목에서 주어를 '우리'로 고쳐 씀으로써 자기도 바울 일행에 합류하게 됐음을 은근히 알려주죠(이렇게 해서 2차 선교여행 단원이 4명으로 증가 - 바울, 실라, 디모데, 누가). 바울 일행은 마게도냐로 건너가서 3개 도시에서 선교를 합니다. 바로 빌립보, 데살로니가 그리고 베뢰아죠. 우선 빌립보는 '마게도냐의 첫 성'으로 이곳에서 바울 일행은 자주 장사 루디아를 만납니다(당시 자주색 천은 왕족 등 최고 상류층만 사용하는, 값이 어마어마하게 비싼 최고급 옷감이었다죠. 즉, 루디아는 요즘으로 치면 백화점 명품관의 CEO로 상당한 재력을 갖춘 여류 사업가여서 훗날 바울의 든든한 선교 후원자가 된답니다). 이처럼 빌립보에서 바울은 귀한 동역자인 루디아도 만나지만, 감옥에 갇혀 옥고를 치르기도 합니다. 사건인즉슨, 한 귀신 들린 여종이 점을 쳐 주인에게 돈을 많이 벌어줬는데, 글쎄 바울이 여종에게서 귀신을 쫓아내

줬지 뭐예요? 그러자 돈줄이 끊긴 여종의 주인은 바울과 실라를 고소하죠. 결국 관원들이 바울과 실라를 매로 때린 후 옥에 가둡니다. 감옥에서 바울과 실라는 한밤중에 기도하고 찬양을 했는데, 이때 큰 지진이 나서 죄수들의 착고가 다 풀리고 감옥 문이 다 열리게 되죠. 감옥을 지키던 간수는 죄수들이 다 도주한 줄 알고 자기가 받게 될 처벌이 무서워 자결하려 했지만, 바울이 "우린 도망치지 않았소. 목숨을 끊지 마시오."라고 만류하죠. 그 결과 간수가 바울과 실라를 자기 집으로 모시고 가서 온 가족이 복음을 듣고 세례를 받는 놀라운 일이 벌어집니다.

다음 날, 바울과 실라는 풀려나서 일행과 함께 데살로니가와 베뢰아에 가서 전도를 계속하죠. 이때 바울은 데살로니가에 디모데를 남겨 두어 데살로니가 교회를 돌보게 합니다.

(3) 아가야 : 아덴, 고린도

그다음으로 바울 일행은 그리스의 남부 아가야로 내려갑니다. 아가야의 중요한 두 도시는? 아덴과 고린도죠! 잡다한 우상의 도시, 아덴(그리스의 수도 아테네, 그리스 신화에도 신들이 엄청 많이 나오죠?)에서 바울은 회당에서는 유대인들에게, 시장에서는 이방인들(그리스인들)에게 복음을 전합니다. 그러다가 마지막엔 아레오바고 공회에서 철학자들에게 복음을 전하게 되죠. 바울이 아덴에 있을 때 데살로니가에 남겨졌던 디모데가 뒤따라왔지만, 바울은 박해를 받고 있는 데살로니가 교회가 너무 걱정되어 실라와 디모데를 다시 데살로니가로 보냅니다(살전 3:1-5).

실라와 디모데가 아덴으로 돌아왔을 때 바울 일행은 이미 고린도로 떠난 후였어요(살전 3:6, 행 18:5). 그래서 디모데는 고린도로 바울을 쫓아가 '데살로니가 교회가 박해를 견뎌내며 믿음을 잘 지키고 있다'는 기쁜 소식을 전합니다(이때 바울은 기쁜 마음으로 데살로니가전후서를 쓰죠).

바울은 고린도에서 1년 반 동안 머무르면서 3명의 중요한 사역자를 키워내는데, 바로 회당장 그리스보와 브리스길라와 아굴라 부부랍니다.

(4) 아시아 : 에베소

바울은 2차 선교여행을 마무리 지으며 돌아오는 길에 잠깐 에베소에 들릅니다. 그리고 그동안 주경야독하며 빡세게 사역자 훈련을 시킨 브리스길라와 아굴라 부부를 에베소 교회의 사역자로 남겨 놓고, 본인은 수리아 안디옥(베이스캠프)으로 돌아옵니다.

2차 선교여행 루트 – 고린도가 중요!

수리아 안디옥 – 갈라디아(루스드라) – 아시아(드로아) – 마게도냐(빌립보 – 데살로니가 – 베뢰아)
– 아가야(아덴 – 고린도(1년 반)) – 에베소 – 수리아 안디옥

데살로니가전후서(바울서신 2, 3호)

데살로니가에서 디모데가 가져온 기쁜 소식을 듣고 바울은 고린도에서 데살로니가 교회에 두 통의 편지를 보냅니다. 이것이 바로 데살로니가전후서죠. 이 편지를 통해 바울은 ① 데살로니가 교회의 교인들이 마게도냐와 아가야의 모든 신자들에게 모범을 보여준 데 대해 기뻐하면서 ② 바울을 비방하는 유대인들에 대해 항변하고 ③ 주님의 재림을 핑계 삼아 일을 포기하지 말고 생계를 위해 일하라고 권고하며 ④ 가족과 사별한 자들은 주님이 재림하실 때 부활이 있음을 믿고 위로를 얻으라고 권고하고 ⑤ 성적 순결을 지키라고 권고합니다.

바울의 3차 선교여행(행 18:23-21:16) - 제자훈련의 벽을 넘다!

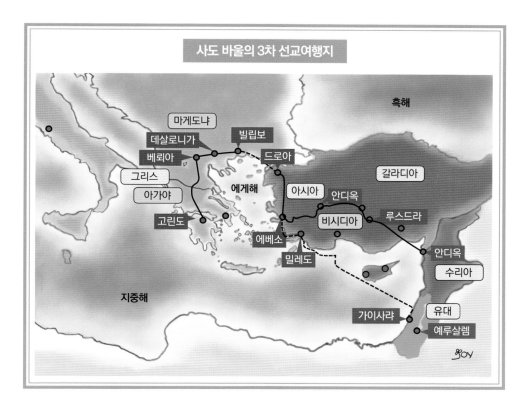

사도 바울의 3차 선교여행지

(1) 아시아 : 에베소

바울이 2차 선교여행을 마치고 돌아오는 길에 잠깐 들렀던 에베소! 그곳이 선교전략의 요충지임을 한눈에 간파한 바울은 에베소에 브리스길라와 아굴라 부부를 사역자로 남기고 왔죠. 그래서 3차 선교여행 때는 곧장 에베소부터 갑니다. 바울은 회당에서 유대인들을 대상으로 3개월간 전도하다가 곧 두란노서원을 빌려 그곳에서 무려 2년간 본격적인 제자훈련을 시작합니다. 그 결과 아시아에 살던 유대인과 헬라인이 거의 다 주의 말씀을 듣게 됐죠(행 19:8-10).

한편, 바울은 에베소에 머무르는 동안 '2차 선교여행 때 그렇게 공을 들였던 고린도 교회에 많은 문제가 터졌다'는 소식을 듣고 고린도 교회에 편지를 보냅니다. 하지만 첫 번째 편지는 분실되었고, 나머지 두 통의 편지가 각각 **고린도전후서**가 되죠. 이때 바울은 디모데를 고린도 교회의 사역자로 파송합니다.

고린도전후서(바울서신 4, 5호)

바울이 에베소에서 고린도 교회에 보낸 편지는 모두 네 통일 것으로 추정됩니다. 하지만 그중 첫 번째(고전 5:9)와 세 번째(고후 2:4) 편지는 분실되었고, 나머지 두 통이 각각 고린도전후서가 되었죠.

• **고린도전서**

고린도 교회 교인 몇 사람이 에베소에 있는 바울을 찾아와 몇 가지 질문도 하고 교회 내부의 어지러운 소식들도 전했어요. 이에 대한 답변과 권고로 쓴 편지가 바로 바울이 고린도 교회에 보낸 두 번째 편지, 즉 고린도전서죠. 이 편지의 내용은 다음과 같습니다. ① 하나님께서 고린도 교회에 풍성하게 부어 주신 은사에 대한 감사 ② 교회 내 당파 싸움과 그 이면의 그릇된 봉사관에 대한 책망 ③ 교회가 일부 신자들의 부도덕을 묵인하는 것에 대한 책망 ④ 공예배 중의 무질서에 대한 시정 ⑤ 질문에 대한 답변 : 결혼, 우상에게 바쳤던 음식, 신령한 은사의 선용과 남용 ⑥ 바울의 복음 해석 ⑦ 그리스도와 그리스도인들의 부활 강조

• **고린도후서**

바울은 고린도전서를 보낸 후 고린도 교회를 방문했지만, 나중에 이 일을 '근심의 방문(고후 2:1, 13:2)'이라고 회상하고 있는 걸로 보아 그다지 큰 효과를 거두진 못한 것 같습니다. 그래서 세 번째 편지를 다시 디도 편에 보내는데, 이 편지는 일명 '눈물의 편지' 또는 '엄중한 편지'로 불리죠(고후 2:4). 하지만 이 세 번째 편지 역시 분실되었어요. 고린도 교회에 세 번째 편지를 전달했던 디도가 돌아와 바울에게 고린도 교회의 상황을 보고합니다. 그런데 이게 웬일인가요? 그렇게 말썽 많던 고린도 교회의 교인들이 충성된 태도를 보이고 있다네요? 그래서 기쁨이 넘쳐 다시 네 번째 편지를 씁니다(고후 1:12-14). 이것이 바로 고린도후서입니다. 고린도후서의 내용은 다음과 같습니다. ① 그 문제아가 충분히 처벌을 받았으니 이제 용서하고 위로할 것 ② 복음 전파의 영광과 어려움과 책임 ③ 가난한 예루살렘 교회를 위한 헌금 모금 ④ 자신의 사도권에 대한 변호

(2) 마게도냐와 아가야 : 고린도

에베소에는 엄청난 규모의 아데미(다이애나) 여신 신전이 있었는데, 바울의 전도로 많은 사람이 우상숭배를 떠나 그리스도인으로 전향했지요. 그러자 우상을 제작하던 은세공업자들이 사업의 위기를 느끼고 큰 소란을 일으킵니다. 그래서 바울은 할 수 없이 마게도냐와 아가야(고린도)로 떠납니다. 이때 바울은 고린도의 가이오 집에서 약 3개월간 머무르면서 그 위대한 **로마서**를 씁니다(롬 16:23, 고전 1:14). 그 후 바울은 고린도를 떠나 예루살렘으로 가면서 그동안 가난한 예루살렘 교회를 위해 모금해 놓았던 헌금을 가지고 가죠.

(3) 아시아 : 드로아, 밀레도

하지만 열정적인 바울이 예루살렘에 곧바로 돌아갈 리가 없죠. 그는 도중에 드로아와 밀레도에 들릅니다. 드로아에서는 밤늦게까지 계속된 바울의 설교에 창가에서 졸다가 떨어져 죽은 청년 유두고를 바울이 다시 살려내기도 하고, 밀레도에서는 에베소 교회의 장로들을 소집해 감동의 말씀을 전하기도 하죠.

(4) 예루살렘

바울 일행은 마침내 예루살렘에 도착해 예루살렘 교회에 헌금도 전달하고, 3차 선교 여행 보고도 하며 1주일을 보냅니다. 그런데 이때 아시아에서 온 유대인 몇 명이 '바울이 할례 등 모세의 율법을 파기할 뿐만 아니라 이방인을 데리고 성전에 들어갔다'고 모함하며 무리를 선동합니다. 이에 바울은 결국 체포되고 말죠.

3차 선교여행 루트 – 에베소가 중요!

수리아 안디옥 – 아시아(에베소 : 회당 3개월 + 두란노서원 2년) – 마게도냐 –

아가야(고린도 3개월) – 마게도냐 – 아시아(드로아 – 밀레도) – 예루살렘(체포)

로마서(바울서신 6호, 바울의 복음서)

3차 선교여행 때 바울은 고린도에서 3개월 머무르는 동안 로마서를 기록합니다. 로마서의 주제는 한마디로 '복음이란 무엇인가?'입니다. 그래서 일명 '바울 복음' 또는 '제5의 복음서'라 불리기도 하죠. 로마서의 주요 내용은 다음과 같습니다.

① **구원의 대상** : 유대인과 이방인 모두! 인류의 타락, 죄의 책임 그리고 구원의 기회에 있어서 유대인과 이방인의 차이가 없음(롬 1:15-3:20).

② **구원의 방법** : 그리스도의 희생에 의해 하나님께서 은혜로 값없이 주심. 사람의 행위가 아닌 믿음으로 얻을 수 있음(롬 3:21-5:21).

③ **구원의 결과** :

　A. 죄인이 의롭게 됨 : 그리스도와 연합되어 '죄의 노예'라는 신분에서 벗어나 자유롭게 됨. 즉, 내주하시는 성령을 통해 율법의 속박과 두려움에서 벗어남(롬 6-11장).

　B. 그리스도를 닮은 삶 : 서로 섬김, 모범 시민, 형제 사랑(롬 12-15장)

④ **부연설명** : 왜 선민 유대인이 예수님을 영접하지 않았는가? 유대인의 불신은 하나님의 약속의 말씀이 실패했기 때문이 아니라 하나님의 선택의 신비한 과정으로서 언젠가 이방인과 더불어 유대인의 '충만한 수'가 들어와 온 이스라엘이 구원을 얻을 것임(롬 11:12, 25, 26).

바울의 투옥(행 21:17-26:32)

3차 선교여행에서 돌아온 후 바울은 유대인들의 모함으로 체포되어 유대의 가이사랴에 있는 감옥에 2년 이상 수감됩니다. 이 기간 동안 바울은 네 차례나 심문을 당했지요.

① 산헤드린 공회 앞(행 22:30-23:10)

② 로마 총독 벨릭스 앞(행 24:1, 21)

③ 로마 총독 베스도(벨릭스의 후임) 앞(행 25:1-12)

④ 헤롯 아그립바 왕과 베니게 왕비 앞(행 25:13-26:32)

이때 바울은 로마 시민으로서 가이사에게 호소할 권리를 행사해, 결국 로마에서 심문을 받기 위해 로마로 이송됩니다.

바울의 4차 선교여행(행 27:1-28:31) - 로마의 벽을 넘다!

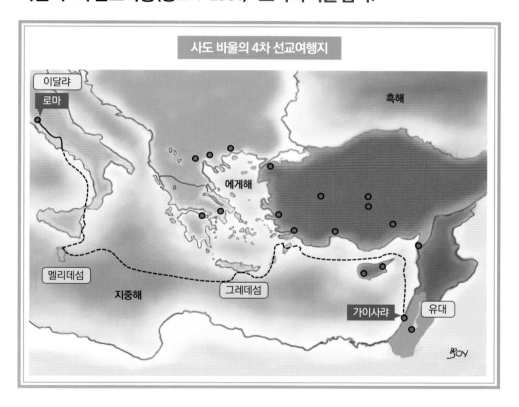

누가가 생생하게 기록했듯이 바울 일행(바울, 디모데, 누가, 아리스다고)은 배를 타고 지루하고도 험난한 로마행 바다 여행을 시작합니다. 여행 도중 배가 파선하여 멜리데섬에 극적으로 상륙하는 등 많은 일이 있었지만, 결국 바울은 그토록 꿈꾸던 로마에 도착했고 로

마의 그리스도인들이 바울을 영접했지요.

그 이후 바울이 2년간 갇혀 있던 로마 감옥은 빌립보 감옥이나 가이사랴 감옥과는 성격이 다른, 일종의 가택연금과도 같은 것이었어요. 그래서 로마의 유대인들이 바울을 찾아와 복음을 들었답니다.

4차 선교여행 루트 – 로마가 중요!

가이사랴 – 그레데섬 – 멜리데섬(추장 보블리오 부친 치유 및 전도) – **로마 감옥**(2년간 연금 상태에서 전도)

하지만 열정적인 바울이 이 2년이라는 시간을 단지 말로 복음을 전하는 데만 사용한 것은 아니었죠. 그는 틈틈이 시간을 쪼개어 여러 교회에 편지를 썼는데, 이게 바로 4권의 옥중서신이랍니다.

옥중서신(에베소서, 빌립보서, 골로새서, 빌레몬서 – 바울서신 7, 8, 9, 10호)

- **에베소서(바울서신 7호)** : 아마 소아시아 지역 교회들을 향한 회람서신이었을 것으로 추정됩니다. '교회는 그리스도의 몸'이라는 내용을 다룬 '교회론'이 주제죠.
- **빌립보서(바울서신 8호)** : '기쁨의 서신'이라는 별명이 있는 빌립보서는 우리를 구원하시고 선한 길로 인도하시는 그리스도로 인해 '상황 불문 기쁨'을 누릴 수 있다고 강조합니다.
- **골로새서(바울서신 9호)** : '그리스도는 교회의 머리'라는 내용을 다룬 '기독(그리스도)론'이 주제입니다. 흔히 에베소서와 '쌍둥이 서신'이라고 불리죠.
- **빌레몬서(바울서신 10호)** : 빌레몬에게 보낸 편지로 한때 빌레몬의 종이었다가 도망갔던 오네시모가 회개했으니 형제로 받아 달라고 부탁하는 내용입니다.

옥중서신의 공통된 주제 : 예수 그리스도의 위대성
① 하나님의 충만하심이 그리스도 안에 거하시고 하나님께서는 그리스도를 통해 일하신다.

② 그리스도는 온 우주의 창조주시며, 만물이 당신과 화목하게 되는 걸 기뻐하신다.

③ 십자가 고난 후 부활, 승천하신 그리스도는 현재 하나님의 우편에서 모든 정사와 권세들보다 높이 계시고, 모든 이가 그분 앞에 무릎 꿇고 주님으로 시인하게 되었다.

④ 이 우주적인 그리스도는 교회의 머리시며, 교회의 지체들은 그분과 연합된 거룩한 백성, 승리의 백성이다.

목회서신(디도서, 디모데전서, 디모데후서 – 바울서신 11, 12, 13호)

• **디도서(바울서신 11호)** : 로마 감옥에 2년간 수감되어 있던 바울은 잠시 석방되어 1~2년간 여행을 한 것으로 추정됩니다. 이때 바울은 디도와 함께 그레데섬에 가서 디도를 그곳 목회자로 남겨두고 오죠. 그 후 즉시 디도에게 편지를 써서 목회자의 직분에 대해 가르칩니다. 이것이 바로 디도 서로서, 내용은 다음과 같습니다. ① 그레데섬의 각 성에 '거짓 교훈'을 반박할 만한 자격 있는 장로를 세울 것 ② '바른 교훈'을 품은 자들에게 합당한 그리스도인들의 행동을 가르칠 것

• **디모데전서(바울서신 12호)** : 또 디모데와 함께 에베소로 간 바울은 에베소의 목회자로 디모데를 남겨두고 옵니다. 그 후 디모데에게 보낸 첫 번째 편지가 디모데전서인데, 내용은 다음과 같습니다. ① 거짓 교사(Paul's teaching이 아닌 False teaching) 대처법 ② 공예배 인도법 ③ 목회자 지망생 선발법 ④ 목회자로서의 처신법(나이가 어리지만 복음 사역을 훌륭하게 감당해 업신여김을 받지 않도록 할 것) ⑤그리스도인 과부 목양법 ⑥ 올바른 재정관 ⑦ 하나님의 사람으로서의 행동지침

• **디모데후서(바울서신 13호)** : 디모데에게 보낸 두 번째 편지인 디모데후서는 엄밀히 따지자면 또 다른 옥중서신입니다. 왜냐하면 잠깐 석방되었던 바울이 다시 투옥된 상태에서 마지막으로 쓴 편지니까요. 그런데 이번 감옥은 이전의 가택연금과 같은 비교적 자유로운 분위기가 아니라 춥고 음침한 지하 토굴이었을 것으로 추정됩니다. 이때 바울 곁에는 딱 한 사람, 누가만 남아 있었는데, 바울이 디모데에게 '겨울이 되어 항해가 불가능해지기 전에 속히 오라'고 당부하는 것을 보면 많이 외로웠던 것 같습니다. 하지만 인생의 종점을 향해 가고 있는 바울 사도는 이 마지막 순간에도 자기 자신보다는 복음에 온통 관심이 쏠려 있었습니다. 그래서 그는 ① 이 귀한 보물(바울이 전한 복음)을 디모데에게 맡기면서 디모데 역시 충성된 자들에게, 그들이 또 다른 사람들에게 전해 주길 당부했지요. ② 또한 디모데 자신이 끝까지 견디면서 복음을 위해 고난 받을 준비도 하고 ③ 복음을 부지런히 충성되게 전하라고 당부합니다. 그러면서 이 위대한 사도는 다음과 같은 감동의 구절로 디모데에게 보내는 편지와 자기 인생을 마무리 짓습니다.

> "내가 선한 싸움을 싸우고 나의 달려갈 길을 마치고 믿음을 지켰으니
> 이제 후로는 나를 위하여 의의 면류관이 예비되었으므로
> 주 곧 의로우신 재판장이 그날에 내게 주실 것이니…" – 딤후 4:7-8

바울의 '엔 크리스토' 신앙

바울서신에는 바울만의 독특한 표현이 반복되어 나옵니다. 그것은 바로 '그리스도 안에서(엔 크리스토, In Christ)'인데, 무려 164회나 쓰였답니다. '누구든지 그리스도 안에 있으면 새로운 피조물이라'(고후 5:17), '주 안에서 항상 기뻐하라'(빌 4:4), '내게 능력 주시는 자 안에서 내가 모든 것을 할 수 있느니라'(빌 4:13) 등의 표현을 통해 바울은 우리 그리스도인에게 '그리스도 안에서의 삶'을 권면한 것이지요.

나머지 서신서들(일반서신 2-8호)

- **히브리서(일반서신 2호)** : 히브리서의 주제는 바울의 옥중서신과 마찬가지로 '예수 그리스도의 위대성'입니다. '신약 속의 구약'이라는 별명을 가진 히브리서는 예수 그리스도 안에서 모든 제사장직과 제사가 완성되었 을 뿐만 아니라 영원한 구속이 성취되었다고 강조하지요. 히브리서의 저술 목적은 유대인들이 유대주의로 돌아가는 것을 방지하는 데 있었습니다.

- **베드로전서, 베드로후서(일반서신 3, 4호)** : 바울은 네로가 그리스도인을 핍박할 때 목베임을 당하여 순교했다고 합니다. 이러한 시대적 배경에서 소아시아에 사는 그리스도인에게 베드로가 보낸 편지가 바로 베드로전후서입니다. 베드로전서에서는 조만간 이러한 '불시험'이 닥칠 때 그것을 이상하게 여기지도, 놀라지도 말고, 오히려 그리스도의 고난에 참예하는 것을 기뻐하라고 교훈합니다. 베드로후서에서는 거짓 교사들의 '도덕 폐기론'을 주의하라고 경고하지요.

- **요한1, 2, 3서(일반서신 5, 6, 7호)** : 바울과 베드로가 순교하고 얼마 후 사도 요한이 에베소와 그 지역의 교회들에 보낸 세 통의 편지입니다. 요한은 이 편지에서 영지주의(靈知主義, Gnosticism – 예수님이 육체로 오신 그리스도이심을 부인하는 이단)에 대해 경고합니다. 그러면서 예수님의 신성과 인성, 도덕적 순종, 사랑의 중요성을 강조하죠.

- **유다서(일반서신 8호)** : 유다서의 저자는 예수님의 친동생 유다입니다. 유다는 그리스도인들이 얻은 자유를 방종으로 타락시키려는 거짓 교사들의 '반율법주의' 가르침을 반박하면서, 그들에게 임할 하나님의 심판을 경고합니다.

보석줍기

율법이냐, 은혜냐, 그것이 문제로다!

많은 그리스도인이 '구약은 율법, 신약은 은혜'라고 이분법적으로 생각합니다. '구약시대에는 율법을 지킴으로써 구원받았지만, 신약시대에는 예수님의 십자가의 은혜로 구원받는다'고 말이죠. 과연 그럴까요?

"아브람이 여호와를 **믿으니** 여호와께서
이를 그의 의로 여기시고"– 창 15:6

구약시대, 이스라엘의 국부(國父)였던 아브라함 역시 믿음을 통해 의롭다는 인정받았습니다. 즉, 하나님께서 아브라함이 율법을 잘 지켰기 때문에 의롭다고 인정하신 게 아니라, 아브라함이 하나님을 믿었기 때문에 그 믿음을 보시고 의인으로 인정해 주시는 은혜를 베푸셨다는 거죠.

이처럼 구약시대건 신약시대건 다 '율법이 아닌 은혜로' 구원을 받는다면, 하나님께서는 왜 굳이 구약시대 때 율법을 주신 걸까요? 이 질문에 답하기 위해서 우리는 먼저 율법에 대한 오해들을 바로잡아야 합니다.

(1) 오해 1: 율법은 하나님께서 우릴 징벌하시려고 설치하신 올무다?

우리는 흔히 '율법은 엄하고, 독하고, 무섭고, 매정한 것으로서 우릴 징벌하기 위해 하나님께서 설치해 놓으신 올무'라고 오해합니다. 하지만 하나님께서 본래 우리에게 율법을 주신 이유는 '우릴 사랑하셔서 우리 보호하시기 위해서'였답니다. 십계명만 살펴봐도 이걸 쉽게 알 수 있지요. '우상을 숭배하지 말라'는 율법은 거짓으로 우릴 파멸시키는 우상으로부터 우릴 보호하시려는 것이고, '살인하지 말라'는 율법은 힘이 지배하는 이 세상에서 우리의 생명을 보호하시려는 것이고, '간음하지 말라'는 율법은 우리의 소중한 가정을 보호하시려는 것이지요.

(2) 오해 2 : 율법과 사랑은 반대 개념이다?

예수님께서 그러셨죠. 가장 큰 계명(율법)은 '하나님을 사랑하고 이웃을 사랑하라'는 거라고요. 사도 바울도 '사랑은 율법의 완성이다'(롬 13:10)라고 했고요. 이처럼 율법의 기본 정신은 바로 사랑이지요. 율법과 사랑은 반대말이 아니라 동의어랍니다!

(3) 오해 3 : 율법과 은혜의 기능은 같다?

앞에서 율법과 사랑이 동의어라고 했는데, 그럼 율법과 은혜(사랑)의 기능도 같을까요? '우릴 보호하고 구원하려는' 궁극적인 목적은 같을지 몰라도 기능은 전혀 다릅니다. 왜냐하면 율법은 검사 장비이고, 은혜는 치료 장비이기 때문이지요. 율법을 다 지킬 수 있는 사람은 없습니다. 99가지를 지켜도 한 가지를 못 지킨다면 그 사람은 바로 죄인이 됩니다. 또 성문법인 율법을 다 지켰다 할지라도 율법의 근본정신(불문법)을 지키지 못하면, 그 역시 율법을 어긴 게 되고 말죠. 예를 들어 '살인하지 말라'는 율법은 지켰지만 남을 미워했다면, 이 율법의 근본정신을 지키지 못했으니 죄인이 되고 마는 거죠. 이렇게 율법이라는 장비를 가지고 우리 마음을 검사해 보면 이상 없는 사

람이 아무도 없는 걸로 나오겠죠? 아울러 우리 모두는 '십자가의 은혜'라는 장비로 치료를 받아야 하는 존재라는 사실도 깨닫게 되겠고요!

(4) 오해 4 : 율법과 십자가를 주신 것은 병 주고 약 주신 것이다?

앞에서 설명한 것처럼, 율법은 병이 아니라 검사 장비일 뿐입니다(율법은 선하지도 악하지도 않은 중립적인 것입니다). 반면, 병은 우리 마음에 있는 죄악으로서 악한 것이죠. 그런데 문제는 우리 자신이 병이 있다는 사실을 모른다는 것입니다. 율법이라는 검사 장비 앞에 설 때 '자기합리화'나 '자기의(自己義)'라는 두꺼운 갑옷을 입고 검사를 받아 검사 결과가 제대로 안 나오는 것일 뿐인데, 그걸 '나는 병이 없다(나는 의인이다)'는 뜻으로 오해하는 거죠. 예수님 당시 많은 바리새인들이 그랬어요. 평소에 '비교적' 율법을 열심히 지킨 그들이 하나님 앞에서 '나는 곧 죽어도 의인'이라고 하는 거예요. 차라리 세리나 창녀처럼 '자타가 공인하는 죄인'이면 자기 병을 인정하기가 쉬운데, 그 나름대로 율법을 열심히 지킨 바리새인들은 자기 병을 인정하는 게 너무 자존심 상하고 기분 나빴던 거죠. 그러니 치료받을 마음도 당연히 없지요. 하나님의 기준으로 볼 때는 열심히 율법을 지킨다는 바리새인이나 대놓고 율법을 어기는 세리, 창기나 다 '도토리 키 재기'인데, 바리새인들은 절대로 자기 죄를 인정하지 않아요. (우리 주위에도 이런 사람들 있지요? 자기는 완벽하다고 생각하면서 자기 실수나 잘못을 끝까지 인정 안 하는 사람들 말이에요. 그런 사람들을 보면 너무 답답하고 어이없지요? 하나님 심정이 딱 이러세요. 하나님께서는 이렇게 자기의(自己義)에 빠져, 마치 '예수님의 십자가가 필요없는 양' 행동하는 사람들을 가장 마음 아파하십니다.) 율법 앞에 서서 자신을 정확히 진단하고, 치료받으러 예수님께

나오면 될 걸 끝까지 고집을 부리면서 자기는 병이 없다고 하니 하나님으로서도 방법이 없으신 거죠(하나님은 인격적인 분이셔서 우리가 거부하는데도 강제로 수술대에 올려놓지는 않으세요). 하지만 '내가 이렇게 죽을병에 걸렸구나. 내 노력으로는 도저히 나을 수 없구나. 그래서 나와 차원이 다른 분이 나 대신 희생해 주셔서 날 치료해 주셨구나'라는 사실을 믿고 그대로 받아들이기만 하면, 하나님께서 그걸 '의(義)'로 여기시고 우릴 살려 주십니다. 이걸 은혜라고 하지요.

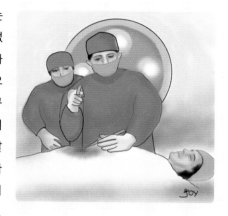

그래서 구원은 율법이 아닌 은혜로 받는 거랍니다. 구약시대부터 신약시대까지 쭉~ 한결같이요!

(5) 오해 5 : 율법은 구약시대에만 지키면 되었다?

"예수님께서 십자가에서 우리 대신 죗값을 치르셨기 때문에 신약시대에는 율법을 어겨도 다 용서받는다."라는 얘기 많이 들어보셨죠? 물론 맞는 말입니다. 하지만 사도 바울은 이렇게 말합니다.

> "그런즉 어찌하리요 우리가 법 아래 있지 아니하고 은혜 아래에 있으니
> 죄를 지으리요 그럴 수 없느니라" – 롬 6:15

우리가 그리스도의 십자가 복음을 알기 전에는 '종의 신분으로 주인마님께 혼날까 봐' 율법을 지키려 했다면, 이제는 '자녀의 신분으로 아버지를 너무 사랑하기 때문에' 율법을 지키려 한다는 거죠. 동기가 완전히 다른 것입니다! 혼날까 봐 무서워서 지키는 게 더 쉬울까요, 아니면 사랑하는 분을 기쁘시게 해드리기 위해 지키는 게 더 쉬울까요? 날 위해 인간의 몸을 입고 오셔서, 십자가에서 그 모진 고통 다 당하시고, 목숨 바쳐 날 구원해 주신 아버지의 그 크신 사랑에 감격해서 아버지가 주신 율법을 지키는 것이 훨씬 더 쉽겠죠? 전자는 억압과 강요에 못 이겨 지키는 것이지만, 후자는 사랑과 감격에 겨워 지키는 것이니까요.

> "너희는 다시 무서워하는 종의 영을 받지 아니하였고
> 양자의 영을 받았으므로 아바 아버지라 부르짖느니라" – 롬 8:15

이렇게 성경은 율법과 은혜의 균형을 강조합니다. 사도 바울은 또 이렇게 말했죠.

"그런즉 내 자신이 마음으로는 하나님의 법을
육신으로는 죄의 법을 섬기노라" – 롬 7:25

또 예수님도 "가이사의 것은 가이사에게, 하나님의 것은 하나님께"(마 22:21)라는 말씀을 통해 세상과 교회의 균형을 가르쳐 주셨고요.

어때요? 구원받고 급상승된 신분 그리고 그로 인해 누리게 된 클래스가 다른 삶! 이것이 바로 구약시대부터 신약시대까지 쭉~ 일관되게 계속되는 하나님의 구원 계획이라는 거, 아시겠죠?

 | 구원과 율법

- 하나님의 사랑과 예수님의 십자가 은혜 + 그것을 믿음으로 받아들임

  = 구원 + 사랑과 은혜에 감격해서 지키는 율법

- 더 간단히 요약하면, 은혜 + 믿음 = 구원 + 율법

 | 주일날 교회 안 가면 벌 받을까 봐 두려워요!?

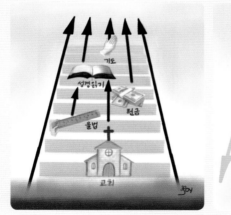

인류는 크게 두 종류로 나눌 수 있습니다. 하나는 자기 힘으로 구원을 얻으려고 애쓰는 사람들, 또 하나는 하나님께서 이미 다 이루어 놓으신 구원을 그냥 받아 누리는 사람들!

범죄한 인간이 하나님께 다가갈 때 그 괴리가 너~무 커서 어떤 노력으로도 그 간극을 메꿀 수가

없지요. 타종교들은 모두 인간이 신을 찾아가지만, 기독교만은 신이 인간을 찾아오신 이유도 바로 그 때문이랍니다. 처음 예수님을 영접하고 구원받을 때엔 모든 그리스도인이 예수님께서 십자가에서 이미 이루어 놓으신 구원을 은혜로 받아들입니다. 하지만 신앙생활을 해나가면서 우리는 종종 옛 습성(노예근성)을 못 버리고 여전히 내 노력(율법 준수, 헌금, 성경 읽기, 기도, 교회 출석 등)으로 하나님께 다가가려는 '소모전'을 펼칩니다. 그러면서 은혜로 기쁨에 겨워 시작한 신앙생활이 점차 율법이자 부담으로 변해가지요. 세상 짐을 내려놓고 안식과 자유를 얻기 위해 시작한 신앙생활이 오히려 또 하나의 무거운 짐이 되어 우리를 짓누르는 겁니다.

신약 성경의 서신서들이 공통적으로 다루고 있는 문제가 바로 이것입니다. 수천 년간 유대교를 믿다가 기독교로 개종한 초대교회의 유대인 성도들이 처음 구원은 은혜로 받았지만, 어느새 옛 습관으로 돌아가 은혜에 감격한 신앙생활이 아니라 율법에 짓눌린 신앙생활을 했던 거죠. 서신서의 저자들은 이러한 가르침을 '이단'으로 단호히 규정하고, '다시 은혜로 돌아가라!'고 소리 높여 외칩니다.

여러분의 신앙생활은 어떤가요?

주일성수를 못 한 날, 새벽기도를 빠진 날, 성경 한 장 못 읽고 지나간 날, 죄책감이 들고 당장이라도 벌을 받을 것 같은 두려움에 빠지나요?

물론 이러한 영적 습관들이 우리의 신앙생활에서 매우 중요한, 하나님께서도 기뻐하시는 덕목들이기는 하지만 그 동기가 중요합니다! 주일성수, 새벽기도, 성경 읽기의 동기가 '하나님 사랑이 너무 감사하고 좋아서, 그 사랑을 맘껏 누리기 위해서'인지, 아니면 '안 지킬 경우 내게 닥칠 하나님의 징벌이 두려워서'인지를 살펴보세요. 그럼 내가 지금 하나님께서 그토록 혐오하시고 경계하시는 '율법주의, 형식주의'에 빠진 건 아닌지 진단해 볼 수 있답니다. 그리고 하나님을 향한 첫사랑을 회복하는 일에 최우선 순위를 두고 나아가세요. 하나님은 우리의 행위가 아닌 중심을 보시니까요.

> "헛된 제물을 다시 가져오지 말라 분향은
> 나의 가증히 여기는 바요
> 월삭과 안식일과 대회로 모이는 것도 그러하니
> 성회와 아울러 악을 행하는 것을
> 내가 견디지 못하겠노라" – 사 1:13

요한계시록의 시대적 배경

요한계시록은 로마 도미티안 황제의 대대적인 핍박 아래 사도 요한이 밧모라는 섬에 유배되어 있는 동안 예수님께 받은 계시입니다. 당시 로마 황제들은 스스로 '신(神)'을 자처하며 황제숭배를 강요했죠. 이렇게 로마의 박해 아래 피 흘리며 고통받는 그리스도인에게 '하나님께서는 교회를 결코 저버리지 않으셨다'는 사실을 알림으로써 그들을 위로하고 격려하며 그들에게 희망을 주기 위해 쓰여진 게 바로 요한계시록입니다.

하지만 성경의 모든 예언서가 그렇듯이 요한계시록 역시 당시 상황에 대한 예언이기도 하지만, 마지막 시대를 살아가는 이 시대의 모든 그리스도인에게 주시는 예언의 말씀이기도 하답니다.

요한계시록의 주제

Q : 도대체 얼마나 더 기다려야 우릴 살해한 자들에게 보복해 주실 건가요?

어린양이 다섯 번째 봉인을 떼시자, 흔들림 없이 확고한 태도로 하나님의 말씀을 증언하다가 살해당한 사람들의 영혼이 보였어요. 그들은 제단 아래 모여 있었죠. 그리고 큰 소리로 외치며 기도했어요. "능력의 하나님, 거룩하시고 진실하신 하나님, 도대체 얼마나 더 기다려야 하나요? 도대체 얼마나 더 기다려야 하나님께서 우릴 살해한 자들에게 보복해 주실 건가요?" - 계 6:9-10(유진 피터슨의 『메시지』, 허계영 개인번역)

A : 어린양이 그들을 무찌르시고 충성된 자들과 함께하실 것이다!

그 왕들은 어린양에 맞서 전쟁을 하겠지만, 어린양이 그들을 무찌르심으로써 '모든 주들의 주'시요, '모든 왕들의 왕'이신 것을 스스로 입증하실 테니까요. 어린양은 자신에게 부름받고, 택함받고, 신실했던 자들과 끝까지 함께해 주실 거예요.
- 계 17:14(유진 피터슨의 『메시지』, 허계영 개인번역)

요한계시록의 수신자

요한은 이 계시의 편지를 소아시아의 7교회에 보냅니다. 편지지도 우편 시스템도 열악했던 당시에 하나의 편지를 7교회가 돌려가며 읽는 일종의 회람 서신이었던 거죠.

밧모섬과 소아시아 7교회

칭찬? 책망?

예수님께서는 먼저 이 7개 교회에 대해 칭찬 또는 책망을 하시면서 극심한 핍박 가운데에서도 끝까지 견뎌 승리하는 자에게는 상을 주시겠다고 격려하십니다.
"그렇다. 내가 이미 길을 나섰다! 곧 도착할 것이다!
내가 내 장부(帳簿)를 들고 간다. 모든 사람들이 살아온 대로 그 대가를 다 치러 주러 간다."

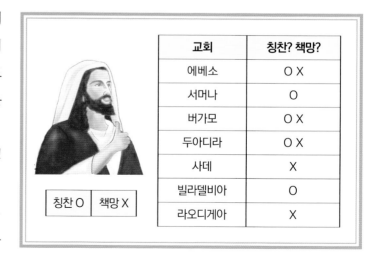

교회	칭찬? 책망?
에베소	O X
서머나	O
버가모	O X
두아디라	O X
사데	X
빌라델비아	O
라오디게아	X

칭찬 O	책망 X

— 계 22:12(유진 피터슨의 『메시지』, 허계영 개인번역)

요한계시록의 4가지 환상

요한계시록에는 수많은 환상이 나오지만, 이것을 크게 4가지로 분류할 수 있습니다. 그것은 아래의 그림과 같이 ① 인자 ② 7봉인-7나팔-7대접 ③ 큰 바벨론 ④ 새 예루살렘이죠.

환상 1	환상 2	환상 3	환상 4
인자(人子) (1:9-3:22)	7봉인, 7나팔, 7대접 (4:1-16:21)	큰 바벨론 (17:1-20:15)	새 예루살렘 (21:1-22:5)

요한계시록에 가장 많이 나오는 숫자는?

성경에서 7은 완전수를 상징하죠. 창세기에서도 하나님께서 천지를 창조하신 후 제7일을 안식일로 정하시고 이날을 복되고 거룩하게 하십니다(창 2:2-3). 이처럼 7은 '하나님 또는 하나님께서 하시는 일의 충만하심과 완전하심'을 상징합니다.

요한계시록에서는 다음과 같이 많은 7이 나옵니다.

일곱 교회(1:4), 일곱 영(1:4), 일곱 촛대(1:12), 일곱 별(1:16), 일곱 인(5:1), 일곱 뿔(5:6), 일곱 눈(5:6), 일곱 천사(8:2), 일곱 나팔(8:2), 일곱 우레(10:3), 일곱 머리(12:3), 일곱 면류관(12:37), 일곱 재앙(15:1), 일곱 대접(15:7), 일곱 왕(17:10), 일곱 복(1:3, 14:13, 16:15, 19:9, 20:6, 22:7, 22:14)

이들은 꼭 문자적으로 '7'이라는 숫자를 의미한다기보다는 '모든' 또는 '완전한'으로 해석하는 게 더 타당합니다. 예를 들어 '하나님의 일곱 영'은 하나님의 영이 7개라는 뜻이 아니라 하나님의 완전한 영, 즉 성령을 의미하는 것이랍니다.

보좌(계4:1-11)

(1) 하나님의 영광

요한은 하늘 보좌에 앉아 계시는 하나님의
영광을 보았어요. 그중 녹보석 같은 무지개
는 언약을 상징하죠. 무지개 언약은 노아를
통해 온 인류에게도 주셨던 것처럼 '종말의
때에 하나님의 심판에서 당신 백성들을 구
원해내실 것'이라는 약속으로 볼 수 있지요.

(2) 24장로

보좌 앞 24장로에 대해서는 여러 가지 견해가 있지만, 주로 '승리자들이 하늘에서 받
을 선물(상급)'을 상징하는 것으로 본답니다.

"승리자들은 식탁의 VIP석, 내 옆자리에 앉게 될 거야.

나 역시 승리했기에 내 아버지 바로 옆, 영광의 자리에 지금 앉아 있는 거거든….

이게 바로 내가 승리자들에게 주는 선물이란다!"

– 계 3:21(유진 피터슨의 『메시지』, 허계영 개인번역)

(3) 일곱 등불

일곱 등불은 '하나님의 일곱 영 = 하나님의 완전하신 영 = 성령'을 뜻한답니다.

(4) 보좌 앞 네 생물

요한계시록에 나오는 보좌 앞 네 생물은 구약의 에스겔서에 나오는 네 생물과도 같습
니다(겔 1:4-28). 이들은 지위가 높은 천사들로 에스겔서에서는 '그룹(스랍)'이라고 했
죠(겔 10:14, 20). 이들이 하늘에서 하는 일은 밤낮으로 하나님을 찬양하는 일이랍니다
(사 6:1-3). 이 네 생물은 하나님을 섬기는 그리스도인이 가져야 할 네 가지 성품, 즉 근
면, 민감, 온유, 용맹을 보여줍니다.

사역에	하나님께	사람에게	대적에게
근면	민감	온유	용맹
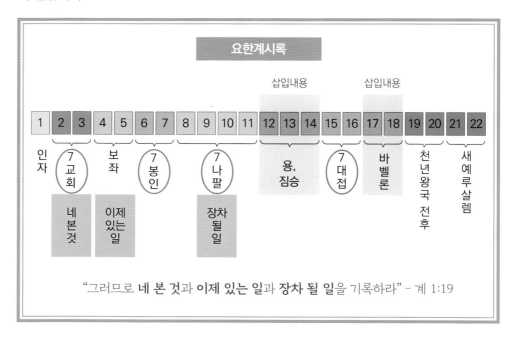			

요한계시록의 '꼬리 물기'식 전개

요한계시록에서는 7봉인을 뗄 때, 7나팔을 불 때, 7대접을 쏟을 때 재앙이 시작됩니다. 그런데 특이한 것은 각 단계별로 맨 마지막 7번째가 다음 단계를 불러일으킨다는 거죠. 예를 들어, 7번째 봉인을 뗄 때 7나팔이 등장하고, 7번째 나팔을 불 때 7대접이 등장합니다. 물론 7대접의 전후에는 용과 짐승, 바벨론 이야기가 삽입되어 있긴 하지만, 전반적으로 이렇게 '꼬리 물기'식으로 전개된다는 사실을 알면 요한계시록의 구조를 파악하는 데 큰 도움이 된답니다.

요한계시록

										삽입내용		삽입내용	
1	2 3	4 5	6 7	8 9 10 11	12 13 14	15 16	17 18	19 20	21 22
인자	7교회	보좌	7봉인	7나팔	용, 짐승	7대접	바벨론	천년왕국 전후	새 예루살렘
	네 본 것	이제 있는 일		장차 될 일					

"그러므로 **네 본 것**과 **이제 있는 일**과 **장차 될 일**을 기록하라" - 계 1:19

요한계시록의 '꼬리 물기'식 전개

7봉인 중 마지막 봉인 → 7나팔 등장, 그중 마지막 나팔 → 7대접 등장

7봉인(계5:1-8:1)

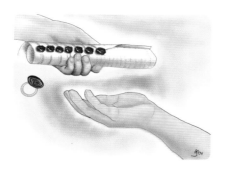

보좌에 앉으신 하나님께서 갖고 계시던 두루마리는 7개의 봉인으로 봉해져 있었어요. 어린양 예수 그리스도께서 그 두루마리를 받아 봉인을 떼시는데, 이 봉인을 하나씩 떼실 때마다 새로운 현상들이 나타납니다.

우선, 첫번째부터 4번째 봉인을 떼실 때 네 마리 말이 순서대로 등장하는데, 이것은 종말의 때에 닥칠 재앙들을 예고하는 것으로서, '정복 → 전쟁 → 기근 → 사망'이라는 시간의 순서에 따라 사건이 전개되는 방향성을 가지고 있죠. 즉, 다른 나라의 영토를 정복하려고 침략하니 전쟁이 일어나고, 전쟁이 일어나니 농사를 못 지어 기근이 일어나고, 기근이 일어나니 사망이 일어나는 순서로 전개됩니다. 그다음 5번째 봉인을 떼실 때에 순교자가 부활을 기다리는 장면, 6번째 봉인을 떼실 때는 우주에서 일어나는 재앙들을 보여주죠. 마지막 봉인을 떼실 때는 앞에서 공부한 '꼬리 물기'식 전개가 이루어져 7번째 봉인이 7나팔을 물고 오는 형태로 되어 있답니다.

❶ 흰 말	❷ 붉은 말	❸ 검은 말	❹ 창백한 말
정복	전쟁	기근	사망
❺ 순교자가 부활을 기다림			
❻ 대지진, 개기일/월식, 유성우, 전체 위치 변화, 144,000명과 허다한 무리의 찬양			
❼ 7나팔(7년 대환난의 시작)			

144,000명(계7:4)

6번째 봉인을 떼셨을 때, 우주의 재앙들이 일어난 다음 이마에 인침(어린양과 아버지의 이름 - 계 14:1)을 받은 144,000명이 나오죠. 요즘 이단 종파 중에 이 구절을 가지고 '전 인류 중 구원받는 사람의 수는 144,000명뿐이다. 그 수 안에 들기 위해서는 이런저런 노력들을 해야 한다.'고 사람들을 현혹하는 종파가 있는데, 이렇게 이 숫자를 그저 문자적으로만 해석하는 것은 위험합니다.

- 3 : 하늘의 완전수
- 4 : 땅의 완전수
- 10 : 많은 수
- 1,000(=10^3) : 아주 많은 수
- 3+4=7
- 3×4=12
- 12×12=144
- 144×1,000=144,000
- 12지파×12,000명 / 지파=144,000명

또 이 144,000명은 이스라엘 12지파마다 12,000명으로 구성된 것으로 성경에 나와 있지만, 사도 바울은 일찍이 진정한 영적 이스라엘은 혈통으로 난 것이 아니라 '하나님께서 마음에 표시를 해주신 사람들'이라고 해석했었죠.

"아직도 모르겠어요? 여러분이 할례를 받았기 때문에 유대인이 된 게 아니라 여러분이 '어떤 사람이냐'에 따라 (진정한) 유대인인지 아닌지가 결정나는 거예요. 피부에 칼로 표시를 한다고 유대인이 될 수 있는 게 아니라, 하나님께서 마음에 표시를 해주셔야 비로소 (진정한) 유대인이 되는 거지요. 하나님께 인정을 받아야지, 율법학자들에게 유대인 신분을 받는다고 효력(진정한 유대인 시민권 - 역자 주)이 발휘되는 게 아니라고요!"

- 롬 2:28-29(유진 피터슨의 『메시지』, 허계영 개인번역)

그리스도와 사탄의 전쟁

요한계시록은 한마디로 '그리스도와 사탄 사이에서 벌어지는 영적 전쟁의 스토리'라고 할 수 있습니다. 최후의 승자는 누구일까요? 물론 그리스도죠(스포일러?^^)!

(1) 요한계시록에 나타난 그리스도의 모습

요한계시록의 그리스도
교회 가운데 거닐며 감독하시는 주님
용과 싸워 이기는 어린양
아버지의 보좌에 함께 앉아 계신 분
흰말을 타고 만국을 다스리는 만왕의 왕
자기 신부를 데리러 오는 신랑

(2) 사탄과 그 연합군

요한계시록에서는 '사탄=붉은 용'으로 표현되는데, 그 머리 수를 다 합하면 7개이고, 뿔 수를 다 합하면 10개입니다(앞에서 공부한 거 기억하시죠?). 흥미로운 것은 다니엘서에 나오는 네 짐승의 머리 수와 뿔 수를 다 합해도 7머리, 10뿔이 된다는 것이죠. 다니엘서에서는 이 네 짐승이 장차 세계사의 패권을 잡을 4대 강국(바벨론, 페르시아, 그리스, 로마)을 상징한다고 했는데, 이처럼 사탄은 이 세상의 나라들을 도구로 사용하여 권력과 위세를 자랑하지만, 결국 예수님이 재림하실 때 다 패망하고 말 것임을 보여줬죠.

사탄 = 붉은 용 = 옛 뱀 = 7머리 10뿔 = 다니엘서의 네 짐승 = 공중(세상) 권세 잡은 자

사탄의 3대 연합군		
종류	상징	사탄의 3대 전술
바다에서 올라온 짐승	핍박하는 강대국들	박해
땅에서 올라온 짐승	황제숭배 등 그릇된 교훈	거짓
음녀(=바벨론)	세속주의	유혹

"그러나 심판이 시작된즉 그는 권세를 빼앗기고 끝까지 멸망할 것이요
나라와 권세와 온 천하 열국의 위세가 지극히 높으신 자의 성민에게 붙인 바 되리니
그의 나라는 영원한 나라이라 모든 권세 있는 자가
다 그를 섬겨 복종하리라 하여" – 단 7:26–27

7나팔과 7대접 (계8:6–16:21)

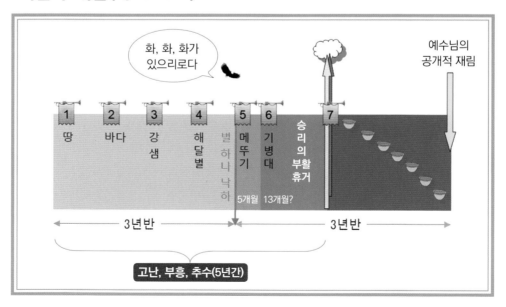

흥미로운 것은 7나팔과 7대접의 재앙 순서와 내용이 같다는 것입니다. 다만, 7나팔을 불 때는 땅이나 바다, 강, 샘, 천체 등의 1/3에 재앙이 일어나지만, 7대접을 쏟을 때는 그 전체에 재앙이 일어나는 '양적 차이'만 있을 뿐입니다. 이로써 7나팔은 지구 종말에 대한 '경고적' 의미가 강하지만, 마지막 7대접 재앙은 그야말로 전 지구촌의 '총체적' 재앙임을 알 수 있지요.

땅	땅	짐승의 표를 받고 그 우상을 숭배한 자들의 몸에 종기가 생김.
바다	바다	바다가 피로 변함. 바다 생물들이 다 죽음.
강	강, 샘 등 물의 근원	강과 샘물이 피로 변함. 사람들이 마시게 함.
해	해	사람들이 해의 뜨거운 열기에 타면서도 하나님을 모독함.
무저갱	짐승의 의자	짐승의 나라가 어두워짐. 사람들이 고통으로 혀를 깨물면서 하나님을 저주함.
유프라테스강	유프라테스강	강물이 말라붙음. 악한 세 영이 온 세계의 왕을 아마겟돈에 모음.
천둥지진	공중	번개, 천둥, 대지진, 큰 우박이 있음. 도시들, 섬들, 산들이 무너짐.

7나팔과 7대접 재앙은 짝을 이룬다! – 재앙의 순서와 내용이 같음

- 7나팔 : 지구촌 1/3에 국한되어 일어나는 경고성 재앙
- 7대접 : 지구촌 전체에 총체적으로 일어나는 최후의 재앙

그리스도의 재림과 사탄의 멸망 그리고 천년왕국 (계 19:1-20:6)

7나팔과 7대접 재앙이 끝난 후, 그리스도께서 흰 말을 타고 오십니다(예수님이 진정한 백마 탄 왕자님!^^). 그리고 사탄과 그 연합군은 그리스도에게 패배, 멸망당하죠. 이때 사탄은 천 년간 무저갱에 수감되고, 사탄의 연합군은 유황 불못에 던져지죠. 그리고 '예수님과 하나님의 말씀을 증거하고, 짐승이나 그 형상 경배하기를 거부하며, 짐승의 표를 이마나 손에 받기를 거부했다'는 이유로 죽임을 당한 순교자들이 부활하여(이게 첫 번째 부활이죠!) 그리스도와 함께 천 년간 통치합니다. 천 년이 다 찬 후 사탄은 잠시 무저갱에서 풀려나 다시 그리스도와의 전쟁을 도모하지만, 별 힘을 못 쓰고 곧 유황 불못에 영원히 던져집니다. 유황 불못에서 자기의 연합군(땅과 바다에서 올라온 짐승들과 음녀)과 천 년 만에 드디어 재회! 하지만 그 셋은 끝도 없이 계속되는 영원의 시간 동안 쉴 새 없는 고통에 시달리게 된답니다.

최후의 심판 (계 20:11-15)

생명책   책들

천년왕국이 끝난 후, 잠시 풀려났던 사탄이 영원히 불못에 던져지고, 천 년 전 '첫 번째 부활'에 참여하지 못했던 모든 죽은 자들이 다 부활하게 됩니다. 이것을 '두 번째 부활'이라고 하죠. 이들은 흰 보좌에 앉으신 하나님 앞에서 '최후의 심판'을 받게 된답니다. 최후의 심판 때는 참고 자료와 증거 자료로 '생명책'과 '책들'이 제시되는데, '생명책'은 구원받은 사람들의 이름이 적혀 있는 책이고, '책들'은 모든 사람들이 생전에 살아온 모습이 적혀 있는 책이에요. 그래서 '생명책'에 이름이 없는 사람은 불못에 던져지고, '책들'의 내용에 따라 모든 사람이 심판을 받게 된답니다.

최후의 심판

- **사망도 부활도 두 번!**
  1) 첫 번째 사망 : 신자와 불신자들의 육신의 사망
  2) 첫 번째 부활 : 예수님이 재림하실 때 순교자들과 승리자들이 부활하여 천년왕국에 참여
     (계 20:4-6)
  3) 두 번째 부활 : 천년왕국 종료 시 나머지 모든 죽은 자들의 부활(계 20:11-15)
  4) 두 번째 사망 : 최후의 심판 후 불신자들이 불못에 던져짐(계 20:11-15)

- **생명책과 책들**
  1) 생명책 : 신자의 이름만 적혀 있음(계 20:11-15)
  2) 책들 : 신자와 불신자들의 모든 행위가 다 적혀 있음(계 20:11-15)

- **재판과 판결**
  1) 재판 : 죽은 자들(신자와 불신자)이 자기 행위(책들)에 따라 재판 받음(계 20:11-15)
  2) 판결 : 생명책에 이름이 없는 자(불신자)는 다 불못에 던져짐(둘째 사망, 계 20:11-15)

- **사탄과 그 연합군의 멸망 순서**
  1) 바벨론(음녀)의 멸망(계 16-18장)
  2) 짐승과 거짓 선지자의 멸망(계 19장)
  3) 사탄(붉은 용, 7머리 10뿔)과 그 추종자들의 멸망(계 20장)
  4) 사탄은 천 년간 무저갱에 결박되어 있다가 잠시 풀려난 후 불못에 던져짐(계 20:1-10)

새 예루살렘

최후의 심판 후 드디어 새 하늘과 새 땅, 새 예루살렘이 하늘에서 내려옵니다! 이 영광의 도성에는 생명책에 이름이 있는 사람만 들어갈 수 있지요.

"전에 마지막 7재앙이 가득 담긴 대접을 들고 있었던 7명의 천사 중 하나가 내게 말했어요. '이리 오세요. 내가 어린양의 아내, 그분의 신부를 보여드릴게요.' 그 천사는 나를 엄청 크고 높은 산으로 데리고 가서 하늘의 하나님으로부터 내려오는 거룩한 예루살렘을 보여 줬어요. 그 도성은 하나님의 영광으로 찬란하게 빛나고 있었죠. … 그 도성의 주도로는 유

리처럼 투명한 순금으로 되어 있었어요. 하지만 성전 표지판은 아무 데도 없었어요. 왜냐하면 능력의 통치자, 주 하나님과 어린양이 바로 성전이시기 때문이에요. 그 도성은 햇빛도 달빛도 필요가 없었어요. 하나님의 영광이 그 도성의 빛이고, 어린양이 그 도성의 등불이시기 때문이에요! 모든 나라가 다 그 빛 안으로 들어오고, 세상의 왕들이 다 그 영광 안으로 들어올 거예요. 도성의 문들은 밤이나 낮이나 언제든지 닫히는 법이 없답니다. 그래서 그 문들을 통해 모든 나라의 영광과 영예가 도성으로 들어올 거예요. 더러운 것이나 오염된 것은 그 어떤 것도 도성에 들어올 수가 없어요. 또 타락한 자나 속이는 자도 절대로 들어올 수가 없죠. 어린양의 생명책에 이름이 기록된 사람만이 들어올 수 있답니다."

– 계 21:9-12 / 21:21-27(유진 피터슨의 『메시지』, 허계영 개인번역)

새 예루살렘

- 모양 : 정육면체
- 너비, 길이, 높이 : 각 12,000(=12 × 1,000)스타디온
- 담의 높이 : 144(=12 × 12)규빗
- 12문(=12진주)
- 12천사
- 12문에 12지파의 이름
- 12주춧돌
- 12주춧돌 위 : 어린양의 12사도의 이름

그리스도의 과거, 현재, 미래

2천 년 전 자기 백성을 구속하기 위해 인간이 되어 오신 예수님께서는 온갖 조롱과 멸시를 받아가며 십자가에서 비참하게 돌아가셨습니다. 그리고 부활, 승천하셔서 지금은 하늘 보좌에서 다스리고 계시죠.

과거	자기 백성을 구속하기 위해 죽으심	
현재	하늘 보좌에서 다스리심	
미래	다시 오셔서 심판하고 구원하심	

그 예수님께서 두 번째 오실 때는 첫번째 모습과는 완전히 다를 것입니다. 그때는 찬란한 영광 가운데 온 우주의 통치자이자 심판주로 오실 테니까요.

그분은 반드시 오십니다! 왜냐고요? 성경이 그렇게 말하고 있기 때문이죠 (성경의 1,817개 예언 중 96%는 이미 성취되었고, 나머지 4%만 아직 성취되지 않았는데, 그 4%는 종말과 예수님의 재림에 관한 것이라고 앞에서 배운 것 기억하시죠?).

"이 모든 것을 증언하신 분께서 다시 한번 이렇게 말씀하십니다. '내가 이미 길을 나섰다! 이제 곧 도착할 것이다!' 네, 주 예수님, 오십시오!"

– 계 22:20(유진 피터슨의 『메시지』, 허계영 개인번역)

종말의 순서

마지막 7재앙
- → 그리스도의 재림
- → 사탄의 무저갱 수감
- → 순교자들의 부활(첫 번째 부활)
- → 천년왕국
- → 사탄의 일시적 석방
- → 사탄이 불못에 던져짐.
- → 나머지 모든 죽은 자들의 부활(두 번째 부활)
- → 최후의 심판 ┌ 생명책에 이름이 없으면 불못에 던져짐.
              └ 생명책에 이름이 있으면 새 예루살렘에 들어감.

창세기		요한계시록
사망이 세상에 들어옴 (창 3:19)		다시 **사망**이 없음 (계 21:4)
사람과 땅이 **저주**를 받음 (창 3:17)		다시 **저주**가 없음 (계 22:3)
사람이 하나님을 **떠남** (창 3:6)		사람이 하나님의 **얼굴**을 봄 (계 22:4)
생명나무가 차단됨 (창 3:23)		**생명나무**가 다시 나타남 (계 22:2)

짝짝짝~! 축하합니다! 이로써 '성경의 맥과 핵' 공부를 다 마치셨습니다!

성경은 삼위일체 하나님의 합작품으로 만들어진 거대한 대하 드라마입니다. 대본 하나님, 주연 예수님, 감독 성령님 그리고 수많은 사람 조연들에 의해 6천 년의 장구한 세월에 걸쳐 제작된 엄청난 작품이죠. 그런데 이 대하 드라마는 사실 인류 역사상 가장 위대한 러브 스토리이기도 합니다.

창세기부터 요한계시록에 이르기까지 성경 전체에 유유히 흐르는 '성경의 맥(구속사)'과 성경 곳곳에 황금처럼 감춰져 있는 '성경의 핵(예수 그리스도)'을 다 공부하고 나니, 성경이 얼마나 가슴 절절한 하나님의 러브스토리인지 느껴지지 않으세요?

하나님을 배신하고 떠난 우리를 사랑 때문에 끝내 포기하지 못하신 하나님! 그래서 어쩔수 없이 당신의 하나뿐인 아들 예수 그리스도를 이 땅에 인간으로 보내시고, 우리 대신 그 모든 죗값을 다 치르게 하심으로써 우릴 다시 당신의 자녀로 회복시켜 주신 하나님! 그리고 언젠가 우리를 데리러 다시 오셔서 온갖 환희와 친밀감 속에 하나님과 함께 영원히 행복하게 살도록 해주실 하나님!

그 구원의 대열에 들기 위해 우리가 할 일은 아무것도 없습니다. 그저 이 모든 일을 이루어 놓으신 예수 그리스도를 믿고 마음으로 받아들이기만 하면 되지요! 이렇게 간단하고 쉬운데 그걸 거부한 채 영원한 불못에 던져진다면 얼마나 억울하고 안타까운 일인가요? 그래서 우리는 아직도 이 복된 소식을 듣지 못한 사람들에게 이 기쁨의 소식을 전해야 하는 것입니다. 그럼으로써 하나님께서 그토록 애타게 찾으시는 잃은 양을, 집 나간 탕자를 하나님 품으로 인도한다면 이보다 더 의미 있고 가치 있는 삶이 어디 있을까요?

그리고 한 가지 더! 꼭 기억하세요! 하나님께서는 우리가 지금, 바로 여기에서부터 하늘나라를 누리길 원하신다는 사실을요.

왜냐하면 '하나님께서 통치하시는 나라'가 바로 하늘나라니까요.

하늘나라는 지금, 바로 여기, 우리 마음에서부터 누릴 수 있답니다!

할렐루야!

When the saints go marching in~ ♬ (루이 암스트롱 노래)

Oh, when the saints go marching in, Oh, when the saints go marching in,
Lord, I want to be in that number, When the saints go marching in!

성도들이 행진할 때, 성도들이 행진할 때,
오 주님, 저도 그 대열에 들고 싶어요! 성도들이 행진할 때!

David Lackey, *A Revelation of Jesus,* ASPECT Books, 2015.

Eugene H. Peterson, *The Message,* 1995.

Irving L. Jensen, *Independent Bible Study,* Moody Press, 1963.

Kay Arthur, *How to study your Bible,* Harvest House Publishers, 1994.

L. Coleman, *The NIV Serendipity Bible for study groups,* 2nd ed, Zondervan Bible Publishers, 1989.

Lawrence O. Richards, *The Applied Bible Dictionary,* Kingsway, 1990.

SEAN, *The Life of Christ,* S.E.A.N. International, 2016.

노우호, 『성경통독집』, 하나, 2001.

레온 모리스/김근수 옮김, 『요한계시록』, 기독교문서선교회, 1993.

로즈북 편집부/오주영 옮김, 『한눈에 보는 성경 지도』, 두란노서원, 2014.

C. S. 루이스/장경철 · 이종태 옮김, 『순전한 기독교』, 홍성사, 2001.

박승호, 『구약 성막에 드러난 복음, 예수 그리스도』, 크리스천디자인그리심, 2017.

_____, 『복음원리 12강』, 재판, 생명샘교회 2014.

_____, 『영광으로 향하는 구원의 길』, 한국장로교출판사, 2017.

박신배, 『구약과 선교 — 하나님의 놀라운 선교』, e퍼플, 2019.

박호용, 『성경개관』, 쿰란출판사, 2011.

성종현, 『공관복음 해설대조 연구』(2판), 장로회신학대학출판부, 1993.

씨엠크리에이티브(CMcreative) 편집부, 『성경 2.0 쉬운 지도』, CMcreative, 2016.

워런 W. 위어스비/송필용 옮김, 『핵심 성경 연구』, 나침반, 2001.

월터 헨릭슨/권달천 옮김, 『평신도 성경해석지침』(2판), 생명의말씀사, 1995.

유진소, 『즐거운 성경 66권 탐구』, 두란노, 2010.

이동원, 『하늘가는 밝은 길 : 장막론, 제사론 연구』, 나침반, 1989.

이성훈, 『복음과 내적치유』, 치유문화 길르앗, 2004.

_____, 『사랑하는 마음』, 치유문화 길르앗, 2004.

_____, 『상한 마음을 찾으시는 하나님』, 두란노, 1994.

_____, 『성막영성예배』, 치유문화 길르앗, 2008.

_____, 『재난의 시대』, 치유문화 길르앗, 2000.

이애실, 『어? 성경이 읽어지네!』, 성경방, 2018.

이원복, 『21세기 먼 나라 이웃 나라』, 김영사, 2003.

_____, 『학습만화세계사』, 계몽사, 1997.

테리 홀/배응준 옮김, 『성경 익스프레스』, 규장, 2008.

_____, 『성경 파노라마』, 규장, 2008.

필립 얀시/임종원 옮김 『맥 잡는 성경 읽기』, 진흥출판사, 2002.

R. L. Hymers, Jr., JOSEPH – *A TYPE OF CHRIST*(SERMON #71 ON THE BOOK OF GENESIS),

〈http://www.rlhymersjr.com〉

聖經簡報站

〈http://www.biblepoint.net/index.htm〉

이성훈 원장의 내적치유 세미나

〈https://www.youtube.com/results?search_query=성인덕〉

홍순관 목사의 성경공부 누리집

〈http://skhong.org/〉

| 지은이 허계영

허계영 선교사는 연세대학교 식품영양학과, 연세대학교 보건대학원을 졸업하고 10년간 강남세브란스병원 영양교육계장으로 근무하며 각종 영양교육 자료를 개발해 국민의 건강증진에 힘썼다. 또한 동덕여대, 단국대, 충남대, 한남대, 배재대, 캄보디아 라이프대학, 중국 연변과기대 등에서 후진을 양성했다.

이처럼 뼛속까지 영양사였던 그녀가 장로교 통합측(PCK) 총회 파송 선교사로 부름을 받아 중국 운남성에서 10년간 사역했다. 그 당시 개인 영성관리 차원에서 시작했던 성경연구가 '나만의 성경노트'로 차곡차곡 쌓여 훗날 대만 목회자들을 위한 성경공부 교재로 재탄생했다. 이 교재는 6년간 선교현장에서 활용되어 많은 열매를 거두었다. 신학도 하지 않은 평신도 선교사인 그녀가 목회자용 성경교육 자료를 개발할 수 있었던 것은 과거 영양교육 자료를 만들면서 축적한 노하우와 10년간의 성경연구가 융합된 결과였다. 그리고 이것을 일반 평신도들을 위한 성경공부 교재로 발전시킨 것이 바로 이 책, 『성경의 맥과 핵』이다.

이 책의 가장 큰 강점은 '평신도의 눈'으로 성경을 바라본다는 데 있다. 저자는 목회자가 아닌 평신도로서 성경을 읽으며 쉽게 이해되지 않던 부분들, 즉 성경시대와의 시간적·지리적·문화적 격차로 인해 생소한 내용들을 고심하며 연구한 끝에 터득한 'Aha! Point'들을 평신도의 눈높이에 맞춰 알기 쉽게 설명해준다. 이 책으로 성경을 공부하다 보면 그동안 성경을 읽으며 답답함을 느꼈던 '체증 부위'들이 시원하게 뚫리는 기쁨을 누릴 뿐 아니라 성경 속에 녹아들어 있는 하나님의 마음을 찐~하게 느끼는 감동까지 경험할 수 있다.

저자의 또 다른 저서(공저)로는 「고혈당씨의 즐거운 식사요법」, 『건강백서 시리즈』(8권), 『저염밥상』, 『아이를 살리는 음식 아이를 해치는 음식』등 일반인을 위한 영양서적과 대학 전공 교재인 『임상영양학』등이 있다.

| 그린이 허설영

서울대학교 대학원을 졸업하고 강남에서 학생들에게 영어를 가르쳤다. 그 후 캐나다와 미국에서 20년 넘게 생활하면서 언어 장벽으로 사회의 가장자리에 머무를 수밖에 없는 이민자들의 모임을 만들어 성경과 영어를 쉽게 풀어 가르치는 일에 열정적으로 헌신해왔다. 이 책에 수록된 그림들은 전공자도 아니면서 오로지 저자 허계영의 강권에 못 이겨 돕는 차원에서 한 장 한 장 그리다가 점차 사명감으로, 하나님의 은혜로, 성령의 쏟아 부으시는 감동으로 이루어낸 열매다. 동생 잘 둔 덕에 그 그림들이 책으로 나온다는 게 감격스러운 완전초보 일러스트레이터의 첫 작품이다.

2019년 6월, 극동방송에서 허계영 선교사님이 『성경의 맥과 핵』을 소개하는 걸 듣고 9월에 허 선교사님을 우리 교회에 초청해 3시간씩, 5주에 걸쳐 세미나를 진행했습니다. 참으로 성경을 들여다보는 눈이 열리는 은혜로운 세미나였습니다! 무엇보다 건강이 안 좋은 상태에서도 3시간씩 전철과 버스를 타고 저희 교회까지 와 주신 선교사님의 열정과 정성만 봐도 주님 사랑이 얼마나 대단한 분인지 알 수 있었습니다. 그 대단한 보물이 이 책, 『성경의 맥과 핵』에 담겨져 있습니다.

- **박동석** 시흥하나로교회 목사

허계영 선교사님을 처음 만난 것은 중국에서였습니다. 저와 함께 TEE랑 '둘이 하나 되어'를 공부할 때 예리한 질문을 던지시는 걸 보고 '보통 분이 아니구나' 느꼈습니다. 그동안 유진 피터슨의 『메시지』 성경을 번역하신 것도 대단한데, 언제 이런 역작을 또 쓰셨는지 존경스럽습니다. 더욱이 내용이 너무 좋습니다! 세상에는 성경에 관한 책들이 많이 나와 있지만 이렇게 탁월한 교재는 처음 봅니다. 평신도들의 필독을 권합니다.

- **심흥섭** 목사, TMCC 선교회 명예회장

우리 삼덕교회는 허계영 선교사님의 『성경의 맥과 핵』 세미나를 들으며 큰 감동을 받았습니다. 이 책은 성경의 구속사의 맥을 일목요연하게 짚고, 성경의 핵인 예수그리스도를 정확히 드러내는 직관력으로 선교 현장과 국내 교회들에 큰 반향을 일으켰습니다. 저자는 하나님께서 우리에게 성경을 '숙제'로 주시지 않고 '연애편지'로 주셨다고 했는데, 이 책 또한 마치 사랑하는 연인을 그리며 쓴 '연애편지'처럼 빠져들게 합니다. 이 책이 성경을 읽는 이들의 체증을 시원하게 뚫어 줄 것으로 확신합니다.

- **맹균학** 독립문 삼덕교회 목사

나의 대학 후배이자 직장 동료였지만 내가 누구보다 존경하는 허계영 선생은 창의력이 뛰어나고 재주가 많으면서도 인간애가 깊고 늘 겸손해서 주위를 따스하게 만들어주는 귀한 성품의 사람입니다. 허계영 선생에게서 배웠던 『성경의 맥과 핵』 공부는 너무나 특출해서 우리끼리만 지도를 받는 것이 아깝고 죄스럽기까지 했는데, 드디어 책으로 발간된다니 참 기쁩니다. 이 책의 발간으로 허계영 선생이 하나님의 마음을 알리기 위한 큰 인물로 더욱 도약하리라 믿습니다.

- **서은경** 연세대 생활환경대학원 책임교수, WIN 문화포럼 대표

지난 세월 동안 성령의 지혜로 인도함을 받은 은혜가 드디어 책으로 나온다니 감동입니다. 『성경의 맥과 핵』은 말씀이 드라마처럼 재미있고, 성경이 퍼즐 맞추기처럼 연결되는 통쾌함을 맛보게 해줍니다. 또한 선교지에서도 복음을 심고 물을 주는 사역에 귀하게 쓰임을 받을 뿐 아니라, 무엇보다 소중한 하나님 나라를 풍성하게 확장하고 성취하는 일에 생수가 될 줄 믿습니다. 말씀을 통해 우리를 하나님의 마음속으로 안내하는 훌륭한 책을 주신 하나님께 감사드립니다. 할렐루야!

- **이용숙** 오병이어선교회 회장

성경에 관한 내용을 해석하고 정리해 출간하는 작업은 목회자나 신학박사들의 몫으로 여겨져 왔다. 그런데 신학을 전공하지 않은 분이 창세기부터 요한계시록까지 신구약 전체의 흐름을 이리도 쉽게 독자의 뇌리에 파노라마로 각인시켜 주고, 성경 전체의 맥을 짚어가며 한 번에 정리할 수 있게 하다니 원고를 집필하는 내내 성령께서 함께하셨음이 분명하다. 평신도들의 성경에 대한 이해와 지식 습득의 고충을 누구보다 잘 아시는 허계영 선교사님이기에 일반 성도들도 쉽고 재미있게 읽을 수 있는 매우 값진 작품을 빚어냈다고 생각한다.

- **박봉철** 홍콩우리교회 장로, KORCHINA 회장

2001년 홍콩에서 만난 조 목사님과 허 사모님 부부는 가진 것이 없으나 모든 것을 가진 자의 풍요로움과 담대함이 있었습니다. 2006년 중국 곤명에서 뵈었을 때도 여전히 곤고한 자 같으나 풍족한 자였습니다. 2년 전에는 서울에서 조 선교사님을 통해 허 선교사님의 투병 소식을 듣고는 가슴이 먹먹해지기도 했습니다. 유머러스하면서도 평신도의 가슴을 시원하게 해주는 허 선교사님의 원고를 보면서 회복시키시고 역사하시는 하나님의 섭리와 은혜를 바라보게 되었습니다. 이 책을 통해 중국 땅과 대만 땅 그리고 세상 마지막 자리까지 주님의 복음이 전해지는 은혜의 역사가 지속되기를 빚진 자의 마음으로 기도합니다.

- 고규영 신반포중앙교회 집사, LG디스플레이 상무이사

혼돈과 공허의 시대다. 변치 않는 기준인 하나님의 말씀으로 돌아가야 할 때이다. 그럼에도 불구하고 하늘의 언어인 성경 속으로 들어가기는 쉽지 않다. 그런 의미에서 『성경의 맥과 핵』은 이 시대의 가장 중요한 책인 성경의 문을 열어주는 열쇠이며, 성경 속의 보석을 찾는 보물지도이고, 하나님의 사랑의 마음을 깊이 알게 하는 그리스도의 편지이다. 허 선교사님 인생의 수많은 조각 하나하나를 보석으로 바꾸셔서 이 시대의 선한 청지기로 세우신 사랑의 하나님을, 이 책을 읽는 독자 여러분들도 마음 깊이 마주하게 되리라 기대하며 이 책을 적극 추천한다. 홍콩에서 조문철, 허계영 선교사님 가정과 삶의 한 조각을 주 안에서 함께 나누었던 시간들을 추억하며….

- 김판곤 내수동교회 집사, 대한축구협회 부회장

작년 신년 새벽기도회 때 나는 하나님께 단 한 가지를 기도했다. "내가 믿는 이 믿음에 기쁨과 감동이 넘치게 해주세요!" 허계영 선교사님의 섬세한 혜안과 놀라운 열정의 산물인 『성경의 맥과 핵』은 나의 기도에 대한 응답이다. 이 책이 믿음의 길을 걷는 모든 사람들에게 기쁨과 감동이 넘치게 해줄 것을 확신한다. 또한 하나님의 마음을 느끼게 해주는 성경 공부의 동반자가 되어 줄 것이다.

- 주명돈 새로운교회 성도, 주명돈한의원 원장

"사명자는 고난에 더 빛난다."는 말씀이 떠오르는 허계영 선교사님의 보석 같은 책을 추천합니다. 소녀 같은 체구지만 하나님을 향한 열정은 거인 같은 허계영 선교사님은 다양한 선교지에서 현지인들에게 복음을 전하며 깊은 고민과 묵상을 통해 성경을 종과 횡으로 조망했습니다. "모든 성경은 하나님의 감동으로 된 것으로 교훈과 책망과 바르게 함과 의로 교육하기에 유익하다"는 디모데후서 말씀처럼 허계영 선교사님의 신간 『성경의 맥과 핵』을 읽다 보면 성경 속에 있는 하나님의 역사와 일하심과 은혜와 기적과 간증의 스토리들이 생생히 살아 움직여 뜨거운 감동이 올라올 것입니다. 꼭 일독을 권합니다.

- 김경화 극동방송 PD

허계영 선교사님에게 주어진 특별한 달란트를 통해 성경을 꿰어가는 행복한 맛은 말씀을 조명하는 길라잡이로 예비하신 주님의 걸작품입니다. 이 책은 성경을 쉽고 선명하게 이해할 수 있게 인도하여 성경을 보는 모든 분이 성경의 위대함과 하나님 나라와 그 영광을 볼 수 있게 도와줍니다. 성경 속 하나님의 마음은 온 열방이 하나님의 영광을 보는 것입니다. 『성경의 맥과 핵』은 온 열방의 영혼을 구원하여 제자 삼는 일에 쓰임을 받는 도구가 될 것입니다. 지혜로운 허 선교사님이 자랑스럽습니다.

- 곽미란 오병이어선교회 대표

『성경의 맥과 핵』을 읽으니, 마치 싱싱한 물고기가 제 눈앞에서 힘차게 움직이고 있는 것 같은 느낌이 듭니다. 그동안 여러 차례 들었던 내용이 마치 처음 듣는 것처럼 새롭고, 무덤덤하게 들었던 말씀이 가슴을 두근거리게 합니다. 2천 년 전에 예수님의 말씀을 직접 들은 사람들도 이런 느낌을 가지지 않았을까요?

- **박진용** 연세의료원 의료선교센터 소장

성경 자료를 오려 붙이고, 지도를 그리고, 노래를 통한 시청각 자료로 성경의 전체적인 흐름을 공부하는 『성경의 맥과 핵』 세미나를 들었습니다. 새롭고 흥미로운 방법이어서 몇 주 후 외국인 유학생 모임에서 시도했는데, 지금까지 가르쳐 오고 있습니다. 일방적인 강의가 아니라 참여하는 방법으로 유학생들이 적극적으로 성경에 흥미를 갖게 되어 기쁩니다. 『성경의 맥과 핵』은 제가 오랫동안 기다려온 '하나님의 마음'을 찾도록 돕는 탁월한 교재이기에 강력히 추천합니다.

- **오차숙** 한국대학생선교회(CCC) 외국인사역부 책임간사, 선교사

허계영 선교사님의 『성경의 맥과 핵』 강의를 들었을 때 창조부터 시작된 하나님의 마음과 구원 계획이 시간을 초월해 현재의 내게 달려오고 미래의 나를 이끌어가는 느낌을 받았습니다. 강의 내용과 관련된 그림들을 오려 붙이고, 허 선교사님의 멘트 하나하나를 빠짐없이 필기하며 공부할 때는 시간이 흐르는 게 아쉬울 정도였습니다. 그때 감동받았던 허 선교사님의 멘트 하나하나가 책이 되어 나온다니 반갑습니다. 이 책은 성경사전으로 사용되기에 충분하다고 생각합니다. 성경의 복잡한 내용이 그림들을 통해 한눈에 쏙 들어오고, 명쾌한 해설을 통해 하나님과의 첫사랑이 회복될 것입니다.

- **윤여호수아** CCC 외국인사역부 선교사

하나님의 마음을 만나며 걸어가는 믿음의 여정은 매일 아침 눈부신 햇살과 같은 설렘입니다. 이 책은 그 하나님의 마음을 성경 속에서 만날 수 있도록 우리를 이끌어 줍니다. 무릎 위의 아이에게 읽어 주는 엄마의 목소리처럼, 사랑으로 눈 맞추며 열정적인 가르침을 쏟아내시는 은사님의 음성처럼 생생하게 들리는 성경의 맥과 핵 이야기들이 첫 장부터 눈길을 사로잡는 맑은 그림들과 함께 하나님의 마음을 만나게 해줍니다. 이 책의 마지막 장을 덮을 때는 그 하나님의 마음, 말로 다 표현할 수 없는 그 사랑 앞에 서 있는 자신을 발견하게 될 것입니다.

- **마경진** 베트남 WITH mission 선교사

"이 빵 이름이 뭐예요?" "영양강화빵이에요." 허계영 선교사, 그녀는 뼛속 깊이 영양사다. 비자발적으로 중국을 떠날 때까지 최고의 재료로 만든 '영양강화빵'을 공부방 아이들에게 먹였다. 이제 그녀는 말씀영양사가 되어 최고의 식재료로 맛과 영양이 골고루 담긴 성경 밥상을 차렸다. 나는 예수에 굶주린 땅끝 사람들에게 『성경의 맥과 핵』을 배불리 먹이고 싶다.

- **장준호** 마다가스카르 선교사

"하나님이 계신 것 같지만 실제적으로 하나님의 마음을 알 수 없어요.", "성경이 부분적으로 조각난 이야기로만 기억돼요.", "성경이 평면적이고 지루하게 느껴져요.", "주변 분들과 성경 이야기를 나누길 원하는데 준비된 게 없네요." 저와 선교지의 많은 친구들의 경험입니다. 이 책은 성경을 입체적이고 생동감 있게 볼 수 있게 해줍니다. 전체적으로 큰 그림을 보게 할 뿐만 아니라 구체적인 이야기에 담긴 하나님의 마음을 '재미있고 쉽게' 읽도록 안내합니다. 말씀으로 살기를 원하는 분들께 적극 추천합니다.

- **최원규** 연세의료원 의료선교센터 선교사